유재천저작집 3

한국 언론, 무엇이 문제인가

유 재 천

지식산업사

유 재 천

서울대학교 문리과대학 사회학과 졸업, 미국 미네소타 대학교 대학원 졸업.
서강대 사회과학대학장, 한림대 한림과학원장, 한림대 부총장, 방송위원회 부위원장,
KBS이사장, 한국언론학회 회장, 한국방송학회 회장 등 역임.
현 상지대학교 총장.

유재천저작집 3 **한국 언론, 무엇이 문제인가**

초판 1쇄 인쇄   2011. 11. 11.
초판 1쇄 발행   2011. 11. 15.

지은이   유 재 천
펴낸이   김 경 희

경 영   강 숙 자
편 집   신 유 진 · 최 윤 정
영 업   문 영 준
관 리   문 암 식
경 리   김 양 헌
펴낸곳   ㈜지식산업사
         본사 • 경기도 파주시 교하읍 문발리 520-12
            전화 (031)955-4226~7 팩스 (031)955-4228
         서울사무소 • 서울시 종로구 통의동 35-18
            전화 (02)734-1978   팩스 (02)720-7900
         한글문패   지식산업사
         영문문패   www.jisik.co.kr
         전자우편   jsp@jisik.co.kr
         등록번호   1-363
         등록날짜   1969. 5. 8.

책값은 뒤표지에 있습니다.

ISBN   978-89-423-3089-8   (94070)
       978-89-423-0065-5   (세트)

이 책을 읽고 지은이에게 문의하고자 하는 이는
지식산업사 전자우편으로 연락 바랍니다.

책을 펴내면서

　이 책은 1976년부터 2008년까지 약 30여 년 동안 써 왔던 신문, 방송 등을 비평한 글들 가운데서 76편을 가려 뽑아 엮은 것이다. 주로 《뿌리 깊은 나무》, 《샘이 깊은 물》, 《마당문화비평》, 《신동아》, 《월간조선》 등과 같은 월간잡지들과 《국민일보》, 《내일신문》, 《동아일보》, 《문화일보》, 《세계일보》, 《조선일보》 등 일간지에 실렸던 언론비평들이다. 이런 글들을 모아 책을 펴낸다는 것이 무슨 의미가 있을 것인가 하는 회의도 많이 들었지만, 30년 동안 그때그때마다 한국 언론의 문제점이 무엇이었는지를 살펴봄으로써 오늘의 언론 현실을 비추어 볼 수 있는 거울의 구실도 할 수 있지 않을까 싶은 생각을 해보았다.

　이 책에 실린 언론비평들은 시대별로 나누어 볼 때 유신체제시대(1970년대), 신군부 쿠데타와 전두환 정권기(1980년대), 그리고 민주정부시대(2000년대)를 아우르고 있어서 시대마다 한국 언론의 자화상도 어느 정도는 그려 볼 수 있겠다는 생각도 들었다.

당연한 이야기이지만 76편의 글들은 모두 과거 어느 특정시점에서 본 언론의 문제점을 지적한 내용들이므로 현실성이 크게 결여될 수밖에 없다. 그러나 이 책에 실릴 글들을 추려내면서 느낀 소감 가운데 하나는 몇 십 년이 지난 지금의 한국 언론 현실에도 해당되는 내용이 많았다는 점이다. 어쩌면 그만큼 한국 언론은 향상되지 못했다는 증거일지도 모른다.

　이 책의 목차는 비슷한 주제에 따라 글들을 묶어 놓지 않고 연도별, 월별, 날짜별 순서대로 나열하는 방식으로 만들었다. 그렇게 함으로써 시기별 언론의 문제점들이 잘 부각될 수 있으리라고 생각했기 때문이다.

　끝으로 이 책이 나오기까지 도와주신 여러분들께 감사의 말씀을 드린다. 먼저 한림대학교 언론정보학부 박승현 교수께 갚을 수 없는 빚을 졌다는 말씀을 드린다. 박 교수는 이 책의 기획부터 편집은 물론 원고작성을 위한 컴퓨터 작업에 이르기까지 모든 과정을 도맡아 처리해 주었다. 부친의 병환이라는 집안의 우환에도 책을 내는 일에 헌신해 준 박승현 교수께 무어라 감사의 말씀을 드려야 할지 모르겠다. 또한 출판사 지식산업사의 품격에 걸맞지 않을 책을 기꺼이 출판해 준 친구 김경희 사장께 경의를 표한다. 아울러 철저하게 교정을 보고 출처도 꼼꼼히 밝혀 준 신유진, 최윤정 두 분께 감사드린다. 지식산업사 편집부원 여러분께도 고맙다는 말씀을 드린다.

2011년 8월
유 재 천

차 례

제1장 사회의 목탁과 재벌의 장구 -1970년대

제2장 한국 신문은 자성하라 -1980년대

제3장 실종되는 언론의 자유 -1990~2000년대

제1장

사회의 목탁과 재벌의 장구
−1970년대

권 부인의 가계부까지 들춰야 했을까?

　무더위가 기승을 부리는 무덥고 긴 여름철에는 누구나 얼마쯤은 짜증이 나기 마련이다. 더구나 남들처럼 더위를 피해 산이나 바다로 갈 수 없는 사람들은 별 수 없이 더위를 견디어야 한다. 그러면서 가슴이 탁 트이는 시원한 소식이나 쨍하고 볕들 날이 곧 올 것이라는 소식이라도 듣는다면 무더위쯤이야 얼마든지 견딜 수 있으리라. 그런데 이번 여름에도 신문은 우리에게 그런 소식을 가져다 주지 못했던 것 같다. 몬트리올(Montreal)에서 온 금메달 소식이 고작이었다. 그 밖의 나라 안 소식들은 우리들의 기분을 상쾌하게 해주는 것들이라기보다는 오히려 무겁게 만드는 것들이었다. 그 가운데서도 권 부인 택시강도 살해 사건은 우리들에게 큰 충격을 준 사건이었다.

　또한 이 사건은 여러 모로 우리에게 생각할 문제들을 던져 주었다. 왜 이런 끔찍한 사건들이 자주 일어나는가, 이번 사건에서 나타난 경찰수사의 문제점은 무엇인가, 또는 왜 범죄수법이 날로 잔인해져 가는가 따위를 생각하게 한다. 그러나 이러한 문제들 못지않게 깊이 생각해 보아야 할 것은 신문의 범죄사건보도와 관련된 윤리문제라고 생각된다.

이번 사건이 일어난 8월 5일부터 범인들이 체포된 뒷날인 8월 16일까지, 신문들은 하루도 빠짐없이 이 사건을 크게 보도하였다. 사건의 경위와 수사과정이 독자들에게 친절하게도 상세히 알려진 것이다. 따라서 독자들은 이 사건에 관심을 갖지 않을 수 없었을 것이다. 경찰의 공개수사가 이 사건을 자세하게 보도할 수 있도록 한 것 같다. 신문이 독자들에게 충분한 정보를 제공하는 것은 공개수사에서 시민의 협조를 얻는 데 도움이 되는 일이기도 하다. 그렇다고 하여 범죄사건보도에서 모든 사실을 있는 그대로 기사로 만들 수 있는 것은 아니다. 때에 따라서는 비록 사실이더라도 보도를 삼가거나, 아예 하지 말아야 할 것들이 있다. 그런가 하면 어떤 사건이 독자들의 호기심을 크게 자극시킬 만하더라도 공공의 이익에 관련되지 않는다면 개인의 사생활을 보도하거나 논평해서는 안 된다. 이 밖에도 범죄사건보도에는 여러 가지 지켜야 할 것들이 있다. 그러한 제약들은 모두 언론계 스스로가 합의한 직업윤리이다.

이러한 언론의 직업윤리는 개인의 명예와 자유를 침해해서는 안 된다는 '인권존중의 정신'과 함께 공공의 이익과 대중의 호기심은 엄격히 분리되어야 한다는 '공익 우선의 정신'을 바탕으로 삼고 있다. 그러면 과연 우리나라 신문들이 이러한 직업윤리를 범죄사건보도에서 얼마나 잘 지키고 있는지를 이번 사건보도를 중심으로 하여 따져 보겠다.

권 부인 택시강도 살해 사건보도에서 가장 큰 피해를 입은 사람은 공교롭게도 피의자 가운데 한 사람이었던 김광윤 씨일 것이다. 경찰은 그를 가장 유력한 용의자로 지목하였고, 신문은 서슴없이 혐의 내용과 함께 그가 진범인 양 크게 보도하였다. 어떤 신문들은 경찰이 만든 범인의 몽타주와 그가 얼마나 닮았는가를 보여 주려고 그의 사진도 몽타주와 함께 실었다. 기사에서 택시강도 따위의 전과 3범이라는 김 씨의 과거가 들추어지는가 하면, 그의 아내와 형의 이름도 알려졌다. 그러나 김광윤 씨는 범인이 아니라는 것이 곧 밝혀졌다. 그러나 그의 누명이 수사기관의 손으로 벗겨졌다고 하여 김 씨가 입었던 모든 피해가 보상된 것은 결코 아니다. 그는 신문의 지나친 보도 때문에 개인의 명예에 큰 피해를 입은 사람으로 남았다고 할 수 밖에 없다. 신문이 입힌 피해가, 그가 범인이 아니라는 보도가 뒤따랐다고 해서 보상되었다거나, 김 씨의 억울함을 알리는 면담기사로 충분히 씻겼다고 생각할 사람은 없을 것이다. 그가 입은 피해는 우리나라 신문의 도덕적인 빚으로 계속 남아 있다.

우리는 여기서 경찰의 발표가 곧 그대로 기사로 될 수 없다는 상식을 다시 한 번 확인하게 된다. 그에 대한 신문보도가 경찰수사의 잘못 때문에 일어났다고 화살을 경찰에게 돌리는 일은 신문이 스스로 자신의 할 바를 부인하는 결과가 된다. 범죄를 수사하는 경찰이 하는 일과 사건을 보도하는 신문이 하는 일이 서로 다르기 때문이다.

우리나라 신문윤리실천요강 가운데에는 '타인의 명예와 자유'를 위해 신문이 지켜야 할 보도나 평론의 한계를 여러 항목에 걸쳐 뚜렷이 규정하고 있다. 제3항은 "형사사건을 보도함에 있어 피고인이 유죄의 판결을 받을 때까지는 무죄라는 원칙을 엄수해야 한다. 다만 피의자가 기소된 후는 경칭을 생략해도 무방하다"라고 되어 있다. 이번 사건의 보도에서 이러한 신문윤리실천요강은 지켜지지 않았다. 단지 이번 사건의 보도에서뿐만 아니라 보통 우리나라 신문은 '타인의 명예와 자유'에 대한 감각이 둔한 편이다. 그것은 지난 3년

동안에 신문윤리위원회가 밝힌 신문윤리강령과, 또 실천요강에 저촉된 내용의 45퍼센트쯤이 명예훼손에 관한 것이었다는 통계에서도 짐작이 된다. '타인의 명예'를 위해서 피의자가 기소되기 전까지는 이른바 '씨'라는 경칭을 사용해야 된다는 약속 정도가 지켜지지 않는다는 것 자체는 그렇게 큰 명예훼손이 아닐지도 모른다. 그러나 사건의 본질과 관계가 없고 기사작성에도 큰 의미가 없는 사람들, 곧 관계자의 가족이나 친척, 또는 친구나 애인 같은 사람들의 신원을 밝히거나 주소를 명시하는 일은 그들의 명예와 자유를 위해 꼭 삼가야 할 일이다. 이번 사건의 보도에서도 사건의 본질과 별로 관계가 없는 주변 인물들의 신원을 밝힌 예가 여러 번 있었다는 점을 지적하고자 한다.

그러면 왜 신문들이 이번 사건보도에서 개인의 명예와 자유에 큰 피해를 주면서까지 이 사건을 크게 다루었는가를 생각해 보자. 이 질문에 따른 대답은 아무래도 우리나라 신문들이 공공의 이익이나 개인의 명예와 자유보다는 대중의 호기심에 영합하려 하는 자세에서 얻을 수 있는 것으로 생각된다. 나의 생각으로는 우리나라 신문이 점차로 언론의 소임을 벗어나는 한편, 상대적으로 오락에 치중하는 경향에 기울어져 가는 것 같다. 이러한 추세에서 신문은 대중이 읽어야 할 내용보다는 대중이 재미있어 할 읽을거리를 싣는 데 치중하게 된다. 권 부인의 어느 날의 가계부까지 소상하게 밝히면서 보도해 준 그의 생활 언저리 얘기 같은 것이 모두 이러한 추세를 반영하는 것으로 볼 수 있다.

끝으로 이번 사건의 보도에서 또 한 가지 생각해 볼 점은 전과자를 보도할 때의 자세에 대한 것이다. 사건이 발생하면 수사기관은 전과자를 일단 수사선상에 올리게 되고, 그것은 수사에 필요한 일일

것이다. 그러나 신문이 용의자가 전과자임을 지나치게 강조하는 것
은 다시 생각해 보아야 한다. 그러한 보도자세가 전과자에 대한 사
회의 편견을 더욱 굳히는 것은 아닐지, 마침내 그들을 다시 범죄의
길로 몰아가는 것이 아닐지, 이와 같은 깊은 배려가 기사를 만드는
데에 앞서야 마땅할 것이다. 좋은 신문은 아무리 작아 보이는 일이
더라도 그것을 개인의 명예와 자유, 그리고 사회의 공익과 견주어서
다룰 때에 만들어질 수 있는 것이다. 우리나라 신문의 역사가 백 년
이 되었다고 언론계가 자축한 지 얼마 되지 않았다. 나이를 먹을수
록 생각을 더 깊이 하고 부끄러운 일이 없도록 조심하는 것은 다만
한 개인의 경우에만 해당되는 것은 아니다. 나이는 먹을 만큼 먹었
는데, 누군가가 부끄러움을 가르쳐 주겠다고 나선다면 고개 들 길이
없을 것이다.

《뿌리 깊은 나무》, 1976년 10월

신문사 사업들의 상업주의

　신문은 여러 가지 방법으로 공중에게 봉사하는 일을 하고 있다. 신문사가 벌이는 부대사업도 공중을 위한 봉사활동의 한 형태이다. 때로는 운동경기를 주최하기도 하고, 음악회나 미술전람회를 여는가 하면, 불우한 이웃을 돕기 위한 모금운동도 벌인다. 이러한 활동들은 모두가 체육의 진흥이나 예술의 창달을 돕고, 동포를 사랑하고 돌보는 기풍을 북돋아 주는 점에서 갸륵한 사회봉사가 아닐 수 없다. 이러한 관점에서 보면 우리나라 신문들이 세계에서 가장 공중에게 잘 봉사하는 신문의 하나임을 자랑할 만하다.

　그러나 조금 주의 깊은 독자라면 요즈음의 우리나라 신문들이 벌이는 부대사업에서 무엇인가 개운치 않은 뒷맛을 느끼리라 생각된다. 그러한 느낌은 무엇 때문에 생길까? 서울에서 발행되는 네 신문의 9월 한 달 치를 살펴보면 곧 그러한 느낌이 어디서 오는 것인지를 짐작할 수가 있다.

　무엇보다도 먼저, 독자는 거의 날마다 그 신문사의 부대사업을 알리는 큼지막한 '사고'(社告)를 볼 수가 있다. 어떤 신문들은 9월 한 달 동안에 서른 건이 넘는 사고를 싣고 있어서, 신문이 안 나오는 날을 빼면 하루에 하나가 넘게 실은 셈이다. 적게 실은 신문도 한 달에 스무 건이 넘게 실었다.

지나치게 자주 부대사업을 알리는 사고를 싣는 것도 생각해 볼 거리이지만, 중요한 문제는 이들이 차지하는 지면의 크기에 있다. 그렇지 않은 신문도 있으나, 대개 신문의 사고는 작아야 기사가 실리는 한 지면의 크기 ― 평균으로 쳐서 가로가 37센티미터이고 세로가 51센티미터임 ― 의 약 10퍼센트를 차지한다. 어떤 신문의 어느 날 1면에는 이웃돕기 모금운동과 미술대회 개최를 알리는 사고가, 기사가 실리는 지면의 36퍼센트를 차지하였다.

누구나 알다시피 우리나라 신문은 다른 나라의 신문에 견주어 지면이 매우 적다. 게다가 광고와 커다란 제목들이 차지하는 지면을 빼면 실제로 실리는 기사의 수와 양은 크게 줄어든다. 이러한 형편에 신문사의 부대사업을 광고하는 데 아까운 지면을 날마다 그만큼씩 배당하는 것은 지면의 남용이라고 아니할 수가 없다. 부대사업을 통한 공중에 대한 봉사는 어디까지나 신문의 기능 밖 사업이며, 기사를 통한 봉사가 앞선 다음에 남은 여유로 할 일이다. 공공의 관심사에 대한 진실한 보도와 해설과 논평에 사용하여야 할 지면을 발행부수의 확장과 신문의 기능 밖 수입의 증대를 꾀하려고 남용하는 것은 제사보다 젯밥에 더 뜻을 둔 염치없는 짓이다.

우리나라의 신문은 공공의 이익을 위해 봉사해 온 전통을 자랑으로 여긴다. 환경의 감시자로서, 국민의 계몽자로서, 민족의 독립과 생존을 위한 선도자로서 봉사해 왔다고 한다. 무엇이 공공의 이익인지 시대에 따라 변한다고 할지라도, 신문이 공공의 이익에 봉사해야 하는 의무는 변할 수가 없다. 그러면 오늘의 우리나라 신문이 공중의 이익에 얼마나 봉사하고 있는지 생각해 보자. 이 질문에 대해 직접적인 해답을 얻기는 매우 어렵다. 왜냐하면 공공의 이익에 대한 기준을 세우고 그 기준에 따라 평가하는 일이 쉽지 않기 때문이다.

이는 우리나라 신문이 신문사의 사사로운 이익을 위해 지면을 제공하는 일은 없는지를 살펴봄으로써 그 질문에 대한 간접적인 해답을 얻을 수 있을 것 같다. 자기 신문사가 주최한 미술 전람회에 관련된 기사를 거의 한 달씩이나 계속해서 지면에 싣는다든지, 다른 신문사가 연 고교야구의 경기기사는 작게 다루면서 자기 신문사가 주최한 고교야구경기는 아주 크게 다룬다든지 하는 예는 얼마든지 있다. 또한 이 사고라는 것들이 일반 광고주들에게서 들어온 것이라면 이른바 돌출광고로 다루어져서 요금이 배로 뛸 것이고, 또 광고주들은 요금에 따른 방위세를 물어야 할 것이나, 신문사들이 사고에 대해서 방위세를 무는지 궁금해진다. 이것도 엄연히 영리와 관련된 광고의 한 행위임에 틀림없다. 창간기념일에 화분이나 축전을 보내온 사람들의 이름을 수없이 나열하는 지면도 신문을 사사롭게 사용하는 본보기라고 할 수가 있다.

이처럼 신문을 사사로운 이익을 위한 도구로 사용하는 예는 복합기업에 속한 신문이나 또는 라디오나 텔레비전 같은 여러 다른 매체를 한꺼번에 운영하는 기업에 속한 신문에서 더 잘 볼 수가 있다. 큰 재벌이 경영하는 복합기업 형태의 신문은 그 재벌기업들의 이익에 봉사할 가능성이 더 높다는 점에서 늘 문제가 된다. 우리나라에도 이러한 형태의 신문이 몇 개 있다. 이러한 신문들은 기사에 교묘히 관련기업들의 이익을 추구하는 내용을 집어넣는 수법으로 여론을 잘못 이끌거나 광고행위를 하게 된다. 이를테면, 그 신문사가 속한 재벌이 경영하는 동물원이 있을 때 신문에서 동물의 이야기에 관한 기획기사를 실으면서 "이러이러한 동물은 어느 동물원 밖에 없다"는 식으로 쓰는 수법이 그러한 예라고 할 수가 있다.

또 여러 대중매체를 한 경영주가 한꺼번에 경영하는 형태의 매체 기업에 속한 신문은 내놓고 사사로운 이익을 위해 봉사하고 있다. 예를 들면 어느 신문의 방송계 소식을 알리는 고정란은 세 텔레비전 방송국 가운데 자기네 회사가 경영하는 방송국 프로그램에 관한 소식을 거의 날마다 두 건씩 게재하고, 다른 두 방송국의 프로그램 소식은 한 건씩 보도해 주는 것을 정해진 형식으로 삼고 있다. 그런 가 하면 그 회사에서 발행되는 출판물을 사고나 기사로 광고하기도 하고, 문화면에 틈만 있으면 자기 방송 프로그램 광고를 끼워 넣기에 여념이 없어 보인다. 이런 신문을 보면 그것이 신문인지, 아니면 어느 회사의 광고나 선전물인지 어리둥절하게 된다.

이런 점들로 미루어 볼 때, 우리나라의 신문들은 공중의 이익을 위한 봉사라는 신문의 사명감에 비추어 반성할 점들이 많다고 생각된다. 오늘의 우리 신문들은 "신문들이 다 그렇고 그러니 아무거나 본다"든지 "그렇고 그러니 연재물이라도 재미있는 것을 본다"든지 하는 투의 인식이 독자들 사이에 높아져 가고 있음을 깊이 걱정해야 할 것이다. 그것은 신문의 기본적인 기능의 문제로, 라디오와 텔레비전 같은 다른 매체와의 경쟁에서 신문이 어떻게 생존해 갈 수 있는지의 문제까지 영향을 줄 것이다.

이번 정기국회에서는 제3대 미국 대통령 제퍼슨(Thomas Jefferson)의 언론관을 둘러싸고 때 아닌 파문이 좀 있었다. "신문 없는 정부보다 정부 없는 신문을 택하겠다"는 제퍼슨의 말을 인용하여 언론 자유 보장을 촉구한 어떤 의원의 질문에 대해 김성진 문화공보부 장관이 "제퍼슨이 대통령에 취임하기 전에는 그렇게 말했으나 임기를 끝마친 후에는 '신문을 열심히 보는 사람보다 덜 보는 사람이 사물을 더 정확히 판단할 수 있다'는 말을 했다는 것을 참고로 말해 둔다"고 답변하면서 파문이 생겼다고 한다.

이 말은 제퍼슨이 대통령직에 있던 때인 1807년 6월 14일에 노벨(John Norvell)이란 이에게 보낸 편지에서 찾아볼 수가 있다. 그는 그때의 미국 신문이 "타락한 허위의 정신에 의해 언론의 효용성을 파괴시키고 있다"고 비난하면서, "나는 신문을 전혀 보지 않는 사람이 신문을 읽는 사람보다 오히려 더 잘 알고 있다고까지 얘기하겠습니다. 이는 아무 것도 모르는 사람이 거짓과 오류로 가득 찬 마음을 가진 사람보다 진리에 더 가깝다는 것과 마찬가지 뜻에서입니다"라고 말했다. 그러나 제퍼슨은 그때의 언론의 타락한 행실을 탓했지, 결코 신문의 존재 자체를 회의하거나 부정하지는 않았다는 점이 중요하다. 우리가 가뜩이나 신문이 어려움을 겪고 있는 때에 그들의 타락한 행실을 탓하는 것도 다 이런 문맥에서 이해되어야 한다.

《뿌리 깊은 나무》, 1976년 10월

너무 많은 남의 나라 선거 소식

6·25전쟁 전후에 국민학교와 중·고등학교의 교육을 받은 사람들은 누구나 경험한 일이겠지만, 유엔창립일이 언제이며 사무총장이 누구이고, 또 자유 우방의 수상이나 대통령의 이름이 무엇인지를 외우는 것이 중요한 공부의 하나였다. 그래서 마치 그러한 것들이 지식처럼 생각되었고 그런 것을 남보다 더 많이 아는 사람이 상식이 풍부한 것으로 보였다. 그런데 상식이란 공동사회에서 일어나는 대부분의 일을 이해하고 인간관계를 유지하는 데에 필요한 지식이므로, 유엔사무총장이 누구이고 우방의 대통령이 누구임을 아는 것이 진정한 뜻에서의 상식이 아님을 내가 이해하게 된 것은 철이 든 뒤였다.

그런 교육을 어려서부터 받아서 그런지는 모르겠으나, 내 경험에 비추어 볼 때 우리나라 사람들은 대체로 다른 나라에 대하여 관심도 있고 아는 것도 많은 것 같다. 그러나 이러한 느낌이 들 때마다 우리는 과연 내 고장과 내 나라에 대하여 얼마나 관심을 가졌으며 자세히 아는지를 생각하게 된다.

물론 사람은, 누구나 정도의 차이는 있겠으나, 다른 사람의 주변에서 일어나는 일들에 관심을 가지기 마련이다. 우리는 홀로 사는 것이 아니라 다른 사람들과의 관계 속에서 상호작용을 하면서 살아가기 때문에 그러한 관심을 가지는 것은 자연스러운 일일 것이다. 더욱이 다른 사람에게 영향을 주는 편이기보다 영향을 받으며 살아가는 편인 사람은 더욱 그러할 것이다. 이러한 관계는 다만 개인의 생활에서만 볼 수 있는 일이 아니라, 집단과 집단, 사회와 사회, 그리고 나라와 나라의 사이에서도 마찬가지다. 그렇다고 하여 자기 자신의 일보다 다른 사람의 일에 더 관심을 가지거나 자기 집안의 일보다 다른 가정의 사정을 더 잘 알아야 할 이유는 없다. 마찬가지로 제 나라 안에서 일어나는 일들보다 다른 나라에서 벌어지는 일들을 더 잘 아는 것도 결코 자랑거리가 못된다.

우리가 세상 돌아가는 소식을 궁금해 하는 것은 그러한 소식들이 우리의 생활에 없어서는 안 될 것들이기 때문이다. 우리는 생존을 위해 늘 환경의 변화에 대처하여야 할 뿐만 아니라 더 나은 삶을 위해 환경을 끊임없이 개선해 나가야 한다. 그렇게 하려면 무엇보다도 먼저 내 고장과 내 나라에서 일어나는 일들을 더 소상하게 알 필요가 있다. 그런 다음에 다른 고장과 다른 나라의 일들을 내 고장과 내 나라와 관련지어서 확실하게 이해하는 것이 바람직하다. 이러한 기본적인 필요를 충족시켜 주는 일을 떠맡은 것이 현대사회의 신문이라고 할 수가 있다. 이러한 관점에서 우리나라 신문들이 얼마나 그 일을 잘 하고 있는지를 살펴볼 때, 우리는 몇 가지 흠을 지적하게 된다.

우리나라 신문들은 자주 내 고장과 내 나라의 일들보다 다른 나라에서 일어나는 일들을 더 크게, 더 자세히 알려 주곤 한다. 때로는 다른 나라의 일이 비록 우리와 크게 관련되는 일이라 할지라도 그 일을 보도하는 태도에서 지나친 흥분마저 드러내기도 한다. 지난 10월과 11월과 12월의 석 달 치 신문만 펼쳐 보아도 그런 경향을 쉽게 찾아낼 수가 있다.

지난 10월 4일에 1977년도 예산안의 국회 제출에 즈음하여 대통령의 새해 시정연설이 국회에서 있었다. 다음날부터 새해 예산안에 대한 국회의 질문이 시작되었던 것은 누구나 다 아는 일이다. 이날 첫 질문자로 나선 사람은 새로 제1야당의 대표로 선출된 이철승 의원이었다. 그의 질문은 비록 의원 개인의 자격으로 하는 형식을 띠었으나, 실제로는 제1야당의 새 대표로서의 첫 연설이자 야당대표의 기조연설인 셈이었음은 언론도 인정했던 일이다. 그런 만큼 그의 연설은 정부의 새해 시정방침과 더불어 국민에게는 중요한 뜻을 가지는 것이었다고 할 수 있다. 따라서 그의 연설에 대한 해설기사가 으레 있음직했다. 그러나 그때 태국에서 일어났던 쿠데타에 대한 자세한 해설기사는 있었어도, 우리나라 야당대표의 연설에 대한 해설기사는 서울에서 발행된 유수한 신문이라고 자처하는 신문들에서조차 찾아볼 수가 없었다. 신문들이 그의 연설을 해설로써 다룰 만큼 중요한 것이 아니라고 다 같이 생각을 했다면 할 말은 없겠으나, 무엇인가 모자란다는 느낌이 들었음을 털어 놓지 않을 수 없다.

다음으로 생각해 보아야 할 것은 미국의 대통령 선거를 두고 보여 준 보도태도의 문제이다. 미국 대통령 선거운동 기간 동안에 우리나라 신문들이 그 선거에 관한 기사를 어떻게 보도했으며 그것이 우리의 국가이익에 얼마나 이바지했는지의 문제는 접어두더라도, 카터(Jimmy Carter) 후보의 당선이 확정된 날 우리나라 신문들의 보도태도는 반드시 반성해 보아야 할 것이다. 《동아일보》 논설위원인 정용석이 적절하게 표현했듯이, 서울에서 발행된 이 날짜의 일간신문들은 미국의 선거결과에 대한 호외였다 해도 지나친 말이 아닐 것이다.

미국의 선거결과가 우리에게 많은 영향을 주기 때문에 깊은 관심을 가지지 않을 수 없는 실정을 감안하더라도, 그날 신문이 미국의 선거결과를 알리는 호외처럼 만들어졌어야 할 이유를 찾기는 힘들다. 우리 신문들의 보도태도는 오히려 그 일을 치른 미국의 지각 있는 신문들보다 더 흥분하고 있었던 점을 정용석은 지적하였다. 분별이 있는 독자라면 누구나 그의 말에 고개를 끄덕일 것이다. 그랬기 때문에 그날은 나라 안 소식들에는 암흑의 날이었다고 그는 논평했다. 그래서 그런지 11월 3일이 우리의 항일독립운동사에 길이 빛나는 광주학생항일운동 기념일이었다는 사실조차 우리 신문들은 잊어버렸다. 어떤 신문에서도 광주학생항일운동에 관련된 기사를 찾아볼 수가 없었다.

우리 신문들은 우리가 몰라도 좋을 남의 나라 일은 자세히 알려주면서, 그런 일들과 대등한 무게를 지닌 나라 안의 일은 자상하게 다루어 주지 않은 경우도 많이 있다. 예컨대 백악관의 방 이름이나 미국 대통령이 딸들에 관한 소식은 알아도, 청와대에 대한 같은 종류의 소식은 잘 접하지 못하는 형편이다.

더구나 우리 신문들은 막상 우리의 관심이 될 만한 국내 소식들은 때때로 놓쳐 버리는 수마저도 있다. 지난 12월 4일에는 우리나라 내각 개편이 있었고, 바로 다음날에는 새로 출발할 카터 행정부의 국무장관에 밴스(Cyrus Vance)가 확정되었다는 보도가 있었다. 그 날짜의 신문들에서는 새로 바뀐 우리나라 장관들에 대한 소개보다 밴스의 소개가 더 상세하게 다루어지고 있었다. 우리의 새 장관보다 남의 나라 장관에 대해 더 자세하게 알아야 할 이유가 무엇인지도

의문이거니와, 밴스의 어머니가 초년기의 밴스에게 프랑스 말을 배우게 했다는 것까지 알아야만 하는지 묻고 싶다.

또 우리 신문들은 외신기사의 선택에서도 때때로 편파성을 보인다. 예를 들면, 어느 신문에 실린 10월 한 달 동안의 외신기사는 마오쩌둥이 죽은 뒤의 중공(中共)에 관한 기사가 거의 전부였다고 해도 지나치지 않다. 1면과 3면에 실린 중공에 관한 기사들의 수를 세어 보았더니, 10월 한 달 동안의 머리기사가 9건이고 보통기사가 무려 71건이었으며, 해설기사가 14건, 그리고 사설이 4건이었다. 물론 우리의 국제관계로 보아 중공 내부 권력구조의 변화는 중요한 관심거리임에는 틀림없다. 그러나 10월 한 달 동안 세계에서 일어난 일들 가운데서 오로지 중공의 권력구조변화만이 우리에게 중요한 것이었다고 하기는 어려울 것이다. 이 기사들 가운데는 뉴스의 근거에 대한 신빙성이 의심스러운 기사들도 있었던 점을 신문은 깊이 생각해 보아야 할 것 같다.

《뿌리 깊은 나무》, 1977년 1월

공정성을 잃은 보도들

　신문이 공중으로부터 신뢰를 얻으려면 첫째로 공정해야 한다. 신문이 공정하려면 편견에서 벗어나야 하며, 어떤 처지나 의견도, 또 그것을 반대하는 쪽도 똑같이 다루어야 할 것이다. 그렇게 하려면 신문은 모든 사람이 법 앞에서 평등하다는 원칙을 바탕으로 하여 정치·경제·사회의 모든 편견의 지배를 벗어나야 할 뿐만이 아니라, 더욱이 권력을 가지지 못한 소수의 사람들의 권리를 늘 보장해 주는 표현매체가 되어야 할 것이다. 그렇다면 우리나라 신문은 참으로 얼마나 공정한지 1월 치 신문을 가지고 살펴보기로 하자.

　지난 1월 14일자 신문들은 근로자들의 올해 임금인상의 기본방침을 두고 경영자 측과 근로자 측의 의견이 크게 엇갈리고 있다는 기사를 싣고 있다. 이 기사는 새해 근로자들의 임금인상방침을 논의하게 될 중앙노사협의회에 대비하여 경영자 측인 한국경영자협회를 비롯한 다섯 개의 경제단체와 근로자 측을 대표한 한국노총이 저마다 마련한 임금인상의 기본방향을 소개하면서, 양측의 의견이 어떻게 다른지를 다루고 있다.

　서울에서 나오는 대부분의 신문들은 경영자 측과 한국노총 측의 주장을 나란히 다루고 있다. 두 측의 의견을 공평하게 다루려는 노력은 이 기사의 편집에서도 잘 엿볼 수 있다. 그리고 이 문제는 늘 사회의 중요한 관심거리가 되기 때문에 《조선일보》에서는 1월 18일자, 또 《한국일보》에서는 1월 16일자 사설로 다루기도 했다. 그러나 《중앙일보》는 이 기사를 1월 14일에 실으면서 경영자 측의 임금 인상방침만을 내보냈다. 게다가 이 신문이 다룬 경영자 측의 인상방침도 다른 신문에 견주어 그 내용이 알차지 못했다. 그러나 그것보다 중요한 문제는 이 신문이 경영자의 의견만을 제시해 줌으로써 공정해야 할 신문의 책임을 지키지 않은 것이다. 따라서 이 신문은 독자들이 임금인상문제의 참모습을 파악하고 거기에 따른 의견을 가지는 데에 경영자 측의 의견에만 기대게 한 셈이 되었다. 《경향신문》은 아예 이 문제를 기사로 다루지도 않았다.

임금인상 이야기를 한 김에 이달의 노동관계 기사를 한 가지만 더 살펴보겠다. 17일자 신문들에 한국노총 위원장 정동호가 발표한 노총의 임금조정방향을 다룬 기사가 있다. 이 발표에는 임금인상폭에 대한 노총의 주장뿐만 아니라, 근로자가 경영에 얼마만큼의 발언권을 갖고 경영 전반에 걸쳐 경영자와 협의할 수 있는 '노사협의회법', 순직 근로자의 유족과 산업재해로 말미암아 생긴 신체장애자 및 그 가족의 취업보장과 그 자녀교육의 지원 등의 일을 목적으로 한 '근로원호법'의 제정을 정부에 건의한 대목이 있다.

이러한 제안들은 근로자, 경영자, 정부가 모두 관심을 가지지 않으면 안 될 문제이므로 모든 신문들이 마땅히 기사로 다루어야 했을 것이다. 그러나 《중앙일보》는 그가 이야기한 임금인상폭에 관한 부분만을 기사로 내보냈고 '노사협의회법'이나 '근로원호법'과 같은 것의 제정을 제안한 사실은 한 줄도 써 주지 않았다. 그렇지 않아도 대형재벌이 경영하는 신문은 기업가들의 이익에 알게 모르게 봉사하고 있다는 비판을 받고 있는 터에, 노동관계 기사를 이처럼 다루는 태도는 그러한 비판이 전혀 터무니없는 것은 아닐지도 모른다는 짐작을 뒷받침하고 있다.

신문이 공정하지 못하게 되는 여건으로서 흔히 광고주들의 영향력이 꼽힌다. 우리나라 신문도 그와 같은 말을 때때로 들어왔다. 1월 한 달 치 신문만을 뒤적여 보아도 우리나라 신문이 광고주들이나 상품생산자들의 영향을 받거나, 그들의 눈치를 봄으로써 신문의 책임을 다하지 못하고 있는 듯한 낌새를 찾아내기는 어렵지 않다. 1월 12일자 신문들을 보면 경상북도가 소비자보호 차원에서 시중의 60종류쯤의 생활필수품 913가지를 계량표본조사를 하였더니, 전체의 28퍼센트에 맞먹는 256가지의 상품의 양이 정량에 못 미쳤다고 발표했다. 그러나 어떤 생산자의 어떤 상품의 양이 정량에 못 미치는지는 전혀 밝혀져 있지 않고, 다만 조미료 몇 퍼센트 하는 식으로 되어 있다.

이와 비슷한 사례가 또 있다. 1월 21일자 《중앙일보》는 술, 간장, 식초, 청량음료 따위의 식용식품의 질이 떨어졌을 뿐만이 아니라, 어떤 업체는 원료와 인건비 인상을 구실로 내세워 값싼 원료와 첨가물을 사용하고 있으므로 보건사회부가 이를 조사할 것이라는 기사를 실었다. 물론 이 신문의 기사에서도 생산자나 상품의 이름이 밝혀지지 않은 것은 앞의 사례에서와 같다. 그러나 국민의 생활과 직결된 이 중요한 소식에 대해 다른 신문들이 다 벙어리였는데도, 이 사실을 보도한 유일한 신문이었다는 점에서 《중앙일보》는 칭찬받을 만하다.

1월 25일자 신문들에는 보건사회부가 드링크제품의 약효를 다시 평가할 것이라는 기사가 실려 있다. 《동아일보》와 《조선일보》는 이 것을 기사로 만들면서 평가의 대상이 된 제약회사와 상품의 이름을 밝혔으나, 《서울신문》과 《경향신문》은 밝히지 않은 채로 보도했으 며, 《중앙일보》와 《한국일보》는 전혀 기사로 다루지 않았다. 이런 현상들은 모두 신문들이 생산자나 광고주의 눈치를 보는 데서 오지 않았느냐는 의심을 불러일으킨다.

신문은 때때로 사회의 관심거리를 선정적으로 다루거나 어느 한 쪽의 처지만을 강조함으로써 공정하지 못한 경우가 있다. 서울대학 교의 입학시험에서 신체장애를 가졌다는 이유로 최종 합격자 발표 에서 떨어진 박창권의 경우를 다룬 《동아일보》가 바로 그러한 보기 라고 할 수 있겠다. 다른 신문들은 전혀 다루지 않은 문제를 《동아 일보》는 닷새에 걸쳐서 여러 가지 형태의 기사로 다루었다. 물론 그의 불합격이 온당한지의 문제를 다루고, 또 이를 계기로 하여 신 체장애인의 교육문제와 그들에 대한 사회의 무관심을 일깨워 합리 적이고도 충분한 제도의 보장을 마련해 주는 데 이바지하려는 신문 사의 뜻은 높이 살만하다.

그러나 이 문제를 다룬 《동아일보》의 태도에는 반성할 점이 있 다. 지나치게 선정적이었다는 것도 지적될 수 있겠으나, 그보다 더 큰 잘못은 그 불합격에 대한 대학의 의견이 거의 무시된 점이다. 또 그의 청력이 대학교육을 받는 데 충분한지를 심사한 신체장애자 불 합격기준에 대한 과학적인 논의나 검토가 빠져 있다. 대학 측의 의 견은 빠지고 신체장애인 측의 의견만을 주로 드러냄으로써, 공정성 을 잃었다고 할 수 있다.

끝으로, 신문은 그 공정성을 위해 신문사와 관련된 일도 사심 없 이 드러내어야 하겠다. 신문은 물가에 민감하다. 국민들의 생활을 걱정해 주기 때문이다. 그런데 정부나 대학이 물가나 등록금을 올리는 것은 크게 문제로 삼으면서, 신문기업이 물가를 올리는 일은 전혀 보도하지 않고 있다. 예를 들면 새해 첫날부터 동아방송, 동양방송, 문화방송의 세 민간방송이 광고방송전파료를 30퍼센트 가량 올렸다고 한다. 왜 소비자에게 부담이 돌아갈 이와 같은 광고료 인상은 신문에서 보도조차 하지 않는지 모르겠다.

《뿌리 깊은 나무》, 1977년 3월

함부로 다룬 과학기사

2월자 신문을 보면 두 가지 소식이 독자들의 큰 관심거리가 되었던 것 같다. 바로 임시행정수도의 건설을 구상한다는 정부의 발표와 연탄가스중독을 식초로 고칠 수 있다는 학계의 발표이다. 이 두 가지 소식 가운데에서 정부가 임시행정수도의 건설을 구상한다는 기사는 이 사업이 국가사업이므로 이를 다루는 신문의 보도자세도 또한 신중하였고, 여러모로 많은 검토를 해줌으로써 독자와 정부에 도움을 주었다고 평가할 수 있다. 그러나 연탄가스중독을 치료하는 이른바 '식초요법' 발견기사는 과학기사, 더욱이 의학이나 의약품관계 기사라는 점에 비추어 그 다루는 방법에 몇 가지 생각해 보아야 할 점들을 드러냈다.

신문기사의 작성방법을 가르치는 교과서에 따르면, 의학이나 의약품에 관계되는 기사는 다른 어떤 사건을 다루는 기사보다도 더 조심스럽게 다루어야 한다. 그런 기사는 사람의 생명과 깊은 관계를 가지고 있기 때문이다. 더욱이 어떤 질병을 치료하는 방법 같은 것을 기사로 쓸 때는 더욱 조심해야만 한다. 그런데도 지난날의 우리나라 신문들을 보면 어떤 치료방법을 지나치게 부풀려서 보도하거나 기적 같은 치료 이야기를 별다른 검증 없이 보도한 예가 흔히 있었다. 또 새로운 발견이라고 했던 사실이 의학계에서는 이미 잘 알려진 것이었던 예도 더러 있었다.

2월 22일자 모든 신문들이 연탄가스 중독을 치료하는 식초요법의 발견을 크게 보도했다. 《동아일보》, 《조선일보》, 《한국일보》 등의 신문들이 다 같이 이 기사를 1면 머리기사로 다룰 만큼, 이 소식은 모든 국민의 관심을 모으기에 충분한 놀랄 만한 것이었다. 그리고 《동아일보》, 《서울신문》, 《조선일보》, 《중앙일보》 등의 신문들이 식초요법의 발견을 치하하고 연탄가스 중독의 치료방법을 연구하는 데 정부와 여러 사람들의 뒷받침을 재촉하는 사설을 쓴 것도 신문이 해야 할 바를 바르게 한 것이라고 할 수 있다. 그러나 신문들은 이 기사를 다루는 데서 많은 잘못을 저질렀다.

무엇보다도 먼저 얘기하지 않을 수 없는 것은 모든 신문들이 이른바 식초요법이 아직 충분한 의학적 검증이 끝나지 않았고, 연구가 계속되고 있는 과제라는 점을 잊어버린 채 마치 완전한 연탄가스중독의 치료법인 것처럼 단정해서 보도한 사실이다. 비록 기사에서 식초나 빙초산에 들어있는 어떤 물질이 가스중독환자를 소생시키는 구실을 하는지, 그리고 환자가 혼수상태에서 어떤 단계를 거쳐 의식을 회복하는지는 아직 알 수 없으며, 이를 가려내는 것이 남은 연구과제라는 점을 밝히고는 있다. 그러나 기사의 제목과 내용이 이 요법을 완전한 연탄가스중독의 치료법이라고 독자들이 믿도록 만들었음을 부인할 수 없다. 이런 식의 보도는 신문이 매우 큰 잘못을 저지를 수 있다는 본보기이기도 하다.

이 사실을 다룬 거의 모든 신문들이 식초요법은 응급처치를 할 때 쓰고, 더 근본이 되는 치료는 병원에 가서 전문의의 치료를 받는 것이 바람직하다는 점을 강조하지 않았기 때문에 오히려 생각지 않았던 피해가 생길 위험성마저 지닌다. 신문들은 그 다음날에도 계속해서 식초요법이 곳곳에서 뛰어난 효과를 나타내었다고 보도하거나, 이 사실이 알려진 뒤에 연탄중독으로 병원을 찾는 환자가 훨씬 줄어들었다는 소식을 알리기에 바빴다. 게다가 《동아일보》와 《중앙일보》는 2월 23일자 신문에 식초요법이 곳곳에서 쓰여 놀라운 성과를 거두고 있다는 뜻의 제목을 달고 기사를 실었다. 그러나 그것을 읽어 보면 겨우 두 사람의 경우를 가지고 그런 제목의 기사를 썼음을 알 수 있다. 과학기사를 다루는 신문이 겨우 한두 개의 사례를 보기로 들어 "곳곳에서"라는 표현을 쓰는 것은 매우 정도에 어긋난, 부풀리기식 보도이다.

다만 뒤늦게나마 2월 27일자 《한국일보》와 28일자 《동아일보》가 식초요법을 가정에서 이용한 뒤에는 부작용이나 후유증이 남을 수 있기 때문에 꼭 병원을 찾아야 한다는 전문의들의 경고를 크게 보도해 준 것은 다행이라고 하겠다.

내친 김에 의학관계를 포함한 과학기사를 다루는 우리나라 신문들의 잘못된 점을 몇 가지 더 살펴보기로 하겠다. 한마디로 말해서 우리나라 신문은 과학기사를 다룰 때 지나치게 경솔하거나, 사실을 부풀리는 일이 자주 있다. 그 가운데에서도 위에서 본 바와 같이 아직 실험단계에 지나지 않는 치료법이나 의약품을 어떤 질병에 대한 결정적인 해결책처럼 보도하는 사례가 흔하다. 2월 11일자 《중앙일보》가 보도한 연탄가스중독을 약물로 치료할 수 있다는 기사나, 같은 신문이 22일에 보도한 연탄가스중독 치료생약인 '지(G)3' 개발기사 같은 것이 모두 그런 예이다. 그뿐만 아니라 2월 8일자 《동아일보》는 "한국 여성의 빈혈에 관한 역학적 조사 연구 결과"라는 제목을 단 기사에서 빈혈이 유산과 조산, 그리고 미숙아와 허약아를 낳는 원인임을 밝혔다. 그것이 의학으로는 사실이라고 하더라도, 모든 임산부들에게 줄 정서적인 영향을 생각하여 이런 기사는 조심스럽게 다루어져야 마땅할 것이다.

그리고 과학기사를 쓰면서 사실에 매우 어긋나는 짐작을 섞어 쓰는 경우도 있다. 보기를 들면 2월 25일자 《중앙일보》는 사회면에 "오진율 아직도 높다"라는 제목의 머리기사를 싣고 있다. 이 기사는 서울대학교 의과대학 이문호 교수와 그 밖의 몇몇이 1972년과 1976년 사이에 서울의대 부속병원 내과에 입원한 환자 가운데에서 외과로 가서 수술을 받은 환자들을 대상으로 하여 연구한 결과를 싣고 있다. 내과의사들이 진단을 잘못한 비율이 17.2퍼센트에 이른다는 내용으로, 선진국들에 견주면 우리나라의 오진율이 높다는 것을 밝히면서, 오진을 줄이도록 노력할 것을 촉구하였다. 이 기사는 "특히 가장 시설이 좋고 의사진이 충실한 서울대의대 부속병원의 경우이기 때문에 다른 병원의 오진율은 훨씬 높을 것으로 추정되고 있다"라는 말도 덧붙였다. 이런 말은 단지 단순한 짐작에 지나지 않는다. 이런 짐작을 과학기사에 넣는 것은 상식 밖의 일이라고 하겠다.

또 우리나라 신문이 과학기사에서 고쳐야 할 점은 기사의 내용이나 그 표현이 어렵다는 점이다. 과학은 본디부터 어렵고 딱딱한 느낌을 주는데, 기사에서조차 전문적인 학술용어를 쓰는 것은 독자들로 하여금 과학기사를 더 멀리하게 하는 주된 원인이 된다. 따라서 전문용어는 날마다 쓰는 쉬운 말로 풀어서 써 주어야 할 것이다.

과학은 우리의 생활과 깊은 관련을 갖고 있다. 따라서 신문들이 좀 더 많은 과학기사를 다루어 주어야 할 필요성은 아무리 강조해도 지나치지 않다. 그리고 건강이나 공중보건에 도움을 주는 기사는 독자들에 대한 신문의 봉사이기도 하다. 그러나 과학기사, 더욱이 의학이나 의약품과 관련된 기사는 바로 사람의 생명과 관계있기 때문에 아주 조심스럽게 다루어져야만 한다. 건강요법에 대한 기사들이 오히려 독자들로 하여금 자기의 건강을 지나치게 걱정하게 하는 '건강 노이로제'에 걸리게 하면 큰일이다. 아울러 신문사들은 과학기사를 도맡아 다룰 과학전문기자를 하루바삐 길러내야 할 것이다.

《뿌리 깊은 나무》, 1977년 4월

왜 정확하지 못하나

사회가 언론의 자유를 보장하고, 이런 보장을 언론 스스로가 받아들이는 것은 언론이 자유를 보장받을 만한 의무도 함께 받아들이는 것을 뜻한다. 그리고 스스로를 존중하는 언론은 언제나 언론의 모든 형식에서 사회에 대한 그들의 의무를 충실히 다 하겠다는 약속을 지켜야 한다. 그러려면 언론은 독립성을 지켜야 하고, 공평하며, 정확하고, 정직해야만 한다. 신문이 정확해야 한다는 것은 말하기는 쉬워도, 그것을 지키기엔 현실에서 많은 어려움이 뒤따른다. 그 어려움은 시간이란 요소와 얽혀 있다. 역사가는 시간이 흐른 뒤에 진실을 쓰지만, 신문은 그날의 진실을 그날에 써야 한다는 제약이 있다. 그만큼 신문이 정확성을 지키기는 어려운 일이다.

우리가 신문의 정확하지 못한 점을 말할 때는 대체로 두 가지로 나누어 그 원인을 생각하게 된다. 의도된 부정확성과 의도가 없는 부정확성이다. 의도된 부정확성은 기업가가 자기 상품의 가격을 올리거나 주식의 값을 올리려고 신문에 영향을 미칠 때, 신문이 이런 사실을 알면서도 거짓으로 보도하는 경우에서 생긴다. 한편 의도가 없는 부정확성은 신문을 만드는 사람들이 신문을 만드는 과정에서 실수를 저질러 생기는 것이다. 예를 들면 활자를 잘못 뽑았거나, 교정상의 실수, 기자가 기사를 잘못 쓴 경우, 신문에 실린 광고가 거짓인 것들이 모두 이에 포함된다.

따라서 의도가 없는 부정확성은 보기에 따라서는 기술문제와 관련된 것으로서 일을 하다가 보면 생기기도 하는 것인데, 이에 견주어 의도가 있는 부정확성은 신문을 잘못 사용하는 경우에 생기는 것으로서 신문사나 기자의 직업윤리의 문제와 관련된다. 그러므로 의도된 부정확성이 사회에 더 큰 피해를 준다고 할 수 있다. 그러나 이러한 의도된 부정확성은 독자들이 알아차리기가 매우 어렵고 잘 드러나지 않는 것이어서, 우리나라 신문들이 얼마나 이런 짓을 저지르고 있는지를 말하기가 어렵다. 이와 같은 한계 때문에 여기서 얘기하는 부정확성은 의도가 없는 것에 제한될 수밖에 없다.

독자들이 흔히 생각하는 신문의 부정확성은 활자를 뽑는 과정이나 교정의 잘못에서 오는 것일지도 모른다. 독자들 가운데에는 일제 시대나 자유당 정권 때 어떤 신문들이 활자를 잘못 뽑아 정간되는 일이 있었던 예들을 기억하는 사람들이 있을 것이다. 그러나 대체로 오늘의 우리나라 신문에서 이러한 일은 보기가 힘들다. 그리고 어떻게 생각하면 활자의 잘못에서 오는 부정확성은 그렇게 큰 문제는 아닐지도 모른다.

비록 의도가 없는 것이었다고는 하지만 더 문제가 되는 것은 사실이 왜곡되거나 균형을 잃는 것이다. 이런 종류의 부정확성은 기사를 다루는 사람들의 성실하지 못한 태도나 기자들의 자질에서 비롯된다고 생각된다.

4월 13일자 《경향신문》과 《중앙일보》, 《한국일보》에는 기독교청년회에서 우리나라 교과서 편수(編修)의 문제점을 토론한 내용이 실려 있다. 토론한 두 사람의 발표 내용 가운데서 차경수의 원고와 신문에 실린 내용을 비교해 보기로 하겠다. 물론 그날 있었던 차경수의 발표가 미리 준비했던 원고 그대로 행해졌다는 보장은 없다. 그러나 발표는 원고를 바탕으로 하여 이루어졌을 것이라는 점에서 얼마든지 비교할 수 있으리라고 본다.

우선 원고에 따르면 차경수는 우리나라 교과서가 가진 문제를 내용이 빈약하고 질이 낮으며, 틀린 것이 많고, 글쓴이의 자질이 낮은 데 있다고 보았다. 그리고 교과서 가격의 문제는 큰 이권과 관련되어 있어서 일반 출판업자가 교과서 출판업자가 되면 큰돈을 벌게 되므로, 앞으로는 폭리의 여지를 없애고 요행이 작용하지 않도록 해야 할 것이라는 주장을 했다. 또 교과서를 국정으로 할 것인지 또는 검인정으로 해야 할 것인지의 문제에서는 어느 한 쪽을 두둔하거나 지지하지 않고, 그런 문제보다는 교과서를 잘 만드는 일과 유통과정을 합리화하는 일이 더 중요하다는 의견을 내세웠다.

이런 내용을 가진 그의 발표를 다룬 기사를 보면 우선 세 신문이 모두 발표 내용의 주된 관점을 정확하게 간추려서 드러내는 데 실패하고 있음을 알 수 있다. 더욱이 《한국일보》는 그런 경향이 더욱 심하여 주제의 줄기보다는 잔가지 얘기를 주로 소개하고 있다.

또 발표한 내용 가운데서 일부분을 잘못 이해하고 기사를 쓴 것도 있다. 예를 들어 《중앙일보》는 "외국의 경우 400~500페이지 교과서 부피에 못지않은 교사용 지도서를 함께 발행하는 것은 교육을 개념과 법칙중심으로 가르쳐야 한다는 점을 중요히 여기기 때문이다라고 했다"고 썼는가 하면, 같은 내용을 《한국일보》는 "이런 점을 시급히 개선해야 함은 물론 훌륭한 학자가 반드시 훌륭한 교과서의 저자가 될 수 없으므로 지식의 구조중심으로 재편성하는 작업이 필요하다"고 기사를 만들었다.

그러나 그 부분의 본디 내용은 교과서를 쓸 때에 생기는 문제점을 다루면서 교과서란 학문을 알기 쉽고 가르치기 편리하도록 다시 조직한 것이어야 한다는 것이었다. 그러므로 교과서를 편찬할 때는 교육학 연구가 필요하다고 하고, "요즘의 경향은 지식의 구조에 따라서 교육을 개념과 법칙을 중심으로 하여 곧 구조중심으로 하여 가르치는 것인데 우리나라의 학문분야마다에서 이런 노력이 있는지"를 묻고 있다.

위에서 예를 든 것처럼 이런 내용을 기사로 했을 때 뜻의 전달이 잘 되지 않음은 말할 것도 없고, 때로는 본디 내용과는 전혀 다른 것이 되어 버리기가 쉽다는 점을 유념해야 할 것이다.

그뿐만 아니라 어떤 사람의 의견이나 발표를 기사로 만들 때 앞뒤의 문맥을 잘라 내어 버리고 어느 한 부분만을 기사로 쓰는 데서 오는 폐단도 흔히 거론되고 있다. 이 기사에서도 그런 예를 볼 수 있는데《한국일보》에서는 기사의 마지막 부분을 다음과 같이 끝맺고 있다. "끝으로 교과서 한 권의 발행만 맡아도 거부가 된다는 풍토를 고치기 위해서는 교과서 발행을 상업적으로 배정하지 말고 발행에서 유통과정까지 국가가 강력히 간여하는 제도적인 장치가 필요하다."

그러나 발표자의 주장은 반드시 위와 같지는 않다. 차경수가 실제로 발표한 내용은 '영리를 목적으로 하는 자유경쟁이 가장 낮은 값으로 상품을 생산할 수 있다'는 고전 경제학의 원리가 현실에서 적용되기가 어려울 때는 국가가 싸고 좋은 교과서의 생산과 공급체제를 찾아내는 데에 앞장서야 한다는 주장이었다.

따라서 그의 원고 내용과《한국일보》에 쓰인 기사를 비교해 보면, 신문은 그가 마치 교과서의 유통과정에 정부가 강력하게 끼어들어야 한다는 것을 강조한 것처럼 독자들에게 알리고 있다. 이와 같이 기사를 만드는 것은 발표자에게 피해를 주는 것은 말할 것도 없고, 사회의 중요한 관심거리를 둘러싼 여론의 형성에도 크게 영향을 미친다는 점에서도 결코 바람직한 것이 아니다.

이 한 가지 예를 가지고 우리나라 신문이 모두 이런 종류의 기사를 다룰 때에 늘 이와 같은 잘못을 저지른다고 말하려는 것은 결코 아니다. 말하자면 기사 하나하나를 만들 때마다 정확한 기사가 되도록 노력해야 한다는 것을 강조하려 할 뿐이다.

앞에서도 잠깐 얘기했지만 여기서 예를 든 종류의 기사가 틀리게 된 것은 기자의 자질과 깊은 관련이 있는 것 같다. 교과서 편수문제와 같은 전문 분야의 과제를 다루는 전문가의 의견을 정확하게 기사로 만들려면 취재기자 자신이 그 분야의 기초지식을 미리 가지고 있어야만 될 것이다. 한 취재분야에 오래 머물면서 그 분야의 지식을 가진 기자만이 그 분야의 정확한 기사를 쓸 수 있을 것이라는 것은 상식이다. 우리나라 신문이 더 정확성을 지니고 사건을 바르게 파헤쳐 그 사건의 알맹이를 드러낼 능력을 키우려면 무엇보다도 전문기자를 기르는 것이 빨리 이루어져야 하겠다.

《뿌리 깊은 나무》, 1977년 6월

예술을 깔보는 문화면

　신문은 여러 분야의 예술활동을 소개하고 그것을 '평'하거나 '비평'하는 일을 한다. 이런 일은 신문이 독자들에게 봉사하는 일일 뿐만 아니라 그 사회의 문화발전에도 공헌하는 일인 점에서 신문의 중요한 구실의 하나라고 해야 할 듯하다. 5월은 한 해 가운데서 여러 분야의 예술활동이 가장 활발하게 펼쳐지는 달이라 해도 지나치지 않을 만큼 공연이나 전시회가 많은 달이다. 지난 5월의 신문들의 문화면을 훑어보면 그 말에 어긋나지 않게 수많은 예술활동이 소개되고 있다.

　그런데 소개된 양에 견주어서 예술을 평하거나 비평한 기사는 거의 없었다. 서평이나 문학작품평을 제외하면 서울에서 발행되는 신문들에 실린 예술평이나 예술비평은 겨우 다섯 손가락으로 꼽을 수 있을 뿐이다. 《중앙일보》에 실린 두 편의 음악평과 《조선일보》에 실린 한 편의 음악평, 그리고 《동아일보》에 실린 한 편의 무용평이 전부였다. 수많은 연극공연과 음악회와 미술 전람회들이 있었지만, 신문은 이들 예술활동을 소개만 했지, 평이나 비평을 하지는 않았다.

물론 여러 분야의 예술활동을 독자들에게 충실히 알려 주는 것도 신문이 독자에게 봉사하는 일임에 틀림없다. 그러나 단순한 소개만으로는 신문이 독자들의 요구에 만족스럽게 봉사했다고 하기는 어렵다. 예술활동을 단순히 소개만 하는 기사는 교통사고를 다룬 기사와 다름없는 보도기사에 지나지 않는다. 독자들이 바라는 것은 예술활동을 단순히 소개만 하는 기사가 아니라 평가까지 함께한 기사이다. 독자들은 그러한 기사를 읽고서 자기가 읽을 책을 선택하고 자기가 볼 연극이나 영화를 결정하는 데 도움을 얻고자 한다. 적어도 그와 같은 독자들의 요구를 만족시켜 주기 위해서라도 신문의 예술평은 필요하다.

그렇다고 해서, 지면이 제한되어 있고 예술 각 분야를 평하거나 비평할 만한 능력을 갖춘 손이 부족한 여러 어려운 여건들 때문에, 독자들을 만족시킬 만큼의 예술평을 싣기 힘든 현실적인 제약을 이해하지 못하는 것이 아니다. 그러나 신문이 예술을 다룰 때는 적어도 독자들이 원하는 것을 충족시키려고 노력하고 더 나아가서는 우리나라의 예술을 발전시키려고 애쓰는 성실성이 지면에서 보이도록 해야 한다고 생각한다. 출판사에서 보내온 책이나 소개하고 미리 배포된 연극·영화·음악회·전시회의 프로그램만을 보고서 기사를 만드는 일은 없는지 신문들은 스스로 반성해 볼 일이다.

5월의 신문을 보면 서평과 문학작품평, 그리고 앞에서 말한 몇 편의 예술평을 빼고는 실제로 공연이나 전시회를 보고서 쓴 기사가 거의 없었음이 두드러지게 나타난다. 실제로 소개에 그치는 기사를 꼭 공연이나 전시회를 보고 난 뒤에 써야만 하는 것은 아닐지 모른다. 그러나 그런 기사가 문화 단신이 아닌 바에야 아무래도 몸소 보고 듣고 난 뒤에 써야 생생한 기사가 될 수 있을 것이다. 그뿐만 아니라 프로그램이나 안내책자 따위만 가지고 기사를 만들 때 그 기사가 본의 아니게 특정한 공연이나 전시회의 선전문으로 전락할 위험성이 있는 점도 크게 경계해야 할 것이다.

우리나라 신문의 예술을 다루는 수준에는 이 밖에도 비판거리가 많이 있다. 그 가운데 하나는 우리나라 신문에서 '예술평'과 '예술비평'을 구별해 사용하지 않고 있는 점이다. 신문의 예술평은 어디까지나 저널리즘의 성격이어야 하고, 예술비평은 그것 자체가 하나의 예술 형태이다. 따라서 신문의 예술평은 먼저 사실들을 충실하게 알려 준 다음에 독자들이 선택하는 데 도움이 될 수 있는 평가를 곁들여야 할 것이다. 말하자면, 신문의 예술평은 어디까지나 독자를 대상으로 한 것이다. 그런 관점에서 볼 때 신문은 예술비평보다 예술평을 주로 다루어야 한다. 그런데 우리나라의 신문은 그 점을 잊어버리는 경우가 자주 있다. 그래서 예술평이 때로는 예술가들을 대상으로 한 것으로 바뀌어져 마치 예술가들을 교육시키려고 드는 듯한 인상을 주기도 한다. 그런가 하면 연주공연이 끝난 뒤에 연주평이 실리고, 미술 전람회가 끝난 뒤에 미술평이 실린다. 그러한 신문평은 사후약방문에 지나지 않는다.

또한 신문평이 독자를 대상으로 한 것이라는 사실을 잊고, 기사 속에 전문용어를 그대로 쓰거나 잘못 쓰는 일도 흔하다. 심한 경우에는 자기만 아는 용어를 마구 만들어서 쓰기도 한다. 우리나라 신문평의 커다란 약점 가운데 하나는 좋다/나쁘다, 또는 잘했다/못했다의 평가는 쉽게 내리지만 왜 그런지는 조리에 맞게 설명하지 않는 점이다. 예를 들면 5월 17일자 《서울신문》은 〈오멘〉이라는 영화를 소개하면서 그 영화가 전에 상영된 〈엑소시스트〉라는 영화보다 새로운 기법을 쓰고 있다고 주장했다. 그러나 그 새로운 기법이 어떠어떠한 것인지는 전혀 밝혀 놓지 않았다.

더불어 우리나라 신문의 예술평이나 소개기사는 예술 자체보다는 예술가에 더 초점을 두는 경향이 있다. 5월 신문들에서도 그런 경향이 뚜렷했다. 《경향신문》은 9일에 진애언을, 또 26일에 구진경을 소개했다. 《동아일보》는 4일에 윤영숙을, 또 27일에 구진경을 소개했으며, 《한국일보》는 5일에 츠지 히사코(辻久子)를 소개했다. 그들은 모두 해외에서 공부하고 귀국한 동포 음악가나 외국의 연주자로서 곧 우리나라 무대에서 연주회를 가질 사람들이었다. 기사에서는 한결같이 그들의 높은 음악성과 기량을 칭찬하고 그들이 뛰어난 재원임을 강조했다.

그런데도 정작 이들의 연주회평은 연주회가 끝나도록 어느 신문에서도 찾아볼 수 없었다. 그뿐만 아니라 그들을 소개한 기사에서는 그들의 음악의 특성은 거의 얘기도 하지 않고, 그 음악가가 어느 명문학교를 졸업하고 외국의 어느 학교에서 누구의 가르침을 받았으며, 국민학교 몇 학년 때 시립교향악단과 협연을 하였다는 따위의 이력서만을 고작 나열했을 뿐이다. 그런 기사를 보면 신문이 마치 특정인을 선전하려는 것 같은 인상을 받게 된다. 독자들이 알고자 하는 것은 그들의 화려한 약력이 아니라 그들이 가진 '음악'이라는 점을 이들 신문은 완전히 잊고 있는 것 같다.

그와 같은 예는 미술 전람회의 경우에도 마찬가지다. 이를테면 《조선일보》는 미술 전람회를 갖는 이만익과 김형근의 소개기사를 크게 실었다. 그러나 그들의 전시회를 다룬 미술평은 5월이 다 가도록 찾아볼 수 없었다. 그런가 하면 예술평이나 공연소개에서 실지로 보지도 않고서 본 것처럼 꾸며서 쓴 기사도 있다. 3일에 《한국일보》는 극단 산울림이 공연한 〈바다의 침묵〉을 소개했다. 《한국일보》의 기사에는 그 연극의 막이 며칠 뒤에 오를 예정이었음에도 다음과 같이 쓰여 있었다. "극중 대화보다는 침묵수법을 통해 극의 상황을 전개시킨 것이 이번 무대의 특징. 프랑스 지식인의 저항정신과 나치즘에 기만당한 독일군 장교가 겪는 정신적 갈등을 감동적으로 그리고 있다."

우리나라 신문들이 예술을 다룰 때에 또 한 가지 반성해야 될 것은 신문사가 스스로 주최하는 공연이나 연주회나 전시회만을 기사로 다루는 태도이다. 곧, 어느 한 신문사가 그와 같은 행사를 마련했을 때에 다른 신문사들은 그것을 기사로 아예 다루지 않거나 다루더라도 거의 무시해 버리는 경향이 있는데, 이번에 《중앙일보》가 초청했던 암스테르담 콘세르트헤보 오케스트라의 공연에서 《조선일보》를 제외한 다른 신문들이 그 공연을 다룬 태도가 좋은 보기다. 자기네 주최로 초청공연을 가질 때는 신문은 말할 것도 없고, 같은 계열의 라디오와 텔레비전을 총동원하다시피 해서 광고에 혈안이 되는 상업주의도 규탄당해야 하지만, 다른 신문사가 주최한다고 해서 소개하지 않거나 예술평을 하지 않는 신문의 옹졸함도 똑같이 규탄당해야 마땅하다.

끝으로 자기네 신문사가 주최한 야구대회기사는 큼직하게 내면서 예술을 다루는 지면에는 인색한 신문이 되지 말기를 부탁하고 싶다. 신문이 예술을 위하는 길은 단지 신춘문예 작품모집이나 연극영화상 제도의 설립, 미술상 또는 신인음악회제도를 만드는 것만으로 충분하지 않다. 또한 올바른 예술평을 하려면 이를 담당할 전문기자를 기르는 일도 시급하다는 점을 아울러 강조하고 싶다.

《뿌리 깊은 나무》, 1977년 7월

굳은 입술, 더듬거리는 말

제97회 임시국회는 7월 6일 '시국에 관한 대정부 건의안'과 '반국가활동에 대한 결의안' 및 '미국 지상군 철수 반대 결의안'을 채택하고 폐회했다. 이 세 가지 의안 가운데서 '미국 지상군 철수 반대 결의안'은 이미 때를 놓친 뒤에 거론되었다는 의견도 있지만, '전체 국민의 의사를 모아' 철군 반대를 나라 안팎에 밝혔다는 점에서 의의가 크다. 더욱이 미국 지상군 철수 결정이 우리나라의 안전보장에 심각한 문제를 불러일으켰음에도 이 문제가 거론된 뒤로 모든 국민의 의견이 하나로 모아져서 공식으로 발표된 것은 이번이 처음이라는 점에서도 국회결의는 뜻있는 일이었다고 생각된다.

주한미군의 감축이나 철수문제는 닉슨 행정부 때부터 제기되어온 문제라고 하지만, 카터 행정부가 생겨나면서부터 실제의 과제로 등장했다. 따라서 우리나라 신문에서 이 문제를 본격적으로 보도하고 논평하기 시작한 지도 이미 여섯 달이 되는 셈이다. 그런데 그동안에 미국 지상군 철수문제를 다룬 우리나라 신문들의 보도와 논평은 한마디로 말해서 수동적이며 소극적이었다.

물론 철군문제의 기삿거리가 주로 미국 쪽에서 나올 수밖에 없었고, 또 우리 정부의 보안조치가 철저했기에 그럴 수밖에 없었다고 이해할 수도 있다. 그리고 그 문제가 국가안전보장과 직결된 가장 중요한 문제이고, 잘못하면 국가안보에 대한 국민들의 의지를 약화시킬 위험성조차 불러일으킬 염려가 있는 문제일 뿐만 아니라, 최대한 국가이익을 추구하는 데 앞장서야 하는 언론의 책임도 관련된 사안이기에 이 문제를 신중하게 다룬 것을 이해할 수도 있다.

그러나 어떤 문제를 신중하게 다루는 것과 수동적이고 소극적으로 다루는 것은 엄연히 다른 태도이다. 문제가 중대한 만큼 신중하면서도 적극적으로 보도하고 논평하는 태도가 바람직하다는 것은 두말할 나위도 없다. 주한 미국 지상군의 철수문제를 보도하고 논평하는 데 우리나라 신문들이 수동적이고 소극적이었다고 생각되는 가장 큰 이유는 신문들이 이 문제에 대한 국민여론을 반영하고 집약해 보려는 노력을 소홀히 했다는 데 있다.

지난 여섯 달 동안에 미국 지상군 철수를 다룬 우리나라 신문들의 사설은 저마다 조금씩 차이는 있었으나 한결같이 다음과 같은 의견을 밝혀 왔다. 곧 "시기가 빠른 철군은 모든 한국인이 바라지 않는다. 그러나 언제까지나 미군이 머물러 있기만을 바라는 것은 아니다. 그리고 이미 미국 지상군 철수는 움직일 수 없는 현실이다. 다만 우리는 한반도의 평화가 이루어지지 않은 처지에서 미국 지상군이 철수하는 것을 반대하며 또 철수에 앞서서 한국군의 전력 증강이 이루어져야만 한다"는 것이었다. 이러한 신문들의 견해는 철군을 기정사실로 받아들이고 철군에 따른 보완조치를 강조하자는 것이었는데, 이것은 우리 정부의 철군에 대한 정책과 일치하는 것이었다. 따라서 이 문제에서 우리 정부와 언론은 무엇이 국가에 이익이 되는지를 살피고 또 그 방법을 추구하는 데서 발걸음을 나란히 해

왔다고 할 수 있다.

그러나 신문들은 정부의 견해를 보강해 주는 데만 그쳤지, 더 적극적으로 철군 자체를 반대하는 여론을 반영하여 집약하는 노력은 거의 하지 않았다. 이것은 신문과 정부의 처지가 같았다는 것이 잘못이라는 뜻으로 하는 말이 아니라, 철군에 따른 국민의 여론을 정확하게 집약하고 대변해 주는 데 소홀했다는 것을 지적하는 말이다. 예를 들어 철군을 정면으로 반대하는 야당이나 종교계의 견해를 얼마나 지면에 반영했는지를 스스로 반성해 보면, 이와 같은 지적이 공연한 트집이 아님을 알 수 있을 것이다.

신문들이 철군문제가 제기된 초기부터 확고한 자기 입장을 세우고 국민들의 여론을 적극 반영하고 대변했더라면, 철군에 대해 정부가 미국을 상대로 한 협상에도 더 큰 도움을 주었을 수가 있고, 또 결과적으로 그것이 국가이익을 추구하는 데 더 큰 기여를 할 수 있었으리라고 생각된다. 철군을 반대하는 국민들의 여론은 보도할 생각조차 않은 채로 접어 두고, 철군을 둘러싼 미국 정부나 의회의 반대의견을 빌어 카터 행정부에게 철군계획을 신중하게 다루어 주기를 부탁하는 태도가 과연 바람직한 것인지, 스스로 한 번 생각해 볼 문제다.

우리나라 신문들이 철군 반대의견을 주장하는 데 극히 소극적이었다는 것은 이 문제를 다룬 사설들의 말투에서도 분명히 볼 수 있다. 많은 사설들이 "미국 행정부가 신중하기를 바란다"거나 "신중한 조정과 운영을 바랄 뿐이다"와 같은 식으로 신중해 달라는 말만 되풀이하고 있었다. 이러한 표현방법이 우리나라 신문 사설들의 한 상투형처럼 되어 있기는 하지만, 그런 상투형이 용납될 때는 따로 있다. 이것이 나라의 운명에 크게 관련되어 있는 중요한 문제인 만큼 반대의사를 설득력 있고 강력하게 주장했어야 했다. 아무리 칼자루를 미국이 쥐고 있다고 하더라도, 우리 주장을 떳떳하게 말하지 못할 까닭은 없다고 생각된다.

국회가 '미국 지상군 철수 반대 결의안'을 통과시키자 신문들은 서로 다투어 이는 두말할 나위 없이 지극히 당연한 일이며, 국회는 진작 행동하여 국민의 대의기관으로서 이 일에 대한 국민의 견해와 결의를 대변했어야 했다고 논평했다(《동아일보》 7월 4일자 사설). 그러나 신문들은 지극히 중요한, 이러한 일을 처리하려면 국회가 조속히 소집되어야 한다는 여론을 얼마나 적극적으로 불러일으키고 대변해 왔는지를 반성해 볼 필요가 있다.

내가 보기에는 이 문제에서도 우리나라 신문들은 소극적이었다고 생각된다. 지난 3월 13일자 《한국일보》가 〈지체 없이 국회를 열라〉는 사설을 싣고, 철군계획을 국민 앞에 밝혀야 한다는 주장을 펼친 것을 비롯하여 몇 신문들이 이 문제를 논의하는 국회가 소집될 필요가 있다는 것을 사설로 주장했지만, 그것도 한두 번 하다가 그치고 말았다.

철군문제를 다루는 데 우리나라 신문은 수동성과 소극성 말고도 여러 가지 부족한 점들을 보여 주었다. 그 가운데 하나가 미국 지상군 철수의 정책결정과정이나 배경을 충분히 설명해 주지 못했다는 점이다. 이 문제가 제기되었던 초기에는 미국 지상군의 '철수'가 아니라 '감축'이라는 표현이 사용되다가 어느 틈에 '철수'라는 말로 바뀌어 버렸다. 그런데 독자들은 '감축'이 '철수'로 바뀌게 된 구체적인 배경설명을 들을 기회가 전혀 없었다. 이것은 한 예에 지나지 않지만, 주한미군 철수문제에 대한 해설기사는 분량도 적었을 뿐만 아니라 내용의 질도 결코 만족할 만한 것이 못 되었다.

많은 신문들이 한미관계의 변화 또는 미국의 처지변화 따위를 다룸으로써 간접으로나마 주한미군의 철수배경을 설명해 주었지만, 문제의 중대성에 비추어 절대로 최선의 것이었다고 보기는 어렵다. 예컨대, 중공의 정치권력구조의 변화에 대해서 국내의 학자들을 동원하여 여러 각도로 정세를 분석하고 풀이해 주는 기사를 그렇게 열심히 싣던 우리나라 신문들이 우리 안보와 직접으로 관련된 이 문제를 다루는 데서 그렇게 하지 못했다는 것은 매우 유감스러운 일이 아닐 수 없다.

그러나 지난 여섯 달 동안에 우리나라 신문들이 미국 지상군 철수문제를 다루어 온 태도에 부족한 점만 있는 것은 아니다. 이 문제를 다루면서 우리나라 신문들이 잘했다고 생각되는 것은 무엇보다도 신문들이 냉철했다는 점이다. 자칫하면 과열되기 쉬운 이 문제를 냉철하게 다루어 주었기 때문에 국민의 안보인식에 차질이 없었다고 평가할 수 있다.

그뿐만이 아니라, 미군 철수문제를 언젠가는 겪어야 할 시련으로 보고, 이에 대한 대책을 강구하고 자주국방의 의지를 기르는 일에 앞장서는 태도를 보인 것은 신문이 국가와 민족의 이익을 위해 그 책임을 잘 이행한 것이라고 평가할 수 있을 것이다.

끝으로 신문에게 바라는 것은 변화하는 국제정세에서 우리의 국가이익에 관련된 문제를 깊이 있는 역사적인 안목에서 파악하여 이를 명쾌하게 국민들에게 제시해 주는 능력과 용기를 가져달라는 것이다. 그렇게 함으로써 국민들 또한 어떠한 국제정세의 변화에도 대처할 수 있는 지혜와 힘을 가질 수 있을 것이다.

《뿌리 깊은 나무》, 1977년 8월

사회의 목탁과 재벌의 장구

　지난 9월 신문기사 가운데서 독자들의 관심을 가장 많이 끌었던 것은 '박동선 사건기사'와 '부정식품 사건기사', 그리고 '성균관대학교 사건기사'였다. 박동선 사건이 알려진 지는 오래되었으나, 우리나라 신문들이 그 사건을 집중적으로 다루게 된 것은 지난 8월 24일 박동선이 처음으로 우리 검찰의 소환을 받은 때부터다. 이때부터 그 사건은 국민들의 비상한 관심거리로 등장하였다. 더욱이 그 사건을 둘러싼 우리나라와 미국 사이의 긴장상태가 오래 지속되어 온 한미우호관계를 그르치지나 않을까 하는 국민들의 걱정까지 겹쳐, 신문기사의 한 줄마다 어떤 긴박감마저 들 정도였다.

　이 사건은 한·미 두 나라 사이의 중대한 외교문제였던 까닭에, 우리 신문의 처지에서는 그 사건을 보도하고 논평하는 데 그 미묘한 상황을 의식하지 않을 수 없었을 것이다. 그래서 신문들은 그 문제를 사설로 다루면서 "…… 대결의 자세로 서로 상대방을 공개적으로 비난하는 것 같은 태도는 한·미 우호를 위해 유익할 수 없다" (《동아일보》 9월 12일자 사설)는 점을 강조하고, "…… 한미 양국은 이 문제를 합법적이고 합리적이며 서로의 주권을 존중하는 방법으로 해결하는 데 최선을 다할 것을 기대 ……"(《경향신문》 9월 12일자 사설)한다고 한결같이 권고했다.

그러나 그 문제를 다룬 사설들은 우리나라 신문 사설들이 흔히 그렇듯이 어떤 해결방법을 제시하지 못하였다. 물론 이 문제가 매우 민감한 반응을 불러일으킬 것이며, 동시에 미묘한 성격의 사건이었기 때문에 해결방법 자체가 쉽게 제시되기 힘들다는 점을 이해 못하는 것은 아니다. 그렇지만 우리 입장에서 보아 어떤 해결방법이 적절할지 시사하는 것이 절대 불가능했던가를 반성해 보지 않을 수 없다. 이러한 의미에서, 《중앙일보》의 9월 9일자 사설 〈박동선의 송환문제〉에서 "이러한 '딜레마'를 해소하는 길은 박 씨 스스로가 자신의 의사라면 미국으로 돌아가는 것뿐이겠다"고 시사한 것은, 그 제안의 옳고 그름에 대한 판단 이전에 위에서 논의한 관점에 비추어 보아 사설의 구실을 해낸 하나의 예라고 할 수 있을 것이다.

또한 박동선 사건을 다룬 9월 신문 해설기사를 보면, 그 사건에 대한 진상을 국민들이 알고, 그럼으로써 사건 해결에 관한 양쪽 처지를 국민들이 이해하는 데에 필요한 정보와 배경을 좀 더 제공해 줄 수 있지 않았을까 하는 아쉬움이 남는다. 예를 들면 대만이나 이스라엘과 같은 나라들은 우리보다 더 심하게 미국 의회를 상대로 '로비' 활동을 하는데, 왜 박동선 사건만이 미국에서 크게 문제가 되고 있는가 하는 배경설명 같은 것이 필요하지 않았을까 한다.

또한 지난 9월에 우리는 유해식품이나 변질과자에 대한 엄청난 보도를 접했다. 국민학교 학생들의 급식용 빵이 집단 식중독을 일으켜 마침내 아이들의 목숨까지 앗아간 사건을 필두로 하여, 유명한 제과업체들이 만든 과자와 국민의 대용식량인 라면에서 구더기가 나온 사건에 이르기까지, 9월 한 달은 마치 구더기 소동 속에서 보낸 듯하다.

국민학교 아이들이 먹는 급식용 빵의 식중독문제는 문제의 심각성에 맞게 모든 신문들이 보도와 논평으로 그 문제를 적절하게 다루었다고 할 수 있다. 신문들은 한결같이 그 사건을 고발하고, 그러한 일이 일어나게 되었던 구조의 모순을 파헤쳤다. 그리고 사설에서 제도 개선책을 논의하고, 급식을 중단하려는 문교부의 처사를 꾸짖기도 했다. 그러한 신문의 보도와 논평은 불같은 여론을 불러일으켜서 결국 서울특별시 교육감이 그 사건의 책임을 지고 물러나기도 했다.

한편 우리나라의 대표적인 제과업체와 식품업체가 만들어 낸 과자와 라면에서 구더기가 나왔다는 기사는 급식 빵의 식중독 사건이 일어난 지 일주일 뒤에 보도되기 시작했는데, 그 기사는 급식 빵 사건에 대한 보도나 논평과는 다른 의미에서 우리의 관심을 끌었다.

보통 신문은 경영 때문에 대광고주에게 크게 의존하게 된다. 그런 이유로 신문은 대광고주의 이익에 어긋나는 사실을 보도하거나 논평할 때 그들의 압력을 받아 보도와 논평에 제약을 받는다는 것이 일반적인 견해이기도 하다. 우리나라 신문들이 대형제약회사의 의약품 함량미달이 밝혀졌을 때나, 또 불량식품으로 판정된 사건이 일어났을 때 그러한 관계기사를 싣지 않거나 제품의 생산자와 상품이름을 밝히지 않고 기사를 만드는 일이 많았다. 그와 달리 군소업체제품에서 그러한 사실이 밝혀졌을 때는 업체의 이름은 물론이고 제품의 이름까지 서슴없이 보도하는 태도를 보여 왔다. 그럴 때마다 독자들은 우리나라 신문들이 공공의 이익보다 대광고주의 이익을 더 많이 옹호한다는 생각을 하게 됐다.

이런 점에서 볼 때 9월 하순에 우리나라 신문들이 대광고주들의 제품이 변질된 것을 과감하게 고발한 보도와 논평은 높이 살만한 값어치를 가졌다고 하겠다. 특히 제일 처음으로 이를 보도한 《조선일보》는 독자들로부터 칭찬을 받아 마땅할 것으로 생각한다. 어떻게 보면 이번의 부패한 과자와 라면들에 대한 신문들의 보도와 논평은 《조선일보》가 그 문제를 과감하게 다룬 데서 비롯된 것이 아닌가 하는 추측을 하게 된다. 왜냐하면 신문에 보도된 관계기사를 자세히 살펴보면, 9월 23일자 《조선일보》가 사회면 머리기사로 롯데제과에서 만든 '청바지' 사탕에서 구더기가 나왔다는 사실을 보도한 뒤에도 다른 신문들은 그 문제를 처음에는 소극적으로 다룬 것으로 보이기 때문이다. 곧, 같은 날 석간신문인 《동아일보》는 그 사건을 다루면서 제과업체의 이름을 밝히지 않고 'L제과'라고만 적었으며, 《중앙일보》는 그 관계기사를 다음날인 9월 24일자 사회면에서 1단짜리 기사로 다루는 것으로 그쳤다.

그뿐만이 아니라 부패식품을 다룬 보도기사도 신문마다 달랐다. 예를 들면 삼립식품의 '보름달'과 '노을'이라는 빵을 사먹고 식중독을 일으켰다는 기사는 《조선일보》와 《경향신문》에만 실렸고, 삼양라면에서 구더기가 나왔다는 기사는 《동아일보》와 《조선일보》에서만 볼 수 있었다. 그 까닭이 어디에 있는지는 모르겠으나, 광고주가 압력을 넣었거나 신문사가 그들의 눈치를 보았기 때문은 아니었기를 바란다.

부패식품에 대한 보도와 논평에서 《조선일보》가 식품단속기관인 보건사회부의 책임을 어느 신문보다도 적극적으로 묻고 있었다. 《중앙일보》를 제외한 다른 신문들도 모두 사설로 그 문제를 다루었다. 이번에 신문들이 부패식품에 대해 과감하게 다룬 것을 보고 그러면 과거에는 과자나 라면 따위에서 그런 것이 나오지 않았을까 하고 고개를 갸웃거릴 독자도 있겠지만, 어쨌든 거의 모든 독자들은 이번 사건을 보도한 것을 칭찬하리라 믿는다. 앞으로도 국민 보건에 깊은 영향을 미치는 문제는 이번과 같이 국민의 이익을 위해 대광고주의 눈치를 살피지 말고 과감하게 보도하고 논평해 주기를 바란다. 그럴 때에 비로소 국민들은 신문을 자기들의 것으로 삼게 될 것이다.

끝으로 최근에 사회의 관심거리가 되었던 성균관대학교 사건에 대한 신문의 보도태도를 검토해 보자. 지난 9월 22일자 석간과 다음 날 조간신문들은 캠퍼스 수원 이전을 반대하는 학생들의 성토사태로 성균관대학교가 임시휴교에 들어갔음을 보도하고 있다. 그 뒤 학교재단 이사장인 이병철이 사표를 제출하게 되고, 나중에는 삼성 측이 성균관대학교 운영권을 포기함으로써 관선이사를 선임하는 데까지 사태는 진전되었다.

모든 신문들이 그 사건이 진행되어 나가는 것을 그때마다 보도했으나 유일하게 《중앙일보》만은 그 사건을 보도하지 않았다. 그러다가 관선이사를 선임키로 한 10월 6일, 사회면에 삼성 측이 성균관대학교 운영을 포기한 사연과 삼성이 그 학교 운영을 맡았던 뒤로 학교 발전에 크게 기여했었다는 해설기사만을 싣고 말았다.

《중앙일보》의 이와 같은 태도는 신문이 기업주나 동일계 재단의 이익, 체면 때문에 독자에게 알려야 할 의무를 지키지 않은 또 하나의 좋은 본보기라고 할 수 있다. 그렇게 되면 그 신문은 사회의 목탁이 아니라 한낱 재벌의 장구로 전락하고 만다는 점을 깊이 인식해야 할 것이다. 이와 함께 삼성의 주장만을 내세운 《중앙일보》의 해설기사나 삼성 측의 주장을 거의 묵살하다시피 한 《동아일보》의 보도기사나 해설기사 또한 모두 언론의 본분에서 벗어난 것이라는 점을 지적해 두고자 한다. 독자는 어떤 사건이든지 찬반의견 모두를 읽기 원하며, 신문은 그러한 독자들의 요구에 응해야만 비로소 공평하고 공정한 신문이라 할 수 있을 것이다.

《뿌리 깊은 나무》, 1977년 11월

얕은꾀와 더러운 짓

흔히 현대를 선전시대 또는 광고시대라고 말한다. 정부와 여러 사회단체나 기업은 말할 것도 없고 개인에 이르기까지 자기선전과 광고에 여념이 없다. 자기 존재와 하는 일을 알리려는 욕구를 넘어서, 이제는 자기의 의도대로 다른 사람의 태도나 행위에 영향을 주려는 것이 그들의 주된 목표의 하나가 되었다. 그들이 그런 일을 성공적으로 해내고자 심리학이나 사회심리학의 지식을 비롯하여 인간의 행위에 관한 많은 지식을 동원한다는 것은 말할 것도 없고, 가능한 모든 수단과 방법을 교묘하게 이용한다.

그리고 그들이 선전이나 광고를 할 때 쓰는 수단 가운데 가장 강력한 매개체가 신문이나 라디오, 텔레비전과 같은 대중매체라는 것은 두말할 나위도 없다. 그래서 그들은 많은 돈을 주고 신문지면이나 방송시간을 산다. 그런데 선전이나 광고가 이같이 돈을 주고 사서 하는 것에만 국한되지 않는다는 데 문제가 있다. 선전이나 광고를 하는 사람들은 그것을 하기 위해 마련된 광고지면이나 방송시간을 넘어서 대중매체의 내용 속에 교묘하게 선전이나 광고 내용을 집어넣으려고 노력한다.

한편으로 현대사회의 대중들은 점점 자기 주변에서 일어나는 일을 대중매체를 거치지 않고서는 거의 알 수 없게 되어, 신문이나 방송에 의존하는 정도가 더욱 커지고 있다. 다시 말하면 현대사회의 대중은 대중매체를 통해서만 자기 주변의 환경을 지각하며 살아가는 것이다. 따라서 대중은 환경을 직접 지각하지 못하기 때문에, 자기가 생활하고 있는 세계의 실상을 자기 힘으로 판단할 능력을 잃게 된다. 이런 상황 아래서 대중은 대중매체가 제공해 주는 현실만을 진정한 현실이라고 받아들일 수밖에 없게 된다.

바로 그러한 점이 선전이나 광고를 하는 사람들이 노리는 허점이기도 하다. 그래서 그들은 여러 가지 수단과 방법을 동원하여 교묘하게 신문기사에 선전이나 광고 내용을 집어넣으려고 한다. 만일에 신문이 그들의 수법을 알아차리지 못하고 선전이나 광고를 골라내지 못한다면, 결국 특정 세력의 손에 놀아나는 대중조작의 연장 구실밖에 못하게 될 것이다. 이러한 위험성 때문에 현대사회는 신문을 비롯한 대중매체에게 막중한 책임과 의무를 지운다.

그러면 이러한 관점에서 볼 때, 우리나라 신문은 사회가 요구하는 책임이나 의무를 얼마나 성실하게 지키고 있는지에 대한 의문이 제기된다. 이번 달에는 이 문제를 다루어 보기로 하자.

우리나라 신문들이 자기 신문사가 벌이는 사업들, 이를테면 고등학교 야구대회나 미술 전람회나 음악회 등을 광고지면이 아닌 기사에서 공공연하게 광고하고 있는 것은 독자들이 더 잘 알고 있다. 그뿐만이 아니라, 자기 신문사가 간행하는 월간·주간지 같은 출판물 광고도 교묘하게 기사 속에 섞는 예가 허다하다. 이런 일은 신문 외의 출판물을 함께 발행하는 신문사에서는 예외 없이 자행되고 있다.

지난 달 신문에서 예를 들자면《동아일보》는 11월 7일자 문화면과 14일자 1면의 〈횡설수설〉에서 동아일보사가 발행하는《여성동아》12월호 부록을 기사에서 다룸으로써《여성동아》12월호를 광고하고 있다. 〈횡설수설〉에서는 먼저 우리나라의 전통적인 김장 풍경을 얘기하면서, 김장철에만 맛볼 수 있는 한국의 독특한 정취가 대도시에서 사라져가고 있다는 아쉬움을 표현하고 "…… 12월호《여성동아》부록에는 김장백과가 꾸며져 있다. 팔도의 별미와 독특한 김치 만드는 법이 나와 있다"고 소개했다. 그런가하면 그 달 15일자《동아일보》문화면에는 "엄마와 함께 풀어보는 소년동아퀴즈"가 실려 있다. 또한《중앙일보》는 11월 24일자 7면에 "소년중앙 미술대회 시상식"이라는 기사를 "무면허 의료행위 8명 구속"이라는 기사보다 더 크게 취급했다.

나는 여기서 어느 사건이 기사의 가치로 보아 더 중요한가 하는 문제를 얘기하려는 것이 아니다. 다만 그런 기사가 결국은 자기의 신문사가 발행하는 출판물에 대한 광고라는 것을 강조하고 싶을 뿐이다. 지난 11월 19일자《중앙일보》문화면의 "늘어나는 티브이 드라마 해외촬영"이라는 기사도 자기 계열 회사인 동양 텔레비전 방송국의 방송극 광고에 지나지 않는 것이었다.

위에서 든 예는 신문과 함께 다른 출판물을 발행하거나 방송국을 함께 운영하는 신문에서는 예외 없이 볼 수 있는 '광고'이다. 이렇게 볼 때 우리나라의 큰 신문사들은 신문을 자기 회사의 사사로운 이익을 위한 광고매체로 이용하고 있다는 비판을 받을 만하다. 이런 일을 스스럼없이 하고 있는 신문 종사자들의 행태를 독자들이 언제까지나 받아 줄 것이라고 생각한다면 큰 오산이다. 그뿐만이 아니라 자기네 신문사가 발행하는 잡지와 경쟁하는 관계에 있는 잡지사의 잡지광고 싣기를 꺼려하는 것도 공평하다고 할 수 없다.

우리나라 신문기사에서 선전이나 광고 내용을 더 자주 발견할 수 있는 곳은 경제기사이다. 예를 들어 《중앙일보》의 〈경제왕래〉란이나 〈새상품〉란, 《조선일보》의 〈경제칵테일〉 같은 란은 기사에 어떤 특정 기업체나 상품에 대한 선전이나 광고 내용이 포함될 위험성이 큰 지면이다. 이런 고정란은 경제계의 토막소식이나 상품정보를 전해 준다는 점에서 유익한 지면이라고 생각된다. 그러나 《조선일보》 11월 9일자 〈경제칵테일〉의 "육해공 수송 체제 다 갖춘 동아그룹" 기사나, 22일자 "동양정밀, 전화기 미 수출 상담"이라는 기사, 또는 《중앙일보》의 같은 달 18일자 〈경제왕래〉란의 "가봉서 온 연수생의 신세계 백화점 교육" 등의 기사는 특정 기업의 선전이 아닌가 하는 의구심을 불러일으킬 만하였다.

경제기사 속에 광고가 포함되었다고 생각되는 대표적인 예는 아무래도 최근의 핵산조미료 개발을 둘러싼 기사였다고 하겠다. 《중앙일보》 11월 2일자 문화면의 "'맛의 풍토' 바꾸어 놓을 기술혁신", "국내 첫 개발 '핵산조미료'란 무엇인가?"라는 제목을 단 기사나, 《한국일보》의 같은 달 1일자 2면에 실린 "제3의 맛 이노신산 개발 성공", 또 《조선일보》의 4일자 문화면의 "'제3의 맛' 핵산조미료 세계 두 번째로 기술개발"이라는 기사와 3일자 《동아일보》 2면에 실린 "7년 연구 끝에 개발한 미원의 핵산계 조미료"와 같은 기사는 핵산계 조미료를 개발했다는 새소식을 전해 주는 기사였다고 치자. 그러나 1월 2일자 《중앙일보》, 《조선일보》, 《한국일보》가 제일제당에서 핵산조미료 시중판매를 시작했음을 알리는 기사는 특정 제품의 상표는 물론이고, 제품사진까지 곁들임으로써 기사 속의 광고라는 비판을 면하기 어려울 듯하다.

"제일제당, 핵산조미료 시판 개시, 조미료 시장판도 바뀔 듯"이라는 제목을 단《조선일보》의 기사를 살펴보자. 그 기사는 "핵산조미료 시판을 앞두고 광고로 포문을 열었던 제일제당(사장 경주현), 서울미원의 경쟁은 제일제당이 2일부터 핵산복합 조미료 '아이미'를 시판케 되므로 일단 기선을 잡은 셈. 동사는 이번에 우선 30그램들이 병유리 제품을 내놓았는데, 산매가격은 140원으로 종래의 글루타민산 나트륨에 비해 약 2.4배 비싼 수준이다. 제일제당은 앞으로 다양한 형태의 제품을 출하할 것은 물론, 핵산조미료의 코팅비율을 높인 고감도 복합조미료도 출하할 계획"이라고 쓰고 '아이미'의 사진을 곁들였다(《조선일보》는 일찍이 그런 기사에 특정 제품의 사진을 곁들여 싣는 일이 없었던 것으로 기억된다).

핵산조미료의 개발을 둘러싼《중앙일보》, 《조선일보》, 《한국일보》의 기사를 보면 제일제당은 연구에 10억의 돈을 들이고 5년의 세월이 걸렸다 했고, 《동아일보》의 기사를 보면 미원이 15억의 돈과 7년의 세월을 들여서 만들었다고 했다. 그런데 앞의 세 신문은 미원을 완전히 묵살해 버렸고, 《동아일보》는 제일제당을 완전히 무시해 버렸다. 마치 신문들이 조미료 맛에 단단히 중독된 것 같다.

위에서 든 예는 기사 속에 들어 있는 기업이나 상품광고의 하나에 지나지 않는다. 우리나라 신문들이 탈언론화의 길을 빠른 걸음으로 걸으면서 기사에 자기 신문사의 광고나 특정 기업 또는 제품광고를 일삼는 경우가 흔해지는 경향에 대해 독자들은 안타까워만 하고 있어야 할 것인가?

《뿌리 깊은 나무》, 1978년 1월

담 넘어가는 구렁이

　신문 사설은 그때그때의 중요한 사건에 대한 때맞춘 논평이라 할 수 있다. 신문은 사설로써 공공의 관심사에 대한 신문사의 정책과 신념을 나타낼 기회를 가진다. 또 일반 독자들은 나날이 일어나는 복잡한 사건을 꿰뚫어 보고 그 의미를 정확하게 파악할 시간이나 능력이 부족하므로 사설에서 중요한 사건에 대한 전문가의 해설과 의견을 구하게 된다. 더욱이 독자들은 사설을 읽고 사설에 표현된 의견을 자기의 생각인 것처럼 받아들이는 경향마저 보인다. 그래서 독자들이 어떤 사건에 대해 논의할 때, 자기의 의견을 말한다는 것이 사실은 그 사건에 대해 사설이 제공한 해설이나 의견을 되풀이하는 것에 지나지 않는 경우를 흔히 발견하게 된다.

　이와 같이 신문 사설은 여론의 형성에 지대한 영향을 미친다. 그러므로 사설의 집필자인 개인은 물론이고 신문사 또한 그만큼 무거운 사회적인 책임을 지게 된다. 이러한 책임을 다하려면 사설 집필자는 몇 가지 윤리적인 기준을 지키지 않으면 안 된다. 곧, 사설은 사실을 정직하고 충실하게 제시해야 하며, 진술된 사실에 근거를 두고 객관적인 결론을 끄집어내야 한다.

그뿐만 아니라 개인적인 이해관계가 동기가 되어 사설을 집필해서는 결코 안 되며, 자기 의견에 대한 반대 견해를 인정하고 이를 신문에 실어 주는 아량도 가져야 한다. 이와 함께 강자보다는 약자를 지원하고, 선한 동기를 옹호하며, 새로운 아이디어를 지지해 주고, 비판과 함께 칭찬도 아끼지 말아야 할 것이다. 이와 같은 신문 사설에 관한 일반론을 전제로 하고, 우리나라의 신문 사설을 살펴보기로 하자.

신문독자에 관한 여러 조사결과를 보면 독자들이 잘 읽지 않는 기사 가운데 하나가 신문 사설이다. 독자들이 사설을 즐겨 읽지 않는 이유는 많이 있겠지만, 그 가운데 하나가 '어렵기 때문'이 아닐까 생각된다. 우리나라의 신문 사설이 일반적으로 너무 어렵다는 점은 여러 번 논의된 터이다. 더욱이 경제관계 사설은 여간한 전문 지식을 가진 독자가 아니고서는 이해하기 힘들다. 어느 분야의 전문지식을 가진 독자만이 읽을 수 있는 사설은 사설로서의 가치를 잃은 글이나 다름없다.

우리나라 신문 사설이 어려운 이유 가운데 하나는 지나치게 전문 용어를 많이 쓰는데다가 한자어를 너무 즐겨 쓰는 데 있다고 생각된다. 서재필의 《독립신문》 사설을 보면 교육을 많이 받지 못한 사람들까지도 그 논지를 능히 알 수 있도록 쉽게 쓰여 있다. 보도기사에서도 그렇지만 사설에서도 전문용어를 풀어쓰고 한자어를 쉬운 우리말로 바꿔 쓰는 노력이 꼭 필요하다고 생각한다. 그렇게 하지 않으면 사설은 사설 집필자의 지적인 놀음에 지나지 않게 되어 독자들이 외면하는 한낱 장식품으로 남게 될 것이다.

우리나라 신문 사설에서 볼 수 있는 또 다른 특징 가운데 하나는 말의 불확실성이라고 할 수 있다. 말이 불확실하므로 논지가 무엇인지 알 수 없을 뿐만 아니라, 아무런 결론에도 도달하지 못하고 만다. 이런 사설은 독자를 혼돈에 빠지게 한다. 지난해 3월 16일자 《조선일보》를 보면 〈말의 확실성〉이라는 제목의 사설이 실려 있다. 이를 잠깐 인용해 보면 다음과 같다.

> "요즘 우리가 듣고 있는 말에는 확실성이 결여돼 있다. 언제부터 생겼는지 정확히 알 수 없으나, 애매모호한 표현이 그대로 관용적으로 굳어져 가고 있어서, 말의 책임이라는 점이 흐려져 가고 있다. ……'…할 것 같다', '…할는지도 모른다' '…하는 성싶다', '…이 없으면 좋겠다', '…인지 모른다.' 여기에 인용한 몇 가지의 결구는, 본래의 그 뜻과 달리 요즘 무책임의 표현방법으로 거침없이 이용되고 있는 것들이다. 이런 식의 표현 기교는, 말에 혼란을 일으키는 것에 끝나지 않고 사고의 혼란도 초래하며, 또 논리의 혼란까지 유발시킨다. 구체적인 자료나 신빙성 있는 반증도 없이 개연성만 가지고 기정사실화하려는 의도적인 자세가 확연히 드러난 말버릇으로, 솔직히 지적하자면, '빠져 나갈 구멍을 터놓고 말하거나 쓰는' 수법에 지나지 않는다. 더욱이 보도기능의 담당자들이 이런 식의 결구를 남용하고 있어서, 유행하는 시대 풍속어처럼 번지고 있어서 하는 말이다."

이 사설의 의도가 무엇인지 그 요지를 보면 독자들이 잘 알 수 있겠지만, 바로 이러한 《조선일보》 사설을 우리나라 신문 사설 집필자들에게 되돌려 드리고 싶다. '빠져 나갈 구멍을 터놓고 말하거나 쓰는 수법'은 이와 같은 말의 불확실성 말고도 또 있다. 논리의 전개에서 다람쥐 쳇바퀴 돌듯이 빙글빙글 돌려가며 쓰는 경우가 그러하다. 그러다 보면 아무런 결론에도 이르지 못하며, 해결책의 제

시는 말할 것도 없고 자기 의견조차 꼬리를 감추고 만다. '빠져 나
갈 구멍을 터놓고 말하거나 쓰는 수법'이 등장하게 된 시대의 상황
이 근본문제이기는 하지만, 이런 사설을 읽는 독자는 사설집필자에
게 일차적인 책임을 묻게 되는 점을 잊지 말아야 하겠다.

다음으로 우리나라 신문 사설은 대체로 사실을 충분히 제시하지
않고 주장만 앞세우는 경향이 있다. 그렇게 때문에 독자들은 신문이
그 문제에 대해 왜 그러한 주장을 하는지를 이해하기에 어려움을
느낀다. 어떤 문제에 대한 주장만 앞세우기보다는 문제와 관련된 사
실과 그 문제의 배경이 충분히 제시되어야 하겠다.

더욱 이해하기 어려운 것은 신문에 보도되지도 않은 사건에 대한
사설을 보게 되는 경우이다. 예를 들면 3월 15일자 《조선일보》의
〈김일성의 기괴한 발언〉이라는 제목의 사설이 바로 그와 같다. 이
사설은 3월 8일부터 11일 사이에 동독의 사회주의 통일당(공산당)의
총서기요 국가 평의회의 의장인 에리히 호네커(Erich Honecker)를 단
장으로 하는 당 및 국가대표단이 북한을 친선 방문한 기회에 김일
성이 독일문제에 대해 그의 의견을 말한 내용을 다룬 것이었다.

그런데 호네커가 북한을 방문한다는 기사는 《조선일보》에 조그
맣게 실렸었지만, 그들을 맞아 김일성이 무슨 얘기를 했는지는 전혀
보도되지 않았다. 이와 같이 신문에 보도되지 않은 사건에 대한 논
평은 독자들에게 정보제공의 구실을 할지는 모르나 사설로서 올바
른 선택이라고 하기는 어렵다.

또 독자들은 신문에서 부차적인 문제로 보이는 문제를 다룬 사설
들을 자주 대하게 된다. 특히 우리나라와 그리 상관이 없어 보이는
국제관계나 다른 나라에 관한 문제를 다룬 사설이 그러한 예라 할
수 있다. 우리와 직접적인 관련이 없는 다른 나라의 문제를 우리 신

문에서 사설로 다루는 것은 적절한 일이라고 하기 어렵다. 그리고 그러한 국제관계나 다른 나라의 문제가 우리와 어떤 연관을 가지고 있는지, 그 문제가 우리에게 어떤 교훈을 줄 것인지 등을 밝혀 주는 일도 필요하다. 예를 들면 3월 9일자 《동아일보》의 〈미-일 무역전쟁〉이라는 사설은 미국과 일본 두 나라 사이의 무역을 둘러싼 갈등을 다룬 사설이었다. 하지만 이 문제를 단순히 두 나라 사이의 문제를 분석하는 데만 국한시킴으로써, 미국과 일본 두 나라 사이의 무역전쟁이 가지는 뜻을 우리 나름으로 소화시키지 못한 흠이 있었다.

앞에서도 잠깐 이야기하였지만, 우리나라 신문 사설은 흔히 문제의 해결책을 제시하기보다는 문제를 제기하는 데 그치거나, 문제의 해결을 다른 사람이나 당사자들에게 부탁하는 편이다. '하루속히 호전되기를 바랄 뿐이다', '성실하게 처리해 주기를 바란다', '원만히 해결되기를 바란다'와 같은 결론이 모두 그러한 예라고 할 수 있다. 물론 신문이 모든 문제에 대한 해결책이나 대안을 제시해야 할 의무는 없다. 그러나 대안을 마련해야 할 사례를 회피하는 것은 사설의 책임을 다한 것이라고 할 수 없다. 끝으로 부탁하고 싶은 것은 사설이 추상적이기보다 구체적인 내용을 담아 줄 것과, 때로는 한 문제를 계속 집요하게 다루는 일종의 '캠페인'도 벌여 주었으면 하는 점이다.

《뿌리 깊은 나무》, 1978년 2월

손 안 대고 코 풀기

우리나라에서는 서울에서 발행되고 있는 일간신문을 '중앙지'나 '전국지'라고 부르고, 지방에서 발행되는 일간신문을 '지방지'라고 부른다. 이와 같은 명칭은 이미 통념이 되었으나, 중앙지 또는 전국지와 지방지에 대한 개념은 그리 뚜렷하게 정해져 있지 않다. 다만 분명한 것은 이와 같은 분류가 신문의 보급범위와 관련되어 있다는 점이다. 문화공보부가 1976년 말에 집계한 통계에 따르면, 현재 우리나라에서는 매일 14가지의 지방신문이 모두 86만 부가 넘는 신문을 발행한다고 한다. 이 통계에 따르면 우리나라 지방신문 하나가 약 6만 부의 신문을 매일 찍어내는 셈이다.

이들 지방신문은 대개 도청 소재지에서 발행되고 있으며, 많은 신문들이 서울에서 발행되고 있는 신문들과 마찬가지로 한 주일에 48면을 내고 있다. 지방신문 가운데는 대구에서 발행되고 있는 《매일신문》과 같이 지령이 1만 호(號)를 넘은 신문도 있다. 그리고 지방신문의 발행부수도 매년 늘어나 1976년에는 1975년에 견주어 약 5퍼센트 정도 발행부수가 증가했다고 한다.

그러나 서울에서 발행되는 신문을 전국지나 중앙지라 하고 지방에서 발행되는 신문을 구태여 지방지라고 하는 데는 그만한 이유가 있다. 그것은 단순히 신문이 서울이 아닌 지방도시에서 발행된다고 지방지라고 하지는 않는다는 것을 뜻한다. 말하자면 지방지는 서울에서 발행되는 중앙지나 전국지와 다른 점을 가지고 있다는 말이다. 그렇다고 해서 앞에서 이야기한 바와 같이 지방지가 그 신문이 발행되고 있는 지방이나 도경계를 보급범위로 하고 있다는 점에서만 서울에서 발행되는 신문과 다르다는 뜻은 아닐 것이다.

지방지를 좀 더 정확하게 말한다면, '지역사회의 신문'이라고 하겠다. 그러므로 지방지는 전국지와는 달리, 주된 관심의 대상이 그 지역사회 공공의 관심사이다. 지역사회의 행정기관이 하는 일과 관리들의 행실을 구성원들에게 알리고, 중요한 지역의 문제를 해설하며, 지역사회를 발전시키고자 캠페인을 벌이는 일들 모두 지방지가 중요하게 다루어야 할 기삿거리가 될 것이다.

다른 나라의 경우를 예로 들면 우리가 이름을 기억하고 있는 세계적인 큰 신문들보다 지역사회의 신문들이 주민들에게 더 큰 영향력을 가지고 있으며, 이름 있는 신문상(賞)이 지역사회의 이익을 지키고 그 발전을 위해 훌륭한 일을 해낸 지방지에 주어지는 경우가 많다. 물론 우리나라의 지방지가 반드시 다른 나라의 지역사회신문과 그 성격이 같은 것은 아니다. 그렇지만 지방지가 무엇보다 먼저 그 지역사회를 다루어야 한다는 점에서는 같다고 아니할 수 없다. 그러면 위와 같은 성격에 비추어 우리나라 지방신문들의 현실은 과연 어떨까?

지방지를 처음 보면 먼저 신문의 1면이 서울에서 발행되는 전국지와 조금도 다른 것이 없다는 인상을 받는다. 곧, 지방지 1면에 실리는 기사는 지역사회의 소식이 아니라 전국적이거나 외국 것에 치우쳐 있다. 내가 본《국제신문》,《부산일보》,《매일신문》,《전남일보》,《강원일보》의 다섯 가지 지방지 가운데서 《강원일보》를 뺀 모든 신문이 신문의 1면에 지역사회의 소식을 싣는 일은 매우 드물었다. 더욱이 지역사회의 소식이 1면의 머리기사가 된 경우는 네 신문 가운데서 《매일신문》 두 건,《국제신문》에 한 건 밖에 없었다. 이에 견주어 《강원일보》는 지역사회의 소식이 거의 매일 1면에 몇 건씩 실리고, 머리기사로도 자주 편집되었다.

우리나라의 정치·경제·문화적 환경이 중앙집권적이기 때문에 지역사회의 정치·경제·문화도 서울에서 일어나는 일들과 밀접하게 관련을 맺고 있어서 자연히 그렇게 될 수밖에 없다는 사정을 이해할 수 있다. 그러나 서울에서 일어난 일이나 외국에서 벌어진 사건에 못지않게, 어쩌면 지역사회 주민들에게는 그런 소식보다 더 중요하게 생각될 것들이 6면이나 7면으로 넘어가고, 1면에는 실리지도 않는다는 것은 지역신문다운 편집방침이라고 하기 어렵다.

그뿐만 아니라 사설을 보면 다섯 가지 신문 가운데서 《강원일보》를 제외한 모든 신문이 거의 매일 두 개의 사설을 싣고 있으면서도 지역사회의 관심사를 사설로 다루는 데 매우 인색했다.《매일신문》은 지역사회의 문제를 이틀에 한 건씩은 다루고 있어서 지역적인 문제에 관심을 꽤 많이 기울이는 편이었지만,《국제신문》,《부산일보》,《전남일보》에는 지역사회에 관한 사설이 드물었다.

더욱이 지역사회의 이익과 발전에 직결되는 문제가 있는데도 그와는 동떨어진 문제를 사설로 다룬 예가 적지 않았다. 예를 들면 《전남일보》의 경우에 올 겨울의 이상기온으로 김 생산이 매우 절망적이라는 기사는 7면에 크게 실었으면서도 이를 그 날과 그 뒤 며칠 동안의 신문에는 사설로 다루어 주지 않았다. 그 대신 "리비아와의 영사관계"니, "앞당겨질 마이·홈 시대"니 하는 문제를 사설로 다루고 있었다.

이에 견주어서 《강원일보》는 하루에 한 개의 사설을 싣고 있지만 거의 매일 지역사회의 관심사를 다루고 있어서 크게 대조가 되었다. 〈의암호 초안 공사 촉구〉니 〈강원대 총장을 빨리 임명하라〉와 같은 제목의 논설에서 구체적인 지역사회의 문제를 다루어 줌으로써 지역사회신문으로서의 기능을 제대로 발휘하고 있다고 평가할수 있다. 다른 나라의 경우 이름 있는 신문상이 지역사회 발전을 위한 캠페인을 많이 한 지방지에 자주 주어진다는 예를 우리나라 지방지 언론인들도 새겨둘 필요가 있다.

이 밖에 우리나라 지방지의 문화면은 거의 통신기사로 메워지고 있다는 점을 지적할 수 있다. 제작비의 압력과 제한된 문화환경, 그리고 인적자원의 부족 같은 것이 그러한 현상을 가져온다는 것을 이해한다. 그러나 지나친 통신 의존은 반성해 볼 문제라고 생각된다. 지역신문은 그 사회의 문화환경을 확대시키고 육성시킬 의무와 책임을 가지고 있다고 볼 때 좀 더 창의적인 노력을 기울여야 할것이다. 더욱이 통신을 습관적으로 그대로 받아쓰다 보면, 지역사회의 문화와는 거리가 먼 내용의 기사를 그대로 싣는 일이 많아질 가능성이 있다는 점에도 유의해야 할 것이다. 문화면뿐만 아니라 모든 기사에 관한 이야기지만, 제작비와 인력의 한계가 있다고 하더라도 주어지는 기사를 받아 싣는 데만 안주할 것이 아니라, 기사를 찾아 발굴해 내야 하겠다.

우리나라 지방지들은 신문의 생존과 결부된 여러 가지 어려운 상황에 부딪쳐 있다. 중앙집권적인 사회상황이 주는 근본적인 어려움뿐만 아니라, 고속도로망의 확충으로 전국이 하루 생활권이 되면서 서울에서 발행되는 신문이 지방지와 큰 시간차가 없이 수송되어 배달될 수 있게 된 환경의 변화는 위기의 원인일 것이다.

더욱이 텔레비전 수상기의 광범위한 보급은 지방지를 더욱 어렵게 만들 것이다. 신문매체 전반으로 볼 때도 텔레비전의 보급은 큰 난관이지만, 특히 지방지에게 줄 충격은 더 크리라고 짐작된다. 지금은 우리나라 텔레비전의 뉴스 프로그램이 신문과 경쟁이 되지 않을 만큼 적지만, 앞으로 뉴스 프로그램이 확대되고 지방국이 지방뉴스를 확대 제작해서 방영하는 경우에 이 매체와의 경쟁에서 지방지가 살아남을 수 있는 길이 무엇일지를 미리 연구하여 대비해야 할 것이다. 그리고 과학기술의 발전에 힘입어 팩시밀리 전송 신문의 시대가 올 때에 지금과 같은 지방지가 존속할 수 있을지도 생각해야만 한다.

이러한 모든 도전에 지방지가 효과적으로 응전하는 길은 되도록 전국지나 중앙지를 닮지 않는 것이다. 작은 일일지라도 지역사회의 관심사를 깊이 파고들고, 지역사회의 발전에 혼신의 힘을 기울여 주민들의 일상생활에서 떨어질 수 없는 친구가 되는 길뿐이다.

《뿌리 깊은 나무》, 1978년 3월

부끄러운 언론

　요즈음 우리나라에서도 대중매체가 아이들에게 미치는 영향에 대해서 많은 논란이 일고 있다. 특히 텔레비전 수상기가 점차 널리 보급되고, 아이들에게 텔레비전 프로그램이 제한 없이 노출되면서 이 매체가 아이들에게 주는 영향이 사회의 관심을 크게 불러일으키고 있다. 최근 신문보도에 따르면, 초인(超人)의 능력을 가진 주인공이 활약하는 프로그램을 보고 철없는 아이가 그 흉내를 내다가 높은 다리에서 떨어져 죽은 일도 있었다. 이런 끔찍한 일을 제외하고도, 텔레비전 프로그램이 아이들의 정서나 학습에 미치는 영향에 대해서 많은 사람들이 부정적인 견해를 나타내고 있다. 또한 아이들을 위한 프로그램의 질을 높이기를 요구하면서, 성인 대상 프로그램이 아이들에게 무차별하게 노출되는 것을 걱정하고 있다.

　그런데 텔레비전의 문제가 워낙 크게 대두되어서 그런지 텔레비전만이 아이들에게 좋지 못한 영향을 주는 매체인 것처럼 생각하는 경향이 있는 것 같다. 물론 이러한 경향은 허구를 현실적인 것으로 느끼게 하는 데 텔레비전이 다른 매체보다 호소력이 강하다는 점에서 충분한 이유를 가지고 있다. 그러나 현재 우리나라의 대중매체

전반을 살펴보면, 이 문제는 텔레비전에만 국한시켜 볼 일이 아닌 것으로 생각된다. 세상 사람들의 입에 잘 오르내리지는 않지만 아이들이 보는 만화나 잡지, 그리고 아동 대상 신문에도 많은 문제점이 있다.

대중매체가 아이들에게 끼치는 영향은 많은 학자들과 양식 있는 사람들 사이에서 끊임없이 논의되어 왔다. 이러한 논의는 대중매체가 아이들에게 부정적인 영향을 준다는 의견과 긍정적인 영향을 준다는 의견을 동시에 드러내 주었다. 지금까지의 논의에서 비록 대중매체가 아이들에게 어떤 영향을 주는지에 대해 일반적인 결론을 얻지 못하고 있다고 할지라도, 그것들이 제공하는 내용에 따라서 아이들에게 강한 모방행위를 유발시킬 뿐만 아니라, 가치나 규범을 내면화시킨다는 점은 의심할 여지가 없다고 할 수 있다. 더욱이 대중매체가 아이들의 사회화(가치나 규범의 내면화)에 큰 영향력을 행사한다는 점에서 사회적으로 매우 중요한 구실을 맡고 있는 셈이다.

우리 아이들이 보는 신문은 한마디로 신문이라기보다는 만화나 학습 보조지라고 할 수 있다. 하루에 두 면이나 네 면을 발행하는 이 신문에서는 네 편이나 여섯 편씩 실리는 만화나 과목별 학습문제를 빼고 나면 남는 내용은 보잘것없다. 만화를 싣거나 학습문제를 다루는 것이 모두 나쁘다는 뜻이 아니다. 문제는 지면의 균형과 실리는 만화의 내용에 있다.

지금의 아이들을 위한 신문에 실리고 있는 만화를 보면 한심하다는 생각만 들 뿐이다. 《소년한국일보》의 〈역사 그림 이야기〉 같은 것을 제외하고는 거의 모든 만화의 내용과 그림이 조잡하다. 허황되게 초인적인 능력을 가진 인물들이 등장하여 번번이 폭력을 휘두르는가 하면, 엉뚱한 요술을 부리는 주인공이 나오고, 아이들에게 걸맞지 않은 남녀 사이의 사랑까지도 다룬다. 만화의 제목부터 이런 내용을 잘 말해 준다. 몇 가지 보기를 들면, 《소년동아일보》의 〈춤추는 주먹〉, 〈코망쇠 형제〉, 〈소년 007〉이라든지, 《소년한국일보》의 〈우주에서 온 왕자〉, 《소년조선일보》의 〈밤톨이〉, 〈얄숙이〉 따위처럼 제목부터가 폭력적이거나 환상적인 것이 있는가 하면, 주인공의 이름이 도무지 어느 나라 말인지 모를 것들도 있다.

또 만화의 대화가 아이들의 언어생활에 나쁜 영향을 줄 수 있는 것들도 쉽게 찾아볼 수 있다. 예를 들면 "어머나 별꼴이 반쪽이야" (〈우주에서 온 왕자〉, 《소년한국일보》 2월 23일자), "총알은 양반 상놈 가리지 않아요"(〈자장가〉, 《소년한국일보》 2월 18일자)와 같은 것이 그 예이다. 또 아버지가 물 떠오라는 심부름을 시키자 주인공인 아들이 "오늘따라 안 하시던 짓을 하시지?"(〈천하 말썽꾸러기〉, 《소년조선일보》 2월 18일자)하는 따위로 아이들의 언어순화에 해로울 말들이 많이 쓰이고 있다.

아이들이 보는 신문에 실리는 만화의 내용이 얼마나 조잡한지 실례를 들어 보자. 지난 2월 7일자 《소년조선일보》에 실린 〈천하 말썽꾸러기〉라는 만화는 음력 설날 주인공의 행동을 그리고 있는데, 그 만화의 대화를 옮겨 보면 다음과 같다.

"아응― 잘 잤다! 신정에 입었던 때때옷 다시 주셔요."
"왜?"
"오늘이 구정! 할아버지한테 세배하고 돈 벌어야죠."
"신정에 했잖니?"
"또 하고 또 돈 벌어야지요."

"엉? 할아버지가 어딜 가셨지?"

"화장실에 계셔요?"

"그렇다! 왜 그렇게 안달이 나서 찾니?"

"빨리 나오시지 않고 뭘 하셔요?"

"온종일 안 나갈 참이다!"

"아니 향기롭지도 않은 곳에서 왜 안 나오시려는 거죠?"

"네가 뭐라고 해도 안 나가!"

"뭘 오해하고 계신 모양이신데……"

"녀석아! 나를 살살 꾀지 마! 다 알고 있어! 너 지금 그 알량한 때때옷을 또 꺼내 입고 설치지? 염치가 좀 있어 봐라, 신정에도 돈 뺏어 가고 또 설쳐? 안 나간다 안 나가!"

"김 확 빠지네."

이러한 대화를 보면 설날 부모님께 드리는 세배가 단순히 '돈을 버는 사업'처럼 다루어져 있을 뿐만 아니라, 손자가 할아버지께 하는 말버릇이 불손하기 짝이 없다. 이러한 내용의 만화를 실으면서 한편으로는 기사에서 충성이나 효도와 같은 전통적인 행동의 규범을 강조하고 있으니, 모순도 이만저만이 아니다. 따라서 이러한 모순은 아이들에게 규범의 혼란만 불러일으키는 결과를 몰고 온다고 보아야 하겠다.

만화뿐만이 아니라 학습문제를 아동신문에서 중점을 두고 다루는 것도 생각해 볼 문제다. 그렇지 않아도 날마다 학교에서 시키는 숙제만으로도 아이들에게 지나친 부담이 되고 있는 터에, 신문까지 이들을 공부시키려고 드는 것은 아이들의 올바른 교육에 보탬이 된다고 보기 어렵다. 신문은 아이들에게 학과목을 학습시키는 일보다는 세계와 사람과 사물을 올바르게 인식하도록 도와주고, 이들의 지능을 계발해 주는 일에 힘써야 마땅하다고 본다. 아이들의 신문만이라도 제발 아이들을 학과목 학습에서 해방시키려고 애써야 하리라는 생각이다. 산수문제를 하나 더 풀게 만들고 곤충의 특징이 무엇인지를 묻기보다는, 숫자와 생활을 관련지어 이해시키고, 동식물과 사람의 관계, 또는 아이들과 친근한 동식물들의 생태 같은 것을 이해시키는 일이 더 바람직할 것이다. 다시 말해서 신문이 또 다른 하나의 숙제장이어서는 안 된다는 뜻이다.

한편으로 아이들의 신문이 지나치게 안일하게 제작되고 있다는 느낌을 받는다. 만화를 대량으로 싣고 학습문제를 고정적으로 싣는 것이 그렇거니와, 그 밖의 기사에서도 그런 점을 얼마든지 볼 수 있다. 예를 들면 신문마다 '숨은 그림 찾기'를 빠짐없이 싣는가 하면, 《소년조선일보》와 《소년한국일보》는 다 같이 한자 붓글씨 공부를 싣고 있다. 그뿐만이 아니라 2월 9일자 《소년동아일보》처럼 '소년동아 특별연쇄퀴즈 당첨자 명단'을 지면 가득히 싣는다거나, 2월 26일자 《소년조선일보》에서 보듯이 초등학교 교사 삼천 명쯤의 이동명단으로 지면을 채우기도 했다.

이와 같은 안일한 신문제작태도는 몇 안 되는 기자와 적은 자본을 들여 이윤만 올리려는 상업주의의 폐단이다. 우리나라 대표적인 신문사들이 만들어 내는 아이들의 신문이 이렇게 제작될 수밖에 없는 것은 부끄러운 일이다. 바라건대 아이들의 신문에는 비록 신문사의 이윤과 밀접한 연관을 가지고 있다고 하더라도 아이들에게 해로운 광고는 싣지 않는 것이 신문의 윤리에 합당하리라고 생각된다. 예를 들면, 설탕을 덜 먹는 것이 튼튼한 이를 갖는데 좋다는 기사를 실으면서 알사탕 광고를 버젓이 싣는 것이라든지, 아이를 광고모델로 한 것을 싣는 일 따위를 삼가야 할 것이다. 또한 기사나 그림 하나하나가 이 나라 아이들의 정신의 영양분이 된다는 자각을 가지고 신문을 만들기를 바란다.

《뿌리 깊은 나무》, 1978년 4월

더 세진 돈의 힘

지난 4월 7일은 22번째 맞는 신문의 날이었다. 지금으로부터 80년쯤 전에 우리나라 최초의 민간신문이자 한글만을 썼던 신문인 《독립신문》이 창간된 날을 기념하여 이 날을 신문의 날로 정했다. 우리나라 언론계는 해마다 이 날을 맞이하여 신문주간을 만들고 여러 가지 뜻있는 행사를 마련한다. 그 가운데서도 언론계 전체의 뜻을 모아 가려 뽑는 신문주간표어는 신문의 사명이 무엇인지를 일깨워 주고, 앞으로 우리나라 신문이 무엇을 위해 힘쓸 것인지를 사회에 약속하는 뜻을 지니고 있다. 그뿐만 아니라 이 표어는 언론계 스스로가 자기반성을 하려고 마련한 거울이기도 하다.

올해의 표어는 "독자에게 봉사하는 신문"이었다. 이 표어를 내건 뜻은 우리나라 신문이 독자들에게 봉사를 잘 하고 있다는 것을 자랑하는 데 있지 않다. 오히려 독자에게 봉사를 잘하지 못했다는 점을 인정하고, 앞으로는 더욱 잘하겠다고 언론계가 다짐하는 데 있다.

독자에 대한 신문의 봉사는 좁은 뜻으로 보면 여러 가지 생활정보를 충실하게 마련해 주는 일이라고 할 수 있다. 이를테면 아이 돌보기나 건강문제, 법률문제, 병사문제 등에 대한 독자들의 물음에 상담하는 일이 그것이다. 또한 바둑·낚시 같은 취미생활에 도움을 주는 기사를 싣는 일, 화재의 위험이나 농사철 가뭄에 대한 대책을 마련해 주는 일, 여러 가지 문화행사를 알려 주는 일, 독자들이 물건을 고르는 데 도움을 주는 시장정보를 제공하는 일, 아동보호운동이나 자선기금 모금운동을 벌이는 일, 신문사가 독자들을 위해 운동경기나 문화행사 같은 것을 마련해 주는 일이 모두 독자에 대한 신문의 봉사활동이다. 그러나 좀 더 넓은 뜻에서 보면 뉴스보도부터 신문사의 부대사업에 이르기까지 신문이 제 본분을 다하는 것이 곧 봉사라고 할 수 있다.

이런 두 가지 관점에 비추어 보면, 이 나라 신문의 독자에 대한 봉사는 어떤 의미에서 크게 모자란다고 할 수 있다. 더욱이 넓은 의미로 따져 보면, 우리나라 신문은 독자에게 봉사하기보다 독자를 이용하는 쪽으로 기울어지고 있는 것 같다.

이를 가장 잘 드러내 주는 것이 신문의 장삿속이 드러나는 때이다. 신문사가 주최하는 여러 가지 운동경기나 문화행사에 많은 관객을 동원하여 수지를 맞추려고 사고(社告)를 내는 데 큰 지면을 아낌없이 쓰거나, 문화기사나 체육기사인 체 꾸몄지만 실제로는 자기네 신문사가 벌이는 문화행사나 운동경기를 광고하는 것이 그러하다. 또는 자기네 신문사가 펴내는 잡지·단행본·주간지의 내용을 기사에 끼워 넣어 소개함으로써 은근슬쩍 책 광고를 하거나, 또는 같은 계열의 기업체나 대학교를 두둔하고, 기사에서 특정 기업과 상품을 선전하고 광고를 끼워 넣는 것이 모두 장삿속을 드러내는 본보기이다.

신문도 자기 이익을 위해 얼마쯤은 장삿속을 떠날 수 없다. 또 이익을 남겨야 운영이 되고, 자본이 독립되어야 신문의 독립성이 유지되며, 그래야 비로소 참다운 사회의 공기(公器)로서의 책임과 의무를 다할 수 있음을 독자들은 잘 알고 있다. 그러나 신문의 처음이자 마지막의 존재이유는 독자에게 봉사하는 데 있지, 독자를 이용하여 돈을 버는 데 있지는 않을 것이다. 그렇게 볼 때 요즈음 이 나라 신문들의 지나친 장삿속은 모두 그 본분은 잊어버린 데서 나온 것이라고 하겠다.

또 신문의 장삿속은 신문을 오락거리로 전락시켰다. 독자들에게 오락거리를 제공하는 것도 신문이 있어야 하는 이유의 하나이기는 하지만, 그것은 어디까지나 신문의 부수적인 기능에 지나지 않는다. 그런데도 연재소설을 세 가지나 싣는 신문이 있는가 하면, 신문마다 흘러간 이야기를 연재하고, 일주일에 하루는 천연색 사진을 두 면씩이나 싣는 등 오락거리를 주로 하는 신문을 만들어 가고 있다. 그뿐만 아니라 범죄기사에 선정적인 요소를 동원하여 꾸밈으로써 독자들의 말초적인 취향에 영합하려 든다. 그래서 어떤 때는 신문이 선정주의를 본업으로 삼는 주간지를 너무 닮아 가기도 한다.

어떤 이는 신문이 오락잡지처럼 되어 가는 것이 신문에 가해지는 '외부의 제약' 때문이라고 변명하기도 한다. 그러나 우리나라와 이 세상에서 일어나는 사건들의 대부분이 외부의 제약에 걸리므로, 그런 이유 때문에 신문에 실릴 기사가 정말 없을 것이라고 생각하는 독자는 없을 것이다. 오늘날 우리나라 신문이 당면하고 있는 문제는 신문에 가해지는 외부의 제약도 있겠지만, 그에 못지않게 신문 자신의 노력 부족, 무사안일주의, 아이디어의 빈곤, 언론 스스로가 '알아서 기는' 사전검열, 언론과 상업주의와의 결탁 등인 것이다.

우리나라 신문이 얼마나 잘 봉사하고 있느냐 하는 물음에 대한 대답은 전체 신문지면 가운데서 보도기사·해설·논평이 차지하는 지면이 얼마나 되는지를 따져 보아도 알 수 있다. 먼저 서울에서 발행되는 신문의 경우에 지면의 40퍼센트쯤이 광고이다. 그리고 나머지 지면에서 연재소설과 흘러간 이야기 따위의 기사, 신문사의 사업광고를 빼고 나면 정작 보도기사나 해설, 논평이 실리는 지면은 전체의 40퍼센트도 채 안 된다. 그러면서도 며칠에 한 번씩 전면광고를 마구 싣고 있으니 우리나라 신문독자는 돈을 주고 광고를 사서 보는 형편인 것이다.

전면광고 가운데는 지난 3월 12일자 《조선일보》와 《한국일보》에 실렸던 '아이미' 광고처럼, 광고인지 기사인지 독자들이 구별하기 매우 힘들게 교묘히 제작된 속임수 광고도 있다. 신문마다 한결같이 제호 밑에 "본지는 신문윤리강령 및 그 실천요강을 준수한다"고 밝히고 있으면서, 정작 지면제작에서는 "광고임이 명확치 않고 기사와 혼돈되기 쉬운 편집체제 및 표현의 광고는 게재를 보류 또는 금지한다"는 신문광고윤리실천요강을 지키지 않는다. 《조선일보》는 한 걸음 더 나아가서 이런 광고 게재를 항의하는 독자의 소리에 "선진 외국에도 이런 광고는 있다"고 둘러대기까지 했다. 자기합리화를 하려고 선진국의 사례라면 바람직하지 못한 것도 마구 끄집어내는 신문이 국민의 자존심을 되찾자는 캠페인을 벌이니, 독자들이 신문의 이런 태도를 어떻게 생각할까?

신문이 독자들에게 잘 봉사하기 위해서는 신문기사 작성이나 편집에서도 정확성을 지켜야 한다. 요즈음 신문을 읽으면 예전보다 오식(誤植)이 더 눈에 많이 띤다. '오식 정도야……'라고 할 지 모르지만, 오식이 자주 보이는 것은 신문제작을 성실하게 하지 않는다는 증거이고, 또 그런 신문치고 좋은 신문이기 어렵다.

활자 오식은 그렇다 치더라도, 기사의 제목까지 바꿔 다는 일도 있었다. 그뿐만이 아니라 4월 5일자 《한국일보》는 1면에 "미, 삼자회담 검토"라는 제목의 기사에서 마지막에 "…… 한반도와 그 주변 정세변화를 다음과 같이 지적했다"고 써 놓고는 그 '다음'이 아예 없었다. 이런 지경으로 신문을 만들면서 '독자의 수준이 그렇기 때문에 그런 수준의 신문밖에 못 낸다'고 말할 수 있는지 되묻고 싶다.

기사를 뭉텅뭉텅 잘라 놓고 손질을 하지 않은 채로 그대로 싣는 것이 의도적이 아니라면, 아주 성실하지 못한 자세로 신문을 만들고 있음을 스스로 광고하고 있는 셈이다. 대기업 신문광고에서 기업주 이름을 잘못 적었다고 신문지상에 큼지막하게 사과 광고를 내는 신문이, 자기네가 쓴 기사나 편집상의 잘못에 대해서는 언제나 꿀 먹은 벙어리다. 독자에 대한 신문의 봉사는 무엇보다도 독자를 두려워할 줄 알고, 독자 앞에서 신문이 겸손할 때 이루어질 수 있을 것이다.

《뿌리 깊은 나무》, 1978년 5월

추리소설 같은 기사

  지난 3월 하순에 전라남도 담양군 남면 만월리에 사는 고은석 씨 가족 여섯 명이 수은중독과 비슷한 증세를 앓고 있다는 사실이 알려졌다. 이 사건이 있기 전부터 해마다 농약 사용량이 크게 늘어나는 현상을 놓고, 그것이 이 나라 농토와 농작물에 줄 장기적인 피해를 염려하는 말이 많았으며, 또 농약을 잘못 다루어 인명에 피해를 준 사건도 있었다.

  그러나 이번 경우는 농약성분 가운데서 인체에 해로운 수은이 농토에 축적되고, 거기서 생산된 농작물을 섭취한 인체에도 수은이 쌓여 생긴 무서운 병이 아닌가 하는 점에서 사회에 큰 충격을 준 것이다. 더욱이 고은석 씨의 가족이 앓고 있는 병이 수은중독에 따른 것이라면, 그것이 그 한 가족의 경우에 한정되는 일이 아니라 같은 성분의 농약을 사용하여 농사를 짓고 거기서 생산되는 곡식이나 채소를 먹고사는 이 나라 국민 모두의 건강과 관련된다는 점에서 이 사건이 준 충격은 더욱 컸던 것이다.

  그만큼 중대한 사건이기 때문에 정부와 언론 및 국민의 관심은 이 사건에 집중되었고, 신문은 신문 나름대로 이 사건의 진상을 규명하는 데 앞장섰다. 그리하여 모든 신문들이 이 사건이 알려진 날부터 국회 보사위가 열려 이 문제에 대한 논의를 마칠 때까지 수은 중독인지 아닌지를 밝히고, 그와 함께 농약사용과 농작물 오염문제를 검토하는 데 많은 지면을 할애하였다.

특히《중앙일보》는 이 사건의 사실을 규명하려고 중금속 공해문제 전문가인 차철환 박사와 신경외과 전문의인 주정화 박사를 포함한 현지조사반을 편성하기도 했다. 신문사가 학술조사 같은 목적으로 전문가들을 동원하는 일은 흔히 있었지만, 어떤 사건의 진실을 규명하고자 전문가들로 조사반을 편성하는 것은 드문 일이었다. 신문이 이러한 종류의 사건의 진상을 밝히고자 전문가들로 조사반을 구성하여 독자적인 조사를 벌이는 것이 옳은 일인지에 대한 논의는 따로 해보아야 하겠지만,《중앙일보》의 그와 같은 조치는 언론이 이 사건을 얼마나 중요하게 생각했는지를 잘라 표현해 준 것이라고 할 수 있다.

그러나 이 사건에 신문들이 보여 준 관심과 열의에도 불구하고, 이 사건을 다룬 신문의 보도자세에는 많은 문제점이 있었다. 이 문제점들을 하나하나 따져 보면 다음과 같다.

첫째로, 이 사건은 단순 교통사고나 살인사건과 같은 성격의 사건이 아니라, 현재와 미래의 국민보건에 치명적인 피해를 줄 수 있는 문제와 관련되어 있었기 때문에 매우 신중하게 다루어져야만 했다. 그리고 교통사고나 화재처럼 원인과 결과가 쉽게 판명될 성질의 사건이 아니라, 고도의 전문지식과 기술을 동원하여 상당한 시일에 걸친 검증을 거쳐야만 진상이 규명될 수 있는 성격의 사건이었다. 그런데 이 사건이 알려진 초기에 아직 고 씨 일가의 증세가 수은중독에 따른 것인지 그렇지 않은지가 밝혀지지 않았는데도, 거의 모든 신문들이 수은중독에 의한 증세라고 단정했다. 예를 들면 고 씨 장남의 소변을 검사한 결과, 거기서 정상적인 사람의 두세 배에 해당하는 수은성분이 검출되었다는 전남대학교 의과대학 예방의학교실 최진수 조교의 발표를 가지고 그것을 바로 "수은중독 확인"이라고 보도한 3월 31일자 《동아일보》가 그러하다.

둘째로, 이 사건을 다룬 우리나라 신문들 대부분이 인과관계의 추리에서 논리적 오류를 범하고 있었다. 곧, 어떤 결과가 발생했을 때, 그 결과가 일어나기 직전에 있었던 사건이 바로 그 결과의 원인이라고 단정했던 것이다. 그러나 어떤 결과보다 먼저 일어났던 사건이 그 결과의 원인일 수도 있고, 그렇지 않을 수도 있기 때문에, 이런 경우에 인과관계를 단정할 수가 없다. 더욱이 어떤 결과가 발생하기까지 영향을 미쳤으리라고 생각되는 요인이 많을 수 있기 때문에, 어떤 하나의 요인만이 그러한 결과의 원인이라고 하려면 다른 요인들이 원인적인 조건이 아니라는 것을 증명할 수 있어야 한다. 그런데도 신문들은 고 씨 일가가 수은중독과 비슷한 증세를 보이자, 그들이 지난 몇 해 동안 수은이 함유된 농약을 사용해 왔다는 점만을 들어 그들이 수은에 중독된 것이 틀림없다고 단정했다. 더욱이 그들이 정량보다 더 많은 농약을 써 왔다는 것이 더욱 그러한 논리의 오류를 범하게 만든 것 같다.

셋째로, 우리나라 신문이 잘 저지르는 잘못 가운데 하나는 다른 사람의 의견을 기사로 만들 때 신문사나 기자가 마음대로 말을 편집하는 습관이라 할 수 있다. 때에 따라서는 다른 사람이 표명한 의견을 있는 그대로 실을 수 없어서 편집이 불가피할 때가 있음을 모르는 것은 아니다. 그러나 그럴 경우에도 그 사람의 의견을 전체 문맥에서 이해하고, 가장 중심이 되는 생각을 끄집어내어 그것을 기사로 만들어야 한다. 그럼에도 우리나라 신문들은 다른 사람의 의견을 기사로 만들면서 그와 같은 노력을 하는 것 같지 않다.

이번에도 그러한 나쁜 버릇이 나타났다. 곧, 전남대학교 의과대학의 최진수 조교는 고 씨의 장남의 소변에서 정상적인 사람보다 두세 배가 많은 수은이 검출되었다는 것을 발표하면서, "영훈 씨의 오줌에서 수은이 검출되었으나 이 증세로만 수은중독인지의 여부를 알 수 없다"고 말했다. 최 씨가 밝힌 이와 같은 견해는 대단히 중요한 것이다. 왜냐하면 보통 사람보다 수은 보유량이 몇 배 더 많다고 해서 그것이 반드시 수은중독을 뜻하는 것이 아니라는 말이기 때문이다.

그런데 이를 보도한 지난 3월 31일자 신문들의 기사를 보면 《한국일보》만 최 씨의 그러한 견해를 기사에 썼을 뿐이다. 다른 신문들은 모두 이 말을 기사에서 뺀 채, 장남인 영훈 씨의 소변에서 정상적인 사람보다 두세 배가 많은 수은이 검출되었다는 점만을 강조하여 수은중독이 틀림없다는 식으로 기사를 몰고 갔다.

이와 같이 전문가의 견해를 전부 싣지 않거나 편의에 따라 중요한 사항을 빼버리고 말을 편집함으로써, 그러한 발표를 한 당사자가 입는 피해는 엄청날 뿐만 아니라, 그 결과 신문이 독자를 잘못 인도하게 되는 것이다. 결국 이런 일들이 신문기자 기피증을 만들어 내는 원인이 되고, 독자가 신문을 믿지 않게 만드는 요인이 된다.

넷째로, 이번 사건과 같이 고도의 전문적인 지식과 기술이 동원되어야 진상이 가려질 사건을 다룰 때 비전문가의 견해에 바탕을 두고 기사를 만드는 일은 지극히 위험하다. 특히 질병의 원인을 다루는 기사에서는 더욱 그러하다. 이 점은 기사작성의 상식인데도, 이번 사건을 보도하면서 신문이 비전문가의 견해를 토대로 고 씨 일가의 증세가 수은중독이라고 못 박기까지 했다. 지난 3월 30일자 《동아일보》가 신민당 조사반의 발표를 그대로 받아들여 "담양 일가 농약중독 확실"이라고 제목을 단 것이 그 좋은 본보기이다.

그러나 무엇보다도 근본적인 결함은 신문들이 과학적인 검증으로 진상이 규명되기 전에 피상적인 관찰만으로 수은중독이라고 단정하고 나선 데 있다. 그동안의 신문보도를 보면 고 씨 일가의 병이 수은중독이 아니라고 발표한 보건사회부의 결론에 대해서 미심쩍게 느끼게 되어 있고, 그들이 수은에 중독되었음이 틀림없다는 심증이 들기도 한다. 다만 독자들이 이렇게 느끼게 된 것이 신문의 잘못된 보도자세 때문이 아니기를 바랄 뿐이다.

이 사건이 알려진 초기부터 지금까지의 신문기사를 훑어보면 수은중독이 틀림없다는 처음의 단정적인 태도가 날이 갈수록 점차 누그러져 왔다는 것을 알 수 있다. 이런 성격의 사건보도는 신중해야 하며, 신속성보다는 정확성을, 사실 자체보다는 사실 사이의 관계를, 비전문가의 말보다는 전문가의 견해를 존중하는 쪽에서 사건의 진상에 접근해 가야 할 것이다.

이 사건의 진상은 아직도 완전히 밝혀지지 않았다. 그러므로 신문들이 앞으로 이 사건이 종결될 때까지 계속해서 취재하고 보도해 주는 자세를 잃지 않기를 부탁한다. 그런 뜻에서 4월 26일자 《동아일보》가 고 씨 일가의 치료현황을 알려 준 것은 잘한 일이다. 이 사건의 보도에서뿐만 아니라, 모든 중요한 사건의 보도에서는 머리만 있고 꼬리가 없는 그림만 그려서는 안 된다.

《뿌리 깊은 나무》, 1978년 6월

다시 드러낸 이기주의

　서울의 세종문화회관에서는 지금 개관기념 예술제가 한창 진행되고 있다. 세종문화회관은 서울시가 200억 원이 넘는 큰돈을 들여 지은 예술의 전당으로서, 국제적으로도 뒤지지 않는 규모와 시설을 갖추었다고 해서 국민의 관심을 모았다. 그래서 신문들도 세종문화회관의 개관을 축하하고, 이 회관이 우리나라 공연예술을 발전시키는 데 크게 이바지하도록 격려했다. 그뿐만 아니라 서울에 있는 거의 모든 신문사와 방송국이 저마다 이 회관의 개관기념 예술제를 위해 외국의 저명한 연주가나 교향악단, 또는 오페라단이나 무용단을 초청함으로써 이 잔칫상을 더욱 호화롭게 차리는 데 앞장섰다. 신문사의 이러한 사업은 우리나라 예술의 발전에 도움을 주는 일로 환영하여 마땅한 일임에 틀림없다.

　그러나 이 예술제의 큼직한 공연이 거의 모두 외국의 연주가나 교향악단, 또는 오페라단이나 무용단의 것으로 이루어졌으며, 그러한 공연의 대부분을 신문사나 방송국이 주최하고 있다는 점에서 아쉬움이 남는다. 다시 말하면 여러 신문사나 방송국들 가운데 몇몇은 우리의 전통음악이나 현대공연예술의 후원자가 되었더라면 더 좋았

을 것이라는 생각이다. 모든 신문사가 이 나라의 문화예술을 창달한
다고 주장하면서도 우리의 공연예술을 후원할 수 있는 이런 좋은
기회에 외국의 저명한 예술단만을 초청하는 데 치우친 것은 명분에
도 어긋날 뿐만이 아니라, 신문사가 이윤을 남길 수 있는 일에만 관
심이 있음을 또 한 번 드러내 보인 것이라고 할 수 있다.

　이번의 세종문화회관 개관기념 예술제와 관련하여 이 나라 신문
들의 문제점들이 여러 가지로 나타났다. 그 가운데서도 먼저 지적해
야 할 점은 신문들의 이기주의와 폐쇄적인 성격이다. 지난 4월 21일
부터 오는 7월 8일까지 열리기로 예정된 이번 기념 예술제에는 이
런 기회가 아니면 우리가 보고 듣기 힘든 훌륭한 연주가와 세계적
인 교향악단, 오페라단, 무용단이 많이 초청되었다. 그래서 이들의
연주나 공연을 서울에서 듣거나 보게 된다는 것이 이 나라의 예술
인과 예술 애호가들에게는 큰 기쁨이 아닐 수 없었다. 그뿐만이 아
니라 이러한 기회는 이 나라의 공연예술에서 하나의 큰 사건이기도
했다.

　따라서 이들을 비록 다른 신문사가 초청했다고 하더라도 그들의
공연이나 연주회 소식, 또는 그들의 소개와 연주, 공연평을 모든 신
문들이 고르게 다뤘어야 마땅했다. 그것이 바로 신문이 독자에게 하
는 봉사이며, 이 나라 공연예술의 발전에 신문이 이바지하는 길이기
도 했다. 그런데도 그동안 서울에서 발행되는 신문들은 자기 신문사
가 초청하지 않은 공연은 거의 기사로 다루지 않거나 겨우 문화행
사로서 조그맣게 알리는 데 그치고 말았다. 신문들이 그런 식으로
다루었기 때문에 서울에서 발행되는 모든 신문을 읽거나 모든 방송
을 듣지 않으면 언제, 누가, 어떤 연주나 공연을 하는지 알기가 힘
들었다.

그와 달리 자기 신문사가 초청한 공연에 대해서는 문화면을 서슴지 않고 할애해서 소개하기에 바빴다. 이를테면《동아일보》는 영국의 로열발레단을 초청하여 자그마치 열 번 가량에 걸쳐 문화면에 소개하면서, 다른 신문사가 초청한 공연은 기껏 "세종문화회관 금주의 예술제"라는 눈에 잘 띄지 않는 작은 기사로 알려 주었을 뿐이다. 이러한 보도태도는 꼭《동아일보》에서만 볼 수 있었던 것이 아니라, 정도의 차이는 있을지 모르나 모든 신문에 공통되는 현상이었다.

《경향신문》은 이탈리아의 파르마 오페라단 공연,《서울신문》은 넬슨 프레이레 연주회와 빈 국립 오페라단 공연,《조선일보》는 제라르 수제이 독창회,《중앙일보》는 필라델피아 교향악단과 뉴욕 필하모닉 교향악단 연주회, 그리고《한국일보》는 헬만 프라이 독창회, 빈 소년 합창단 공연, 존 서덜랜드 독창회를 주최하면서 자기 것만 열심히 선전했다. 이런 가운데 그나마 다른 신문사가 주최한 행사까지 포함해서 이 예술제의 모든 행사를 다룬 신문에 견주어 꽤 잘 알려 준 것은《중앙일보》라 하겠다.

한편으로 이번의 세종문화회관 개관기념 예술제가 열리는 동안에, 신문들은 자기 신문사가 주최한 공연이나 연주회를 빼면 다른 공연평이나 연주평을 거의 싣지 않았다. 말할 것도 없이 신문의 예술평은 좀 더 나은 예술을 위한 좋은 밑거름이 된다. 그런데도 신문들은 과거에도 그랬듯이 이번에도 공연이나 연주비평을 거의 하지 않았다. 자기 신문사가 주최하지 않았던 공연이나 연주회의 비평을 실었던 것을 예로 들면,《동아일보》의 경우 우리나라에서 한 최초의 비파연주였던 펭테밍의 연주평(5월 15일자), 정경화의 바이올린 독주회평(5월 24일자), 필라델피아 교향악단의 연주회평(5월 30일자)

이 있다. 이 밖에 《한국일보》의 일본방송교향악단의 연주회평(5월 2일자)과 로열발레단 공연평(5월 19일자), 《경향신문》의 피에르 푸르니에 첼로 독주회평(5월 11일자), 《서울신문》의 일본방송교향악단 연주회평(5월 6일자) 같은 것이 거의 전부였다.

자기 신문에 어떤 연주가나 무용단의 프리마돈나와 면담한 기사는 실으면서, 다른 신문의 이들의 연주나 공연비평은 싣지 않는 것이 이 나라 신문 문화면의 한 유형이 되었다. 이러한 경향은 신문이 인기 있는 연주자나 스타를 소개하여 독자들의 호기심을 자극하는 데는 관심을 보이지만 그 밖의 일에는 무관심하다는 것을 뜻한다.

대체로 우리나라 신문 문화면에 자주 등장하는 예술가와의 면담 기사는 독자들의 호기심에 영합하는 것이거나, 아니면 어떤 특정인을 선전하는 것인 경우가 흔하다. 진실로 그들을 훌륭한 예술가로 생각한다면, 연주나 공연이나 전람회를 가지기에 앞서 인터뷰 기사가 나갈 적에 당연히 그들의 연주나 공연, 전람회에 대한 비평이 뒤따라 나가는 것이 문화면 기사를 올바르게 다루는 방식이겠다.

주마다 세 개의 텔레비전 방송국에서 방영할 주말영화를 소개하고, 매주 텔레비전 비평을 싣고, 자기 신문사가 주최한 '후기 인상파전'에 전시된 작품의 해설을 계속해서 한 달쯤에 걸쳐 싣는 신문들이 모처럼 서울에서 열린 세계 정상의 공연비평을 외면했다는 것은 깊이 반성해야 할 일이다.

또 이번 예술제와 관련하여 한 가지 더 지적할 것은, 신문들이 대강당에 못지않게 훌륭한 레퍼토리를 준비했던 소강당의 공연에 너무 무관심했다는 점이다. 보도에 따르면 소강당의 공연은 빛을 보지 못하고 관객동원에 계속해서 애를 먹어 한 번 공연에 줄잡아 객석의 56퍼센트 밖에 차지 않았다고 한다. 사실 소강당에서 연주되거나 공연된 프로그램은 대강당에 어울리지 않는 규모와 성질을 가졌다 뿐이지, 신문 문화면에서 외면을 당할 만큼 수준이 낮은 것은 아니었다. 그런데도 모든 신문들이 소강당에서 있었던 연주나 공연은 거의 다루지 않았다.

따지고 보면 어떤 면에서는 큰 규모의 공연보다 작은 규모의 공연을 더욱 값지게 다뤄야 할지도 모른다. 왜냐하면 소규모의 공연이나 연주는 거의가 대중성은 떨어질지 모르지만, 예술적인 가치는 더욱 높은 것일 수도 있기 때문이다. 이 나라 신문들이 작은 규모의 연주나 공연을 외면하지 않고 큰 규모의 인기 있는 연주와 공연에 못지않게 다루어야 균형 있는 문화예술의 발전에 이바지할 수 있을 것이다.

또한 다른 신문사가 주최한 행사는 그것이 아무리 값진 것일지라도 외면해 버리는 이기적이고도 폐쇄적인 태도를 버리지 않고는 신문이 올바른 사회적인 기능을 하지 못한다는 점을 깨달아야겠다. 그리고 다른 신문이 주최한 연주나 공연, 미술 전람회 따위를 그것을 주최한 신문사와 다를 바 없이 다루는 것은 다음의 자기 신문사의 행사에도 도움이 된다는 것을 알아야 한다. 그렇게 하는 것이 곧 문화의 시장을 넓히는 일이고, 시장이 넓어야 고객도 많아지기 때문이다. 그리고 그것이 이 나라의 문화발전에 신문이 진정으로 기여하는 길이기도 하다.

《뿌리 깊은 나무》, 1978년 7월

중앙 매스컴의 독립운동

지난 6월 30일자 한국기자협회의 기관지인 《기협회보》 387호에 따르면, 중앙 매스컴(《중앙일보》, 동양방송)의 모든 사원은 지난 6월 7일에 일곱 개 항의 결의문을 채택하고 삼성그룹으로부터의 경영독립, 현업중심체제의 구축, 인사고과제도의 철폐, 부당해임사원의 복직, 급여의 현실화 등을 경영진에게 요구했다. 이 사건의 경과를 좀 더 자세히 알아보고자 《기협회보》에 실린 기사를 간추려 인용해 보면 다음과 같다.

"중앙 매스컴 사원들은 '우리의 주장'으로 된 이 결의문에서 '중앙 매스컴은 삼성그룹의 영향으로부터 벗어나 편집 및 제작의 자율성을 확보하는 등 언론 본연의 임무에 매진해야 한다'고 그들의 뜻을 밝히고 '편집제작과 경영의 독립성을 유지하기 위해 현업중심체제를 구축해야 한다'고 주장했다.

그들은 또 '인사고과제도를 철폐하고 부당한 해고 및 타 직종으로의 전출이 없어야 한다'는 전제를 내세우고 '1978년 1월 1일 이후 부당하게 해고 및 전출된 사우들을 즉각 복직시키라'고 촉구했다. 이 결의문은 이어서 '전사원의 급여체계는 현실화해야 한다'고 주장하고 '이른바 소수정 예주의라는 미명하에 자행되고 있는 사원들의 혹사행위를 철저히 배격한 다'고 밝혔다. 그리고 중앙 매스컴 사원들은 '전 사원의 권익을 항구적으로 보호, 신장하기 위해 상설기구를 구성하겠다'고 밝히고 '이 같은 주장 이 관철될 때까지 모든 방법을 동원하여 무기한 투쟁하겠다'고 결의했다.

사백 명쯤의 사원들이 공동으로 서명한 이와 같은 결의에 대해 회사 의 경영진은 이들의 요구를 모두 받아들이겠다고 약속한 것으로 알려졌 다. 다만 이 결의문에서 밝힌 일곱 개 항의 요구조건과 결의 가운데서 '전 사원의 권익을 항구적으로 보호, 신장하기 위한 상설기구'의 구성만 은 경영진과 사원 대표들 사이의 협의에 따라서 그렇게 하지 않기로 합 의하였다고 한다."

이 사건은 어떻게 보면 중앙 매스컴이라는 하나의 특정한 언론기 관 안에서 일어난 일로, 사사로운 성격의 것이라고도 할 수 있을지 모른다. 그러나 이 사건은 특정한 언론기관의 문제이자, 동시에 오 늘의 한국 언론기업이 안고 있는 문제를 드러내 주었다는 점에서 공공의 관심사가 될 수 있다. 더욱이 중앙 매스컴 사원들이 결의하 고 그 회사의 경영진이 받아들이기로 결정한 요구조건 가운데는 언 론이 제 구실을 다 하는 데 꼭 필요한 본질적인 조건들이 포함되어 있다는 점에서 이 사건은 더욱 중요한 의미를 지닌다.

중앙 매스컴 사원들이 제시한 일곱 가지 요구조건 가운데 가장 핵심이 되는 주장은 편집과 제작의 자율성을 확보하고자 중앙 매스 컴을 삼성그룹의 영향으로부터 독립시켜야 한다는 요청이다.

이 칼럼에서도 여러 번 지적했듯이, 공익에 봉사해야 하는 언론 의 본분을 저버리게 되는 여러 까닭 가운데 하나가 이른바 언론기업의 복합기업적인 성격이다. 곧, 언론이 대재벌 기업집단의 하나로 종속되어 있을 때, 그 언론은 알게 모르게 언론기업이 속해 있는 기업집단의 이념이나 이익에 종사하게 된다. 따라서 한 언론기업이 신문·방송·잡지·출판 같은 여러 매체를 독점하고 있는 것에 못지않게 복합기업인 언론기업도 국민의 알 권리를 제약하게 되기 때문에 이 같은 기업 형태의 언론기업은 자유로운 언론에 큰 위협이 된다.

이런 점에 비추어 볼 때 이번에 중앙 매스컴에서 일하는 사원들의 "중앙 매스컴을 삼성그룹으로부터 독립하여 현업중심체제를 이룩해야 한다"는 요구는 두말할 것도 없이 정당한 주장이다. 또한 언론인 본연의 자세를 드높였다는 점에서 이들의 행동은 칭찬받아 마땅한 일이다. 그러한 요청을 받아들이기로 결정한 중앙 매스컴 경영진도 중요한 결단을 내렸다는 점에서 박수를 받을 만하다.

이 일은 이 나라 언론의 역사에 기록될 만한 사건이라고 생각된다. 약속한 대로 중앙 매스컴이 삼성그룹의 영향에서 벗어나 경영의 독립을 성취한다면, 그것도 또한 이 나라 언론기업경영에 새로운 이정표를 마련해 주는 사건이 될 것이라고 생각된다.

그러나 중앙 매스컴이 삼성그룹의 영향에서 벗어나, 경영과 편집의 독립을 성취하는 것이 쉬운 일은 아닐 것으로 짐작된다. 그것은 삼성그룹의 최고경영진이 정말로 중앙 매스컴의 독립을 용납할지부터가 문제이기 때문이다. 아무튼 중앙 매스컴이 삼성그룹의 영향에서 벗어나 독립하기 위한 주사위는 던져진 셈이다. 그리고 언론계와 일반 독자가 이 일의 진행경과를 깊은 관심을 갖고 눈여겨보고 있음을 그들은 잊지 말기 바란다.

이번의 중앙 매스컴 사원들이 결의한 것 가운데서 다음으로 중요하게 생각되는 것은 인사고과제의 철폐, 급여체계의 현실화, 부당해직·전출된 사원의 복직 같은 사원복지와 인사정책에 관한 요구조건이라고 할 수 있다.

이번 사건을 보도한 《기협회보》의 사설인 〈우리의 주장〉에서도 꼬집어 주장한 것처럼, "내사고과제도가 급여체계에서 동기생들 간에도 급여액의 불균형을 초래하고, 감원에 활용된다면 사원들 간에 불신감이 조장된다는 측면 하나만으로도" 인사고과제도는 경영합리화라는 구실을 넘어 반드시 개선돼야 할 것이다.

또 언론인의 급여체계를 현실화해야 한다는 요구도 중앙 매스컴뿐만 아니라, 이 나라의 모든 언론기업이 서둘러 해결해야 할 중요한 문제다. 이 문제는 훌륭한 자질을 갖춘 언론인을 확보해야 한다는 시대의 요청임은 말할 것도 없고, 언론인이 스스로 언론인의 품위를 유지해야 한다는 윤리적인 요구와도 깊이 관련되어 있기 때문이다.

알려진 바에 따르면, 이 나라의 몇몇 언론기업에서는 신문 판매부수를 늘릴 목적으로 기자들에게 일정량의 구독신청을 받도록 강요하는가 하면, 그 책임량을 이루지 못한 사람에게는 심지어 월급이나 상여금에서 감봉처분을 하고 있다고 한다. 그것이 사실이라면, 언론기업의 이러한 졸렬한 경영방식이 기자의 직업적인 긍지를 크게 훼손시키는 짓이라 아니할 수 없다. 중앙 매스컴 사원들이 사원복지와 직업보장을 요구하게 된 이번 사건을 계기로 이와 같이 도리에 어긋난 일들이 언론기업에서 하루빨리 없어지길 바란다.

그리고 부당한 해고 따위가 있을 수 없도록 언론기업은 언론인의 직업보장을 제도화해야 한다. 그래야만 비로소 언론인이 안심하고 직업정신의 실현에 몸 바쳐 일할 수 있게 될 것이다. 그와 함께 신문기자를 그의 뜻과는 관계없이 편집국이 아닌 다른 경영부서로 보내거나 다른 방계회사로 전출시키는 일도 다시 생각해 볼 필요가 있다.

물론 신문기자가 신문의 판매나 보급이나 광고 같은, 경영과 관련된 분야의 훈련을 받은 것이 반드시 나쁘다고 보지는 않는다. 더욱이 기자가 나중에 신문경영에 참여하게 되거나 간부가 될 경우에는 경영부서에서 받은 훈련이 좋은 경험이 될 것이다. 그러나 어떤 기자에 대한 경영진의 불만 때문에 그의 뜻에 관계없이 경영부서나 그 밖의 다른 부서로 발령하는 일이 있다면, 그것은 치졸한 보복인 사일 뿐이므로 그런 일은 마땅히 고쳐져야 할 것이다.

앞에서도 얘기한 것처럼 이번 중앙 매스컴 사원들의 결의사항은 그것이 다만 중앙 매스컴이라는 특정의 언론기업 안의 문제를 드러낸 데서 그치는 것이 아니다. 이는 이 나라의 언론기업마다 조금씩은 가지고 있는 문제를 드러내 주었다는 점에서 언론계 공통의 관심사가 아닐 수 없다. 바라건대 이 사건을 계기로 중앙 매스컴은 말할 것도 없고, 모든 언론기업이, 들추어진 문제점들을 면밀히 검토하여 고칠 것은 주저 없이 고치는 용기를 보임으로써 한국 언론의 발전에 크게 기여해 주었으면 좋겠다.

사원들의 요구사항과 결의를 모두 받아 주기로 한 중앙 매스컴 경영진의 결단을 다시 한 번 환영하면서, 그들이 사원들과의 약속을 실현해 나가리라 굳게 믿는다. 그뿐만 아니라 지난날의 언론계에서 볼 수 있었던 것처럼 이런 일에 앞장섰던 기자들을 시간이 지나면 한직으로 좌천시키거나 편집국이 아닌 다른 부서로 보내는 것 같은 보복인사조치는 없을 것이라고 믿는다.

《뿌리 깊은 나무》, 1978년 8월

속 보이는 짓

지난 7월 달 신문은 온통 현대아파트 특혜분양사건으로 채워졌다고 해도 지나치지 않을 만큼, 이 일은 사회에 큰 파문을 일으켰다. 이 사건을 다룬 신문의 보도기사와 논평을 보면 여러 가지 지적할 점들이 있지만, 먼저 얘기할 것은 34명의 언론기관 종사자들이 이 사건에 연루된 데 대한 신문의 자세라고 하겠다.

해방 이후부터 지금까지 언론인들이 사회의 부조리나 부정과 관련된 일은 가끔 있었지만, 그런 일들은 거의 공개되지 않은 채 처리되어 왔었다. 그러나 이번 사건에 34명의 언론기관 종사자들이 포함되어 있음이 밝혀지자, 《조선일보》를 비롯하여 대부분의 관련 신문들이 이들의 이름을 스스로 밝혔다. 보는 이에 따라서는 신문의 이와 같은 몸가짐을 이 사건을 다루려고 신문이 어쩔 수 없이 선택한 고육지책에 지나지 않는다고 평가할지도 모른다. 그러나 그런 면이 있었다 하더라도, 스스로 자신의 부끄러운 곳을 온 세상에 밝힌 용기는 언론 본연의 몸가짐에 충실하려는 신문의 참다운 노력으로 받아들여 마땅하다고 생각된다.

더욱이 신문들이 관련자 34명의 이름을 밝힌 데 그치지 않고,

《중앙일보》처럼 몇몇에 지나지 않지만, 언론기관 종사자들이 이 사건에 관련되었다는 점을 사과문으로, 또는 사설로 국민 앞에 사죄했다는 점은 높이 평가할 만하다.

신문들은 《동아일보》 7월 6일자 사설에서 보듯이 "경위야 어떻든 사회적 부정에 관련된 결과는 부정의 시정에 헌신해야 할 언론인 본연의 사명을 저버린 것이며 국민의 기대를 배반하는 것이기 때문이다. 우리는 부패하지 않은 언론의 건재야말로 부패억제의 가장 큰 주춧돌이 된다는 선례를 명심하고 뼈아픈 자성 위에서 자체 정화의 길에 정진할 것을 국민 앞에 엄숙히 다짐"했고, 7월 5일자 《조선일보》 사설에서 보듯이 이 사건을 계기로 언론인이 처신하여야 할 바가 무엇인가를 제시하기도 했다.

곧, 《조선일보》 7월 5일자 사설은 언론인이란 본디 물질적인 충족보다는 정신적인 만족을 추구하는 직업에 종사하는 사람이므로, 만일에 물질적인 충족을 삶의 보람으로 생각하는 언론인이 있다면 지금이라도 언론계를 떠나는 것이 좋겠다는 충고를 하기도 했다. 그리고 언론인은 모든 취재 대상과 너무 가깝게 지내도 안 되고, 너무 멀리 떨어져서도 안 된다는 행동지침을 다시 한 번 강조했다.

이러한 값진 충고를 몇 번이고 수긍하면서, 한편으로 오늘의 모든 상황이 얼마나 언론인들로 하여금 정신적인 만족을 누릴 수 있게 하는지를 생각해 보지 않을 수 없다. 여러 가지 뜻에서 언론인들이 자기 직업에 긍지를 가지고 정신적인 보상을 충분히 받을 수 있는 풍토가 하루빨리 자리 잡아야 할 것이다. 또 적어도 그러한 풍토를 만들 책임의 절반쯤은 어쨌든 언론인 스스로에게 있다는 점도 다시 한 번 새겨 보아야 하리라 생각한다.

덧붙여 그 어떤 사건이나 문제를 다루었던 때보다도 이번에는 더 많은 사설로써 이 사건을 다루었다는 점을 높이 살 만하다. 그리고 이 사건을 다룬 사설의 내용이 대부분 논조가 명백했고, 사건이 발생했을 때의 주장과 수사가 마무리된 뒤의 주장 사이에 의견의 일치를 보여 주었다는 것도 아울러 꼽을 만하다.

그러나 이 사건의 기사와 논평에는 부족한 점도 많았다. 이번의 현대아파트 특혜분양사건은 정부의 주택정책과도 깊이 관련되어 있을 뿐만 아니라, 우리 사회의 구조적인 부조리의 한 면을 드러내 준 것이기도 하다. 따라서 이 사건을 다루면서 신문은 사건의 본질적인 문제가 무엇인지를 파헤치는 데 중점을 두었어야 했으며, 그렇게 하려면 사회구조적인 면에서 문제에 접근해 가야 했을 것이다.

그런데 신문들은 이 사건을 다루면서 특혜분양을 받은 사람이 누구인가와 같은 흥미 본위의 피상적인 보도에 치중했다. 그뿐만 아니라 신문은 특혜를 받은 사람들에 초점을 두면서, 특혜를 준 쪽인 현대그룹에 대해서는 거의 문제를 제기하지 않고 넘어갔다. 말하자면 재벌과 관권의 유착이나, 재벌이 우리 사회의 각계각층에 영향력을 늘려 가는 문제들은 다루지 않았다.

우리나라 신문들이 사회 부조리와 관련된 사건을 다루면서 문제의 본질을 외면하고 피상적으로, 또는 흥미 본위로 보도하는 경향은 이번의 아파트 사건에서만 볼 수 있는 현상은 아니다. 예컨대 경상북도 교육위원회의 가짜 교사자격증 사건에서도 마찬가지였다. 가짜 교사자격증을 받은 사람이 몇 명이고, 누구누구이며, 범죄자인 허 씨란 사람은 어떤 사람인지, "까만 웃저고리에 흰 바지와 흰 구두를 신은 노신사 …… 다방 마담 누가 내연의 처로서 ……" 하는 식의 흥미 위주의 기사를 만들거나, 높은 관리가 관련되었는지의 사실에 초점을 맞춘다.

또한 가짜 교사자격증을 돈으로 주고 산 사람이나 판 사람은 마땅히 처벌받아야 하겠지만, 그런 사람들에게서 배운 학생들에게 줄 영향을 생각해서 가짜 자격증을 가진 선생들의 이름을 밝히는 것이 정말 옳은지도 한 번쯤 깊이 생각해 보았어야 했다. 그리고 가짜 자격증을 가진 사람 때문에 정식 교사자격증을 가진 사람이 교직에 봉사할 기회를 잃었는지, 만일 그렇지 않았다면 우리나라 중등교사의 수급문제는 어떤지, 또는 교사자격증 발급제도에는 아무런 문제가 없는지와 같은 구조적인 면을 파고드는 기사와 논평이 참으로 필요한 보도일 것이다. 이런 뜻에서 앞으로 사회부조리와 관련된 사건을 보도할 때는 그 사건의 구조적인 성격을 파헤치는 기사와 논평을 독자들에게 제공해 주는 신문이 되어야 할 것이다.

이번 여름은 무척 더웠다. 그래서 사람들은 시원한 기사를 찾았을 것이다. 해마다 신문들은 6월이 되면 바캉스 기사를 요란하게 실어 사람들로 하여금 피서를 가야겠다는 생각을 가지도록 부채질해 왔다. 그런데 올해에는 다른 해에 견주어 바캉스 기사가 아주 적었고, 또 있었다고 하더라도 정보제공의 성격을 띤 기사에 머물렀다는 점이 색달랐다.

신문들 가운데에는 《한국일보》처럼 "피서, 갈 만한가"와 같은 기획기사를 실어 불결한 수영장과 해수욕장의 빈약한 시설, 바가지 상혼과 불편한 교통을 고발하기도 했다. 신문이 여름철만 되면 바캉스를 부채질하는 기사를 실어 왔던 데 견주면 《한국일보》의 그와 같은 기획기사는 피서지의 환경을 개선하는 데 도움을 주는 건강한 기사라고 할 수 있겠다.

신문의 바캉스 기사와 관련하여 한 가지 지적하고 싶은 것은 신문사가 부대사업으로 해수욕장을 경영하거나 피서여행을 주선하는 일과 관련된 문제이다. 신문사가 좋은 신문을 만들기 위해 부대사업을 해서 이윤을 남기는 일을 나쁘다고 할 까닭은 없다. 그러나 신문사가 자기들의 부대사업을 선전하려고 신문을 사사롭게 이용하는 것은 언론의 본분에 어긋나는 일이 된다.

《중앙일보》가 자기 신문사에서 경영하는 연포 해수욕장에 학생 한 사람에 33,000원씩 받고 4박 5일 동안의 '연포 여름학교' 학생을 모집하는 일이나, '젊은이의 해변가요제'를 연포에서 여는 일은 신문이 독자에게 봉사하는 활동이라고 할 수도 있다. 그러나 지난 7월 10일자 《중앙일보》 7면에 실린 "연포 해수욕장 개장"이라는 제목의 기사는 자기 신문사의 부대사업을 위해 신문기사를 이용해서 서슴지 않고 광고를 한 예로 꼽을 만하다.

《중앙일보》는 그 기사에서 "연포 해수욕장은 올해 1킬로미터에 이르는 진입로를 8미터로 확장했고 현대식 시설을 갖춘 '비치 하우스' 공사가 거의 마무리 단계에 있어 예년보다 더욱 편리한 해수욕장으로 등장했다"고 광고했다. 《중앙일보》가 다른 해수욕장의 개장 기사를 싣지 않았음은 말할 것도 없다. 이러한 기사를 싣는다면 자기 스스로 아무리 좋은 신문이라고 외쳐 보아도 그것은 한낱 공허한 메아리가 될 뿐이라는 점을 잊지 말아야 할 것이다.

《뿌리 깊은 나무》, 1978년 9월

'노랑' 언론이 춤춘다

　사회가 점차로 전문화되고 분화됨에 따라 사람들의 생활영역도 그만큼 복잡해지고, 새로운 과학기술의 발전은 사람의 생활환경을 다양하게 확대시키고 있다. 이와 같은 사회변동은 이미 존재해 온 사회의 가치나 규범체계에 변화를 가져온다. 따라서 새로운 관계의 정립이 필요할 뿐만 아니라, 사회의 규범체계에 대한 새로운 해석을 요구하게 된다.

　이런 뜻에서 개인이 누려야 할 기본적인 권리도 변화하는 환경에 맞추어 새롭게 정의하고 해석할 필요가 있다. 예컨대 개인의 재산권과 인격권은 역사적으로 끊임없이 추구되어 온 권리이기는 하지만, 그러한 권리의 성격과 한계에 대한 정의와 해석은 사회구조의 변동에 따라 변화되어 왔다.

　개인의 생명에 대한 권리도 이와 마찬가지다. 지난날의 개인의 생명권 개념은 생명을 위협하는 외부의 물리적 환경으로부터 개인을 보호하는 데 초점을 두었던 것에 견주어, 지금은 외부 간섭 없이 사생활을 영위할 수 있는 권리로 확대 해석하는 경향이 있다. 다시 말하면, 생물학적인 뜻에서의 생명권만이 아니라 사회적인 뜻에서의 생명권까지 포함한 것으로 그 개념이 확대된 것이다. 그리하여 마침내는 '홀로 있을 권리', 또는 '자기의 비밀이 다른 사람에 의해 침해당하지 않을 권리'로 해석하게끔 되었다. 이를 우리는 '사생활의 권리'라고 부르기도 한다.

말할 것도 없이 현대사회에서 '사생활의 권리'는 특히 매스미디어로부터 개인의 생활이 침해받지 않아야 한다는 데 초점이 맞춰져 있다. 이와 같은 '사생활의 권리'를 보호하고자 우리나라의 신문윤리강령은 "신문은 특히 개인의 명예를 존중하여야 하며 공공의 이익 아닌 호기심 또는 악의에서 개인의 권리나 감정을 침해할 수 없다"고 규정하고, "공공의 이익에 관련되지 않는 한, 개인의 사생활을 보도 또는 논평해서는 안 된다. 공공의 이익과 대중의 호기심은 엄격히 분리해야 한다"는 것을 신문윤리실천요강에 못 박아 놓았다.

그러나 우리나라 신문들은 흔히 이러한 신문윤리강령이나 실천요강을 어기고 '사생활의 권리'를 침해한다. 그러한 좋은 본보기가 지난번에 있었던 물리학자 김희규 교수의 실종사건을 다룬 보도이다.

김희규 교수의 실종사건을 다룬 신문보도를 훑어보면 신문이 얼마나 철저하게 '사생활의 권리'를 침해하고 있는지 알 수 있다. 이 사건을 다루면서 우리나라 신문들은 마치 한 편의 삼류탐정소설을 쓰듯 했다. 이 사건기사 가운데서 김 교수의 '사생활의 권리'를 침해했다고 생각되는 부분들을 들춰 보면 다음과 같다

《조선일보》
"김 교수가 미 메릴랜드 대학에서 물리학을 연구하던 중 심한 신경쇠약에 걸려 63년 일시 귀국, 처가인 진주에서 휴양하다가 음독자살을 기도한 적이 있다."(8월 3일자)

"김 교수가 5년 전부터 부부생활기능을 잃어 고민스러워했다."(8월 4일자)

《동아일보》

"지난달 27일 오후 인천에서 걸려온 20대 여인의 전화는 서울 중구 북창동 모 맥주집에 종업원으로 있을 때 김 박사와 알게 된 김 모 부인(25·현재 결혼해 부천에 거주)이 얼마 전 자기 동생 취직을 김 박사에게 부탁한 뒤 이 문제를 알아보려고 김 박사에게 전화한 것임을 밝혀냈다."(8월 5일자)

"한편 김 교수는 평소 여자관계가 의외로 복잡했으며 월수입 백오십여만 원의 부인(산부인과 병원경영)에 대한 열등의식을 지니고 있었다고 수사관들은 말하고 있다."(8월 8일자)

《서울신문》

"북창동 ㅂ술집 ㅈ모 양은 '팁은 이천 원 정도 주며 가끔 자신의 승용차로 인천 등지로 드라이브를 갔다 온 적은 있지만 당일코스였다'고 말한다."(8월 5일자)

《한국일보》

"김 교수는 6년 전 김 모 양(당시 26세)과 청계천에 있는 삼일아파트에 방을 얻어 동거한 일이 있었다. 이때의 김 박사는 어느 때보다도 마음의 평정을 찾아 행복했다는 증거들이 있다고 수사관계자는 말하고 있다. 그러나 3년 전 김 양은 다른 남자를 만나 정식 결혼을 했고 이때부터 김 교수는 끊임없이 방황했던 자취를 남겼다. 그동안 김 교수 주변에는

4~5명의 젊은 여인이 나타났다. 그 중에도 종로3가 ㅅ홀 호스티스였던 조 모 양과는 가장 가까운 사이를 유지했다. 그러나 헤어진 김 양과는 달리 조 양 등을 사귀면서는 돈이 많이 들어갔고 이에 따른 가정불화도 잦았다는 것이 경찰의 주장이다. 문교부로부터 받은 연구비 283만원의 상당 부분을 여자들에게 날렸으리라는 추정이 가능하고 조 양이 지난 3월 결혼하자 연구비에서 많은 액수를 떼어 주었다는 사실이 드러나고 있으며 가까웠던 여인들이 떨어져 나갈 때마다 몹시 슬퍼했다는 주변의 증언이 있다는 것이다."(8월 5일자)

위에 인용한 기사는 몇몇 신문에서 되도록 고루 따온 것에 지나지 않는다. 말하자면, 위와 같은 신문기사는 인용된 신문에서만 볼 수 있던 게 아니라 거의 모든 신문에서 읽을 수 있었던 것이다. 이들 기사를 보면 공공의 이익과는 아무 상관없는 개인의 사생활이 얼마나 철저하게 들춰지는지 알 수 있다.

이런 기사를 읽은 독자 가운데서 신문이 이런 기사를 공공의 이익 때문에 실었다고 생각할 사람은 아무도 없을 것이다. 오로지 대중의 호기심을 만족시키려고 신문이 제정신을 잃었다고밖에 달리 생각할 수가 없다. 특히 "문교부로부터 받은 연구비 283만원의 상당 부분을 여자들에게 날렸으리라"고 추정하기까지 한 대목에 이르러서는 '황색신문'(yellow journalism)의 전형적인 모습을 보여 주고 있어서, 어쩌다가 우리나라 신문이 이 지경이 되었는가 하는 탄식이 나올 뿐이다.

이 사건은 8월 10일에 자살한 김 교수의 시체가 발견됨으로써 끝났지만, 김 교수가 실종되었던 17일 동안 이 사건을 다루었던 신문의 보도태도는 너무 많은 문제점을 남겼다. 곧, 신문들은 이 사건을 다루면서 공공의 이익과는 관계없는 김 교수 개인의 '사생활의 권리'를 침해했을 뿐만 아니라, 김 교수 가족의 사생활마저 들춰냄으로써 남은 가족들에게 이중의 피해를 입혔다.

《서울신문》은 8월 5일자 기사에서 김 박사가 "부인 한 씨와 결혼, 건화(27 · 가정주부), 명화(24 · 이대 대학원), 상준(22 · 서울 의대) 등 1남 2녀"를 두었다고 밝힘으로써, 사건과 상관없이 가족들의 이름을 공표했다. 8월 11일자 《한국일보》에 실린 다음과 같은 어느 수사관의 말은 신문이 되씹어 볼 만하다. "김 교수의 자살로 인한 진실한 피해자는 가족들이다."

그러면 신문들이 이 사건을 왜 이렇게 다루었는가 하는 문제를 생각해 볼 필요가 있겠다. 그것은 한마디로 말해서 신문의 상업주의 때문이라고 할 수 있다. 상업주의 신문은 사건의 보도와 논평에서 선정적인 경향을 띠게 된다. 대중의 호기심을 자극하려면 개인의 사생활을 침해하는 일쯤은 서슴지 않고 할 뿐만 아니라, 그럴 듯하게 추측기사를 쓰기도 한다.

8월 4일자 《서울신문》을 보면 안양유원지 계곡에서 어느 피서객이 찍은 김희규 교수 모습처럼 보이는 50대 남자 사진이 큼지막하게 실려 있다. 이 사진을 실으면서 "팬츠만 입은 채 반듯이 누워 쉬고 있다"는 사진 설명을 곁들이고, 이 남자가 젊은 여자와 같이 놀러왔었다는 사실까지 소개했다. 이 사진은 그때 이미 수사기관에서 김 교수 부인이 남편이라고 확인하기에는 모자란 점이 있다고 지적한 뒤에 실린 것이다.

그렇다면 신문이 이 사진을 실은 것은 결국 선정적으로 신문을 만들려고 했기 때문이라고밖에 볼 수 없다. 그뿐만 아니라 《서울신문》은 이 사진을 싣고 사진 속 50대 남자의 그 날 하루 행적을 기사로 만듦으로써, 사진 속 주인공 남자의 사생활 또한 침해하는 결과를 빚었다. 이렇게 볼 때 우리나라 신문기자의 자질과 그들의 직업윤리의식 및 편집책임자들의 직업적인 수준을 의심하지 않을 수 없다는 결론에 이르게 된다.

우리나라 신문들이 특히 경찰기사나 범죄기사를 다루면서 '사생활의 권리'를 침해하고 사건을 선정적으로 몰고 가는 경향은 이 사건에서만 볼 수 있는 것이 아니다. 그래서 독자들은 일간신문들이, 그것도 스스로 고급지라고 자부하는 신문들이 점차로 황색신문의 표본인 주간지를 닮아 가는 것을 깊이 걱정한다. 그렇지 않아도 오늘의 우리나라 신문들이 제구실을 다하지 못한다고 생각하는 독자들로 하여금 그것들이 황색신문으로까지 타락하고 있다는 생각을 가지게 만드는 것은 신문 자신에게 비극이라는 점을 신문인들은 깊이 반성해야 할 줄 안다.

또 신문이 어느 특정 직업의 종사자들을 더욱 선정적으로 다루는 문제도 또한 생각해 보아야 할 점이다. 만일 이번 김희규 교수의 실종 사건이 대학교수의 실종사건이 아니고 판·검사나 변호사, 또는 정치인이나 언론인의 실종사건이었다고 해도 이와 같이 철저하게 사생활을 침해해 가면서 다루었을까? 신문이 어떤 사건을 다루면서 직업집단 압력의 강약에 따라 필봉이 예리해지기도 하고 무디어지기도 하며, 눈치를 보기도 하고 그렇지 않기도 하다고 믿고 싶지는 않다. 다만 조금이라도 그런 경향이 있어서는 안 되겠다는 점을 강조하고자 할 뿐이다.

《뿌리 깊은 나무》, 1978년 10월

푸대접받는 독자투고

우리는 흔히 신문을 가리켜 '사회의 목탁'이라고 말한다. 이 말 속에서는 신문이 이 세상에서 일어나는 일을 우리에게 알려 준다는 뜻을 넘어, 이 세상을 바르게 이끌어 가야 한다는 신문의 책임을 일깨워 주는 뜻이 담겨져 있다. 신문이 이 세상을 바르게 이끌어 가려면 무엇보다도 먼저 신문은 진실을 알려 주어야 하고, 또한 이 세상의 참모습을 드러내 주어야만 한다. '신문이 진실을 알려 주어야 한다'는 것은 누구에게도 간섭을 받지 아니하고 편견 없이 사실을 알려 주어야 한다는 것을 뜻한다. 또 '이 세상의 참모습을 드러내 주어야 한다'는 것은 신문이 어느 누구의 편에 치우치지 않고 그 사회의 모든 계층과 집단의 의견을 존중해 주어야 한다는 것을 말한다. 그래야 비로소 독자들은 자기 주변환경이 변화하는 참된 뜻을 알게 되어 변화하는 환경에 잘 적응해 갈 수 있게 되거나, 또는 새로운 환경을 창조하고 올바른 여론을 형성하여 우리가 당면한 문제를 좀더 훌륭하게 해결할 수 있게 되는 것이다.

그러나 오늘날의 신문을 볼 때, 위와 같은 사회의 요구를 얼마만큼 충족시켜 주고 있는지 의심하지 않을 수 없다. 더욱이 신문이 얼마나 이 세상의 참모습을 드러내 보여 주고 있는지를 생각해 보면, 긍정적인 면보다 부정적인 면이 더 많아 보인다. 신문을 경영하는 기업주와 기업주가 속한 계층의 의견을 주로 대변해 주는 일을 하고 있지는 않은가? 가진 자나 지배층의 의견을 더 많이 대변하고 있는 것은 아닌가? 신문에 종사하는 사람들의 의견이 곧 올바른 것이라고 자만하는 일은 없는가? 이 모두가 두루 반성해 볼 만한 과제라 아니할 수 없다. 이번 달에는 이런 문제와 관련하여 신문에 실리는 '독자투고'에 대하여 생각해 보기로 하겠다.

독자투고를 신문에 싣는 일은 서양신문의 오랜 전통이다. 우리나라의 경우에도 《독립신문》은 일찍이 독자투고를 권장한 바 있었다. 그리고 현재 우리나라 신문들도 저마다 이런 란을 마련하여 독자가 보낸 글을 싣고 있다.

신문이 이와 같이 독자투고를 고정적으로 신문에 싣는 까닭은 말할 것도 없이 다양한 계층과 집단의 의견을 되도록 고르게 반영해 보고자 하는 데 있다. 실제로 현대사회에서 신문이라는 매체는 여느 매스미디어와 마찬가지로 많은 자본을 가진 사람만이 경영할 수가 있다. 따라서 큰 자본을 가지지 못한 개인이나 집단은 그들의 이익을 대변해 줄 신문을 가질 수가 없다. 그러다 보니 이러한 개인이나 집단의 의견을 누가 대변해 주는가가 항상 문제가 된다. 예컨대, 우리나라 소수민족인 화교의 이익을 우리나라 신문들이 얼마나 말해 주고 있는가를 한 번 생각해 보면, 이 문제가 매우 심각하다는 것을 알 수 있을 것이다.

그래서 최근에는 신문을 갖지 못한 개인이나 소수집단이 신문에 그들의 의견을 반영할 수 있는 권리를 가져야 한다는 주장이 강력하게 대두되고 있는 형편이다. 그래야만 이 세상의 참모습이 속속들이 드러날 수 있고, 다양한 의견이 자유롭게 경쟁하면서 그 사회의 올바른 여론이 형성될 수 있기 때문이다. 이런 점에서 독자들로부터 들어오는 다양한 의견을 편견 없이 신문에 싣는 것은 매우 중요한 의미를 지닌다고 할 수 있다.

현재 서울에서 발행되는 일간신문들을 보면, 거의 모든 신문이 한 주일에 한 번씩은 주기적으로 독자투고를 싣고 있다. 특히《서울신문》은 한 번 실리는 기사의 수효가 한두 가지에 지나지 않지만, 일주일에 사나흘은 독자투고를 빠짐없이 싣고 있다. 신문마다 독자투고란의 이름도 저마다 달라《경향신문》은 〈독자페이지〉,《동아일보》는 〈흐름〉,《서울신문》은 〈독자의 편지〉,《조선일보》는 〈민성〉,《중앙일보》는 〈독자투고〉,《한국일보》는 〈소리〉라고 부른다. 그런데 독자투고를 보면 대체로 다음과 같은 몇 가지 문제점을 찾아볼 수 있다.

무엇보다 먼저 눈에 띄는 점은, 한 주일에 한 번 가량 실리는 독자투고의 지면이 너무 좁다는 것이다. 한 주일에 48면밖에 안 되는 지면이기 때문에 독자투고에 배당되는 지면이 좁을 수밖에 없다고 할지 모른다. 그러나 앞에서 얘기한 바와 같이, 독자투고가 지니고 있는 원래 기능이 신문의 본질적인 사명과 깊이 관련되어 있다고 볼 때, 일주일에 그 정도밖에 지면을 할애하지 않는 것은 좀 지나치다고 할 수 있다.

사실 일주일에 두 면씩이나 천연색 사진을 싣는다거나, 소설을 세 편씩 싣기도 하고, 게다가 매일같이 유명한 사람들의 지난날을 회고하는 기사를 큼직하게 싣는 데 견주어 보면 지면이 좁다는 변명을 그대로 받아들이기가 힘들다.《경향신문》처럼 〈독자페이지〉의 대부분을 그나마 독자수필이 거의 다 차지하고, 독자의 의견은 한

편쯤 실리고 마는 것을 보면, 편집자가 독자투고를 중요하게 생각한다기보다 그저 신문의 구색을 갖추기 위해서 필요한 것쯤으로 생각하고 있는 것이 아닌가 하는 오해조차 하게 된다.

그리고 우리나라 신문의 독자투고란은 대개 신문마다 4면이나 6면에 실린다. 물론 어느 면에 실리는지가 큰 문제는 아니겠으나, 가능하면 신문 사설과 같은 면에 편집해 주는 것이 신문과 독자의 의견을 같이 묶어준다는 점에서 좀 더 좋은 편집이 되지 않을까 생각된다.

다음으로 생각해 보아야 할 점은 독자투고 가운데서 신문의 의견과 다른 의견이 있어도 이를 실어 주어야 마땅하다는 것이다. 얼마 전에 어떤 신문에서 그 신문사 주필이 이름을 밝히고 쓴 논평(시평)에 대해 독자들의 의견이 많이 들어왔던 적이 있다. 그때 이 신문은 독자들의 의견은 신문에 싣지 않고, 독자들의 의견에 대한 주필의 소견만을 다시 신문에 실었다(이 신문의 주필이 썼던 논평에 독자들의 반응이 많았다는 것조차 이 분이 쓴 독자들의 의견에 대한 재론에서 알았다). 이 경우에 물론 주필의 논평에 대한 독자들의 의견을 신문에 실을 수 없었던 그 나름대로의 이유가 있었을 테지만, 따시고 보면 이런 일은 신문이 스스로 공평의 원칙을 저버린 것이 된다.

대체로 지금까지 실리고 있는 독자투고 내용은 생활주변의 부조리 사례를 고발함으로써 생활환경의 개선을 요구하는 것이 대부분이다. 실제로 독자들의 투고 내용이 거의 그런 실제적인 문제와 관련된 것이기 때문인지 몰라도 중요한 사회적인 논쟁거리에 대한 의견은 거의 보기 힘들다. 더욱이 신문의 의견에 반대하는 의견을 실었던 예는 거의 찾아볼 수 없다. 그런 경향이 신문 스스로의 검열에 따른 결과가 아니기만 바랄 뿐이다.

한편 신문의 독자투고는 의견을 사회에 제시한다는 것뿐만 아니라, 그것 자체가 좀 더 좋은 신문을 제작하는 데 중요한 자극제가 된다는 점을 독자들은 깊이 생각할 필요가 있다. 누구나 다 아는 바와 같이, 신문은 신문과 독자 사이의 의사소통을 가능케 하는 매체라기보다 일방적으로 정보를 전달할 수밖에 없는 속성을 가진 매체이다. 따라서 신문제작에 참여하고 있는 언론인들은 언제나 독자의 반응을 궁금해 하는 형편이다. 그러므로 독자들이 신문에 반응을 자주 보내는 것은 곧 우리의 일상생활의 필수품인 신문의 질을 향상시키는 데 도움을 준다는 것을 뜻하기도 한다. 가능하면 우리 모두가 신문에 말을 많이 해주는 독자가 되었으면 한다.

끝으로 신문이 독자투고란을 지금보다 좀 더 적극적으로 평가해 주기 바란다. 그 첫 걸음으로 독자투고란의 지면부터 더 늘렸으면 좋겠다.

《뿌리 깊은 나무》, 1978년 11월

억울한 《코리아헤럴드》 기자

지난 10월 5일자 한국기자협회 기관지인 《기협회보》에는 다음과 같은 기사가 실려 있다.

"사단법인 대한공론사·《코리아헤럴드》가 해산, 일간 《내외경제》로 통합되는 과정에서 기자협회 《코리아헤럴드》 분회 임원 6명 전원을 포함한 편집국원 10명이 무더기로 부당해임되었다. 대한공론사·《코리아헤럴드》 청산위원회는 기협 간부를 비롯한 편집국의 무더기 해임에 대해 경영난으로 인한 법인체의 해산과 새 회사로 통합되는 과정에서 기구의 축소, 폐합으로 인한 감원이라고 주장하고 있으나 이들 해임자 중 기협 분회 간부 6명 전원이 포함되어 있음은 지난해 기협 분회가 주도한 처우개선분규에 대한 의도적인 보복인사라는 인상을 짙게 하고 있다. 이 밖에도 대한공론사·《코리아헤럴드》가 해산, 《내외경제》에 통합되면서 해임된 사원수는 업무국 29명, 총무국 25명, 공무국 26명 등으로 편집국원을 포함하여 전 사원 437명 중 90여 명에 이르고 있다. 동 청산위는 이들 해임자들에 대한 퇴직금과 겨우 1개월 분의 해고수당을 지급했을 뿐 아무런 사후 대책을 강구하지 않고 있다. 한편 부당해임된 기협 《코리아헤럴드》 분회 임원 및 회원 전원은 이번 인사가 지난해에 있었던 급료인상분규에 대한 경영진의 단순한 보복인사라고 단정, 이와 같은 부당인사를 철회하도록 일치단결하여 투쟁하기로 했다."

이 사건이 일어나자 한국기자협회는 지난 10월 6일 기협 회장단 및 보도자유 분과위원회와 권익옹호 분과위원회의 연석회의를 열었다. 이 자리에서 그들은 《코리아헤럴드》 분회에서 제출한 보고서와 기자협회 사무국에서 조사한 자료를 토대로 그동안의 경위를 검토하고, 이 사건에 대한 기자협회의 입장을 밝히는 3개 항의 결의문을 채택했다. 그 결의문은 다음과 같다.

"한국기자협회 회장단은 보도자유 분과위원회와 권익옹호 분과위원회 연석회의를 소집하여 《코리아헤럴드》 분회 간부 전원이 해직당한 경위와 진상을 엄밀히 분석한 결과, 그 해직이 부당하다는 결론을 얻고 다음과 같이 결의한다. 1. 우리는 해직당한 《코리아헤럴드》 분회 간부 전원과 회원이 무조건 복직되어야 한다고 확신한다. 1. 우리는 《코리아헤럴드》 분회 간부 전원을 해직시킨 것은 한국기자협회 활동에 대한 침해로 간주하고 이에 대한 적절한 대응책을 강구한다. 1. 우리는 경영합리화라는 이름 아래 진행되는 어떠한 부당인사도 용납할 수 없으며 만일 부당한 인사가 단행될 때는 단호한 행동으로 대처할 것을 다짐한다."

알려진 바에 따르면 이 사건은 국회에서도 문제가 되어 지난 10월 20일에는 국회 문공위원회에서 신민당의 채문식 의원이 김성진 문공부 장관에게 《코리아헤럴드》와 《내외경제》의 통합경위와 기자들의 해임 이유를 따져 물었다. 이 자리에서 김성진 문공부장관은

"《코리아헤럴드》 해임기자들의 복직문제는 기자협회 회장단의 중재로 《코리아헤럴드》 측이 재채용한 후 본인들의 의사에 따라 직업을 전환하는 기회를 주도록 노력하고 있는 것으로 알고 있다"고 답변하면서, "이 문제가 해임 당사자 및 기협 회장단 그리고 신문사 삼자 간에 원만히 해결되기를 바란다"고 덧붙였다.

이 사건을 두고 우리는 오늘날 우리나라 언론인들의 권익문제를 생각해 보지 않을 수 없다. 언론인의 권익문제는 언론인의 신분보장과 언론인에게 지급되는 급료라는 두 가지 면으로 나누어 볼 수가 있다.

신문사마다 사정이 조금씩 다르기는 하겠지만, 전반적으로 볼 때 우리나라 신문사는 신문기자의 승급·승진·정년과 퇴직 뒤의 문제들에 대한 제도적인 보장이 잘 마련되어 있지 않다고 평가할 수 있다. 기자가 40대 후반에 들어서면 일선에서 물러나거나 전직하는 현상, 기자가 일찍 늙어 버리는 경향, 그렇게 절실히 필요성을 느끼면서도 실현되지 않는 전문기자제도나 대기자제도들이 모두 언론인의 신분보장이 제도화되지 않았음을 드러내 주는 본보기라고 하겠다.

이번 《코리아헤럴드》의 경우에서 보는 바와 같이, 5년이나 10년 동안 기자생활을 한 이른바 중견기자라고 할 수 있는 사람들이 하루아침에 신문사에서 쫓겨나거나, 나이가 들었다고 해서 뒷선으로 물러나야만 한다면 아무리 기자 노릇이 좋다고 할지라도 누가 기꺼이 이 직업을 천직으로 생각하고 신문기자가 되려고 하겠는가. 50대가 되기도 전에 일선에서 물러나게 되고, 그나마 간부직을 못 얻은 사람은 뒷전을 돌다가 젊음을 바쳐 일해 온 신문사를 떠나지 않을 수 없는 풍토는 우리나라 언론의 발전을 가로막는 근본적인 장애요인 가운데 하나라고 아니할 수 없다.

서울에서 발행되는 신문의 평기자들의 평균 연령이 35세이며, 20대와 30대 기자가 전체 평기자의 77퍼센트를 차지하고 있는데 견주어 50대의 평기자는 1.3퍼센트에 지나지 않는다고 한다. 이와 같은 평기자들의 연령구조도 기자들의 신분보장이 제도화되지 않은 데서 초래된 현상이 아닐까 생각된다.

어떻게 보면 연륜이 있는 기자가 적고 젊은 기자가 많다는 것은 경영면에서 인건비 지출의 부담이 적어진다는 것을 뜻하기도 한다. 우리나라 신문경영자들이 그런 의도에서 나이 많은 기자들을 기피한다고 믿지는 않는다. 다만 기자의 신분보장을 어떤 형태로든 제도화하지 않으면 그러한 오해를 살 가능성조차 있다는 점을 지적하고자 할 따름이다.

다음으로 생각해 보지 않을 수 없는 것은 기자들의 급료문제이다. 기자협회와 정부와 발행인들의 단체인 신문협회는 모두 이 문제를 신중하게 고려해 왔다. 그 결과로 무보수 기자가 없어지고 면세점 이하의 급료도 없어진 것으로 알고 있다. 그러나 기자협회를 통한 기자들의 권익옹호운동이 몇 년째 계속되고 있음에도 아랑곳 않고 생활급의 지급이라는 면에서 보면 기자들이 받고 있는 현재의 급료는 전과 다름없이 최소한의 금액이거나 아니면 그것도 못 되는 것으로 알려져 있다.

과거에도 기자가 다른 직업에 종사하는 사람들보다 더 많은 보수를 받은 적은 없었다고 하지만, 현재 기자와 다른 기업에서 일하는 사람 사이의 급료 수준의 격차는 그 어느 때보다도 크다. 그뿐만 아니라 이런 상태가 계속되면 앞으로 그 격차는 더욱더 크게 벌어질 것이 확실하다. 현재 언론인이 받는 급료는 신입사원의 초임에서부터 일반기업체보다 훨씬 떨어지지만, 연공가봉(年功加俸)의 폭이 좁아 세월이 갈수록 같은 연공의 다른 기업체 사원과 급료의 격차가 더욱더 커지고 있다. 따라서 언론계에 오래 종사할수록 자식의 교육비 따위의 부담이 가중되어 빈곤은 상대적으로 커지기 마련이다. 이러한 수준의 급료를 가지고는 언론계가 새로운 인재를 흡수하기는커녕, 이미 언론계에 몸담고 있는 인재조차 붙잡아 두기 어렵다는 것이 분명해진다.

한편 언론인의 임금문제는 언론인의 직업윤리와도 깊은 관계를 가지고 있음을 지적하지 않을 수 없다. 곧, 우리나라 신문윤리강령을 보면 "신문은 그 공공성에 비추어 마땅히 높은 품격과 긍지가 요구되며 특히 저급한 행동이나 그 유인이 되는 행동은 일체 용납되지 않는다"고 못 박고 있다. 더욱이 신문윤리실천요강은 신문인이 물질적·정신적으로 가릴 것 없이 뇌물을 요구하거나 받아서는 안 된다고 했다. 그러면서 "신문인에 대해서는 그 품격이 유지될 수 있는 적정한 제 조건이 조성되어야 한다"는 점을 강조했다. 두말할 것도 없이 이와 같은 윤리조항은 신문기자가 높은 품위를 유지하려면 금전의 유혹을 받지 않아야 하며, 또 그렇게 되게끔 신문사가 신문기자에게 적절한 급료와 수당을 지급해야 한다는 것을 말해 주고 있는 것이다. '무관의 제왕' 노릇도 직업적인 보장이 앞서야 가능하다는 것은 너무나 당연하다.

우리는 지금까지 《코리아헤럴드》의 기자해임사건을 계기로 우리나라 신문기자의 권익을 생각해 보았다. 신문기자의 신분보장을 위한 제도적인 장치가 하루빨리 확립되어야 하고, 신문기자의 급료가 좋아져야 되겠다는 주장은 새삼스러운 얘기가 아니다. 그것은 좋은 신문을 만들고 언론인이 직업윤리에 투철할 수 있는 지름길이라는 면에서 항상 강조되어 왔다.

　그러나 여기서 이 문제를 다시 생각해 본 데는 또 다른 까닭이 있다. 간단히 말해서 그것은 우리나라 언론의 장래를 좌우하는 문제와 깊이 결부되어 있기 때문이다. 현재 우리나라 언론은 많은 인재를 잃고 있다. 지금과 같은 상태가 그대로 방치된다면 새로운 인재를 충원하는 것이 어려운 일임은 말할 것도 없고, 이미 신문사에 들어와 있는 인재조차 확보해 두기가 어렵다.

　좋은 신문은 신문사의 전통이나 명성이 만들어 내는 것이 아니다. 훌륭한 자질을 갖추고 언론을 천직으로 삼는 사람들이 좋은 신문을 만드는 것이다. 언론인의 권익이 옹호되어야 할 까닭이 여기에 있다. 우리나라 언론의 장래를 위해 신문경영자 쪽에서는 최선의 노력과 지혜를 기울여야 한다. 그리고 그것이 가장 절실히 요구되는 때가 바로 지금이다.

《뿌리 깊은 나무》, 1978년 12월

본보기로 삼을 그《호남신문》

지금으로부터 한 80년 전인 1896년 4월 7일자《독립신문》창간 호에는 다음과 같은 기사가 실려 있다. 맞춤법과 띄어쓰기 같은 것을 원문 그대로 살려 여기에 옮겨 본다.

"우리 신문이 한문은 아니쓰고 다만 국문으로만 쓰는 거슨 샹하귀쳔이 다 보게 홈이라 또 국문을 이러케 귀졀을 떼여쓴즉 아모라도 이 신문 보기가 쉽고 신문 속에 잇는 말을 자세이 알어 보게 홈이라 각국에셔는 사람들이 남녀 무론하고 본국 국문을 몬저배와 능통한 후에야 외국 글을 배오는 법인디 죠션셔는 죠션 국문은 아니 배오드래도 한문만 공부하는 까닭에 국문을 잘 아는 사람이 드물미라 죠션 국문하고 한문하고 비교하여 보면 죠션국문이 한문보다 얼마가 나흔거시 무어신고하니 첫째는 배호기가 쉬흔이됴흔 글이요 둘째는 이글이 죠션글이니 죠션 인민들이 알어셔 백사를 한문대신 국문으로 써야 샹하 귀쳔이 모도보고 알어보기가 쉬흘터이라 한문만 늘써 버릇하고 국문은 폐한 까닭에 국문만 쓴 글을 조선 인민이 도로혀 잘 아러보지못하고 한문을 잘 알아보니 그게 엇지 한심치 아니하리요 또 국문을 알아보기가 어려운건 다름이 아니라 첫째는 말마디을 떼이지 아니ᄒ고 그져 줄줄내려 쓰는 까둙에 글 ᄌ가 우희 부텨는지 아래 부텨는지 몰나셔 몃번 일거 본후에야 비로소 알고 일그니 국문으로 쓴편지 흔쟝을 보자ᄒ면 한문으로 쓴것 보다 더 듸 보고 또 그나마 국문을 자조 아니 쓴는고로 셔톨어셔 잘못봄이라 그 런고로 정부에셔 내리는 명녕과 국가 문력을 한문으로만 쓴즉 한문못ᄒ 는 인민은 나모 말만 듯고 무심 명녕인줄 알고 이편이 친히 그글을 못 보니 그 사람은 무단이 병신이 됨이라 한문 못 ᄒ다고 그사름이 무식ᄒ 사름이 아니라 국문만 잘ᄒ고 다른 물졍과 학문이 잇스면 그사름은 한 문만ᄒ고 다른 물졍과 학문이 없는 사름보다 유식ᄒ고 놉흔 사름이 되 는 법이라 죠션 부인네도 국문을 잘ᄒ고 각석 물졍과 학문을 배화 소견 이 놉고 행실이 졍직ᄒ면 무론 빈부 귀쳔 간에 그부인이 한문은 잘ᄒ고 도 다른것 몰으는 귀죡 남ᄌ보다 놉흔 사람이 되는 법이라 우리 신문은 빈부 귀쳔을 다름업시 이신문을 보고 외국물졍과 내지 ᄉ졍을 알게 ᄒ 랴는 뜻시니 남녀 노소 샹하 귀쳔 간에 우리 신문을 ᄒ로 걸너 몃돌간 보면 새지각과 새학문이 셩길걸 미리 아노라”

우리가 《독립신문》을 훌륭한 신문으로 높이 평가하는 데는 여러 가지 까닭이 있다. 그 가운데서도 손꼽을 만한 까닭이라면 위의 글 에서 보듯이 이 신문을 상하귀천이나 남녀노소의 차별이 없이 이 나라 백성이면 누구나 모두 읽을 수 있도록 우리말만 가지고 신문 을 만들었다는 점을 들 수 있다. 《독립신문》이 나온 뒤에 우리나라 를 방문했던 영국 왕립 지리학회 회원 이자벨라 비숍(Isabella B. Bishop) 여사는 그의 견문기에서 그때의 거리 모습을 묘사하면서 “국문신문을 옆구리에 끼고 거리를 다니고 있는 풍경과 또한 점포 마다 이 신문을 펴 놓고 읽고 있는 광경이란 참으로 1896년 이래의 새로운 모습이었다"라고 쓰고 있다.

우리가 다 아는 바와 같이 우리나라에서 처음으로 나온 근대적 신문은 1883년 10월 31일에 창간된 《한성순보》였다. 이 신문은 정부가 발행한 것으로서 순전히 한문만을 사용했다. 이 신문을 창간하게 된 동기는 백성에게 이 세상 돌아가는 소식을 널리 알리고 새로운 지식을 보급함으로써 이 나라를 개화하려는 데 있었다. 그러나 이 신문이 순전히 한문만을 썼기 때문에 이 신문의 독자는 한문을 아는 지식층이나 지배계급에 한정될 수밖에 없었던 점에서 이 나라 백성을 개화하고자 했던 본디 뜻을 이루기 어려운 허점을 스스로 가지고 있었다.

그 뒤에 이 신문은 갑신정변으로 폐간되었다가 《한성주보》라는 이름으로 다시 나오게 된다. 《한성주보》도 한문을 주로 썼지만 《한성순보》와는 달리 한글과 한문을 섞어 쓰기도 했고, 또 어떤 기사는 순전히 한글로만 씀으로써 신문독자의 폭을 넓혔다. 이런 점에서 볼 적에 《한성주보》는 《한성순보》보다 한 걸음 앞섰다고 할 수 있다. 더욱이 다른 나라의 문물을 소개하는 기사처럼 한문을 모르는 사람들까지 두루 읽어야 할 필요가 있다고 생각했던 기사는 한글로만 적었으며, 부분적으로 띄어쓰기도 했다.

그러나 모든 기사를 한글로만 쓰기 시작한 신문은 우리나라의 첫 민간신문인 《독립신문》이었다 《독립신문》이 한글만 가지고 신문을 만들자, 그 뒤에 창간된 《매일신문》, 《경성신문》, 《제국신문》 등이 모두 한글만 사용함으로써 한때 한글신문이 우리나라 신문의 정형으로 굳어지는 듯했다. 그러다가 1898년 9월 5일 창간된 《황성신문》이 한글만의 신문은 그동안 한문에 젖어 왔던 지식층 사람들에게 도리어 불편하다는 이유로 국한문을 같이 씀으로써 한글신문의 전통이 깨지고 말았다.

그 뒤에 《대한매일신보》도 한글과 한자를 섞어 썼으며, 1920년 창간된 《동아일보》와 《조선일보》가 국한문 신문을 만듦으로써 국한문을 같이 쓰는 것이 우리나라 신문의 전형처럼 되었다. 그러나 물론 해방 뒤에도 매우 드물지만 《호남신문》처럼 한글만 사용한 신문도 있었고, 또 정부의 어문정책에 따라서는 얼마 동안이나마 한글만으로 지면을 제작했던 신문도 있었다.

그 가운데서 특히 기억할 만한 일은 1947년 8월 15일부터 《호남신문》이 한글 가로쓰기를 실시했었다는 점이다. 이 신문이 한글 가로쓰기로 지면을 제작하자 신문 읽기가 매우 불편하다는 여론이 많았다. 그러나 《호남신문》은 그때 발행부수가 2만 부에 가까워, 그 시절의 지방신문으로서는 크게 성공하고 있었기 때문에, 한글 가로쓰기가 반드시 독자층을 확보하는 데에 장애요인이 된 것이 아니었음을 알 수가 있다.

그러나 한글 가로쓰기에 대한 찬반여론이 끊이지 않아 이 신문은 1952년에 한글 가로쓰기에 대한 독자여론조사를 실시하였다. 그 결과는 찬반이 50퍼센트씩으로 나타났는데, 젊은 세대는 찬성, 노·장년층은 반대로 드러났다. 그 뒤에 1956년 11월에 이 신문을 주재하던 노산 이은상이 물러나고 새 사람이 들어서면서, 《호남신문》은 한글 가로쓰기를 버리고 다시 세로쓰기로 되돌아갔다.

《호남신문》의 한글 가로쓰기 시도는 비록 이렇게 하여 중단되었으나, 이것이 한국 신문계에 던진 파문은 큰 것이었다. 그리고 앞으로의 우리나라 신문제작에 커다란 과제를 남겨 놓은 것이라고 할 수 있을 것이다. 서재필의 《독립신문》이 한글전용의 선례를 남겨 놓았다면, 《호남신문》은 한글 가로쓰기의 본보기를 만들어 놓았다고 할 수 있다.

지금 우리나라 일간신문 가운데는 한글을 전용하는 신문도 없고, 가로쓰기를 하는 신문은 더더욱 없다. 그러나 《연세춘추》나 《이대학보》를 포함한 몇몇 대학신문들이 한글 가로쓰기를 실시하고 있으며, 그러한 시도가 이제는 완전히 자리를 잡은 사실에 관심을 가질 필요가 있다. 곧, 지금의 젊은 세대는 한글 가로쓰기 신문을 읽으면서 아무런 불편을 느끼지 않고 있는 것이다.

두말할 필요도 없이 신문은 되도록 많은 사람들에게 읽혀야 한다. 그것은 신문사 경영차원에서도 꼭 필요한 일일 뿐만 아니라, 이 사회의 구성원 모두를 위해서도 그러하다. 신문사는 늘 더 많은 독자를 확보하고자 좀 더 흥미 있고 유익한 기사를 마련하려고 애쓴다. 그러면서도 독자의 폭을 넓히는 일과 관련된 읽기 쉬운 지면을 만드는 일에는 무관심한 것 같다.

읽기 쉬운 신문이란 어려운 용어를 쉽게 풀어쓰는 일, 문장을 간결하게 쓰는 일, 그리고 대부분의 독자가 읽기 편한 문자를 골라 쓰는 일 등으로써 만들어지는 것이라고 할 때, 무엇보다도 먼저 사용하는 문자를 선택하는 일이 중요할 것이다. 돌이켜보면 해방 후에 우리는 한글전용이냐 아니면 국한문혼용이냐 하는 어문정책을 두고 많은 논쟁을 벌여 왔다. 그때마다 대개의 신문은 국한문혼용을 지지했다. 그러나 이 시점에서 신문은 한글전용이냐 아니냐를 어문정책의 차원에서보다는, 어떻게 하면 좀 더 많은 사람들이 읽을 수 있는 신문을 만들 수 있을지, 어떻게 하면 신문제작과정을 능률적으로 개선할 수 있을지의 문제를 다시 한 번 생각해 볼 필요가 있으리라고 여긴다. 신문을 만드는 사람들은, 특히 현재 우리나라의 인구구조로 보아 전체 인구의 한 80퍼센트가 해방 후에 국민학교 교육을 받은 이른바 '한글세대'에 속하는 사람들인 점을 깊이 새겨 보아야 하겠다.

그렇다고 해서 여기서 우리나라 신문이 한글을 전용해야 한다고 성급하게 내세우려는 것은 아니다. 다만 전체 인구의 80퍼센트나 되는 독자층을 위해, 어떻게 하면 읽기 쉬운 신문을 만들 수 있겠는가를 생각해 보아야 하겠다는 것을 강조하고자 할 뿐이다.

이런 점에서 최근에《동아일보》가 체육면 기사에 한정하긴 했지만, 한 지면을 모두 한글로만 쓰는 제작방침을 택한 것은 환영할 만한 일이라 생각된다. 지금의 사정으로 보아 갑자기 모든 지면을 한글로만 쓸 수는 없을 것이다. 그러나 다만 한자를 쓰지 않고도 표현에 아무런 불편이 없는 경우에는 한글로 쓰고, 어려운 한자는 되도록 우리말로 풀어서 쓰도록 부탁하고 싶다. 그러한 노력이 모여서 비로소 독자가 읽기 쉬운 신문, 친근감을 느끼는 지면이 만들어질 것이다. 그것은 변화하는 시대적인 요구에 신문이 적응해 가는 길이기도 하다. 새해에는《동아일보》가 체육면 기사를 한글로만 적는 일을 시작했듯이 다른 신문들도 그와 같은 시도를 해주었으면 한다.

《뿌리 깊은 나무》, 1979년 1월

점을 치느라고 애쓴 언론

민주주의 정치제도를 채택하고 있는 나라에서 가장 중요한 정치 행사는 두말할 필요 없이 선거다. 그래서 선거 때가 되면 온 국민의 관심은 선거에 쏠리고, 신문이나 방송과 같은 이른바 매스미디어는 선거관계 기사를 다른 어떤 소식보다도 더 많이, 그리고 더 자세히 다룬다. 신문이나 방송은 선거관계 소식을 국민에게 널리 알리는 일만 하는 것이 아니라, 선거결과에 큰 영향을 미치기도 한다. '텔레비전이 대통령을 만든다'는 미국의 경우가 바로 그런 점을 잘 말해 주는 본보기라 하겠다. 그러므로 신문이나 방송은 선거관계 기사를 더 공정하고, 정확하고, 공평하게 다루지 않으면 안 된다. 한편으로는 선거가 공명하게 치러지도록 감시하는 구실을 해야 하며, 유권자들이 어느 정당 또는 어느 후보에게 투표할 깃인지를 결성하는 데 도움이 되는 갖가지 정보를 제공해야 한다.

대체로 선거관계 기사는 크게 세 부분으로 나누어 볼 수가 있다. 선거가 공고되고부터 투표하기 바로 전날까지의 선거운동기간의 보도와 해설기사가 그 첫째 부분에 해당된다. 이 기간 동안의 선거관계 기사는 선거에 참여한 모든 정당의 정책을 알리고 해설하는 일,

선거에 출마한 후보자들의 공약이나 그 사람이 어떤 사람인지를 아는 데 도움이 될 여러 자료를 제시해 주는 일, 그리고 부정선거운동의 사례들을 들추어내는 일들에 초점을 두고 만들어야 한다.

두 번째 부분은 투표하는 날의 사건들을 보도하는 일이다. 투표장에서 일어난 사건, 유권자들의 표정, 투표율, 개표과정들에 관한 소식을 주로 다룬다.

선거관계 기사의 마지막 부분은 선거결과에 대한 보도와 해설, 또는 논평이 될 것이다. 여기서는 당선자와 낙선자가 누구인지, 또 어느 정당이 얼마만큼의 표를 얻었는지, 그리고 투표경향의 분석과 유명인사의 낙선, 당선자와 낙선자들의 말을 소개한다. 선거결과가 예측과 얼마나 맞았으며, 선거운동의 어떤 점이 효과가 있었는지를 포함, 당선자의 과거 기록과 그 사람의 됨됨이에 대한 소개, 선거결과가 가져올 앞으로의 변화를 내다보는 기사들을 다루어야 한다.

이와 같은 선거관계 기사의 일반 이론에 견주어 지난해 12월 12일에 치렀던 제10대 국회의원 선거관계 기사를 살펴보면 다음과 같은 문제점들을 찾아낼 수가 있다.

첫째로, 선거운동기간의 기사를 보면, 신문들은 주로 지역마다의 선거 분위기를 묘사하거나 선거연설현장의 풍경을 흥미 중심으로 소개하는 데 그쳤다. 어느 지역의 누구는 어느 학교 동창회의 지지를 받고 있다거나, 몇백 세대의 문중 표가 지지기반이라는 것 따위의 얘기를 가지고 기사를 만드는 데 그쳤지, 실제로 유권자들에게 도움이 될 그 지역 입후보자들의 선거공약이나 경력 같은 것은 외면해 버렸다.

그뿐만 아니라 신문은 양당정치를 내세우고 있는 나라에서 선거가 정책 대결로 시작해서 정책 대결로 끝나도록 이끌어야 한다고 스스로 입버릇처럼 되뇌면서도, 이번 선거에서는 정당들이 저마다 제시한 정책을 제대로 알려 주지도 않았다. 물론 선거의 쟁점으로 크게 내세울 정책들이 없었다고 변명할지 모르지만, 그것은 어디까지나 발뺌에 지나지 않는다. 예컨대 공화당은 10대 정책지표와 44개의 실천사항, 160개가 넘는 세부사항을 공약으로 제시했으며, 신민당도 12대 공약과 52개의 실천사항, 정부·여당의 10가지 잘못을 들고 나왔다. 그럼에도 신문들은 이를 자세히 알리지도, 해설기사로 다루지도 않았다.

게다가 신문들은 공화당과 신민당 후보들을 통일당이나 무소속 후보자들보다 더 크게 다루었다. 정말로 그렇게 하는 것으로 신문이 양당정치제도의 발전에 충분히 이바지했다고 자위할 수 있을 것인지 되묻고 싶다. 선거기사에서 후보자의 정당과 소속에 따라 기사의 비중에 차이를 두어 다루는 것은 신문이 지닌 공평성의 원칙에 어긋나며, 이는 결국 선거결과에 영향을 미치게 된다.

둘째로, 투표를 이틀이나 사흘쯤 남겨 놓고 후보자들의 당선과 낙선의 가능성을 점친 기사의 문제다. 원칙에 따르면 선거결과를 예측하는 기사는 과학적인 방법으로 실시한 여론조사의 결과를 바탕으로 하여 만들어야만 한다. 그러나 지금의 국회의원선거법에 따르면 신문이 후보자들의 당선이나 낙선을 예측하기 위한 여론조사를 못하게 되어 있다. 그렇기 때문에, 엄격하게 말하자면 후보자들의 당선이나 낙선을 예측하는 기사는 쓸 수 없게 되어 있다. 그런데도 몇몇 신문들은 정당이나 선거구 안의 움직임 따위를 종합해서 후보자들이 당선이 될 것인지 그렇지 않으면 떨어질 것인지를 점치는 기사를 실었다.

문제는 그렇게 점친 기사가 선거결과와 견주어 얼마나 들어맞았는지에 있는 것이 아니다. 물론 그 점도 따져야 하겠지만, 문제는 진실을 보도해야 할 신문이 '예측'을 하지 않고 '예언'을 한 데 있다. 잘 알다시피 예측은 과학적인 근거를 바탕으로 삼아 어떤 행위나 행위의 결과를 미리 내다봄을 뜻한다. 이와는 달리 예언은 쉽게 말해서 점치는 것이다. 이러한 비과학적인 '예언' 때문에 선거결과에 어떤 영향이 미쳤다면 그 책임은 누가 질 것일까? 이런 기사를 실었던 신문 가운데 선거가 끝나고 스스로 한 예언과 선거결과를 견주어 그 차이를 밝힌 기사를 볼 수 없었다.

10대 국회의원 선거는 6년 만에 치르는 선거였으므로 처음으로 국회의원 선거를 하게 된 새로운 유권자들이 많을 수밖에 없었다. 연구통계를 보고 어림짐작으로 계산해 보아도 새로운 유권자가 450만 명에 이른다. 신문은 이들을 위해 선거계몽기사를 실을 만했다. 그러나 신문에서 그런 노력의 흔적을 찾아볼 수가 없었다. 또 선거인 명부열람은 어떤 뜻이 있으며, 언제 어디서 하게 된다는 등의 선거와 관련된 계몽기사를 실었으면 더욱 좋았을 것이다.

선거표어를 제정해서 캠페인을 벌인 신문조차 없었다. 고작 12월 11일자 《중앙일보》 1면의 "돈에 좌우되지 않는 투표 절실"이라는 머리기사의 제목이나, 12월 12일자 《조선일보》 3면의 "'표 흐름' 파악 위해 기권 말아야"라는 제목 정도가 눈에 띄었을 뿐이다.

이에 견주면 선거결과를 다룬 기사는 상대적으로 대체로 충실했다고 평가할 수가 있다. 신문들은 10대 국회의원 선거결과를 두고 투표성향을 여러 각도로 분석했으며, 이를 바탕으로 하여 앞으로 우리나라 정치가 나아가야 할 방향을 제시하기도 했다. 야당보다 득표율이 낮았던 여당에게는 반성을, 우리나라 선거 역사에 처음으로 여당보다 더 많이 득표를 한 야당에게는 표의 의미를 일깨워 주었다. 또 선거결과가 앞으로 우리나라 정국에 미칠 변화를 예측하기도 했다.

그리고 이번 선거의 문제점으로 무소속 후보가 정당소속 후보자들보다 선거운동과정에서 더 많은 제약을 받아야 했던 선거법과 지역감정에 따라 선거결과가 좌우된 점, 그리고 막대한 돈이 뿌려진 금권선거의 모순들을 들었다. 그러나 한 가지 아쉬운 점은 이러한 문제점들을 어떻게 개선해야 할 것인지 깊이 있게 다루지 못한 것이다. 그렇게 하지 못한 데는 여러 가지 여건의 제약이 있었기 때문이라고도 생각되지만, 한껏 힘을 기울여 더 세밀하게 문제점을 파헤치고 대안을 제시하는 노력이 있어야 했다. 어느 중견 언론인이 지적했듯이, 선거를 치른 지가 오래되어 선거기사를 제대로 다룰 노련한 정치부 기자가 적은 데서 오는 신문 자체의 능력의 한계도 큰 이유가 되었을 것이라고 생각된다.

그러나 독자는 신문의 그와 같은 집안 사정을 계산에 넣어 주지 않는다. 독자는 오로지 기사만 가지고 신문을 평가한다. 따라서 신문기자는 열심히 공부하면서 취재 대상에 접근해야 할 것이다. 정치 기사가 고작 정가(政街)의 뒷얘기나 주워서 독자의 흥미만 좇는다면, 언제 이 나라 정치가 발전할 수 있겠는지를 심각하게 생각해야 할 것이다.

《뿌리 깊은 나무》, 1979년 2월

기자냐 번역사냐

　우리가 살고 있는 이 세계는 나날이 더 좁아지고 있다. 지구촌이
라는 말이 뜻하듯이 세계가 하나의 이웃처럼 되어가고 있는 것이다.
미래학자들과 몇몇 역사가들은 아직도 나라와 나라 사이, 인종과 인
종 사이에 심각한 오해와 갈등이 있고, 인종차별주의와 이념의 대립
이 깊이 남아 있지만, 마침내 인류는 그와 같은 울타리를 허물고 지
구촌이라는 하나의 공동체를 이룰 것이라고 내다보기도 한다.

　같은 민족끼리의 통일마저 어렵기만 한 우리에게는 그런 말들이
동화 속 얘기처럼 들리지만, 우리나라와 다른 나라들 사이의 거리가
점점 더 좁아지고 있다는 것은 숨길 수 없는 사실이다. 이와 같은
경향은 우리 경제가 수출을 앞세울 뿐만 아니라 되도록 많은 나라
와 친하게 지내야 할 필요성을 가지고 있기 때문에 더욱더 두드러
져 갈 것이다.

　그렇다고 해서 이러한 국제관계가 오직 우리의 필요성 때문에만
강조되는 것은 아니다. 대체로 오늘의 세계는 지난날에 견주어 상상
할 수 없을 만큼 정치·경제·문화 여러 면에서 나라와 나라 사이
의 긴밀한 상호의존적인 관계를 요청하고 있다. 더욱이 놀랍게 발달

한 교통과 통신수단은 이와 같은 국제관계를 더욱더 긴밀하게 만드는 구실을 하고 있다.

우리는 집에 앉아서 신문이나 방송으로 세계 구석구석에서 벌어지고 있는 일들을 자기 손바닥 들여다보듯이 훤하게 알 수가 있다. 어떤 때는 우리의 이웃에서 일어나고 있는 일보다 지구 저쪽의 다른 나라에서 벌어지고 있는 사건을 더 자세히 알기도 한다. 우리는 '노풍'이라는 볍씨를 심어 농사를 망친 이 나라 농민들이 정부로부터 얼마나 공평하고 공정하게 피해보상을 받고 있는지 하는 문제보다, 이란이라는 나라에서 벌어지고 있는 정치소요사태를 더 자세히 안다. 그런가 하면 이웃 사람의 죽음에 관해서보다 미국의 부통령을 지낸 돈 많은 록펠러의 죽음에 얽힌 얘기에 더 관심을 가지는 시대에 살고 있다. 이런 면에서 보면 과연 지구라는 사회가 이웃처럼 되었구나, 하는 생각을 실감할 수가 있다.

그러나 자기 나라나 이웃의 일보다 다른 나라에서 일어난 사건을 더 잘 알게 된다는 것이 정말로 바람직한 일인가 생각할 필요가 있다. 곧, 록펠러의 죽음에 얽힌 숨은 이야기와 같은 뉴스를 우리가 구태여 알아야 할 까닭이 무엇인지, 그리고 그런 소식보다 우리에게 더욱 중요하고 꼭 필요한 뉴스는 없었는지를 한 번 꼼꼼하게 따져 볼 필요가 있다. 이런 생각에서 이 달에는 우리나라 신문의 외신보도에 대해 검토해 보려고 한다.

지난 1월 중순부터 2월 중순까지 우리나라 신문에는 중요외신들이 많이 실렸다. 이란의 팔레비(Pahlevi) 왕의 망명과 그에 따른 정치적 소요사태, 덩샤오핑(鄧小平)의 미국 방문, 미국의 주한미군 철수 재검토 논의, 일본의 북한노동당 대표 입국허용문제와 같이 우리나라와 밀접한 관련이 있는 중요한 뉴스들이 보도되었고, 그러한 뉴스에 관한 해설과 논평이 지면을 많이 차지했다. 그래서 이 한 달 동안 우리나라 신문에 실린 외신의 수는 다른 때에 견주어 더 많았다고 할 수 있다.

이와 같은 특별한 시기를 빼면 대체로 서울에서 발행되는 일간신문에 실리는 외신의 양은 신문 전체 기사 건수의 11퍼센트에서 14퍼센트 정도를 차지한다. 말하자면 신문에 실리는 하루치 외신 수효는 대체로 14건이 되는 셈이다. 지금처럼 하루에 8면밖에 발행하지 못하는 지면 사정에 비추어 이보다 외신을 더 많이 실어 주기를 바라는 것은 무리한 일일지도 모르겠다.

그러나 지금과 같이 적은 외신 지면을 가지고는 이 세계를 올바로 이해할 수가 없는 사실도 무시할 수 없다. 지면이 제한되어 있는 데에 견주어 사회는 더 많은 외신보도와 그에 따른 해설과 논평을 요청함으로써 빚어지는 갈등이 우리나라 신문의 외신보도가 풀어야 할 첫 번째 문제라고 할 수 있다. 이런 상황에서 신문이 할 수 있고, 또 해야 할 일은 독자들이 이 세계를 바르게 이해하고 국제관계 속에서 우리나라가 어떠한 상황에 놓여 있는지를 정확하게 알 수 있도록 외신을 선별하여 보도하도록 노력하는 일일 것이다. 이런 자세를 가지고 애쓴다면, 그나마 좁은 지면에 록펠러의 죽음에 얽힌 얘기와 같은 독자들의 말초적인 흥미에 영합하는 기사 따위는 실리지 않을 것으로 생각된다.

독자들로 하여금 이 세계에 대한 바른 이해를 갖도록 만드는 문제와 관련하여 또 한 가지 검토하지 않을 수 없는 것은 우리나라 신문이 외신기사의 많은 부분을 몇몇 강대국 통신사들이 제공하는 뉴스에 기대어 만들고 있는 점이다. 《신문과 방송》이라는 잡지가 분석한 바에 따르면, 우리나라 신문에 실리는 외신의 약 65퍼센트가

AP나 UPI 등의 미국 통신사가 제공한 뉴스이고, 약 18퍼센트가 영국의 로이터통신, 그리고 나머지 약 17퍼센트가 프랑스의 AFP통신사의 것이다.

물론 이 네 통신사가 세계의 뉴스시장을 거의 독차지하다시피 하고 있으므로, 거기에 거의 모든 외신을 기대고 있는 것은 어쩔 수가 없는 일일지도 모른다. 그러나 그 나라의 통신사는 그 나라의 이익을 대변하기 쉽고, 또 강대국들의 통신사는 강대국 중심의 뉴스를 주로 다루기 쉽다는 점에 주의하지 않을 수 없다. 이런 뜻에서 우리나라 신문 외신기사의 약 65퍼센트가 미국 통신사의 뉴스로 채워지는 현상이 지나치게 편중된 것이 아닐까 하는 걱정을 갖게 된다. 지나친 걱정일지 모르지만, 어느 한 나라나 몇몇 나라의 통신에만 기댈 때 우리나라 민중들의 세계를 보는 눈과 우리를 들여다보는 눈이 우리의 것이 아닌 저들의 관점으로 채색될 가능성이 있다는 점을 경계하여야 할 것이다.

이와 관련하여 우리나라 신문에서 제3세계 국가들이나 개발도상국가들의 뉴스를 좀처럼 찾아보기 힘든 점도 반성해야 한다. 이러한 문제점들을 해결하는 하나의 방법은 더 많은 해외 득파원을 세계 곳곳에 보내는 것이다. 신문 구독료를 올릴 때마다 더 나은 지면제작을 약속하는 경영자들이 이런 면에서 그들의 공약을 실천해 주었으면 한다.

위에서 지적한 외신기사의 문제점도 중요하지만 그보다 더 큰 문제는, 우리나라의 외신기사나 해설이 외신을 우리의 것으로 소화하지 못하고 그대로 번역하는 데 그치고 있는 점이다. 이러한 문제점은 이란의 정치소요 사건보도에서도 뚜렷이 드러나고 있다.

우리나라 신문들은 이란의 정치소요사건을 보도하면서 왕정에 반대하는 데모의 발생과 그 진행과정, 팔레비 왕의 망명, 바크티아르 정권과 이슬람교 공화국을 세우려는 호메이니 지지세력의 충돌 등을 포함한 일련의 사태를 대체로 자세히 보도했다. 그런가 하면 왜 팔레비 왕정이 무너지게 되었는지, 왕정 이후의 이란은 어디로 갈 것인지, 이슬람교 공화국이 세워질 경우에 자유세계의 이해관계는 어떻게 달라질 것인지 하는 문제들에 관해서도 자세한 해설과 논평이 있었다. 그리고 팔레비 왕이 망명길에 오르는 날의 풍경과 그가 어느 나라의 어디서 머물 것인지, 그가 손수 비행기를 조종했고 그의 재산은 얼마며, 어떻게 되었다는 자세한 내용도 실었다.

그런가 하면 이란사태를 놓고 우리나라의 몇몇 신문들은 사설에서 다음과 같은 결론들을 내리기도 했다. 《동아일보》는 지난 1월 17일자 사설에서 "이란의 위기가 어떻게 수습될지는 비단 중동뿐 아니라 세계적인 관심사가 아닐 수 없다"고 했고, 같은 날《조선일보》는 "팔레비 왕의 출국은 오랜 혼란의 종막이 아니라 새로운 혼란의 서막이라는 슬픈 예감을 금치 못하게 한다"고 했다. 또 이날 《중앙일보》는 "캄보디아에서 뚫린 미국의 대쏘 전력망이 페르샤 만에서 또 다시 뚫리지 않게 하기 위해서 미국의 정책 수립가들은 현명한 대응책으로 임해야 할 시점이다"고 했으며,《한국일보》는 1월 18일자에 "서방 측의 세계전략을 위해서뿐만 아니라, 이란의 진보와 자유를 위해서도 이란의 시련이 어느 쪽으로 갈 것인지 심각한 관심거리가 아닐 수 없다"라고 썼다.

이란사태에 대한 이와 같은 자세한 보도와 세계적인 차원에서의 논평 및 해설을 보면 우리나라 신문의 외신보도나 논평이 세계적인 수준이라고 생각될 지도 모른다. 그러나 좀 더 신중하게 검토해 보면 우리나라 신문의 이란사태에 관한 보도·논평·해설은 이란 신문이나 이란과 이해관계가 얽힌 강대국 신문들의 그것과 무엇이 다른가 하는 의심을 품게 된다.

이란에는 13,000명이 넘는 우리나라 근로자가 나가 있고, 우리나라 원유 도입량의 8퍼센트 가량은 이란이 차지하고 있다. 그뿐만 아니라 지난해 우리나라가 이란에 수출한 액수는 1억 6,500만 달러에 이르렀다. 이와 같이 우리나라와 이란은 여러 면에서 이해관계가 맺어져 있다. 그런데도 우리나라 신문에서는 이란에 나가 있는 우리나라 근로자들의 안전문제나 이란사태가 악화될 경우에 우리나라의 에너지문제, 그리고 사태 진전에 따른 수출목표의 차질이 가져올 문제가 무엇인지에 초점을 두고 기사를 쓰거나 해설 또는 논평을 한 사례가 거의 없었다.

다만 1월 17일자 《동아일보》 1면에 실린 "이란 근로자 이전취업 검토"라는 제목의 기사에서 이러한 문제들이 조금 다루어졌고, 같은 날 《조선일보》의 "이란 진출업체 강행 중단의 기로에"라는 제목의 기사에서 근로자문제가 보도되었으며, 그 밖에 몇 개의 짤막한 보도 기사가 있었을 뿐이다. 그것마저 없었더라면 이란사태의 보도에 관한 한 우리나라 신문들은 완전히 이란 국내 신문 노릇 밖에 못했을 뻔했다.

이와 달리 《한국일보》는 1월 19일자 신문에서 이란의 왕정 붕괴로 미국의 산업계가 큰 타격을 받게 되었다는 뉴욕 주재 특파원의 기사는 실으면서, 우리 산업계가 받을 영향에 관한 얘기는 한마디도 하지 않았다. 《중앙일보》는 1월 19일자 신문에서 서방 공업국들은 70일치의 석유를 미리 비축해 놓았기 때문에 이란의 석유 생산이 줄어들더라도 앞으로 3달 동안은 영향을 받지 않으리라는 해설기사는 실으면서도, 같은 상황이 우리나라에 미칠 영향에 관해서는 입을 닫고 있었다.

　이와 같은 태도로 외신기사를 다루는 것을 볼 때 우리나라 신문들이 정말로 어느 나라 신문인지를 의심하지 않을 수가 없다. 외신을 우리의 이해와 관련시켜 다루기 위해서는 무엇보다 먼저 외신기자가 자신이 단순한 번역가가 아니라는 자각을 해야 하겠다. 이제 외신기자는 국제관계의 전문가이자 그 지역의 전문가로 양성되어야 할 때가 되었다.

　그리고 외신을 반드시 외신부에서만 다루는 데 그치는 제작 관행도 고쳐져야 되겠다. 이란사태처럼 우리와 직접적인 이해가 여러 면에서 얽혀 있는 경우에 관련 부서의 전문 기자들로 취재단을 구성할 필요가 있을 것이다. 우리나라 신문도 이제는 한 사건을 놓고 이른바 '입체적인 취재'를 시도해 보는, 더 융통성 있는 제작감각을 지닐 때가 되었다.

《뿌리 깊은 나무》, 1979년 3월

사라져 온 4·19

 지난 3월 1일로 이 나라의 3·1 운동은 60돌을 맞았다. 해마다 이 날이 되면 신문마다 3·1 정신을 떠받드는 사설이나 기념행사의 소식을 알리는 기사를 실어 왔지만, 그날의 감격을 되살리거나 독립정신을 새롭게 되새겨 보려고 썩 정성스럽게 신문을 만들어 왔다고 하기는 어렵다. 그러나 올해엔 60돌이라는 뜻을 강조하여 다른 해와 비교가 안될 만큼 공을 들여 3·1 절을 기념하는 지면을 꾸몄다. 그 결과로, 많은 독자들이 3·1 운동과 독립정신의 뜻을 다시 한 번 옷깃을 여미고 생각해 보았으리라고 짐작된다.

 신문이 우리 민족의 역사에서 길이 빛날 일들을 어떻게 다루는지는 곧 신문이 얼마나 계몽의 기능을 성실하게 수행하고 있는지와 바로 연결되어 있다. 그뿐만 아니라 신문이 어떻게 역사에 이바지할 수 있는지의 문제이기도 하다. 이런 뜻에서 이번 달에는 우리나라 헌법의 전문(前文)에도 명백하게 밝히고 있듯이, 3·1 운동에 버금가는 4·19를 우리나라 신문들이 그 동안 어떻게 다루어 왔는지 살펴보기로 하겠다. 이 기간 동안의 모든 신문을 다 분석하기가 힘들어서 대체로 《동아일보》와 《조선일보》를 중심으로 하여 변화를 따져 보기로 한다.

4·19는 올해로 19돌을 맞게 된다. 지난 19년 동안은 긴 역사에 비추어 보면 비록 아주 짧은 기간에 지나지 않지만, 우리나라의 경우에 그 어느 시기보다도 사회변동이 가장 급격하게 이루어진 때라고 할 수 있을 것이다. 이 19년 동안에 4·19에 대해 쓴 두 신문의 사설을 보면 그 사이의 우리나라 사회변동의 정도가 나타난다.

4·19 다음해인 1961년의 4월 19일자 사설을 보면 이승만 정권의 독재를 통렬하게 비난하면서도 허정 과도정부와 장면 내각도 국민의 기대에 따르지 못했음을 꼬집어 민주주의가 그렇게 쉽게 꽃피는 것이 아니라는 점을 강조하고 있다. 이 해의 4·19를 기념하는 사설의 주제는 4·19의 뒤처리가 제대로 되어야 한다는 것이었다. 이때 사설에 자주 나온 상징은 '제2공화국', '통일' 등이며, '서정쇄신'이란 말도 보인다.

1962년에는 4·19와 5·16을 한데 묶어 이 둘을 민족갱생·경제재건·국토통일의 기초를 마련한 역사적인 일대 전환기로 보았다. 그러는 가운데 5·16과 견주어 가며 4·19를 평가하기 시작하는 움직임을 보여 주고 있다.

군사정부에서 민간정부로 바뀐 다음해인 1964년 4·19 사설에는 처음으로 학생들의 지나친 정치참여를 비판하는 내용이 나타난다. 이때의 사설에 '학생 정객'이라는 새로운 상징이 등장하고 있다. 이와 같은 학생들의 지나친 정치참여를 비판하는 내용은 1965년에도 이어져 데모로 말미암아 학교가 제구실을 못하고 있어 크게 유감스럽다는 의견을 밝히면서, 학생들은 4·19의 본질을 바르게 이해해야 할 것임을 강조하기도 했다. 이때까지는 4·19 정신의 실현을 부정부패나 사회악의 일소, 또는 공명선거의 실시에서 찾으려 했다.

그러다가 1968년에 이르러 4·19 사설은 국민 생활의 실질적인 측면과 결부된 실용적인 내용을 강조하게 되어 '경제건설', '근대화', '안정', '능률', '합리정신'과 같은 말들을 많이 사용하고 있다.

4·19 아홉 돌을 맞게 되었던 1969년에는 4·19에 대한 회의론이 나타난다. 《동아일보》는 정권의 평화적인 교체를 걱정하면서 '민주주의 토착화의 가능성'이라는 명제를 신중하게 검토했고, 《조선일보》는 4·19에 대한 반동적인 회의론마저 대두되는 위험한 고비임을 경고하기도 했다.

이와 같이 대체로 1972년까지 4·19 정신의 구현과 4·19에 대한 재해석이나 평가를 바탕으로 삼고, 그때그때 당면했던 실질적인 문제의 해결에 초점을 맞추어 기념하는 사설을 실어 왔던 두 신문은 1973년과 1974년 두 해 동안은 4월 19일에 4·19를 기리는 사설을 싣지 않았다. 이렇게 두 해 동안 공백기를 두고 난 뒤인 1975년에 두 신문은 모두 4·19 사설을 싣고 있는데, 《동아일보》는 부정부패의 일소와 아울러 자유의 질과 양을 확대하는 적극적인 방법으로 공산주의에 대처하자고 주장했고, 《조선일보》는 학생들의 현실참여가 제물로만 그치지 않으려면 그 선에 깊은 생각이 앞서야 하며, 지금은 학생들이 본디의 일인 학업에 충실해야 할 때임을 강조했다. 이 뒤로 지난해인 1978년까지 두 신문은 1973~1974년과 마찬가지로 4월 19일이 되어도 4·19를 기념하는 사설을 싣지 않고 있다.

한편으로 4월 19일을 즈음하여 신문에 실리는 4·19에 관련된 보도기사나 기획시사의 양과 편집방침도 해마다 달라져 왔다. 4·19 다음해인 1961년에는 두 신문이 대체로 보도기사를 10건 남짓, 기획기사를 7건쯤 싣고 있는데, 이들 기사가 차지하고 있는 지면의 크기도 두 신문이 모두 1천 칼럼센티미터를 넘고 있으며, 보도기사에는 6~7개의 사진을 곁들여 편집하고 있다.

그러나 그 뒤로는 점차로 보도기사나 기획기사의 건수도 줄어들고, 두 기사의 지면 크기도 크게 줄어드는 경향을 보여 준다. 물론 사진의 수도 크게 줄어들고 있다. 특히 1965년을 고비로 4·19 관계기사는 크게 줄어들어 그 해 두 신문에 실린 4·19관계 보도기사의 건수는 2건에 그쳤으며, 이 2건에 할애된 지면의 크기는 저마다 약 150칼럼센티미터가 된다. 그리고 이 두 신문에 실린 기획기사는 1건, 또는 2건으로 어림잡아 약 330칼럼센티미터와 510칼럼센티미터의 크기를 차지하고 있다.

그러다가 4·19 열 돌을 맞는 1970년에 이르러 4·19 기획물이 크게 증가되는데,《동아일보》는 여덟 차례에 걸쳐 〈4·19 10년〉이라는 기획물을 연재했고,《조선일보》는 4·19 10주년을 맞아 4·19를 다시 평가하는 좌담을 마련했다. 그 뒤로 1971년부터 다시 4·19 관계 보도기사와 기획기사는 크게 줄어 보도기사는 4·19를 알리고 기념식이 있었다는 것 밖에는 별다른 새로운 것이 없으며, 신문에 실린 사진도 기념식 광경이나 수유리 4·19묘지 풍경 정도에 그치고 만다. 기획기사는《동아일보》가 한 건씩을 다룸으로써 겨우 명맥을 지켜 오고 있을 정도다.

참고로 지난해 4월 19일자 신문을 보면 두 신문이 모두 두 건씩의 보도기사를 싣고· 있는데, 이 두 건의 기사에 할애된 지면은 평균 잡아 90칼럼센티미터에 지나지 않는다. 기획기사는《동아일보》에 한 건, 39칼럼센티미터의 짤막한 기사가 눈에 띌 뿐이다.《조선일보》의 경우 1970년까지는 4·19와 관계된 만화나 만평 가운데에서 적어도 어느 하나는 해마다 실어왔는데, 1971년 이후로는 거의 싣지 않고 있다. 게다가 기획기사도 거의 볼 수가 없다.

지금까지 《동아일보》와 《조선일보》의 지면으로 두 신문이 지난 열아홉 해 동안에 4·19를 어떤 관점에서 얼마만큼의 지면을 할애해서 다루어 왔는지를 대강 살펴보았다. 이 두 신문을 뽑아 분석해 본 까닭은 이 두 신문이 우리나라 신문을 대표한다고 생각했기 때문이 아니라, 임의로 조간신문과 석간신문에서 한 개씩을 골랐을 뿐이다. 이 두 신문으로 비추어 볼 때, 최근 몇 해 동안에 신문에서 4·19를 기념하는 사설을 볼 수 없었다는 것과 보도기사조차 의례적인 행사의 보도에 지나지 않는 것으로 그치고 있다는 점은 신문이 한번쯤 반성해 보아야 할 일이라고 아니할 수가 없다.

　앞에서도 잠깐 말했듯이, 우리나라 최고의 규범인 이 나라 헌법의 전문에도 "우리 대한민국은 3·1 운동의 숭고한 독립정신과 4·19 의거 및 5·16 혁명의 이념을 계승하고" 있다는 것을 뚜렷이 밝혀 놓았다는 사실을 신문은 잊지 말아야 하겠다. 따라서 신문은 적어도 이런 기념일을 맞이하여 그 이념이 자손만대에 걸쳐 길이길이 이어지도록 논설이나 보도기사, 또는 기획기사들로써 끊임없이 노력해야 될 것이다.

《뿌리 깊은 나무》, 1979년 4월

기자들이 화낼 구실은 따로 있다

　지금까지 우리나라 일간신문들은 일요일과 신정휴가 사흘을 포함한 공휴일 15일 가운데 열흘은 신문을 내지 않고 쉬어 왔다. 그런데 한국신문협회는 지난 4월 19일에 이사회를 열고 공휴일 가운데서 열흘을 쉬던 제도를 바꾸어 닷새만 신문을 내지 않기로 결정하고, 이를 5월 1일부터 시행하기로 했다.

　본디 일요일 말고 신문을 발행하지 않았던 날은 신정휴일 사흘과 신문의 날인 4월 7일, 그리고 추석을 포함한 5일뿐이었다. 그러다가 1975년 3월 12일에 한국신문협회 이사회가 법정공휴일 가운데에서 삼일절, 어린이날, 제헌절, 광복절, 개천절에 신문을 발행하지 않기로 결정함으로써 일요일을 뺀 신문휴간일수가 열흘로 늘어났다. 따라서 신문독자들은 앞으로 한 해에 적어도 5일은 더 신문을 받아보게 되었다.

　우리나라 신문발행인들의 단체인 한국신문협회가 이와 같이 신문휴간일수를 줄이기로 결정한 것은 다음의 이유 때문이다. 첫째, 휴간하는 날이 많기 때문에 뉴스를 알맞은 시기에 적절하게 소화하지 못하고, 둘째, 독자에 대한 뉴스서비스도 미흡하며, 셋째, 하루도 쉬지 않는 전파매체에게 신문독자를 빼앗기는 실정이고, 넷째, 신문용지의 공급과 인쇄시설의 여유가 생겼으며, 다섯째, 광고량도 늘어난데다, 여섯째, 신문지면을 늘리기에 앞서 신문이 스스로 신문발행일을 늘리는 일도 필요하기 때문이라고 알려졌다.

한국신문협회가 이와 같은 결정을 하자 기자들의 모임인 한국기자협회는 4월 30일에 긴급분회장회의를 열고 신문을 휴간하는 일수를 줄이는 일에 정면으로 반대하기로 결정하고 다음과 같은 결의문을 채택했다.

"우리는 한국신문협회가 신문휴간일을 일방적으로 축소키로 결정한 사실을 주목하고 이를 예의 검토한 결과 그 결정의 부당성을 발견, 이의 시정을 강력히 촉구한다. 현 시점에서 폭주하는 뉴스의 소화와 독자에 대한 뉴스서비스를 완벽하게 수행하는 길은 신문휴간일의 축소가 아니라 신문의 증면임을 주장한다. 또한 '독자의 신문이탈현상'은 신문휴간일의 과다 때문이 아니라, 신문이 신문윤리강령정신에 의해서 제작되지 못하고 있는 실정 때문인 것이다. 이에 우리는 신문휴간일의 축소명분이 전혀 없음을 확인하고 우리의 결의를 아래와 같이 천명한다. 하나. 우리는 오직 광고수입 증대효과와 기자에게서 휴일을 빼앗는 결과만 초래하는 신문휴간일 축소를 전면 반대한다. 하나. 뉴스체증현상의 근본적인 해결책은 신문의 증면이므로 우리는 관계 당국에게 신문증면의 조속한 실현을 요구한다. 하나. 우리는 우리의 결의가 관철되지 않을 경우 효과적인 대응책을 강구한다."

한국기자협회는 그와 같은 결의와 함께 5월 2일에는 한국신문협회 회장에게 같은 내용의 항의문을 보냈다. 그 자리에서 김종규 한국신문협회 회장은 "기자협회의 입장을 충분히 이해할 수 있으나 이 문제가 이미 신문협회 이사회에서 만장일치로 결정된 사항이기 때문에 자기로서는 번복할 수 없지만 차기 이사회에 기자협회의 뜻을 전달하겠다"고 말했다고 한다.

우리는 공휴일의 신문휴간일수를 줄이는 문제를 두고 발행인들과 기자들을 대표하는 두 단체가 취한 태도에서 발행인과 기자의 이익이 서로 충돌하고 있다는 것을 다시 한 번 실감하게 되었다. 따지고 보면 공휴일의 신문휴간일수를 줄이는 것이 마땅하다고 내세운 신문협회 쪽의 주장의 근거나 그것을 반박하는 기자협회 쪽의 주장은 모두 서로 제 이익을 두둔하려는 것으로서 둘 다 타당한 논리를 가지고 있다. 따라서 우리가 여기서 어느 쪽의 주장이 더 옳고 그른지를 가리려드는 일은 별 뜻이 없겠지만, 독자의 이익과 이 나라 신문의 발전에 관련하여 몇 가지 문제를 생각해 보지 않을 수 없다.

무엇보다도 먼저 지적하고 싶은 것은 공휴일의 신문휴간일수를 줄이는 일 자체가 독자를 위해서나 신문 자신을 위해서는 어디까지나 환영해야 마땅한 일이라는 것이다. 1975년에 신문협회가 공휴일 가운데에서 5일이나 더 신문을 내지 않기로 결정했을 때, 신문이 없는 날을 신문 스스로 확대시키는 것은 신문의 자살행위와 같다고 많은 사람들이 규탄했던 기억이 새롭다.

신문협회의 이번 결정에 반대의견을 '천명한' 기자협회의 참된 뜻도 그와 같을 것이리라고 이해한다. 나날이 늘어나는 뉴스를 더 많이 소화하려면 신문의 지면을 늘려야지, 공휴일의 휴간일수를 줄이는 것만으로는 근본적인 해결책이 못 된다는 기자협회의 주장은 문제의 본질을 잘 지적해 준 것이다. 그러나 그렇다고 해서 공휴일의 신문휴간일수를 줄이는 것을 반대한다는 것은 직업정신과 직업윤리를 외면한 명분 없는 주장이라고 아니할 수 없다.

다음으로 생각해 볼 문제는 공휴일에 기자들이 쉰다는 것과 신문을 발행한다는 것은 양립할 수 없는 일일까 하는 점이다. 이번 신문협회의 결정을 기자협회 쪽이 강력하게 반대하기로 결정한 이면에는 이 문제에 어떤 불안이 작용한 것은 아닌지 하는 생각이 들기도 한다. 지금까지 우리나라 신문사가 해온 인력관리에 비추어 보면 공휴일에 기자들이 쉬려면 신문도 쉬어야 하고, 신문이 나오려면 기자가 쉴 수 없다는 식의 판에 박은 듯한 생각을 할지도 모른다. 그러나 이러한 생각은 크게 잘못된 것이다. 공휴일에 기자가 쉰다는 것과 신문이 나온다는 것이 반드시 대립관계에 있어야 하는 것은 아니다. 그것은 인력관리에 따라 얼마든지 양립할 수가 있다.

이번 신문협회의 결정에 따르면 한 해에 15일의 공휴일 가운데에서 10일 쉬던 것을 5일로 줄였기 때문에 기자들은 5일 더 일해야 한다는 계산이 나온다. 그러나 그와 같은 계산은 주먹구구에 지나지 않는다. 신문이 나오게 된 열흘 동안의 공휴일을 둘로 나누어 교대로 일하게 되면 결국 5일씩의 휴식이 가능할 수도 있기 때문이다.

물론 그렇게 하는 것에도 어려움이 있을 것이다. 평일의 절반 밖에 안 되는 기자가 평일과 같은 지면을 만들려면 그만큼 일을 더 해야 한다는 부담이 있고, 외신이나 편집부의 경우에는 평일이나 공휴일의 작업량에 큰 차이가 없을지도 모르며, 공장 사정도 마찬가지가 아니겠느냐 하는 점들이 그것이다. 그 같은 문제는 신문의 면수를 늘릴 경우에도 다름없이 부딪쳐야 할 문제이다. 따라서 인력증원을 요청할 수도 있다.

이번 일을 두고 볼 때 신문협회 쪽은 공휴일의 신문휴간을 줄이는 결정과 아울러 인력관리로써 기자들의 휴일을 보장하는 방안을 마련해서 제시해야 했으며, 기자협회 쪽은 단순히 휴일을 빼앗긴다는 피해의식에만 사로잡혀 신문휴간일수를 줄이는 것을 반대한다고 결론을 내리기에 앞서, 권익보장을 위한 제도적인 장치를 발행인 쪽에 요청했어야 옳았을 것이다. 그러한 배경에는 발행인과 기자 사이에 이해가 엇갈린 데서 빚어진 갈등과 불신의 감정이 짙게 깔려 있는 것 같다.

이번의 사태를 두고 신문협회 쪽은 그동안의 신문제작과 관련된 여러 가지 문제를 다루면서 기자 쪽을 소외시키고 발행인의 이익을 위주로 결정해 오지 않았는지를 돌이켜 볼 필요가 있을 것이라고 생각된다. 일반 기업체의 경우에는 노사협의를 거쳐 공통의 이익을 추구해 가는데, 하물며 신문의 경우에서야 더 말할 나위조차 없지 않을까? 따라서 앞으로 신문협회가 신문제작이나 기자의 권익과 관련된 문제를 다룰 때에는 편집인협회나 기자협회와 협의하는 절차를 가지는 것이 필요하리라고 생각된다.

끝으로 공휴일에도 신문이 나와야 한다는 것을 다시 한 번 강조하면서, 공휴일의 신문휴간일수를 줄이기로 한 신문협회의 결정에 반대의 뜻을 표명한 기자협회의 결의를 보고, 만에 하나라도 기자들이 스스로 자신들을 한낱 월급쟁이로 낮추려는 심정이 작용하지 않았기를 바라는 마음이 간절했다는 점을 밝혀 둔다. 잘라 말해서 공휴일에도 신문은 나와야만 한다.

《뿌리 깊은 나무》, 1979년 6월

날로 커 가는 재벌의 북소리

　오늘날 신문을 보는 눈이나 신문이론은 신자유주의라고 불리는 이념의 세계관과 인간관에 바탕을 두고 있다. 신자유주의 인간관은 간단히 말해서 인간이 이성적인 동시에 도덕적인 존재라는 고전적 자유주의의 인간관을 받아들이지 않는다. 곧, 고전적 자유주의 이론이 신문의 도덕성을 신뢰했다면, 신자유주의 이론은 신문의 도덕성이 필요하다는 점을 강조한다. 또 그러한 관점은 개인보다는 사회 전체의 이익을 강조하는 신자유주의의 경향을 따라서 신문에도 사회적인 책임을 강조하게 되었다.

　그와 함께 신문자유에 대한 개념도 고전적인 자유주의가 '무엇으로부터의 자유'를 주장한 데 견주어, 신자유주의는 '무엇을 위한 자유'라는 좀 더 적극적인 의미를 띠게 되었다. 이 때 '무엇을 위한 자유'란 상대적으로 개인보다 사회 전체의 복리를 더 위한다는 것을 뜻한다. 그러므로 신문의 자유라는 말 속에도 신문의 책임을 강조하는 뜻이 포함되어 있음을 알 수 있다.

　한편 현대사회에서 신문의 역기능을 비판하는 사람들이 가장 크게 걱정하는 점은 신문이 사람들의 생각과 행동을 조작하는 일과 관련되어 있다. 그 가운데에서도 신문이 기사에 어떤 특정 집단이나 기업, 또는 사회계층의 이익을 위한 선전을 교묘하게 집어넣는 일을 크게 염려하고 있다. 그런 일은 신문이 사회 전체의 이익을 위해 봉사해야 한다는 의무를 저버리는 것이 되기 때문에 비판을 받지만, 문제는 좀 더 본질적인 곳에 도사리고 있다.

앞에서 얘기한 것처럼 현대의 인간관은 인간을 이성적인 존재라기보다 비이성적인 존재로 보는 경향이 더 짙다. 그러므로 사람들은 자신의 이성의 힘으로 신문기사 속의 참과 거짓을 구별해 낼 능력이 없다고 보는 것이다. 따라서 사람들은 신문기사 속에 교묘하게 포함되어 있는 선전에 따라 조작되기 쉽다는 데 근본적인 문제가 있다고 하겠다. 그래서 신자유주의 신문이론은 신문이 도덕적이기를 요청하고, 사회에 대한 신문의 책임과 의무를 강조하는 것이다.

그동안 이 신문비평란에서는 여러 차례 이 문제를 다루었다. 그러나 신문들이 기사에 특정 집단을 위한 광고나 선전을 집어넣는 나쁜 습성은 그대로 계속되고 있다. 그래서 이번 달에도 《중앙일보》의 경우를 본보기로 삼아 이 문제를 다시 한 번 검토해 보려고 한다.

《중앙일보》는 지난 5월 10일자 신문부터 3면에 〈새 시속 새 '비즈니스'〉라는 연재기획기사를 싣고 있다. 이 연재기획물은 경제성장에 따라 우리나라 사람들의 생활유형이나 소비자의 기호가 달라지면서, 시속도 변하고 새 시장과 새 비즈니스가 생겨나고 있어 이를 독자들에게 소개하려고 쓴 기사이다. 그 동안 연재된 새 비즈니스를 보면 '회원제 별장', '렌터카', '오디오 선풍', '특수전자제품', '탈공해식품', '레저스포츠업' 따위로 다양한데, 거의가 돈 있는 사람들의 생활과 관계가 깊은 업종에 치중하고 있다는 데도 문제가 있다고 할 수 있겠지만, 그보다 이 연재기획물이 다룬 새 비즈니스 가운데 꽤 많은 업종이 삼성그룹 경영하의 기업 소유인데다, 삼성그룹 휘하의 기업을 기사에서 호의적으로 다루고 있다는 것에 더 큰 문제가 있다고 할 수 있다.

몇 가지 보기를 들어 보자. 《중앙일보》는 지난 5월 12일자 "오디오 선풍"이라는 기사 속에 다음과 같은 내용을 실었다.

> "삼성전자는 '스테레오' 7만 대 분을 보급할 계획으로 RMS 120와트, 왜곡율 0.05퍼센트짜리 '앰프'와 최신형 '튜너', '데크', '스피커', '턴테이블'을 한 조로 하는 컴퍼넌트 시스템 'SS 3500' 시리즈를 내놨다. 삼성은 또 최신형 '리시버' 세 개를 포함, 하반기까지 열 개의 새로운 '모델'을 내놓고 국내 최초로 FM '돌비 시스템'을 개발, '돌비' 방송에 대비한 제품도 내놓는다. 지난해 5천만 달러어치의 '오디오' 제품을 수출한 금성도 올해 기술을 혁신, 컴퍼넌트 시스템 '8500' 시리즈를 선보이고 계속 7~8종의 새 제품을 낸다. 대한전선도 올부터 '마스코트'를 '오렉스'로 바꿔 MC 2700 '뮤직센터'를 비롯, 6개종의 새로운 '스테레오 모형'을 내놓는다."

이 기사에서 삼성, 금성, 대한전선 세 회사에 대한 기사의 내용과 길이를 견주어 볼 수가 있다. 또 지난 5월 22일자 "특수전자제품"이라는 기사에도 "자동판매기만도 국내에 보급된 댓수는 2,100여대, 이 중 삼성전자제품이 1,100대로 '롯데'제품보다 100여대 더 보급되어 있다"고 쓰고 있다. 지난 5월 28일자 "카세트 물결"이라는 기사에도 "티브이 시장을 능가하는 '카세트' 시장을 놓고, 78년 30퍼센트의 시장점유율을 보인 삼성을 비롯한 7개의 기업과 중소기업 등 10여 개 회사가 치열한 판매경쟁을 벌이고 있다"고 되어 있다.

이 밖에도 보기는 많지만 기사 속 광고의 극치라고 할 만한 것이 또 있다. 《중앙일보》는 5월 11일자 같은 연재기획물 두 번째 새 비즈니스로 '탈공해식품'을 다뤘다. 그 기사에 다음과 같은 내용을 쓰고 있다.

"김미선 씨(35·한강로 3가 40)는 무, 배추는 물론 콩나물까지 신세계백화점 '무공해 코너'에서 사다 먹는 단골고객이다. '농약이 묻지 않았다는 점에서 안심도 되고 그보다 맛이 고소하고 청결감을 준다'는 게 김 씨가 무공해식품을 찾는 이유다. '값이 비싼 것은 사실이지만 가족의 건강과 맛을 생각하면' 당연한 것으로 받아들인다는 게 공통된 의견이다. 신세계백화점 '무공해식품 코너'는 무공해식품 수요가 늘어나는 데 착안, 작년 12월 문을 열었다. 처음에는 하루 매상이 2~3만 원 정도에 불과하던 것이 지금은 15만 원대를 넘고 있다. 단골고객만 100여 명을 넘는다. 김미선 씨도 그 중의 한 사람이다. 이곳에서 취급하는 식품의 종류는 훨씬 다양하다. 지금 선보이고 있는 것만 현미를 비롯 콩가루, 호밀가루, 콩나물, 무, 배추, 셀러리, 상추, 당근 등 10여 종에 달하고 앞으로 제철이 되면 오이, 수박, 참외, 토마토 등 중요 상품은 모두 갖출 예정이다. 가격은 현미가 2킬로그램에 1,200원, 상추가 한 판에 2,000원, 셀러리가 4,500원, 무가 1킬로그램짜리 한 개에 90원, 배추가 한 포기에 100원에서 150원, 콩나물이 300그램(5인 가족 기준)에 150원 정도. 무공해식품은 대체로 일반 식품보다 1할 정도 비싸다고 보면 된다. 신세계백화점의 상품이 다양한 것은 여러 농장에서 공급을 받기 때문. 현미는 삼육신학원에서 가져오고 콩·율무·채소는 경기도 양주에 있는 천보농장(오재길·

60·주내면 삼숭리)에서 주로 가져온다. 무공해 콩나물도 천보농장에서 직접 유기농법으로 생산한 콩을 재래식으로 키운 것이다."

　물론《중앙일보》가 새 비즈니스를 찾다 보니 삼성그룹이 경영하는 기업이 그 가운데 자연스럽게 포함되었을 것이 틀림없을 것이다. 그리고 기사를 쓰면서 삼성그룹이 경영하는 기업만 소개한 것이 아니고 다른 재벌그룹이 경영하는 기업이나 중소기업도 소개했다. 그러나 문제는 기사 속에서 삼성그룹이 경영하는 기업에 대해 더 자세하게 소개함으로써 독자들에게 그 회사제품의 내용을 안내하고 있는 꼴이 되고 있다. 또는 삼성그룹이 경영하는 회사의 제품시장 점유율이 다른 회사 것보다 더 높다는 식으로 표현함으로써 독자들에게 간접적으로 삼성제품을 선호하게 만드는 데 있는 것이다.

　아무리 시인 서정주가 "축하하고 또 기대하노라. 대상 '신세계' 직영 10주년 기념일에 축하하며 또 너의 앞날을 기대하노라. 2대를 이어 입어도 안 떨어지는 단추가 달린 그런 옷을 늘 내놓는 '신세계'이기를, 안 끝나는 우리 겨레 마음의 그 곡의 우아한 격조를 늘 배우며 있는 '신세계'이기를 ……"이라고 찬양하고 격려한 훌륭한 백화점이라고 하더라도, 거기서 팔고 있는 콩나물 몇 그램의 값이 얼마라는 것까지 신문기사에 쓰는 신문의 양식이 의심스러울 뿐이다.

《뿌리 깊은 나무》, 1979년 7월

언론인의 안타까운 심정

"지난 6월에 우리 언론계에는 매우 유감스런 사건들이 잇달아 일어났다. 수준 이하의 급료 때문에 기자를 포함한 신문종사자들이 처우개선을 요구하면서 신문제작을 거부한 사건이 있었고, 농정문제보도로 볼미스런 사건이 있었는가 하면, 또한 신민당 김영삼 총재의 기자회견기사가 누락됨으로써 기자들이 편집국장에게 그 경위에 대한 해명을 요구하기도 했다."

이 글은 지난 7월 10일에 나온 《기자협회보》 제401호에 실린 〈우리의 주장〉이라는 고정란의 첫 구절이다. 이 글에서 말한 지난 6월에 있었던 '언론계의 유감스런 사건'이 무엇이었는지 《기자협회보》에 보도된 기사를 조금 옮겨 보겠다.

"《신아일보》 사건 : 사원들의 신문제작 거부사태까지 빚었던 《신아일보》 임금분규는 사건발생 3일 만에 사주 측과 사원대표 간에 타협이 이루어져 일단 수습됐다. 지난 6월 12일 9시 《신아일보》 편집국 기자들과 공무국 직원들은 〈신아 사원에 보내는 글〉을 통해 현 수준에서 월급

100퍼센트 인상(7년 이상은 150퍼센트, 부·차장은 200퍼센트), 상여금 600퍼센트, 작업장 근로조건 개선, 언론정도를 흐리는 기자 축출 등 4개항의 요구조건을 내걸고 동 요구조건이 관철될 때까지 신문제작을 거부한다고 밝힌 뒤 서대문 소재 모 여관에서 농성에 들어갔다. 그러나 동사 장기봉 사장이 미국에 체류 중인 관계로 농성사원 측 대표와 장 사장 사이에 국제전화로 통화가 주선되기도 했지만 타협의 실마리가 풀리지 않아 《신아일보》는 정상적인 신문발행을 못하고 12일자는 4판 4페이지, 13일자는 2판 2페이지만 발행됐는데, 이 사태에 대한 연락을 받고 예정을 앞당겨 귀국한 장기봉 사장이 14일 밤에 농성 측 사원대표와 만나 사원들이 요구한 월급 100퍼센트 인상에 대해 4월 급료 수준에서 70퍼센트를 인상해 주고 나머지는 연내에 해결해 주겠다고 약속하고, 농성 측 대표들이 이를 받아들여 타협이 이루어졌다. 이에 앞서 장기봉 사장은 13일 밤에 귀국한 즉시 주동멤버로 알려진 동사 수습 8기 기자 8명을 전격 해임했는데, 기협은 이 해임 조치를 중대시하고 14일 12시에 회장단과 권익옹호분과위원회 연석회의를 긴급소집하고 대책을 논의한 뒤 이날 오후 3시에 장기봉 사장을 면담했다. 이 자리에서 기협회장단은 장기봉 사장에게 해임조치를 즉시 철회할 것과 《신아일보》 사원들의 요구사항이 근거가 충분하다는 기협의 입장을 전달했다. 이에 대해 장 사장은 농성사원들이 14일 자정까지 회사에 복귀하면 해임조치는 철회할 것이며, 사원들의 요구조건은 신문을 제작하면서 대화를 통해 해결하겠다고 밝혔다."

그런데 《기자협회보》에 실린 신아일보사의 급료를 참고삼아 알아보면, 80,000원의 초임이 이번에 인상되어 95,200원으로, 10년 동안 근무한 기자의 월급이 136,000원에서 164,000원 남짓으로, 부장의 월급이 170,000원에서 202,000원 남짓으로 오르게 되었다. 그리고 상여금은 그대로 해마다 100퍼센트이다.

"《조선일보》기자 연행사건 : 《조선일보》편집국 간부 및 기자 등 약간 명이 기사와 관련, …… 조사를 받고 이틀 만에 풀려났다. 이들은 《조선일보》6월 14일자로 보도된 동사 전국 취재망 현장르포 〈새 농정을 펴야한다〉 제하 기사로 조사를 받았는데 …… 동사는 이날 이후 〈농정〉 기사의 연재를 중단했다."

"매스컴의 신민당 김영삼 총재 기자회견기사보도의 문제점과 《중앙일보》의 회견기사보도 누락사건 : 한국기자협회는 지난 6월 27일 제1야당 당수인 신민당 김영삼 총재의 공식기자회견 내용이 신문, 방송, 통신 등 전체 언론매체들에 의해 지나치게 소홀하게 다뤄진 사태를 중시하고 진상조사에 나섰다. 기협이 조사한 바에 의하면 1. 중요하다고 생각되는 내용의 대부분이 깎여 보도됐고, 2. 보도됐을 경우에도 한두 단 정도로 소홀히 취급되었거나, 3. 아예 한 줄도 보도되지 않은 경우도 있음이 밝혀졌으며 …… 한편 《중앙일보》기자 일동은 6월 28일 오전 편집국에서 기자총회를 열고 《중앙일보》6월 27일자 1판에 신민당 김영삼 총재의 기자회견기사가 전혀 실리지 않은 데 대해 편집국장의 해명을 요구했다. 이날 기자일동은 타지들은 김 신민총재의 기자회견기사를 보도했음에도 불구하고 유독 《중앙일보》만이 묵살한 것은 이해할 수 없다고 밝히고 편집국장의 해명과 28일자 1판에라도 김 신민당 총재 회견기사를 보도하도록 요구했다. 이 같은 기자들의 요구에 …… 편집국장은 기사가 누락된 데 대한 경위를 밝히고 앞으로는 그런 일이 없도록 하겠다고 다짐한 것으로 알려졌다. 이에 앞서 동사 기자들은 6월 27일 오후 모임을 갖고 김 신민총재 기자회견기사가 누락된 데 대해 편집국장의 해명을 들은 다음 이에 대한 대책을 강구키로 했었다. 한편 동사 기자들은 편집국장의 해명을 들은 다음 신문제작과 기자권익옹호를 위해 제도적 장치를 위해 분회 임원을 개편하는 등 전열을 가다듬기로 했다."

위와 같은 몇 가지 사태를 보도하면서 《기자협회보》의 〈우리의 주장〉은 "때마침 장마철에 일어난 이러한 일련의 사건들은 마치 그 장마철의 끈적끈적한 누기만큼이나 우리의 기분을 언짢게 만들고 있다. 왜냐하면 무엇보다도 우리는 그러한 사건들과 직면할 때마다 거의 속수무책의 처참한 기분에 사로잡힌다는 것이 우리의 솔직한 심정"이라고 털어놓았다. 그러면서 "우리는 기회 있을 때마다 수없이 언론은 그 본연의 사명과 책임이 있고 뉴스의 취재, 평가, 논평은 어디까지나 언론인 스스로의 양식에 의해서 이루어져야 한다는 점을 강조해 왔다. 이것은 지극히 원칙적인 얘기이기 때문에 사실 이것을 강조한다는 것 자체가 서글픈 일이 아닐 수 없지만 그럼에도 불구하고 우리는 그러한 원칙이 지켜지지 않으면 우리가 설 땅이 없기 때문에 마치 앵무새처럼 똑같은 말을 기회 있을 때마다 되풀이해 왔던 것"이라고 안타까운 심정을 털어놓았다.

《기자협회보》는 또한 신민당 김영삼 총재의 기자회견기사 누락 사건을 놓고 "이 사건은 경위야 어떻든 신문이 국민의 '알 권리'를 송두리째 외면했다는 점에서 우리의 비상한 관심을 불러일으켰고 또한 법에 의해서 공인된 야당총재의 발언이 가사화되지 못했다는 점에서는 경악을 금할 수 없다"고 지적했다. 〈우리의 주장〉은 끝으로 "언론의 자유로운 활동은 결코 언론인의 특권이 아니라 국가의 자랑스러운 재산"이라고 주장했다.

지금까지 본《기자협회보》의 기사는 오늘의 우리나라 언론이 지니고 있는 어려움이 어떤 것들이며, 또 그것이 얼마나 심각한 상황인지를 짐작케 한다. 그러나 그 말 속에 담겨 있는 언론의 몸부림치는 자세를 우리는 또 잘 읽을 수 있다. 이러한 어려운 여건에서 우리 언론인들이 스스로 자신들의 권익이나 국민의 '알 권리'를 돕기 위해 애쓰는 모습을 갖추고 있음을 새삼스럽게 깨닫게 해주었다.

《뿌리 깊은 나무》, 1979년 8월

제2장

한국 신문은 자성하라
-1980년대

사진 좀 더 보여다오
: 보도사진의 기능

    소로킨(P. A. Sorokin)이라는 사회학자는 역사가 시작한 때부터 인류가 지녔던 모든 문화 형태를 '관념문화'와 '감각문화'로 나누었다. 그는 이 두 가지 형태의 문화가 서로 맞물리면서 관념문화에서 감각문화로 옮겨갔다가 다시 관념문화로 되돌아가는 방식으로 문화가 바뀌어 간다고 보았다. 소로킨에 따르면 감각문화에서는 형이상학보다 경험으로 얻은 지식이 더 대접을 받으며, 예술은 추상적이기보다 회화의 성격을 더 많이 지니게 된다고 한다. 곧, 감각문화에서는 모든 문화의 가치나 문화의 양식이 기본적으로 사람의 감각을 만족시키기 위하여 계획되고 설계된다는 것이다. 그가 지적하는 감각문화의 특성은 이 밖에도 많이 있지만, 한마디로 꼬집어 말한다면 '생각하는 문화'가 아니라 '느끼는 문화'라고 할 수 있다.

    이와 같은 문화유형에 견주어 볼 때, 현대사회의 문화 형태는 감각형이라고 할 수가 있을 것이다. 현대사회의 문화가 감각형의 성격을 지니게 되기까지는 여러 복합적인 요인들이 서로 맞물려 작용했으리라고 짐작된다. 그러나 그 가운데서도 대중매체의 놀라운 발달,

더욱이 전파매체의 발전이 그와 같은 성격형성에 크게 영향을 주었으리라고 생각된다. 그 결과 현대인은 생각함으로써 어떤 사물이나 현상의 본질에 이르려고 하기보다는, 사물이나 현상 그 자체를 직감으로 느끼려 한다. 바로 그 같은 성격이 현대사회의 상징적인 표현양식을 규정해 주는 밑바탕이라고 볼 수가 있다. 그리고 그 같은 문화의 성격은 당연히 저널리즘에도 영향을 미치고 있다. 우리는 저널리즘에 끼친 감각문화의 영향을 신문 보도사진에서 잘 찾아볼 수 있다.

우리가 잘 아는 것처럼 사진은 형태로써 뜻을 전달하는 시각언어이다. 시각언어인 사진은 다음과 같은 몇 가지 특성을 가지고 있다. 사람들은 사진이 어떤 사물이나 사건을 있는 그대로 나타내 보여 준다고 믿기 때문에, 사진에는 속임수가 없다고 생각한다. 따라서 사람들은 사진이 전달하는 뜻을 사실로 받아들이게 된다는 점을 지적할 수 있다. 그뿐만 아니라 사진은 언어나 그 밖의 문화가 다르더라도 어떤 사물이나 사건의 내용을 누구나 쉽게 알아볼 수 있도록 만든다. 그리고 사진은 사물이나 사건을 진실하게 기록해 주기 때문에 활자보다 더 사람들의 눈길을 끌게 되며, 호소하는 힘이 강한 까닭에 사람의 의식 속에 활자보다 더 오래도록 어떤 흔적을 남긴다.

이와 같은 사진의 특성을 저널리즘에 끌어다 쓴 것이 보도사진이다. 보도사진은 어떤 사건을 좀 더 빠르고 생생하게 독자에게 전달해 주며, 사건의 내용을 단숨에 알 수 있도록 만들어 준다. 독자는 4·19 때에 김주열이 죽은 모습을 찍은 보도사진 한 장이 얼마나 국민의 분노를 자아내게 했던가를 기억할 것이다. 또 3·15 부정선거 때 영일군에서 부정투표를 하는 순간을 잡은 보도사진 하나가 부정선거를 고발하는 그 어떤 기사보다도 부정선거의 모습을 가장 생생하게 전달해 주었던 일도 잊지 못할 것이다.

지난해 8월 11일 새벽에 신민당사에서 농성하던 YH무역회사의 여자직공들을 경찰이 강제로 해산시켰던 사건을 보도한 신문 가운데서 《동아일보》가 가장 돋보였던 것도 1면 기사에 경찰에게 강제로 끌려 나오는 여자직공들의 모습을 찍은 한 장의 사진을 곁들여 보도했기 때문이었다. 또 하나 좋은 보기를 들면, 박정희 대통령의 사진을 관공서에서 떼어내는 모습을 담은 사진 한 장은 그 어느 기사보다도 새로운 시대가 열리고 있음을 실감나게 전달해 주었다. 신문의 사진은 지면을 한층 다채롭게 꾸미는 데 크게 보탬이 될 뿐만 아니라, 사진이 곁들여짐으로써 독자들이 훨씬 쉽게 신문을 읽을 수 있게 해주기도 한다. 이와 같이 사진은 오늘의 신문에서 없어서는 안 될 매우 중요한 자리를 차지하고 있다. 그러나 우리나라 신문의 사진에는 아직도 여러 가지 문제점이 있다고 생각된다.

그 여러 가지 문제점 가운데 가장 먼저 지적하고 싶은 것은 우리나라 신문들이 보도사진의 중요성을 제대로 깨닫지 못하고 있는 점이다. 우리나라 신문에 나오는 사진은 겨우 인물사진 정도에 그친다고 해도 지나친 말이 아닐 것이다. 그 밖의 보도사진에서도 사진을 기사의 한 부분으로만 생각하는 데 그치고 사진 자체를 하나의 완벽한 독립된 기사로 다루는 경향은 좀처럼 보기 드물다. 그렇기 때문에 사진기자란 그저 다른 부서의 기자들의 요청을 받아 그들이 취재하는 대상을 몇 장 찍어 주는 사람으로밖에 생각하지 않는 잘못된 인식이 신문사 편집국 안에도 있는 것 같다.

사진기자는 결코 편집국 안에서 다른 부서의 일을 부탁받아 그 옆에서 거들어 주려고 있는 것은 아니다. 사진기자는 엄연히 독립된

한 사람의 저널리스트이다. 우리나라 신문에서 보도사진이 제 몫을 할 수 있게 되려면 무엇보다도 먼저 사진기자에 대한 인식이 달라져야 할 것으로 생각된다.

그와 함께 보도사진이 제 구실을 하는 저널리즘이 이루어지려면 먼저 사진에 할애하는 지면이 더 많아져야 한다. 지금처럼 한 주일에 48면 밖에 펴내지 못하는 지면 사정으로는 이러한 요구가 지나친 것임에 틀림없을 것이다. 워낙 좁은 지면이므로 편집자는 한 장의 사진보다 짧은 기사 몇 개를 더 집어넣고 싶을 것은 당연하다. 그러나 편집자가 보도사진이 중요하다는 인식만 뚜렷이 한다면, 좁은 지면에서나마 때에 따라 훌륭한 사진편집을 할 수 있으리라고 생각된다. 말하자면 좁은 지면을 탓하기에 앞서, 보도사진에 대한 편집자의 인식이 달라져야 하겠다는 생각을 하게 된다.

요즘 우리나라 신문들의 편집방침은 모두 한 주일에 48면이라는 좁은 지면 가운데 두 면을 주마다 천연색 사진으로 채우는 것으로 획일화되어 있다. 그 지면에다가 지금처럼 명승고적이나 풍물을 소개하는 낱장사진만을 싣지 않고, 어떤 사건을 찍은 '시리즈 사진'이나 그때의 중요한 사건을 취재한 보도사진을 전문으로 싣는 지면으로 활용하는 방안도 생각해 봄 직하다.

우리나라 보도사진의 문제 가운데 또 한 가지 중요한 과제는 사진기자의 자질과 관련된 것이다. 누구나 알다시피 사진기자는 사물에 대해 보통 사람보다 더 높은 지각을 가져야 하고, 더 민감하게 반응할 줄 알아야 하며, 더 많은 경험을 가지고 있어야 한다. 사진기자는 누구보다도 사물을 관찰하는 눈이 더 날카로워야 하며, 눈뿐만 아니라 마음으로 사건이나 사물의 핵심을 포착해야만 한다. 따라서 사진기자는 직감적인 안목과 감각을 개발하도록 훈련이 되어야 한다. 한마디로 사진기자는 숙련된 저널리스트이자 예술가의 자질을 고루 갖추어야 하는 것이다. 이런 뜻에서 우리나라 사진기자들은 뛰어난 직업적인 자질을 갖추도록 끊임없이 훈련을 쌓아야 하리라고 믿는다.

끝으로 우리나라 신문의 보도사진에서 고쳐져야 할 점은 '풀(Pool) 사진'이라고 하는 공동취재사진이 마구 쓰이는 것이라고 생각된다. 특별한 경우를 빼고는 원칙적으로 공동사진은 쓰지 않아야 마땅하다. 우리나라 신문들이 공동사진을 함부로 실음으로써 독자들은 우리나라 신문의 획일적인 성격만을 더욱더 느끼게 될 것이기 때문이다.

오늘의 신문은 읽는 신문에서 보는 신문으로 조금씩 그 성격이 바뀌어 가고 있다. 이 말은 신문이 사진신문으로 바뀌어야 한다는 뜻이 아니라, 신문에서 보도사진이 차지하는 비중이 그만큼 높아지고 있음을 뜻한다. 더욱이 사물이나 사건을 있는 그대로, 직감적으로 받아들이려는 경향이 두드러진 시대에 맞추는 뜻에서라도 신문의 보도사진은 더 많은 지면을 가져야 하겠고, 참된 뜻에서 사진 저널리즘이 꽃피어야 할 것이다. 80년대에는 신문의 지면도 늘어나고 그에 따라 보도사진도 톡톡히 제 몫을 하게 되기를 바랄 뿐이다.

《뿌리 깊은 나무》, 1980년 정월호

순리대로, 순리대로 산다?
: 이른바 연두사의 말씀들

해마다 신문들은 정월 초하루가 되면 새해에 일어날 일들을 점쳐 보거나 새해의 소망을 담은 특집기사를 꾸민다. 말하자면 새로운 한 해를 설계하는 신문을 만드는 셈이다. 그런데 올해 1월 1일은 1980년이라는 한 해를 시작하는 날일 뿐만 아니라, 80년대라는 한 시대가 열리는 날이었던 점에서 여느 해 초하룻날보다 그 뜻이 더 깊었다고 할 수 있다. 더욱이 우리에게 올해 1월 1일은 단순하게 새해가 시작된다는 뜻보다 지나온 역사를 매듭짓고 새로운 역사를 펼쳐 나가야 할 역사의 갈림길이 된다는 점에서 큰 뜻을 지녔다. 이런 뜻에서 올해 1월 1일자 신문들이 스스로 해야 할 일이 무엇이라고 주장했는지에 큰 관심을 가지지 않을 수가 없다.

올해 1월 1일자 여러 신문에 실린 '연두사'나 '신년사'는 올해에 신문이 하지 않으면 안 될 가장 중요한 일로 이 나라의 민주주의를 발전시키는 것에 뜻을 모으고 있다. 《동아일보》가 지적했듯이, "정치적으로 기대와 희망과 우려가 엇갈리고 경제적으로 어두운 전망을 피할 수 없다고 치더라도 기필코 민주 헌정의 출범을 위한 개헌 등 준비작업을 차질 없이 끝내야 하며 어려운 경제 난국을 최소한의 고통으로 넘기도록 노력하지 않으면 안 된다"는 것이 거의 모든 신문들의 공통된 주장이라고 볼 수 있다. 이 같은 스스로의 주장에 걸맞게 여러 신문들이 헌법 개정과 같은 현실문제에 관한 국민여론을 조사하여 그 결과를 제시하는 특집을 마련한 것도 올해 1월 1일자 신문들의 특징이었다.

또 신문들은 민주주의를 발전시키려면 민주정치가 이루어질 수 있는 바탕이 마련되어야 한다는 데 많은 관심을 나타냈다. 신문들이 민주주의를 발전시키는 데 필요한 조건이라고 내세운 것들은 대체로 다음과 같은 몇 가지로 간추려진다. 첫째, 정치세력 사이에 화해와 타협이 이루어져야 함은 말할 것도 없으며, 국민 모두가 화합과 단결을 이루어야 하고, 둘째, 정부가 민주발전을 바라는 국민의 염원에 재빠르게 대응할 수 있는 능력을 갖추고 이를 실행해야 하며, 셋째, 국민이 민주시민으로서의 자질을 갖추어야 하고, 넷째, 경제의 안정이 유지되어야 하고, 다섯째, 국가의 안전보장이 흔들리지 않아야 하며, 여섯째, 언론자유가 보장되어야 한다는 것들이다.

이와 같은 신문의 주장에 이의를 제기할 생각은 없다. 더욱이 《동아일보》가 "국가의 안전보장은 한시라도 방심해서는 안 될 국가 생존의 문제이다. 국가안보에는 정부의 책임도 크지만 국토방위를 직접 책임 맡은 군의 사명은 중차대하다. 군은 국토방위에 전념하고 정치에 초연해야 한다는 투철한 자세를 견지하고 엄정한 군기와 군율을 유지하여 항전태세를 갖추기를 각별히 바라고자 한다"라고 소망한 것은 모든 국민의 의견을 대변한 것이라고 할 수 있다.

또 우리는 경제안정과 국가의 안보보장이 지속되는 가운데 민주발전을 이루려면, 그 민주발전이 질서와 평온을 유지하면서 차분하게 이루어져야 할 것이라는 데 수긍한다. 이러한 전제 아래, 모든 정치세력 사이의 화해와 타협은 말할 것도 없고, 국민 모두의 화합과 단결을 내세운 신문들의 주장에 원칙적으로 동의할 수 있을 것이다.

그러나 많은 신문들이 질서와 안정, 화해와 단합을 위해 무엇을 어떻게 해야 할 것인가를 구체적으로 드러내 보이지 않았음은 섭섭한 일이 아닐 수 없다. 그와 같은 주장이 새로운 질서를 만드는 데 꼭 필요한 변화마저 거부하는 것이 아닌가 하는 의심을 불러일으킬 수도 있기 때문이다. 더욱이 "순리에 따라 착하게 살아가자"고 주장한 《조선일보》의 연두사는 개혁에 대한 시대의 요청을 무디게 만들지나 않았을까 하는 걱정을 갖게 할 만했다.

그런 가운데 "흔히 위기에 처하고 어려움이 있게 되면 자칫 과거에 집착하고 현상유지가 최선인 양 착각하기 쉽다. 그러나 역사발전의 법칙은 차라리 발전방향으로의 순응이 안정을 찾는 길이고 질서를 확립하는 것임을 시사해 주고 있다"는 《경향신문》의 주장과 "정부가 이미 석방된 긴급조치 관련자들에 대하여 복권, 복직, 복교 등의 후속조치를 취함으로써 정치발전작업에 그들도 동참할 수 있게" 해 주고 "최규하 대통령 정부가 국정을 개혁하려는 드높은 사명감과 용기를 발휘, 권력을 남용하여 선량한 국민들을 괴롭혀 왔거나 부정, 불법의 수단으로 치부한 인사 등 국민적 화합의 '저해요소'를 국법과 정의감으로 엄정히 다스림으로써 사회기강을 확립하고 도의를 진작시켰으면 한다"는 《한국일보》의 제언은 귀담아 들을 만하다고 아니할 수 없다.

그런 뜻에서 "새 정부는 스스로를 위기관리정부라 일컬었으나 우리는 희망관리정부라고 부르고 싶다. '위기'는 어느 국민, 어느 시대에서나 있는 것이다. 그것을 시련과 도전으로 파악할 때에 역사의 맥박은 뛴다. 국민으로 하여금 위기의 '스톱모션' 대신에 희망의 노래를 드높이 부르게 해야 한다"는《영남일보》의 견해에 정부는 귀를 기울여 봄 직하다.

신문들 거의가 연두사에서 민주정치의 발전이라는 시대의 목표가 기어이 이루어져야 한다는 것을 다루는 한편, 예상되는 경제의 어려움을 슬기롭게 이겨내야 한다는 주장을 폈다. 이에 견주어《조선일보》와《중앙일보》는 새로운 시대의 문명을 전망하거나 한국 사람의 삶의 방식 따위를 다루었다. 특히《조선일보》는〈오늘의 한국을 사는 한국인의 상식〉이라는 연두사에서 "순리란, 우리의 조상들이 우리의 혈통과 우리의 터전을 지키며 살아오는 오랫동안 절실히 느끼고 소중히 키워 온 생활의 신조요, 삶의 미덕"이라는 점을 내세워 순리대로 사는 것이 오늘날의 한국 사람의 상식임을 강조했다.

그러한 주장은 우리의 삶의 방식이 어떠해야 한다는 것을 일깨워 주고 많은 공감을 불러일으켰지만, 어딘가 꺼림칙한 의문을 갖게 만드는 것이었다. 그것은 아마도 "이치가 잘못된 현실에서 그 이치에 어긋나지 않고 그 현실의 상식에 따른다는 것은 순리가 될 수 없는 것"일진대, '이치가 잘못된 현실'이 무엇이며 그것을 어떻게 개혁할 것인가에 대한 '개혁의 의지'가 덜 나타난 데서 오는 느낌이 아닐까 생각된다.

순리대로 산다는 것이 이치에 어긋나지 않게 사는 것이라면, 지금 당장 내놓아야 할 이치가 무엇인지 밝혀야만 했다. 그래서 순리대로 살아야 한다는 주장은 삶의 규범으로서 지니는 본디의 정당성에도, 개혁보다는 현상유지를 강조하는 것이 아닌가 하는 오해를 살 만했다. 실제로 오늘날은 이치에 어긋나지 않게 살기가 매우 어려운 것 같고, 상식이 제 구실을 못하며, 착한 사람이 착하게만 살기 힘든 구석이 너무 많다고 생각된다. 따라서 우리가 순리대로 살려면 상식이 통용되고 착한 사람이 착하게 살 수 있는 환경을 만드는 일이 앞서 이루어져야 할 것이라는 점을 더욱더 또렷하게 밝혀 두었어야 했다.

많은 신문들이 새로운 헌법은 모든 국민의 합의에 따라 만들어져야 한다는 것과, 국민들의 의견이 새 헌법에 고루 반영되려면 무엇보다도 먼저 언론의 자유가 보장되어야 한다고 강조했다. 그 주장에 대하여 다른 의견을 제시할 사람은 아마도 없을 것이다. 돌이켜보면 지난해 10월 26일 사태 뒤로 우리나라 신문들은 언론의 사회적인 책임을 깊이 느껴 매우 조심스런 태도를 보여 왔다고 생각된다. 4·19 뒤의 신문과 견주어 볼 때 그 차이는 매우 큰 것 같다.

그러나 지나친 자기 억제는 자칫하면 시대의 요청을 외면하는 결과를 가져올 수도 있다는 점을 되새겨 보아야 할 것이다. 또 지금 신문이 해야 할 일은 언론의 자유를 보장해 달라고 요구하기보다 신문이 스스로 언론의 자유를 넓혀 나가려고 애쓰는 것이라고 생각된다. 그런 뜻에서 신문은 새로 만들어질 헌법에서 언론자유가 보장될 수 있도록 언론자유조항에 대한 신문의 대안을 명백하게 제시해야 할 것이다.

《뿌리 깊은 나무》, 1980년 2월

호랑이 소동
: 취재의 상식과 신문의 직업윤리

　원숭이해에 때아닌 호랑이 소동이 벌어져 한때나마 세상을 떠들썩하게 만들었다. 그 소동은 《동아일보》가 지난 1월 24일자 신문에 "한국산 호랑이가 나타나다"는 기사를 실음으로써 시작되었다. 그 기사의 줄거리는 대체로 이러하다.

　멸종됐던 것으로 알려졌던 한국호랑이가 경북에서 발견돼 학계의 비상한 관심을 끌고 있다. 서울 서대문구 대현동 54의 8 '푸르매 의상실' 주인 박용관 씨(34)는 지난해 12월 29일 아침 10시경 경북 경주 부근의 대덕산 기슭에 친구들과 함께 등산을 갔다가 한국산 호랑이 한 마리를 발견, 급히 카메라 셔터를 눌러 두 장의 사진을 찍는 데 성공했다. 박 씨가 잡은 호랑이 사진을 본 경희대 원병오 교수와 창경원 오창영, 김정만 사육과장 등은 한국산 호랑이가 틀림없다는 사실을 확인, 이 호랑이를 추적키로 했다.

　대덕산은 1922년 남한에서 맨 마지막으로 호랑이가 발견되었던 곳이며 그 호랑이는 당시 일본경찰에 의해 사살되어 모피는 일본황족에게 진상되었다. 호랑이 사진을 확인한 원병오 교수와 오창영,

김정만 씨 등은 "호랑이의 발견은 믿어지지 않을 만큼 놀라운 일"이라며 "북한에 10여 마리의 호랑이가 남아 있을 것으로 추정되나 휴전선의 철책 등으로 북한의 것이 넘어왔을 가능성은 없으며 사진에 찍힌 호랑이가 무늬 등으로 미루어 10세 안팎이고 일가가 대덕산에서 살고 있을 것으로 추정된다"고 말했다.

호랑이를 발견, 컬러필름으로 사진을 찍은 박 씨는 "8년 동안 육군장교생활을 하며 전방고지 등에서 근무하는 동안 야생동물 생태에 취미를 느꼈으며 친지를 통해 대덕산에 호랑이가 있다는 말을 듣고 산고양이일 것으로 판단했으나 호기심이 생겨 등산을 갔던 것인데 뜻밖의 개가를 올려 얼떨떨하다"고 말했다.

한편 산림청은 문화재관리국의 통보를 받고 24일 호랑이가 밀렵꾼에게 희생되지 않도록 특별대책을 세우도록 경북도 등에 긴급 지시하고 학계의 전문가 등으로 조사반을 편성하여 현지로 보냈다.

그러나 한국호랑이라고 전문가들의 감정까지 받아 사진 두 장을 곁들여 크게 보도했던 《동아일보》의 이 기사 내용은 곧 거짓임이 밝혀져 어처구니없는 웃음거리가 되고 말았다. 곧, 문제의 호랑이 사진은 서울의 어린이대공원에서 찍은 것으로 밝혀졌을 뿐만 아니라, 그 사진 속의 호랑이는 한국호랑이가 아니라 뱅골호랑이로 판명된 것이다. 이러한 사실은 《동아일보》에 실린 기사를 본 《한국일보》의 취재기자가 《동아일보》에 실린 기사 내용을 확인하는 과정에서 밝혀지기 시작했다.

이 거짓말 기사의 보도로 《동아일보》는 크게 망신을 당했다. 그러나 이번의 가짜 한국호랑이사건은 어느 한 신문사의 실수라고 가볍게 웃어넘길 수 없는 신문의 여러 가지 중대한 문제점을 드러낸다.

무엇보다도 먼저 지적되어야 할 문제점은 신문이 기사의 취재에서 사실확인작업을 너무 소홀히 한 점일 것이다. 물론 이 기사를 취재하는 과정에서 담당기자가 사진에 찍힌 호랑이가 정말 한국호랑이일지에 대해 그 분야의 전문가가 감정하도록 하는 따위의 사실확인노력을 하기는 했다. 그렇지만 사진 속의 호랑이가 정말 한국호랑이인지 아닌지에 앞서, 이 기사를 취재한 기자가 먼저 해야만 했던 일은 정보가 흘러나온 출처가 미더운지 못 미더운지를 따져 보는 일이었다.

　사회에서 널리 인정을 받는 공신력이 있는 기관에서 얻은 정보가 아닐 때 그 같은 작업을 더욱더 철저하게 해야 함은 취재의 기초상식이다. 따라서 이번에 취재기자는 박 씨 한 사람의 말만 믿지 말고 박 씨와 함께 등산을 갔다는 사람들을 만나 박 씨의 주장이 사실인지를 확인했어야 했다. 그리고 우리나라의 여러 동물 가운데 호랑이를 우리 밖에서 키우는 곳은 없는지 따위의 여러 가지를 이렇게 저렇게 따져 보았어야 했다. 아마 이 기사를 취재한 기자는 특종이라는 생각에 지나치게 사로잡혀 흥분한 끝에 정밀한 확인작업을 소홀히 했던 것 같다.

　신문기자는 어떤 사실이나 사건을 취재할 때마다 늘 '왜'라는 질문을 스스로에게 던질 줄 알아야 한다. 더욱이 어떤 정보가 객관적으로 믿을 만한 곳에서 나온 것이 아닌 경우에 '왜'라는 질문과 함께 진실을 확인하는 작업을 더욱더 면밀하게 해야 하는 법이다. 만일 그렇지 못하면 신문은 언제나 공명심에 눈이 어두운 사람들의 노리갯감이 되고 말 것이다. 그리고 바로 이번처럼 놀랄 만한 정보를 충분히 확인하지 않고 서둘러 보도할 때, 그 신문은 이른바 선정적인 것이 되고 말 것이다. 이런 뜻에서 《동아일보》에 이미 보도된 사실이었지만, 그것이 사실인지 아닌지에 물음을 던지고 사실을 재확인했던 《한국일보》는 칭찬을 들을 만하다.

이번 일은 호랑이에 대한 것이어서 웃음거리로 끝나고 말았지만, 만일에 그 기사가 어떤 개인이나 특정한 사회조직과 관련된 것이었다면 사회적으로 커다란 말썽을 불러일으키는 결과를 가져왔을 것이다. 이 기회에 신문들은 자신의 소홀한 사실확인작업 때문에 개인이나 조직이 피해를 입었던 일이 없었는지에 대해 깊이 반성하고, 이번 사건을 거울로 삼아 더욱 정확한 기사를 쓰도록 애써야겠다.

좀 다른 이야기이기는 하나, 《동아일보》의 "한국산 호랑이가 나타났다"는 기사는, 그것이 비록 그릇된 보도이기는 했지만, 《동아일보》가 독점해서 취재한 것이었다. 그러므로 박 씨가 찍었다는 호랑이 사진 두 장은 《동아일보》만이 가지고 있었다. 그뿐만이 아니라 1월 24일자 《동아일보》에 그 기사가 보도되었을 때는 이번 사건을 일으킨 박 씨가 이미 《동아일보》 취재반과 함께 호랑이가 나왔었다는 대덕산으로 떠난 뒤였다.

따라서 그 다음날인 1월 25일자 아침신문과 저녁신문들이 문제의 호랑이 사진을 싣거나 박 씨를 면담한 기사를 쓰려면, 《동아일보》에서 사진을 빌리거나 또는 《동아일보》에 난 박 씨의 면담 내용을 인용할 수밖에 없는 상황이었다. 그런 경우에 사진을 빌려 쓰거나 기사를 인용한 신문은 그 사진이나 기사를 어디서 빌려 썼거나 옮겨 적었다는 것을 밝혀야 한다. 그렇게 하는 것이 신문인의 직업윤리이기도 하다.

그런데 1월 25일자로 발행된 아침신문들은 모두 호랑이 사진을 싣고 박 씨의 면담기사를 소개하면서도 그 사진이나 기사가 《동아일보》에 실렸었다는 것을 전혀 밝히지 않았다. 《한국일보》는 기사에서 "24일 낮 신문보도를 통해 세상에 알려진 ……"이라고만 했고, 《조선일보》는 아예 자기네 기자가 취재한 기사처럼 썼다. 알려진 바에 따르면, 아침신문 두 개 가운데 한 신문은 《동아일보》 지면에 난 사진을 그대로 베껴 실었다고 한다. 그리고 또 다른 아침신문은 《동아일보》가 빌려주었음을 밝히기로 약속하고 《동아일보》에서 사진을 빌렸으면서도 정작 신문기사 속에서는 그 약속을 지키지 않았다는 것이다.

이런 행위는 다른 말로 표현하면 '해적짓'이다. 취재를 소홀히 하여 가짜 한국호랑이 기사를 보도한 것은 큰 실수이지만, 다른 신문에 난 기사나 사진을 옮겨 실으면서도 그 출처를 밝히지 않은 일은 그 실수의 무게보다 결코 가볍다고 칠 수 없는 큰 잘못이다. 왜냐하면 그런 행위는 누구보다도 직업윤리를 굳게 지켜야 할 신문기자들이 스스로 직업윤리를 부순 것이기 때문이다. 우리나라 신문기자의 직업정신이 이렇게 무뎌졌음을 확인하는 것은 슬픈 일이다.

이와 같이 신문기자가 직업윤리를 저버리는 일은 다만 이번의 한국호랑이 기사에서만 볼 수 있었던 현상은 아니다. 우리나라 신문이 때때로 통신사에서 나누어 준 기사를 자기네 신문에 옮겨 실으면서도 그 기사를 제공한 통신사의 이름을 밝히지도 않고 마치 자기네 기자가 손수 취재해서 쓴 기사처럼 보도하는 일은, 남의 나라, 특히 일본의 신문이나 잡지에서 빌려 온 기사를 정확한 출처를 밝히지 않고 싣는 것과 함께 이미 우리나라 신문의 관례가 된 것 같다. 하루라도 빨리 스스로 자기 얼굴에 침을 뱉는 이런 소견 좁은 버릇을 고쳐 주기를 신문기자들에게 간곡하게 부탁한다.

《뿌리 깊은 나무》, 1980년 3월

언론의 책임까지 헌법이 다루게 되면
: 헌법 시안 속의 언론조항

　이 나라의 민주주의 제도를 굳건히 다지고자 헌법개정작업이 지금 한창 진행되고 있다. 그런데 민주주의 제도에서 가장 기본조건이 되는 언론의 자유나 표현의 자유가 새 헌법에서 어떻게 보장되어야만 한다는 논의는 그렇게 활발하지 못하다는 느낌이 든다. 더욱이 언론자유에 대해서는 직접적으로 이해관계가 있는 언론기관도 거의 침묵을 지키고 있는 상황이다. 그런 뜻에서 이번 달에는 새 헌법에서 언론의 자유 또는 표현의 자유에 대한 문제가 어떻게 다루어져야 할 것인가를 생각해 보려고 한다.

　지금까지 알려진 헌법 시안에 들어 있는 언론관계에 대한 조항을 소개하면 아래와 같다.

　공화당 시안

　제18조 1. 모든 국민은 언론, 출판의 자유와 집회, 결사의 자유를 가진다. 2. 언론, 출판에 대한 허가나 검열과 집회, 결사에 대한 허가는 인정되지 아니한다. 다만, 공중도덕과 사회윤리를 위하여는 영화나 연예에

대한 검열을 할 수 있다. 3. 신문, 통신, 출판의 발행시설기준은 법률로 정할 수 있다. 5. 언론, 출판이 타인의 명예와 권리를 침해했을 때는 그 피해자는 피해보상청구를 할 권리를 가지며 이는 법률로써 정한다.

제32조 1. 국민의 자유와 권리는 헌법에 열거되지 아니한 이유로 경시되지 아니한다. 2. 국민이 자유와 권리는 질서유지, 공공복리 또는 국가안전보장을 위하여 필요한 경우에 한하여 법률로써 제한할 수 있으며 제한하는 경우에는 자유와 권리의 본질적인 내용을 침해할 수 없다.

신민당 시안

제18조 1. 모든 국민은 언론, 출판의 자유와 집회, 결사의 자유를 가진다. 2. 언론, 출판에 대한 허가나 검열과 집회, 결사에 대한 허가는 인정되지 아니한다. 다만, 공중도덕과 사회윤리를 위하여는 영화나 연예에 대한 검열을 할 수 있다. 3. 신문이나 통신 및 방송의 시설기준은 법률로 정할 수 있다. 5. 언론, 출판은 타인의 명예와 권리 또는 공중도덕이나 사회윤리를 침해하여서는 아니 된다.

제32조 1. 국민의 자유와 권리는 헌법에 열거되지 아니한 이유로 경시되지 아니한다. 2. 국민의 모든 자유와 권리는 질서유지 또는 공공복리를 위하여 필요한 경우에 한하여 법률로써 제한할 수 있으며, 제한하는 경우에는 자유와 권리의 본질적인 내용을 침해할 수 없다.

대한변호사협회 시안

제19조 1. 모든 국민은 진실을 알고 양심적인 의사를 표명하는 권리를 가진다. 2. 자유롭고 양심적인 언론 및 출판과 평온한 집회 및 결사는 타인의 권리를 침해하지 아니하는 한 어떠한 형태로도 제한할 수 없다. 3. 언론, 출판에 대한 허가나 검열은 금지된다. 다만 영화나 연극에 대하

여는 미성년자 보호를 위하여 검열을 할 수 있다.

제35조 2. 국민의 모든 기본적 권리는 법률로 제한할 수 있는 경우에
도 그 본질적 내용이 침해되도록 제정되어서는 아니 된다.

여섯 학자의 시안

제8조 3. 모든 국민은 알 권리, 읽을 권리 등을 가진다. 제20조 1. 모든
국민은 언론, 출판, 방송, 방영 등 표현의 자유를 가진다. 2. 언론, 출판,
방송, 방영 등에 대한 허가나 검열은 인정하지 아니한다. 다만, 영화나
연예에 대하여는 소년 보호를 위하여 검열할 수 있다. 4. 언론, 출판, 방
송, 연극, 영화는 민주적 기본질서, 타인의 명예나 권리 또는 공중도덕이
나 사회윤리를 침해해서는 아니 된다.

위의 네 가지 헌법 시안에 포함된 언론관계조항을 살펴보면 다음
과 같은 특징을 찾아볼 수가 있다.

첫째, 공화당의 시안과 신민당의 시안은 제18조 제5항만 다를 뿐
나머지 조항은 거의 같다. 그 까닭은 두 정당이 모두 1962년 12월
26일에 개정한 제3공화국 헌법의 언론조항을 거의 그대로 옮겨 적
었기 때문이다.

둘째, 대한변호사협회의 시안과 여섯 학자들이 만든 시안에서 특
히 '국민의 알 권리'를 보장한 점이 눈길을 끈다.

셋째, 모든 시안이 언론의 사회적인 책임을 강조하고 있다. 곧 공
화당과 신민당 시안의 제18조 제2항과 제5항, 대한변호사협회 시안
의 제19조 제2항과 제3항, 그리고 여섯 학자가 만든 시안의 제20조
제2항과 제4항이 그런 정신을 표현한 조항들이다.

넷째, 신민당의 시안과 여섯 학자들의 시안에서 언론조항에 방송

과 방영도 새로 포함시켰는데, 이것은 지난날의 헌법에서는 볼 수가 없었던 것이다.

다섯째, 여섯 학자의 시안은 단순히 언론, 출판의 자유만을 보장한 것이 아니라, 이 자유를 모두 포함한 표현의 자유를 보장한 점이 눈에 띈다.

여섯째, 편집이나 편성의 공정성을 보장하고자 이를 법률로써 뒷받침할 수 있다는 조항을 둔 점이 색다르다고 하겠다.

이러한 특징들을 전제로 하고, 위의 네 가지 시안에 제시된 언론의 자유와 관련이 있는 조항의 문제점이나 모자라는 점을 따져 보자.

첫째, 공화당과 신민당의 시안은 언론자유를 소극적으로 다루고 있다는 생각을 갖게 한다. 곧 '국민의 알 권리'라는 좀 더 적극적인 의미에서 언론자유를 생각하지 않고 있다는 점이다.

둘째, 우리나라에서는 언론의 자유와 표현의 자유를 때로는 같은 개념으로 쓰기도 하고, 때로는 다른 개념으로 쓰기도 하여 아직도 이 두 가지 개념이 뚜렷이 나뉘지 않은 상태에 있다. 이런 경향이 이번의 헌법 시안들에도 그대로 드러나 있다. 따라서 이 두 가지 개념을 나누어서 헌법의 언론관계조항을 만들어야만 할 것이다.

셋째, 모든 시안들이 언론의 사회적인 책임을 강조하고 있는데, 이를 강조하는 정신은 좋으나 그 정신을 헌법 조문에 끼워 넣어야 할 것인지는 다시 생각해 볼 필요가 있다. 그러한 조항들이 자칫 언론의 자유나 표현의 자유를 제약할 가능성이 있을 뿐만 아니라, 윤리적인 문제를 성문법으로 만들면 오히려 언론의 자율성을 제한할 수가 있기 때문이다.

이 문제를 좀 더 꼼꼼히 살펴보자. 공화당의 시안의 제18조 제5

항은 김철수 교수가 "언론의 책임성을 강조한 것은 좋으나, 피해보상청구권을 규정하는 법률을 제정할 수 있게 한 것은 납득이 가지 않는다. 현행 민법에서도 손해배상청구권이 인정되어 있기 때문에 전대미문의 웃기는 조항을 둘 필요는 없는 것"이라고 비판한 것처럼 언론규제법 제정의 가능성을 남기는 것이다. 또 모든 시안에 들어 있는 영화나 연예, 또는 연극에 대해 검열을 할 수가 있다는 조항은 표현의 자유에 어긋나는 것인 동시에 자율적인 규제에 맡길 일을 법에 뚜렷이 새겨 넣음으로써 오히려 연예·영화·연극인들의 자율성을 침해하고 있는 셈이다. 이런 문제는 개별 분야의 윤리위원회에 맡겨 둘 일이다.

그리고 언론, 출판이 다른 사람의 명예나 권리, 또는 공중도덕이나 사회윤리를 침해해서는 안 된다는 따위의 조항도 정말로 필요할지 의심스럽다. 차라리 미국의 수정헌법 제9조처럼 "헌법에 어떤 종류의 권리가 열거되어 있다고 하여 국민이 보유하는 기타의 여러 권리를 부인하거나 또는 경시하는 것으로 해석해서는 안 된다"는 것을 따로 독립조항으로 두는 것이 훨씬 합리적일 것으로 생각된다. 왜냐하면 이 독립조항 하나로 서로의 기본권이 다른 기본권을 침해해서는 안 된다는 사회적인 책임을 강조하는 것이 될 수가 있기 때문이다.

넷째, 여섯 학자가 만든 시안의 제20조 제2항의 "…… 방송 등에 대한 허가나 검열은 인정하지 아니한다"는 조항은 고쳐져야 할 것이다. 방송에 대한 검열을 인정하지 않는 것은 크게 환영할 일이나, '허가'를 인정하지 않는다는 점은 방송전파의 성격에 대한 이해가 부족해서 나온 결과라고 생각한다. 국민의 소유인 전파를 빌려 방송을 하기 때문에, 방송허가제를 통한 전파관리는 반드시 필요한 일이라는 점을 잊지 말아야겠다.

위와 같은 이야기를 간추리면, 새 헌법은 첫째, 국민의 알 권리를 보장하고, 둘째, 언론·출판·방송·연극·연예·영화들을 모두 포함한 표현의 자유를 명백히 보장해야 할 것이다. 그리고 언론·출판·방송·공연예술 들의 사회적인 책임조항을 과감하게 없애는 일들이 적극적으로 진행되어 국민의 권리를 모두 지켜 줄 수 있는 언론관계조항이 마련되어야 할 것이다.

《뿌리 깊은 나무》, 1980년 4월

기자의 모임을 싫어하는 발행인
: 기자협회 회장 선거

몇몇 신문사와 통신사가 자기 회사의 기자가 한국기자협회 회장 선거에 후보로 나서는 것을 막으려 했던 사건이 있어서 기자들의 자발적인 결사의 자유에 큰 문제를 던지고 있다. 곧, 지난 3월 20일 자 《기자협회보》 제409호는 제20대 기자협회 회장 선거에 출마하려는 기자에게 그 기자가 속해 있는 신문사나 통신사의 경영주가 회장 출마를 포기하도록 강력하게 말리거나, 또는 휴직원을 내놓고 후보에 나서라며 압력을 넣었다고 보도했다. 《기자협회보》에 실린 사건의 내용을 그대로 옮기면 다음과 같다.

"이번 기협 20대 회장에 단독 입후보한 김태홍 후보는 사전에 회사 측에 출마의사를 밝혔으나 회사 측의 강력한 만류에 부딪쳐 휴직원을 내고 입후보 등록을 하는 불행한 사태를 빚었다. 또한 3월 15일 입후보 등록을 했다가 사퇴한 김호준 기자(《서울신문》 정치부)의 경우도 회사 측의 철저한 반대 속에 등록을 마쳤으나, 사측은 15일 오후 7시 30분 인사위원회를 소집, 김 기자가 등록을 취소하지 않으면 해고시키기로 내정한 것으로 알려졌다. …… 한편 기협 합동통신 분회는 3월 17일 관리위를 열고, 휴직을 하고 기협 회장에 입후보한 김태홍 기자의 휴직원을 3월 31일까지 회사 측이 반려, 즉각 복직시키도록 촉구키로 했다.”

그리고 기자협회가 조사한 바에 따르면 경영주와 편집국장이 후보로 나서려는 기자에게 이런저런 이유를 붙여 회장 출마를 말리거나 또는 반대한 신문사와 통신사는 모두 네 곳이나 된다. 이와 같은 사태에 대해 기자협회는 〈우리의 주장〉에서 “직접·간접으로 출마 반대의사를 강력하게 표시한 것도 모자라서 휴직을 유도해 내는 등 경악을 금치 못할 정도로 악랄한 수법을 동원, 기자들의 권익을 침해한 발행인, 경영주들에게 한심스러운 생각을 금할 수 없다”고 규탄하면서, “이제 기협은 사상 유례없이 언론 내부의 탄압에 직면, 존립 자체가 위태로운 지경에 서게 됐다”고 밝혔다. 그러면서 기자협회는 “기협의 존립 자체를 무시하려 드는 일부 발행인과 경영주들의 안일하고 무책임한 처사에 공분을 금할 수 없음을 분명히 밝혀 둔다”고 말했다.

신문사나 통신사가 자기네 회사의 기자가 기자협회 회장에 후보로 나서거나 또는 당선되었을 때에 휴직을 시키는 따위의 압력을 행사한 것은 이번이 처음은 아니다. 이를테면 지난 1974년 10월에 있었던 제12대 기자협회 선거에서는 그 당시 《동아일보》 문화부 기자이던 김병익이 회장으로 뽑혔는데, 회사 쪽이 그에게 무기휴직처분을 내렸던 일이 있었다. 그때도 회사 쪽은 김병익 기자에게 회장에 출마하지 말라고 이야기했었으나, 그가 이를 받아들이지 않았다고 해서 인사위원회를 열어 무기휴직을 결정했다.

우리가 잘 아는 것처럼 한국기자협회는 “회원의 상호 친목을 도

모하고 그 자질을 높이며 기자의 권익옹호와 민주창달 및 국제교류에 힘쓴다"는 것을 목적으로 조직된 기자들의 이익집단이다. 기자협회는 노동조합과 성격이 다른 단체이다. 그러므로 기자협회는 그 성격으로 볼 때 발행이나 경영주와 대립하는 단체는 아니다. 그런데도 몇몇 신문사나 통신사의 경영자 쪽이 자기 회사의 기자가 기자협회의 회장이 되는 것을 반대하는 것은 명분이 설 수가 없다. 물론 기자가 기자협회 회장을 맡으면 그 일에 충실하여야 하기 때문에, 회사 쪽에서 볼 때 인력관리에 문제가 있을 수가 있다. 그러나 그러한 이유만으로 기자협회 회장이 되는 것을 반대하는 것은 회사가 너무 인색하다는 말을 듣기 십상이라고 생각된다. 더욱이 자기 회사에 기자협회 분회조직을 허용하고 있으면서 분회소속회원인 기자가 회장을 맡아서는 안 된다는 사고방식은 논리의 모순에 스스로 빠지는 결과를 빚는 것이다.

이번의 기자협회 회장 선출을 둘러싸고 일어난 몇몇 신문사나 통신사의 경영자 쪽과 기자들 사이의 갈등은 우리나라 언론이 발전할 것이라 믿는 국민의 기대에 어두운 그림자를 드리우는 결과를 가져왔다. 본디 "신문은 발행인과 기자, 그리고 독자의 셋 사이에서 갈등을 거쳐 나오는 것"이라는 말이 있다. 그 말은 우리가 날마다 받아 보는 신문이 이윤을 추구하는 발행인의 이해와 흥미로운 읽을거리를 요구하는 독자들의 이해, 그리고 국민의 알 권리에 충실하려는 기자들의 이해가 서로 마주쳐서 갈등을 일으키고, 그러한 갈등 속에서 얻어진 타협의 결과라는 것을 뜻한다. 이와 같이 신문의 발행인이나 경영자 쪽과 기자들 사이에는 갈등을 일으킬 빌미가 처음부터 밑바닥에 깔려 있는 것이다.

그렇지만 그 갈등관계가 곧 궁극적으로 상대방을 멸망시켜야 하는 관계라고는 결코 생각되지 않는다. 발행인과 기자 사이의 갈등은 목표 하나를 놓고 누가 그것을 혼자 차지하는가 하는 경쟁관계가 아니다. 오히려 그 목표를 이루려면 발행인과 기자가 힘을 합치는 협동관계를 맺어 나가야 한다고 생각한다. 그러한 협동관계에서도 잡음은 있기 마련이나, 그 잡음을 서로 지혜롭게 풀어 나가는 것이 과제일 것 같다.

그럼에도 이번 사태에서 보여 준 몇몇 발행인과 경영자 쪽의 태도는 그 갈등을 협동이 아닌 억압의 방식으로 해결하려 했다는 점에서 우리를 우울하게 만들었다. 나는 이 소식을 듣고 1968년 한국신문편집인협회 회장이었던 최석채가 "한마디로 말하면 신문이 편집인의 손에서 떠났다"고 말하면서 경영자와 편집인 그리고 기자가 저마다 나뉘어졌음을 지적하던 일을 생각했다. 그때 최석채는 "신문사란 일종의 성이다. 이 성 안에는 경영주와 편집인, 기자가 있어서 서로 공존하는 것이다. 이대로 나가다가는 이 성 안에서 불신이 싹트고 반란이 일어나 성주를 향해 주민들이 선전포고하는 사태가 일어날지도 모른다. 불행하게도 성주와 주민 사이의 간격은 해를 거듭할수록 더 넓어지고 있다. 이런 시점에서 나는 언론의 자유가 외부로부터 침해를 받는다는 사실은 2차적인 문제로 다루어져야 할 것으로 본다. 언론이 스스로 단결하여 싸우지 못하고 성문을 열어 외적을 불러들인다면 누구에게 구원을 청할 것인가. 언론계는 이 점에 대해서 냉혹한 자기비판이 있어야 하겠다"고 호소했었다.

우리나라의 신문사와 통신사의 발행인들이 모여 만든 한국신문협회는 여러 사업 목적 가운데 '언론인의 품격향상'을 꾀할 것을 명시하고 있다. 그리고 비록 그 규정에 명문화하지는 않았지만 한국신문협회 또한 언론자유를 궁극적인 목표로 삼고 있음이 틀림없을 것이다. 그렇게 보면 발행인과 기자가 추구하는 목표는 많은 점에서 일치한다고 생각된다. 이런 뜻에서 다음과 같은 기자협회 쪽의 반성과 제의에 발행인 쪽이 귀를 기울여야 할 것이다.

"모든 사의 발행인들이 한결같이 몸을 사리는 비언론적인 사고와 행동을 삼갈 때 이 땅의 언론은 국민들로부터 존경받게 될 것이라고 확신한다. 과거 9년여 동안 우리의 언론은 국민들의 불신의 늪 속에 빠져 무의미하게 명맥을 유지해 왔다. 이 책임의 상당 부분이 기자들에게도 있지만 발행인들의 몫이 한층 더 크다는 것을 새삼 반성하고 언론의 새 시대에 독자로부터 신뢰받는 언론이 되도록 기자들과 함께 노력해 주기를 간절히 바라는 바이다. 기협과 발행인과의 관계는 여러 가지 문제에서 마찰요인이 많다. 우리 언론의 발전을 위해 손과 발이 되려는 기자들의 주장과 요구에 항상 현실적인 이해와 긍정적인 반응을 보여 주기를 간곡히 빌어마지 않는다. 기협과 발행인과의 실질적인 관계개선이 쌍방 간의 노력으로 하루빨리 이뤄져 언론 내부에서 서로 싸우는 추태를 불식하기를 희망한다. 여기에는 상호 이해를 바탕으로 한 양보와 협력의 자세가 필요하다는 것을 새삼 지적해 둔다."

위와 같이 기자협회가 지적한 대로 발행인 쪽과 기자협회 쪽이 서로의 뜻을 털어놓는 대화를 거쳐 같이 이해하고 협력하는 관계를 이루어 우리나라 신문이 자기에게 주어진 시대의 사명을 올바르게 깨닫고 이를 제대로 실천에 옮겨 주기를 바라면서, 이번과 같은 좋지 않은 일이 다시는 일어나지 않기를 간곡히 바란다.

《뿌리 깊은 나무》, 1980년 5월

이제는 몇 장이나 찍어 파는지 떳떳이 밝히자
: 발행부수의 공공조사제도

우리가 하루하루 받아 보는 신문의 광고란에는 "최고의 발행부수 ㅈ일보, 광고문의 몇 국의 몇 번", "국내 최초의 발행부수 공개, 최고의 발행부수", 또는 "최고 발행부수 한국의 대표지 ㄷ일보"와 같은 광고가 곧잘 실린다. 두말할 것도 없이 이런 광고는 신문사가 더 비싼 값으로 더 많은 광고를 받으려는 데서 나온 자기 자랑이다.

신문사의 수입은 크게 나누어 신문 구독료와 광고수입으로 볼 수 있다. 우리나라 큰 신문사의 경우에는 전체 수입의 55퍼센트쯤이 광고료 수입이고, 그 나머지가 구독료 수입이라고 한다. 우리나라의 경제가 더 발전하게 되면 신문사의 수입 가운데 광고료 수입이 차지하는 비율은 더 높아질 것이다. 이와 같이 신문경영에서 광고료 수입이 차지하는 비중이 매우 크기 때문에, 모든 신문사는 어떻게 해서든지 광고료 수입을 더 늘리려고 애쓴다.

한편으로 신문의 광고요금과 광고량은 모두 신문발행부수와 깊은 관계를 가지고 있다. 그것은 광고를 내는 사람의 처지에서 볼 때 사람들이 많이 보는 신문에 광고를 내는 것이 더 많은 광고효과를 얻을 수 있다고 생각하기 때문이다. 그래서 신문사마다 사람들에게 자기 신문을 다른 신문보다 더 많이 읽게 하려고 애쓰며, 또 광고주들에게 자기 신문의 발행부수가 다른 신문의 발행부수보다 더 많다는 것을 내세우려고 한다.

그러나 우리나라의 경우에 어느 신문사도 자기 신문의 발행부수가 정확하게 얼마나 되는지를 밝히지 않고 있다. 그러면서 저마다 자기 신문이 우리나라에서 가장 많이 발행한다고 자랑한다. 어느 신문사는 자기 신문이 우리나라에서 처음으로 발행부수가 백만 부를 넘어섰다고 자기 신문에다 크게 광고하기도 한다.

그렇지만 신문사가 이렇게 서로 잘났다고 떠드는 제 자랑을 곧이 곧대로 믿는 사람은 매우 드물다. 신문사마다 내세우는 발행부수에 객관성이 전혀 없기 때문이다. 그와 같은 상태는 우리나라의 문화와 관련된 통계에 부정확성을 가져올 뿐만 아니라, 신문에 광고를 내려는 사람들에게 신문이 아무런 도움도 못 주는 결과를 불러오게 된다.

그래서 미국을 포함한 세계 많은 나라들은 신문의 발행부수를 객관적인 기준에 따라 조사하고, 이를 공개적으로 밝히는 공신력 있는 공공조사제도를 두고 있다. 미국에서는 'ABC연구회'라고 부르는 기관이 그런 일을 한다. 미국의 경우 신문발행부수 공공조사기구는 광고주와 광고 대리점, 그리고 신문발행인 이렇게 셋의 합의를 거쳐 이미 1914년에 설립되었다. 이는 광고주가 합리적으로 광고를 관리하게 하고, 신문사도 합리적으로 광고료 수입을 얻게 했으며, 독자들에게는 신문을 더 믿음직스럽게 보이도록 하는 데 많은 도움을 주었다.

신문발행부수 공공조사기구는 중립적인 위치에서 객관적인 기준을 세워 회원으로 가입한 신문사의 발행부수를 조사한다. 이 기관은 돈을 받고 파는 신문부수가 얼마나 되는지를 조사하지만, 그 밖에도 판매부수, 지역에 따른 보급부수, 인쇄부수, 무가지—곧 돈을 받지 않고 그냥 돌리는 부수, 반품부수, 확장부수들도 조사한다. 이와 같은 신문발행부수 조사기구는 대체로 다음과 같은 일을 수행한다.

첫째, 회원으로 가입한 신문사의 발행부수를 표준화시켜 발표한다. 둘째, 회원 신문사의 발행부수조사가 필요하다고 인정될 때는 전부 또는 일부를 조사한다. 셋째로, 광고주, 광고 대리점 그리고 발행사 회원의 이익을 위하여 발행부수자료를 제공한다.

발행부수 공공조사기구가 이러한 기능을 제대로 발휘하려면 회원 신문사는 발행부수조사에 필요한 여러 가지 장부와 부기체계를 정연하게 갖추어 올바른 조사를 받아야 한다. 지금과 같은 우리나라 신문사의 경우라면 꿈도 못 꿀 일인지 모르나, 많은 나라들의 신문은 이와 같이 독자와 광고주에게 더 나은 봉사를 하려고 모든 것을 공개한다.

신문발행부수 공공조사제도는 광고주와 신문사에게 똑같이 이익을 준다. 먼저 광고주가 광고지면을 합리적으로 살 수 있게 한다. 곧, 광고주는 여러 신문의 정확한 발행부수를 알게 되어 광고료를 합리적으로 지불하게 되고, 자신이 바라는 대로 효과적인 광고를 할 수 있게 된다. 그리고 신문사는 첫째, 발행부수 공공조사기구라는 독립기관으로부터 공정한 발행부수의 조사를 받음으로써 광고주나 독자에게 신뢰와 신임을 받으며 다른 발행부수 조작기관의 허위로부터 신문사의 진실을 보호받을 수가 있다. 둘째, 신문사 밖의 기관으로부터 조사를 받음으로써 정확한 경영진단과 그에 따른 경영합리화 방안을 수립할 수 있다. 셋째, 신문기업의 경영합리화를 위해서 구독요금이나 광고요금을 올릴 때 독자나 광고주를 쉽게 이해시킬 수가 있으며, 신문기업에 투자하려는 사람들에게 믿을 만한 자료를 제공함으로써 그들의 투자를 부추길 수가 있다.

신문발행부수 공공조사제도는 크게 미국식과 유럽식으로 나눌 수가 있다. 이 두 제도는 공공조사의 테두리가 서로 다르다. 곧, 미국식 제도는 본디 신문발행부수만의 조사에 국한시켰다. 이와 달리 유럽식은 신문발행부수의 양적인 조사와 함께 그 신문독자들의 경제계층, 교육정도, 직업구조, 연령구조 등의 질적인 조사도 실시한다. 그러므로 유럽식 공공조사제도는 요즈음 우리나라의 여러 신문사가 제 나름대로 실시하고 있는 독자조사와 거의 비슷한 조사제도라고 생각하면 될 것이다.

이러한 유럽식 제도는 미국식 제도보다 신문사 자체나 광고주들에게 더 유익한 정보를 제공해 준다고 할 수가 있다. 신문사는 자기 신문독자의 구조적인 성격이 어떠한지를 밝힌 자료를 신문제작의 방침으로 쓸 수 있을 뿐만 아니라, 자기 신문독자의 성격에 알맞은 광고를 끌어올 수가 있다. 광고주는 단순히 발행부수가 많은 신문만을 골라 광고하는 데서 벗어나 자기 상품을 살 만한 사람들이 가장 많이 보는 신문을 골라 광고를 할 수 있게 되어 더 큰 효과를 얻을 수가 있다.

위에서 본 것처럼 신문발행부수 공공조사기구는 신문사와 광고주, 그리고 독자를 위해 반드시 있어야만 한다. 이 제도는 광고주에게 더욱더 필요하다. 지금처럼 믿음직스럽지 못한 신문사 쪽의 주장만을 믿고 광고지면을 사는 광고주의 처지에서 볼 때 이 공공조사제도는 하루빨리 만들어져야만 한다. 그뿐만이 아니라 신문사가 경영을 합리화하고 사회의 신뢰를 얻기 위해서도 이 제도는 필요하다.

그러한 뜻에서 우리나라에서도 광고인들이 중심이 되어 이미 1967년 12월에 '한국ABC연구회'를 만들었었다. 그러나 그때는 우리나라의 경제규모나 신문사의 경영사정이 이 제도를 받아들이기에는 여러 가지 부족한 점이 많았다. 그래서 이 제도를 이 땅에 뿌리내리려는 움직임은 몇몇 뜻있는 사람들의 의욕으로만 끝나고 말았다.

이제 우리나라의 경제규모는 60년대에 견주어 크게 늘어났다. 그에 따라 우리나라 기업들이 내는 광고비도 놀랄 만큼 늘어나 총 광고비가 액면으로 따져 세계에서 24번째로 뛰어올랐다. 그럼에도 불구하고 아직 우리는 신문발행부수 공공조사기구를 갖지 못하고 있다. 이 점은 우리나라 신문과 광고업계가 다 같이 부끄럽게 생각해야 할 것이다.

우리가 아직도 이 제도를 가지지 못하고 있는 까닭은 여러 가지로 생각된다. 그러나 다른 어떤 이유보다도 더 중요한 것은 우리나라의 신문경영이 폐쇄적으로 이루어지고 있다는 점이다. 공공조사제도가 생겼을 때 정확한 발행부수가 밝혀지는 것을 꺼려하는 태도는 우리나라 신문들이 공평한 경쟁보다 음성적이며 비양심적인 수단을 동원하여 상대를 꺾는 데 더 익숙하다는 것을 뜻하는 것이라 할 수 있다. 이제는 그 같은 폐쇄적이고 비합리적인 경영방침을 벗어날 때가 되었다. 이런 뜻에서 바로 지금이 광고계와 신문발행인들이 진지하게 신문발행부수 공공조사기구를 창설하고자 머리를 맞대고 의논할 때라고 생각된다.

《뿌리 깊은 나무》, 1980년 6~7월

TV가 보여 주는 현실을
의심 없이 받아들이고 있다

우리나라에서 본격적으로 TV시대가 개막된 지는 약 15여 년밖에 되지 않는다. 비록 햇수로는 매우 짧은 기간에 지나지 않지만, TV는 이미 우리 환경의 일부가 되었다. 우리나라 전체 가구의 약 90퍼센트가 TV수상기를 보유하고 있으며, 성인 남녀는 하루 평균 2시간 반 가량의 시간을 TV시청에 보내고 있다. 별다른 여가활동을 하지 않는 사람들에게 TV가 유일한 벗으로 등장한 셈이다. 기술의 발달로 TV는 날로 새로워지고 있어서 사람들을 더욱더 사로잡고 있다. 머지않아 사람들은 TV시계를 차고 다니면서 언제 어디서나 원하기만 하면 TV를 시청할 수 있게 될 것이다. 그 결과 사람들은 날이 갈수록 이 매체에 의존하면서 일종의 중독상태가 더 깊어질 것으로 보인다.

모든 중독상태가 그러하듯이, 우리들이 의식하지 못하는 사이에 어느덧 TV는 우리의 생활과 의식까지도 지배하게 되었다. TV는 이제 우리들의 삶의 방식과 생각하는 방법까지 규정하고 말았다. 그만큼 TV의 영향력은 막대해져서 우리들의 행동양식과 사고방식에 지침 구실을 하고 있을 뿐만 아니라 취향까지 형성시키고 있는 것이다.

이와 같이 TV의 영향력이 날로 커지고 우리들 삶의 구석구석까지를 지배하려 들자, 사람들은 이 매체에 대해 깊은 관심을 갖지 않을 수 없게 되었다. 그러한 관심은 대체로 TV가 가지고 있는 긍정적인 측면보다는 해로운 영향력에 모아졌다. TV의 폭력물과 성인물이 어린이들에게 미치는 영향을 비롯해, 이 매체가 정치·경제·사회·문화 전반에 끼치는 나쁜 영향을 우려하고 비판하는 소리가 날로 높아지고 있다. TV에 대한 이러한 사회적 관심은 끊임없이 환경을 개선하고자 하는 인간의지의 당연한 귀결이라 하겠다.

TV는 문화매체인 동시에 언론매체라는 두 가지 구실을 하고 있다. 문화매체로서 TV는 우리들에게 오락과 사회교양을 비롯한 다양한 프로그램을 제공하고 있는 한편, 언론매체로서 우리의 환경을 감시하고 환경의 변화에 적절하게 대처할 수 있는 처방을 제시한다. 문화매체의 구실과 관련하여 TV는 지나치게 폭력과 성을 팔고 있으며, 스포츠·쇼·드라마를 중점적으로 편성함으로써 언론매체의 구실을 제대로 다하지 못하고 있다는 비판을 받고 있다.

TV 오락 프로그램은 대체로 저급한 수준을 벗어나지 못하고 있어서, 사람들의 취향을 저하시킬 뿐만 아니라, 사회 전체의 문화수준을 저급화하고 있다는 비난도 받는다. TV의 폭력과 성인물은 어린이들과 청소년들의 일탈행위에 영향을 미치고, 스포츠·쇼·드라마와 같은 오락 프로그램들은 사람들을 백치로 만들며, 현실도피적인 인간으로 주조하고 있다는 것이다. 그러므로 TV는 마침내 인간을 무력하게 만들고 우민통치(愚民統治)의 수단으로 이용된다고 비판받는다.

그러나 더 심각한 문제는 TV의 언론매체로서의 구실과 관련하여 제기된다. 그 까닭은 TV가 우리의 환경인지방식, 곧 우리가 이 세계와 사물을 인지하는 방식에 큰 영향을 미치고 있다는 데서 비롯된다. 사람들은 TV가 보여 주는 현실과 관점을 진실한 것으로 아무 의심 없이 받아들이고 있다. 사람들은 TV가 그것 없이는 도저히 경험할 수 없는 많은 것들을 보여 주고 있다고 믿는다. 우리들은 아프리카의 밀림, 중동의 분쟁, 다양한 가정생활, 비밀경찰들의 활동과 시사적인 사건을 비롯해서 역사적인 위기의 재현까지도 TV로 시청함으로써, 자기 자신이 이러한 장소나 사람들의 활동 및 사건들을 실제로 경험하고 있다고 믿고 있는 것이다.

하지만 아프리카의 밀림이나 뉴스 및 역사적 사건들을 보여 주는 TV화면은 결코 시청자 자신의 경험이 될 수 없으며, 더구나 사실과 같은 수준의 신뢰를 받을 수도 없는 것이다. 시청자들이 맛보는 것은 현실 그 자체가 아니라 조작되고 잘리고 편집되는 등의 다양한 화면조작에 따라 TV가 제공하는 제한된 이미지를 수용하는 정도의 경험일 뿐이다. 말하자면 TV가 제공하는 환경과 사건은 가짜환경이며 유사사건인 것이다.

이런 뜻에서 만약 우리들이 TV가 제공하는 역사상의 사건들과 뉴스를 사실과 동일한 것으로 받아들인다면, 진실한 역사와 사실은 커다란 곤경에 직면하게 된다. 사실상 TV가 대다수 사람들의 정신적이고 실질적인 주요경험창구로 자리를 굳히면서 경험환경의 모습으로 등장함에 따라, 좀 더 폭넓고 직접적인 형태의 경험과 TV정보 사이에 혼동이 생기게 되었다. 이러한 혼동은 과학이나 기술적 장치를 거쳐 확인하지 않고는 그들 스스로의 관찰까지도 더 이상 믿지 않을 뿐만 아니라, 환경이 점차 복잡해지고 관찰하기 힘들어짐에 따라 세상사의 한 부분으로 인간이 어떻게 기능해야 하며, 세상은 어떻게 돌아가는지에 대한 통찰력을 잃어버린 현대인의 특성 때문에 더욱 심해지고 있다.

TV는 영상매체이기 때문에 다른 어떤 매체들보다도 사실적인 정보를 제공해 준다고 사람들은 믿게 된다. 그뿐만 아니라 우리는 뉴스란 진실한 것이고, 드라마 같은 것은 허구라고 믿고 있다. 스포츠 경기중계와 대담 프로그램 등은 사실적이며, 코미디나 수사극은 사실에 기초했을지라도 허구라고 생각하는 것이다.

그러나 다시 말하거니와 TV가 제공하는 뉴스를 비롯한 모든 사건이나 환경은 있는 그대로가 아닌 인공적으로 가공된 유사환경이나 유사사건일 뿐이다. 더 나아가 TV가 제공하는 사건과 환경은 수많은 것들 가운데서 선택된 극히 일부분에 지나지 않는다. 그러므로 TV를 통해 모든 환경을 있는 그대로 알고 있다거나, 환경변화의 진실을 이해하고 있다는 생각은 착각에 지나지 않는다.

이런 점은 비단 TV뿐만 아니라 신문이나 잡지 또는 라디오의 경우에도 마찬가지다. 그럼에도 우리가 TV를 더 문제 삼는 까닭은 이 매체가 지니고 있는 신화의 허구성, 곧 텔레비전은 사실을 보여 준다는 믿음 때문이다. 더욱이 다음과 같은 TV의 특성들 때문에 TV 신화의 허구성은 더욱 자명해진다.

TV는 영상매체라는 특성과 기술적인 제약 때문에 많은 정보를 전달하지 못한다. 어떤 정보는 TV에 어울리지만, 어떤 것은 그렇지 못한 경우가 많다. 어떤 정보는 다시 조정되고 꾸며지기 때문에 사실과 다른 모습으로 전달되기도 한다. 뉴스는 쉽게 카메라에 담을 수 있고 쉽게 녹음할 수 있는 사건들만 다루고, 조용한 연설이나 카메라가 접근하기 힘든 사건, 또는 그 사건의 이면은 무시한다. 따라서 사건은 어느 프로듀서가 말한 것처럼 '시각적 요소'에 따라서만 설명되는 것이다.

예를 들어 한밤중에 폭력행위나 시위가 일어났을 경우, TV는 별로 중요하지 않은 화재장면을 촬영한다. 불길은 시각화될 수 있는 좋은 요소이기 때문이다. 그 결과 그 폭력행위나 시위는 불이라는 시각적 요소로 규정될 뿐, 다른 요소들은 무시되고 만다.

이와 같이 TV 뉴스가 시각적 요소라는 한쪽 면만을 주로 다루기 때문에, 다른 다양한 측면들로 사건을 보지 못하게 한다. 그렇기 때문에 TV는 모든 종류의 인식을 가능케 만드는 세계의 창이 될 수 없는 것이다.

또한 TV의 한계점을 잘 알고 있는 프로듀서나 연출가들은 다양한 조작기술을 개발하여 시청자들을 브라운관 앞에 묶어 둔다. 기술조작은 거의 대부분이 '극적 순간에 대한 흥미'라는 인간 감정의 본능을 이용한 것들이다. 그들은 주로 두 가지 방법을 사용하는데, 그 하나는 화면조작이고, 다른 하나는 비일상적인 소재를 골라내어 특별한 것에 대한 흥미를 유발시키는 것이다.

한 분석결과에 따르면 미국 TV의 경우 광고는 1분당 20~30회의 기술조작이 행해지며, 상업 TV의 프로그램에서는 1분당 8~10회, 공영 TV 프로그램에서는 1분당 2~3회의 기술조작이 나타난다고 한다. 이와 같이 빈번한 기술조작은 시청자를 TV의 환상적 세계로 몰입하도록 하려는 데 목적을 둔 것이다. 만약 시청자들이 환상적 세계에 몰입하지 않는다면 TV는 힘을 쓸 수 없게 된다.

독일의 희곡작가 브레히트(Bertolt Brecht)는 30년대 초기의 작품에서 연극적 환상의 붕괴라는 뜻으로 환상파괴과정을 '소외'라는 말로써 표현했다. 환상에의 몰입을 중지시킴으로써, 연극 관람객들은 자각적인 상태로 돌아와 통찰력과 비판적 사고, 정치적 식견으로 연극 내용을 접할 수 있게 된다는 것이다. 이 '소외'가 없다면 몰입이란 무의식적 수준으로 떨어져, 관객들은 자각하고 반응하기보다 연극에 흡수되어 버릴 것으로 보았다.

브레히트는 이처럼 환상이나 흥미에 정신없이 빠져들게 되면 결국엔 히틀러와 같은 광적 상태가 야기될 수도 있다고 주장했다. TV의 광고주들이나 프로듀서들은 시청자들이 프로그램으로부터 이같이 '소외'되기를 원치 않기 때문에 몰입을 위한 기술조작을 하게 되는 것이다. 그들은 내용보다는 기술조작이 효과가 더 크다는 것을 잘 알고 있다. 왜냐하면 같은 내용이라도 전달되는 매체에 따라 효과가 엄청나게 달라진다는 사실을 알고 있기 때문이다.

그렇다고 해서 프로듀서들이 내용에 유의하지 않는 것은 아니다. 제작자들은 모든 프로그램 내용을 두 가지로 구분한다. 즉 중요한 것과 별 볼일 없는 것, 극적인 것과 평범한 것으로 나누어 언제나 앞의 것을 선택하고 뒤의 것은 버린다. 편성의 경우엔 언제나 좀 더 생생하고 좀 더 강력하며 극적이고 명확한 것, 즉 확실한 극적 순간만을 추구하게 된다. 이러한 관행은 뉴스나 대담 프로그램에서도 마찬가지다.

보다 극적인 내용에 대한 집착은 뉴스에서 무척 심각하게 나타난다. 우리들이 직접 경험하는 일이 적기 때문에 뉴스에서 얻은 정보는 중요한 구실을 하는데, 여기서 바로 심각한 왜곡의 문제가 대두된다. 월터 크롱카이트(Walter Cronkite)는 TV 뉴스를 거쳐 전달되는 것은 극히 일부분의 사건이며, 그것마저도 '좋은 텔레비전'이라는 기준에 합당한 것일 때 가능하다고 한다.

에드워드 엡스타인(Edward Epstein)은 사건을 일어난 그대로 정확히 보도하는 것은 TV 뉴스에 어울리지 않는다고 말한다. 카메라맨은 가장 극적인 행동을 노리고 편집자는 한술 더 뜬다는 것이다. 실제로는 그리 극적이지 않은데도 TV는 굉장한 일처럼 꾸민다. 극적 순간만을 엮어 사건의 시간적 전개를 무시하고 순서를 뜯어고치기 때문에 TV 뉴스에 등장하는 집단이나 사건은 실상 활기 없는 것도 그 반대로 보이게 된다고 말한다.

그는 이 같은 TV 뉴스의 관행을 1968년 미국 콜롬비아 대학에서 있었던 SDS당의 학생학적부 폐지시도사건을 예로 들어 설명하고 있다. 그 자신이 직접 목격한 바로 몇몇 SDS 지도자들이 연설을 한 뒤, 몇 시간 동안 우왕좌왕했고, 사람들의 흥미가 없어지자 시위도 사그라졌다고 한다. 다만 다섯 명의 간부들이 교내경찰 두 명을 제치고 나가느라 약 1분 동안 폭력사태가 있었던 정도였다고 한다.

그런데 그 사건은 NBC의 저녁뉴스에 2분짜리 내용으로 축소되어야 했고, 따라서 편집자는 늘 그렇듯 폭력장면과 연설, 군중들의 모습을 빠른 템포로 엮어서 방송한 것이다. 극적 장면을 뽑아내어 보도하는 것이 뉴스 내용을 왜곡하는 것이라고 생각하는 편집자는 하나도 없었고, 오히려 그렇게 하는 것이 일반적인 편집기술이라고 믿고 있더라고 했다. 게다가 어떤 편집자는 그것이 바로 자신들이 심혈을 기울이는 작업이라고 말했다는 것이다.

이렇게 볼 때 인간들이 당면하고 있고 추구하는 추상적인 문제들, 예컨대 거시경제체계, 또는 정치철학이나 국제전략, 데모나 시위 같은 문제들은 쉽게 TV로 전달될 성질의 것이 못된다고 할 수 있다. 그리고 TV 리얼리즘의 다양한 형태와 기술이 시청자들로 하여금 자기가 살고 있는 사회에 대한 그릇된 인식을 가지게 만든다는 비판에 귀를 기울일 만하다고 생각된다.

우리나라 TV의 문제도 앞에서 말한 이 매체의 속성에 귀결된다. 그러나 우리의 경우는 TV라는 매체가 지니고 있는 속성에서 비롯되는 문제점들이 더 심화되어 있는 상태라고 하겠다. 그것은 일천한 TV의 역사가 지니고 있는 우여곡절이 잘 말해 주고 있다.

우리는 충분한 여건을 갖추지 못한 채 TV를 이식해 왔다. 따라서 제도적인 면을 위시한 방송의 모든 관행에 걸쳐 지식과 기술을 외국에서 수입해야만 했다. 외국 TV 프로그램의 모방과 직수입에 따른 문화적 종속현상도 여기서 비롯되었다. 그뿐만 아니라 국영방송으로 출발한 데서 시작된 정부에 대한 예속관계는 폐쇄적인 정치문화 속에서 더욱 체질화되었고, 그 위에 교활한 상업주의 민간방송의 관행까지 내면화되어 무정형의 혼미를 거듭하고 있다.

이런 상황 속에서 우리나라 TV가 안고 있는 가장 심각한 문제 가운데 하나는 방송에 종사하고 있는 인적 자원의 자질이라고 할 수 있을 것이다. 여전히 부족한 점은 있지만 TV 테크놀로지 수준은 큰 문제가 없어 보인다. 어떻게 보면 이 문제는 발전된 외국의 테크놀로지를 수입하는 것으로 쉽게 극복할 수도 있겠다. 그러나 프로그램을 제작하는 인적 자원의 자질문제는 그렇게 쉽게 해결될 수가 없다. 언제까지나 외국 TV 프로그램을 모방하거나 직수입만 하고 있을 수 없기 때문에 문제의 심각성이 더 크다고 하겠다. 방송 테크놀로지의 발전에 견주어 이를 활용하는 적응문화의 성장이 늦은 데서 오는 일종의 문화지체현상이 우리나라 TV 내부에 있다고 생각된다.

따지고 보면 15년이라는 짧은 TV의 역사에 견주어 충분한 자질을 갖춘 인적 자원의 축적이 이루어졌기를 기대하는 것은 지나친 욕심일지도 모른다. 그러나 TV 프로그램의 수준은 일차적으로 프로듀서와 기자 등 커뮤니케이터의 능력에 달려 있다는 점에서 이 문제를 생각해 보지 않을 수 없다.

이외에도 우리나라 TV가 당면하고 있는 문제점은 너무 많다. 항상 저질시비가 그치지 않는 오락 프로그램의 문제는 이제 더 이상 언급할 필요조차 없다. 그런 것보다 더 심각하고 본질적인 문제는 과연 우리 TV가 얼마나 공정하고 정확하며 공평하게 우리의 환경에서 일어나고 있는 변화를 시청자들에게 전달해 주고 있는가 하는 것이다. 이러한 질문에 대한 해답은 다음과 같은 시청자들의 진정사항에서 충분히 찾아볼 수 있다.

방송심의위원회가 83년도에 접수한 방송 내용에 대한 시청자 진정사항의 유형을 보면, 노사분규의 편향적인 왜곡보도 시정, 미신을 긍정적으로 보도한 비교육적인 방송 내용에 대한 시정 요구, 신체장애자를 유희의 대상으로 희화한 방송 내용의 시정 요구, 여자를 비하한 표현에 대한 시정 촉구 등이었다. 한편 방송심의위원회가 펴낸 83년도 방송심의평가서는 보도방송이 보도 내용을 지나치게 흥미 본위로 다룬다든지, 사실 여부에 대한 철저한 확인도 없이 속보성만을 내세움으로써 신빙성을 잃는다든지 하는 등의 문제점이 노출되었다고 하였다. 또한 심층취재물의 증가는 보도 내용을 지나치게 흥미 위주로 이끌어간다는 문제점을 제기했다고 지적하면서, 다수 시청자의 호기심이나 궁금증을 충족시킬 만큼 진기하고 이색적인 소재일 경우, 그 소재를 필요 이상으로 상세히 취재해 보도하거나 방송에 적합하지 않은 내용까지도 낱낱이 파헤쳐 보도하는 사례가 잦다고 했다.

우리나라 TV 보도 프로그램들이 정부의 홍보에 치중하고 있다거나, 노사분규나 학원사태에 대한 보도에서 편파적이라는 비판을 받고 있다는 점은 이미 많은 사람들로부터 지적받고 있는 것이다. 어떤 논쟁적인 사회적 관심사에 대한 시민의 인터뷰 내용이 어쩌면 그렇게도 판에 박은 듯이 똑같은지도 의문이거니와, 한국신학대학의 경우처럼 국사학과 교수 인솔하의 정규 연구모임을 당사자들의 동의 없이 촬영하여 지하서클모임으로 왜곡보도하는 등의 직업윤리의 문제도 심각하다. 보도 프로그램에서 개인의 초상권이나 사생활 또는 명예가 침해되거나 훼손되는 일은 이제 만성화된 느낌이다. 탐색보도의 경우 기자인지 경찰인지를 구별하기 힘든 행위도 그대로 카메라에 담아 방영했다.

이런 모든 문제점들은 일차적으로 프로듀서나 기자들에게 돌아간다. 그들이 갖추고 있는 전문직업인으로서의 자질과 직업윤리의 문제로 귀결된다는 뜻이다.

그러나 TV 프로그램의 책임을 모두 프로듀서나 기자들에게 전가할 수 없는 현실을 지적하지 않을 수 없다. 그들이 자신들의 역량을 힘껏 발휘하고 직업윤리에 충실하기에는 여러 주변 여건이 너무 뒷받침을 못해주고 있는 실정이다. 하나의 프로그램을 제작하는 데 동원되는 인력이 턱없이 부족한 것, 한 치의 여유도 없을 만큼 짧은 제작기간, 그리고 기자재 사용의 한계 등 제작여건 미비는 말할 필요도 없다. 게다가 표현의 자유, 소재선택의 자유가 폭넓게 주어지지 못하고 있는 풍토가 그들의 직업적 성취에 장애요소로 작용하고 있다. 그뿐만 아니라 방송경영층의 영향 또한 크게 작용한다.

여러 학자들의 연구결과에 따르면 프로듀서나 기자들은 일반 시청자보다 매체를 통제하고 있는 사람들, 곧 방송국 간부진이나 광고주들을 더욱 의식하고 프로그램을 제작한다고 한다. 따라서 방송국 안의 최고경영자와 지도층의 퍼스널리티와 그들의 요청이 프로듀서나 기자들의 프로그램 제작에 큰 영향을 미친다고 보아야 할 것이다. 이런 의미에서 현재 우리나라 방송경영자나 지도층의 방송매체 운영방침이나 이념이 먼저 해부되어야 하리라고 여겨진다.

현대사회에서 시청자들은 더 이상 능동적으로 필요한 정보를 얻을 능력을 갖추지 못한 채 TV라는 망원경이 전해주는 정보만을 받아들이고 있는 형편이다. 사람들은 그 결과 더욱더 광범위한 정보영역이 있다는 사실조차 느끼지 못한다. 마치 동굴 속에 앉아서 TV가 알려 주는 것 이외에는 아무것도 모르는 은둔자 꼴이다. 그러므로 TV를 경영하고 프로그램을 만드는 사람들은 우리 인식의 세계와 인식 방식을 지휘하는 사람들이라 할 수 있다. 우리는 그들에게 정보의 선택권을 넘겨주고, 그들의 사고구조 속에서만 살게 된 것이다. 그들이 선택한 지역에 가서 그들이 보라고 한 것만 본다. 우리가 알 수 있는 것은 그들이 알고 있는 것에 불과하거나, 어쩌면 그들이 알라고 하는 것만 알게 되는 형편에 이르렀다.

그러므로 어떤 유형의 사람들이 텔레비전을 장악하고 있으며, 어떤 자질을 갖춘 사람들이 프로그램을 제작하고 있는가가 중요한 관심사로 될 수밖에 없는 것이다. 물론 방송 외적인 영향력이나 방송제도가 안고 있는 문제점 및 사회구조적인 성격 등이 기본적인 논의의 대상이 되어야 마땅하지만, 일차적이고 실무적인 책임은 그들에게 있기 때문에 그러하다.

이렇게 볼 때 그들의 책임은 막중한 것이다. 자율과 탁월성 및 참여와 책임이라는 전문직업인이 갖추어야 할 속성을 우리 방송의 프로듀서나 기자들이 끊임없이 추구해 주기를 기대하면서 방송 수용자를 사려 깊고 통합적이며 프로그램 내용을 윤택하게 할 수 있는 사람들로 보고, 더 많은 전문적인 정보와 관련 사실들을 취급하여 그들의 요구에 부응하려는 태도를 갖춰 주었으면 한다.

〈TV문화비평〉, 《학원》, 1984년 7월

우리 현실 외면하고 강 건너 불 보다니

사람들에게는 5년이나 10년을 단위로 어떤 중요한 역사적 사건이나 개인 또는 집단의 기억할 만한 일들을 기념하는 습성이 있다. 신문은 바로 그와 같은 사회적 관행에 따라 중요한 사건에 대해 기획기사를 마련한다. 월남이 패망한 지 올해로 10년이 되는 것을 계기로 여러 신문들이 다투어 기획기사를 연재물로 다루었던 것도 그와 같은 관행에 따른 것이었다.

말할 것도 없이 월남전은 우리에게도 중요한 의미를 지니는 역사적 사건이었다. 개국 이래 최초의 해외파병이라는 것만으로도 그렇거니와, 이를 통해 부수적으로 우리가 받은 영향 또는 적지 않기 때문이다.

무엇보다도 우리 국군의 월남전 참전은 이 같은 군사적인 측면이외에 우리나라의 국제관계에도 큰 영향을 미쳤다. 그뿐만 아니라 우리나라의 국제적 위치를 확인해 볼 수 있는 단서가 되기도 했다. 또 우리의 월남전 참전이 세계사의 흐름에서 평가될 의미 또한 지나쳐 버릴 수 없다. 이와 함께 월남의 패망이 우리의 정치현실에 미친 영향도 적지 않으며, 공산주의와 대치하고 있는 분단국가인 우리에게 준 교훈 역시 크다고 할 수 있다.

또 월남전이 우리나라 경제에 미친 효과를 비롯해 두 문화권의 접촉에 따른 사회문화적 영향도 있었다. 예컨대 월남에 진출했던 한국 남성과 월남 여성의 혼인관계가 우리 사회에서 어떻게 받아들여졌는지, 또는 이 땅에 삶의 터전을 마련한 월남인들이 우리 문화에 어떤 모습으로 적응하거나 또는 못 하고 있는지 등 학문으로도 여러 가지 흥미 있는 연구소재가 많으리라고 생각된다. 이 밖에도 우리나라에 와서 살고 있는 월남 피난민의 문제, 월남전 파병을 결정하기까지의 정치적인 배경이나 그 과정 등 여러 관심사가 있겠다.

따라서 월남전 종전 10년을 계기로 신문들이 기획물을 마련할 좋은 소재들이 우리의 경험과 현실 속에 얼마든지 깔려 있다고 생각된다. 그럼에도 우리나라 신문들이 다룬 기획연재물들 가운데는 그 초점이 우리를 향해 있지 않고 주로 미국에 맞추어져 있음을 볼 수 있다. 월남전이 미국의 문학과 예술에 어떤 변화를 주었는가, 또는 월남전에 대한 재평가가 미국 사회에서 어떻게 이루어지고 있으며, 또 미국에서는 참전용사들을 어째서 새삼스레 영웅으로 떠받드는 기풍이 일어나고 있는가 하는 것 등이었다. 그 밖에는 부패한 월남 정권의 지도자들이 세계 곳곳에서 어떤 생활을 하고 있는지를 소개하는 정도였다. 그뿐만 아니라 어떤 매체는 월남이 패망한 원인이 학생들이나 승려들과 같은 일부 몰지각한 집단들의 데모에서 비롯된 사회적 혼란 때문이었다는 지극히 도식적인 관점을 되풀이해 보여 주기도 했다.

이와 같이 우리 신문들의 월남전 종전 10주년 기획물들은 한마디로 우리나라 독자들에게는 별다른 의미를 못 주는 것들이었다. 물론 월남전이 미국의 정치나 사회, 문화에 끼친 영향이 어떠하며, 10년

전에 견주어 월남전에 대한 미국 사회의 인식과 평가가 어떻게 변화되었는가와 같은 것들이 독자에 따라 관심사가 될 수도 있다. 그러나 그와 같은 관심은 우리에게 주변적인 것에 지나지 않는다는 데 문제가 있다. 따라서 기획물에서 다룬 월남전과 미국의 관계에 대한 조명은 일부분에 그쳐야 하는 것이 옳았고, 월남전이 우리에게 어떤 의미를 지니고 있는지를 규명하기 위한 보조작업에 머물렀어야 마땅했다.

그런데 유감스럽게도 대부분의 기획물들은 앞에서 논의한 바와 같이 우리의 관심사는 거의 다루지 않았다. 오히려 주된 관심은 미국 사회에 있었고, 우리의 문제는 그저 사족에 불과하거나 또는 구색을 맞추려는 것에 지나지 않았다는 평가를 면하기 어려웠다.

그렇다고 해서 미국과 월남전과의 관계를 다룬 글들이 과연 깊이 있는 것들이었는가 하면 반드시 그렇지도 않았다. 여기저기 잡지에 실린 글들을 기계적으로 재구성한 것들에 지나지 않는 내용이 많았다. 그런가 하면 어느 한 부분에 지나지 않은 현상을 마치 미국 사회 전반에 걸쳐 일어나고 있는 지배적인 경향인 것처럼 과장한 내용도 있었다.

사실 10년 전의 월남전이 오늘의 미국 사회와 문화 그리고 미국인들의 의식세계에 얼마나 영향을 주었는지를 따지고 평가하는 일은 그리 쉬운 작업이 아니다. 예컨대 월남전에 대한 재평가로 지적되었던 월남전 참전용사들에 대한 미국 사회의 영웅대접이 어느 정도 일반화된 보편적 경향인지 입증하기 어려울 뿐만 아니라, 설사 그러한 추세가 있더라도 그것이 곧 월남전 자체에 대한 반성에서 연유되었다기보다 외려 미국 사회의 일반적인 보수화 경향의 결과로 보아야 옳을 것이다. 그럼에도 우리 신문들은 현재의 미국 사회의 의식이나 미국의 문화에 미친 월남전의 영향을 너무나 쉽게, 마치 인과관계가 분명한 양 단정한 것이다.

또 월남전 종전 10년의 회고와 전망을 우리와 상관없이 다룰 바에야 월남전이 세계사의 흐름 속에서 어떤 의미를 지니는가를 거시적으로 음미해 보려는 노력도 곁들였어야 옳았을 것이다. 그런데 우리 신문에서는 그와 같은 접근을 찾아보려야 찾아볼 수 없었다.

이렇게 볼 때 월남 패망 10주년을 맞아 기획한 연재물들을 다룬 우리 신문들의 자세가 얼마나 안일한 것이었나를 짐작하고도 남음이 있다. 말하자면 신문 자신의 관점이 제대로 정립되어 있지 않다는 것을 단편적으로 드러내 주는 본보기가 된 셈이다. 혹 신문의 처지로서는 월남전이 우리에게 미친 영향을 본격적으로 다루기에는 너무나 민감하고 미묘한 문제가 개재되어 있어서 그렇게밖에 취급하지 않을 수 없었다고 고충을 말하려 할 수도 있다. 그러나 비록 우리의 정치적 현실이 아직은 그러한 문제에 대해 개방적이지 못하고 폐쇄적이라 할지라도, 노력하기에 따라서는 덜 민감한 영역만이라도 조명할 수 있었을 것이다. 월남 피난민의 문제라든지, 한국 남성과 혼인하여 살고 있는 월남 여성의 문제라든지, 그 자녀들의 한국 사회 적응문제 같은 것들이 그 예가 될 수 있다.

따지고 보면 우리나라 신문들이 어떤 관심사를 다룰 적에 그것을 우리의 현실과 연관시켜 접근해 가는 방식을 따르지 않는 일은 한둘이 아니다. 예를 들어 미국과 일본 사이의 무역회담이 열린 경우, 우리 신문들은 그 결과를 피상적으로 보도하거나 아니면 일본이나 미국의 처지에 서서 해설과 논평을 하기가 일쑤다. 그와 같은 해설이나 논평은 우리에게 큰 도움이 되지 못하는 것이다. 곧 두 나라 사이의 무역회담결과가 우리의 경제나 수출에 어떠한 영향을 미칠 것인지를 예측한다거나, 또는 회담결과로 미루어 보아 미국 측이 우리에게 무엇을 요구해 올 가능성이 있는지를 분석하여, 우리가 어떻게 대응해야 할 것인가를 제시해 주어야 올바른 논평과 해설이라고 할 수 있지 않을까?

요컨대 세계에서 일어나고 있는 주요사건과 관심사를 다루는 우리 신문의 자세는 어디까지나 우리와 관련하여 접근해 가는 것이어야 하며, 보는 관점 또한 우리 나름의 것이어야 할 것이다. 흔히들 말하는 '주체적인 입장과 관점'이 신문에서도 더할 나위 없이 중요하다는 얘기다. 지금까지의 관행을 보면 그렇지 못했기 때문에 때로는 우리 신문이 내가 살고 있는 내 나라 신문인지, 내 나라 글로 발행된 남의 나라 신문인지를 생각해 보게 만든다.

올해로 우리가 일제로부터 해방된 지 40년이 되었다. 사람의 나이로 따지면 장년이 된 셈이다. 이제 그만하면 자기 자신의 세계관을 지닐 나이가 된 것이다. 그뿐만 아니라 우리 신문이 이 땅에 얼굴을 내민 지도 100년이 넘었고, 현존하는 신문들 가운데는 그 나이가 예순다섯 살이 된 것들도 있다. 이렇게 볼 때 우리 신문들도 충분히 주체적인 판단을 하고도 남을 연륜을 쌓았다고 볼 수 있다. 이런 점을 생각해 볼 때, 우리 독자들이 우리 신문에게 우리의 관점에 서서 모든 문제를 다루어 주기를 기대하는 것은 결코 무리라고 할 수만은 없다.

《마당문화비평신문》, 1985년 6월

큰 문제점 밖을 맴돈 작은 이야기 경쟁

지난 5월 28일부터 5월 30일까지 서울에서 12년 만에 다시 열렸던 제8차 남북적십자회담은, 오는 8월 15일 해방 40주년을 맞아 고향방문단과 예술단을 상호 교류키로 합의함으로써 남북관계의 발전에 획기적인 전환점이 될 만한 계기를 마련했다.

그동안에 있었던 여러 남북회담이나 협상이 항상 양쪽의 주장만 개진하는 데 그쳤던 경험에 견주어 볼 때, 이번에 이루어진 합의는, 비록 그 구체적인 방안의 마련과정에서 또 어떤 장애에 부딪히게 될지 예측할 수 없으나, 일단 큰 진전이라고 하지 않을 수 없다. 더욱이 실향민이나 북쪽에 혈육을 둔 이산가족에게는 가슴 설레는 기대를 갖게 만들었다.

회담이 열리고 있는 동안 신문들은 많은 지면을 할애해 이 회담의 진행과정을 보도하고 논평과 해설기사를 실었다. 그 결과 적십자회담의 성과에 큰 기대를 갖지 않았던 사람들조차 회담에 관심을 가지게 만들었다고 생각한다. 결국 신문이 이 기간에 세간의 화제를 앞장서서 이끌어 준 셈이다.

더욱이 북한의 이종률 단장이 중앙고보 출신이라는 것을 밝히고,

그의 동창생들을 찾아낸 《동아일보》의 특종기사는, 신문기사로서도 돋보였을 뿐만 아니라, 회담의 분위기를 화기롭게 만드는 데도 크게 기여했다 하겠다. 그 기사 하나로써 분단의 상처가 얼마나 깊고, 또 비인간적인가를 여실히 보여 준 셈이어서 회담의 필요성을 절실히 느끼게 했다.

당사자인 이종률 단장으로 하여금 "젊은 시절 좋은 꿈을 꾸던 때가 잊히지 않는다. …… 중학시절에 사귀던 친구가 나를 잊을 것이란 생각은 앞으로 절대 하지 말아야 하겠더라"고 감회에 젖게 만들었다는 것 자체가 적십자회담의 분위기 조성에 좋은 기폭제가 되었다고 하겠다. 신문의 구실이 얼마나 중요한가를 보여 준 산 본보기였음에 틀림없다.

또 적십자회담이 열리고 있는 동안 우리 신문들이 사설로써 이 회담이 좋은 결실을 맺도록 여론을 선도해 주었다는 점을 지적하지 않을 수 없다. 더욱이 대부분의 신문들이 한 사건을 두고 4~5일에 3, 4번씩 사설을 썼다는 것도 일찍이 없었던 일이 아닌가 한다. 회담이 시작되기 전에는 민족의 염원이 이루어지기를 바라는 간절한 기대를 표시했고, 양측의 의견이 평행선을 그을 때에는 먼저 해결해야 할 과제가 무엇인가를 가려 주었으며, 고향방문단과 예술단의 교류에 합의한 뒤에는 남과 북이 경쟁과 대결의 자세에서 벗어나 협력의 관계로 나아가야 할 것임을 강조하는 등 회담의 진행과정에 맞추어 적절하게 의견을 제시해 주었다. 나라의 이익을 추구하는 신문의 자세가 어떠해야 할 것인가를 잘 보여 주었다고 생각한다.

그러나 이번의 남북적십자회담에 대한 보도가 모두 바람직했다고는 하기 어렵다. 어떤 신문은 5월 30일자 지면에서 기사로는 양측이

고향방문단과 예술단의 교류에 합의했다고 크게 보도했으나, 사설은 전혀 그러한 사실을 모르고 합의에 이르지 못한 점을 비판하기도 했다. 이런 잘못은 실수라고 접어 두어도 좋을 것이다.

그러나 이런 일에 앞서 더욱 문제가 되는 것은 깊이 있는 해설기사나 논평은 거의 찾아볼 수 없었고, 주로 가십거리가 대부분의 지면을 장식했다는 사실이다. 북한 측 대표나 전문위원 또는 기자나 수행원들의 말이나 행동을 시시콜콜 나열한 기사가 거의 대부분이었다는 점은 여러모로 생각할 여지가 많다.

그들이 입고 온 옷이 어느 나라 제품이라든가, 어떤 음식을 좋아했고, 무슨 말을 했는가는 충분히 화제가 될 수 있다. 그리고 행동 하나하나를 통해 분단 40년 동안의 북한의 변모와 실상을 가늠해 볼 수도 있겠고, 생각하는 방식이나 관심사도 간접적으로나마 알아볼 수 있다는 뜻에서 그런 기사도 필요하다.

그러나 그렇다 할지라도 이삭줍기식의 나열에 그친다면, 독자들의 호기심에 영합하는 것 이상의 뜻을 지니기 어렵다는 점을 알았어야 했다. 행동 하나하나나 몇 마디 말을 가십처럼 쓸 것이 아니라, 며칠 동안의 취재를 바탕으로 체계적으로 정리한 생각을 제시해 주었어야 더 큰 뜻을 지닐 수 있었을 것이다. 예컨대, 그들이 만나는 사람마다 붙잡고 물어왔던 질문들을 종합해 볼 때 그들의 우리 사회에 대한 관심사는 어떤 것들이었다든지, 또는 그들의 행동을 관찰해 본 결과 북한의 문화는 대체로 어떠하게 생각된다는 등의 기사를 만들 수 있지 않았을까 생각한다. 이와 같이 하나하나 주운 이삭들을 한 데 모아 한 되의 쌀로 만들어 내는 작업이 곧 기자들이 할 일이 아니겠는가 싶다.

한편, 필요 이상으로 북한대표단이나 기자들을 자극할 가능성이 있는 기사도 더러 있었다는 것을 지적할 수 있다. 몇 가지 예를 들어 보자.

…… 북측 어느 기자는 호텔에서 핫팬츠를 입은 외국기자들을 보고는 "어이구" 하는 가느다란 신음소리와 함께 고개를 돌리기도 했습니다.

…… 북측 이종률 단장이 우리 측 대표들과 나누는 얘기는 북측의 한 수행원에 의해 모두 녹음이 돼 무언가 감시 받고 있는 게 아니냐 하는 감도 들었습니다.

…… 그러나 호텔로 돌아올 때 그들이 타고 온 버스 안에는 삼성전자 측이 선물로 준 아날로그 손목시계를 그대로 두고 내린 사람이 많았습니다. 남한상표가 붙은 시계를 북에서 어떻게 차고 다니느냐는 게 그들의 걱정이었던 듯합니다.

…… 이 양이 웃으면서 안내방송을 하며 얼굴을 쳐다보면 눈길을 피했고, 도와줄 일이 없냐 하고 차내 통로를 오가다 옷깃이라도 스치면 찔끔찔끔 놀라는 표정이었습니다.

이 밖에도 '어리둥절한 표정', '당황하는 모습' 등과 같은 표현도 신문마다 눈에 많이 띄었다.

이러한 기사나 표현들은 물론 그들의 행동양식과 사고방식을 알아볼 수 있는 정보가 된다. 또 그런 기사나 표현에 독자들이 흥미를 느끼는 것도 부인할 수 없겠다. 그러나 그와 같은 기사나 표현이 회담에 줄 영향은 어떤 것일까를 심사숙고한 뒤에 기사화하는 양식이 요청된다고 하겠다. 내가 이 말을 하는 것은 그들의 기분을 상하지 않도록 조심해야 마땅하다거나, 또는 그들의 행동을 잘 보아 주어야 한다고 강조하고자 함이 아니라, 더 중요한 것이 무엇인가를 생각하고 기사를 쓰는 것이 옳다는 점을 강조하려는 것이다.

회담도 사람이 하는 일인 만큼 구태여 하찮은 일로 상대방의 감정을 상하게 만들 필요는 없지 않을까 생각한다. 더욱이 '어리둥절' 같은 표현이라든지 "걱정이었던 듯합니다"와 같은, 극히 주관적인 판단이나 인상비평은 언론의 관행에도 어긋난 일이라 하겠다. "객관적으로 보도해야 할 기자들이 사실에 맞지 않게 쓰고 작은 일까지 일일이 보도한다"고 불평했다는 북한기자들의 말은 그저 웃어넘길 일만은 아닐 것 같다.

또 한 가지 유의할 것은 말한 사람의 이름을 밝히는 데 신중할 필요가 있었다는 점이다. 우리 측 대표들의 이름을 인용하는 경우에도 그러하지만 북한 측의 이름을 인용할 때는 각별한 주의가 필요했었다는 생각이 든다. 어느 신문의 다음과 같은 기사를 예로 들어 보자.

"28일 민속촌을 방문한 북측 일행 중 《민주조선》 기자라는 박춘민은 자신이 일하는 《민주조선》이 '기관지라서 객관 보도가 힘들다'"고 한 북측 기자의 말을 인용하여 보도했다. 모르긴 하지만 이 기자는 평양에 돌아간 뒤 큰 곤욕을 치렀을 것이다. 다시 말해서 그렇게 솔직하게 북한 사회의 부정적인 실상을 말한 사람의 이름이 그대로 인용되면 그것은 바로 숙청을 뜻할지도 모른다는 사실을 염두에 두어야 했었다는 생각이다.

이번 회담을 계기로 남북적십자사가 앞으로 몇 차례 더 만나게 될 것이고, 또 경제회담 등으로 남북 간의 협상이나 회담의 기회가 더욱 잦아질 전망이다. 따라서 남북문제의 보도기회는 그만큼 증대될 것으로 보인다. 그런데, 솔직하게 말해서, 우리 신문들이 얼마나 남북관계에 대한 전문기자를 확보하고 있는지는 의문이다. 남북문제를 전문적으로 다룰 수 있는 전문기자가 없으면 우리 신문의 남북회담 취재보도는 여전히 이삭줍기의 나열식에서 벗어나기 어려울 것이다. 이런 뜻에서 신문사마다 이제는 남북문제 전문기자를 한두 사람 정도 양성할 때가 되지 않았나 여겨진다.

《마당문화비평신문》, 1985년 7월

또 틀에 박힌 기념식 기사나 싣겠소?

올해는 우리나라가 일제의 식민통치로부터 해방된 지 꼭 40돌이 되는 해이다. 그래서인지 이미 우리나라 모든 신문들이 새해 들어 여러 관점에서 해방 40년을 기획기사로 다루기도 했다. 그러나 역시 본격적인 기획물은 8·15를 앞뒤로 해서 선을 보이리라고 예측된 다. 이런 뜻에서 그동안 우리 신문들이 8·15를 어떻게 다루어 왔는 지를 간략하게 살펴보고, 이제 우리가 어떤 문제들을 더욱 깊이 있 게 취급해야만 할까를 생각해 보기로 하겠다.

먼저 1945년 8월 15일 이후 우리나라 신문들이 8·15를 다루어 온 지면을 양적인 면에서 보면, 대체로 40년대와 50년대 초반까지 는 8·15에 대한 보도기사가 기획기사보다 압도적으로 많았다. 그 러다가 50년대 말부터는 8·15를 기념하기 위해 면수를 늘려 발행 하는 한편, 전면기획기사가 등장하기 시작하였다. 그리고 60년대에 이르면 50년대보다 더 많은 기획기사가 나타나, 1965년의 경우 《동 아일보》는 12면을 모두 8·15 기념특집으로 꾸밀 정도였다.

그러나 70년대에 들어서면서 8·15를 기념하는 기획기사의 양이 현격하게 줄어들기 시작하며, 8·15 관계기사가 게재되는 날짜도

50년대나 60년대에 견주어 하루나 이틀 정도 짧아진다. 1974년 8월 15일 비극적인 육영수 여사 저격사건 이후 8·15 관계기사는 대개 그 사건을 중심으로 다루어졌으며, 심한 경우는 8·15 기념식과 관련된 기사의 사진이 육영수 여사 묘소에 분향하는 것으로 실리고 만 경우도 볼 수 있다. 그 뒤 8·15 경축기사는 계속 줄어들었다.

또 기획기사 내용이 60년도 초반까지는 우리나라의 정치·경제·사회·문화 등 전반적인 문제영역에 걸친 것이 많았으나, 60년대 후반부터는 일본이나 북한과의 관계에 대한 주제에 국한된 기획물이 많아지는 추세를 보인다.

위와 같은 기획기사나 보도기사의 양적인 변천 못지않게 중요한 것은 8·15를 기념하는 사설의 내용이라 할 수 있다. 더욱이 8·15를 기념하는 사설은 성격상 8·15 자체만을 다루는 것이 아니라, 그 당시의 주요과제들을 선택적으로 취급하므로, 그 시대의 논쟁적인 문제나 관심의 초점이 무엇이었던가를 알 수 있게 해준다는 뜻에서 중요하다.

이런 뜻에서 볼 때, 8·15를 기념하는 사설이 취급했던 문제들 가운데서 가장 핵심적인 관심의 초점은 시대마다 그 개념의 내포와 외연이 조금씩 달랐던 '민주주의'를 꼽을 수 있다. 예컨대 50년대 말까지 '민주주의'는 민주주의 자체가 갖는 이념적이면서도 이상적인 개념으로 부각되어 왔다. 그러므로 이 당시의 8·15 기념사설들은 우리나라의 정치현실이 이른바 서구식의 전형적인 민주주의와 거리가 멀고, 그렇기 때문에 계속해서 민주주의를 실현해 나가도록 노력해야 한다는 점을 강조했다. 그러나 60년대에 들어오면서, 더욱이 5·16 이후에는 서구식의 전형적 민주주의가 우리나라 풍토에 맞지 않는다는 자각적(?) 비판이 서서히 등장하기 시작하고, 그에 따라 민주주의에 대한 강조는 점차 줄어들고 만다.

'민주주의'라는 정치적 상징 못지않게 8·15와 관련된 중요한 상징으로 '독립'이 있다. 재밌는 것은 '독립'이라는 상징 자체가 내포하는 뜻도 시대가 변천함에 따라 달라져 왔다는 점이다. 적어도 일본과의 국교정상화 이전에는 '독립'이라는 상징은 일제 식민통치로부터의 해방과 그에 따른 주권국가의 수립이라는 관점에서 다분히 주권소재의 뜻으로 사용되어 왔다. 그러나 한일국교정상화 이후에는 '독립'이란 상징이 일본에 대한 또 다른 종속관계를 염려하는 뜻으로 전환되어 사용된다. "안보에 집착하는 나머지 일본과 군사적으로 밀접하게 된다는 것은 구한말 상황처럼 독립에 우려가 된다"는 말이 나온 것도 그러한 의미 변화의 본보기라 할 수 있다. 그러나 유감스럽게도 그 뒤로는 이런 뜻에서의 '독립'이라는 상징도 보기 어렵게 되고 만다.

이 밖에도, 지난날의 우리나라 신문들은 8·15 기념사설로 경제문제, 통일문제를 비롯해 민족문화 등의 과제도 많이 다루었다. 그러나 그것도 거의가, 과격하게 표현한다면, 그런 문제들을 그저 짚고 넘어간 것에 지나지 않았다. 통일문제는 주로 국제관계와 결부시켜 상식선 이상으로 승화시키지 못했으며, 민족문화에 대한 관심 또한 피상적인 주장에 그친 감이 짙다. 70년대에 들어오면서 사설들은 경제문제를 주로 다루었으나, "3차에 걸친 5개년경제개발계획으로 경제규모가 확대되었고, 산업구조도 농업인구가 전 인구의 반 이하로 되어 중산층이 증가했다"거나, 아니면 "경제가 비약적으로 발전했지만 많은 문제점을 안고 있다"는 식에 지나지 않았다.

생각건대 우리나라 신문들은 8·15는 물론, 민족사의 주요전환점이 되는 4·19나 3·1절과 같은 기념일을 너무 형식적으로 취급하는 감이 짙다. 이러한 경향은 날이 갈수록 더욱 심해지는 것으로 생각된다. 심한 경우에는 정부의 공식적인 행사기사 한두 줄로 끝내는 수도 있다. 만약 올해가 8·15 40돌이라는 십진법에 맞아떨어지는 경우가 아니라고 가정해 본다면, 아마도 신문들은 또다시 공식적인 기념식 기사나 또는 지극히 상식적인 문제의 제기에 그치고 말 가능성이 크다. 그러나 우리 민족의 현대사에서 민족과 국가의 운명을 바꾸어 놓은 계기가 된 3·1운동이나 8·15 또는 4·19 등은 그렇게 소홀히 다룰 성질의 것이 아니다. 이런 의미에서 해방 40돌을 맞이하는 이번 8·15에는 우리나라 신문들이 이에 걸맞은 특집들을 내주었으면 한다.

8·15 이후 마흔 해가 지나갔으나, 과연 우리는 일제 식민통치로부터 진정한 독립, 또는 해방이 된 것인가에 대한 기본적인 질문부터 다시 시작할 필요는 없는 것일까? 우리의 생활양식은 물론 사고방식 가운데 일제가 심어 놓은 잔재는 얼마나 남아 있는 것인지, 그에 앞서 우리의 매스미디어들—신문, 잡지, 라디오, 텔레비전—은 현재 일본의 매스미디어를 모방하는 습성에서 얼마나 벗어났는지에 대한 자기반성부터 해볼 일이다.

미8군 영내 출입증을 붙인 차를 타고 다니거나, 일본대사관의 칵테일파티 초청 대상자 명단에 들어 있어야만 명사라고 할 수 있다는 말이 공공연히 입에서 입으로 퍼져가고, 또 그렇게 인정되고 있는 우리의 현실은 아무런 문제점이 없는 것일까?

8·15라 하여 유행(?)하는 종속이론까지 내세우며 일본과 우리나라의 관계를 체계화할 것까지도 없을 만큼 우리의 생활 주변에는 8·15 40돌을 부끄럽게 만드는 일들이 널려 있다면 지나친 과장일까?

우리나라와 일본과의 경제문제나 군사문제, 그리고 거기에 보태어 문화문제는 그동안 우리 매스미디어들이 수도 없이 다루어 왔다. 이런 문제들이 여전히 중요한 과제이기는 하지만, 8·15 특집이 다시 이와 같은 문제의 영역들을 다루는 데 그치고 만다면 독자에 대한 호소력은 그만큼 줄어들 것으로 생각된다. 오히려 그보다는 지난 40년 사이의 우리의 삶의 방식이나 사고방식의 변천을 사실에 입각해서 재점검해 보는 일이 더욱 설득력이 있지 않을까 싶다.

그리고 앞에서도 말한 바와 같이 우리는 과연 여러 면에서 일제로부터 진정으로 해방된 것인지를 그러한 토대 위에서 다시 한 번 물어볼 수 있을 것이다. 한 걸음 더 나아가 욕심을 부려 본다면, 이번 8·15를 맞아 신문을 비롯한 우리의 매스미디어들이 '독립'을 다시금 되씹어 보아 주었으면 한다. 왜냐하면 8·15는 여전히 우리에게 민주적 민족국가의 형성이라는 과제를 남겨 주고 있기 때문이며, 또 현재 우리가 처해있는 상황과 한반도를 둘러싸고 벌어지고 있는 국제정세가 그러한 문제를 한 번쯤 심각하게 점검해 보도록 만들고 있기 때문이다.

《마당문화비평신문》, 1985년 8월

빨리 끓고 너무 쉽게 식어버리는 이 고질병!

올 여름은 유난히 덥기도 했거니와 장마조차 게릴라식이라 부를 만큼 예년과 다른 기상 상태를 보였다. 그러나 무엇보다도 올 여름을 강타한 것은 기상이변이 아니라 이른바 비브리오 패혈증 소동이 아닐까 싶다.

7월 들어 전남대와 조선대 부속병원에서 환자가 발생하더니, 비록 많은 수는 아니지만 이곳저곳에서 비브리오 패혈증 환자가 나타나면서 이 병으로 말미암은 사망자가 늘어가자, 신문을 비롯한 매스컴들이 일제히 이 문제를 집중적으로 보도하기 시작했다.

그 결과 7월 중순쯤에는 온 나라가 비브리오 패혈증의 태풍권에 들어섰다. 텔레비전은 텔레비전 나름대로 시청각매체의 이점을 살려 이 병에 걸린 환자의 환부를 보여 주며 건강한 시청자를 공포 속으로 몰아넣었고, 신문은 신문대로 간이 허약한 사람인 경우 사망률이 50퍼센트에 이른다거나, 어패류를 날로 먹었을 때는 물론 피부를 거쳐서도 감염되어 발병한다는 등 겁주는 제목을 마구 달았다. 그뿐만 아니라 어느 신문은 청정수역에서 잡거나 채취한 어패류를 먹어도 위험하다고 강조했다.

더욱 볼만했던 것은 보건사회부(이하 '보사부')가 뒷일은 생각지도 않은 채 허겁지겁 피조개, 낙지 등 어패류 다섯 종에 대해 우선판매 금지조치를 취한 점이다. 이러한 보사부의 조치를 신문이나 방송이 큼직큼직한 활자나 중대뉴스로 보도한 것은 물론이다.

이쯤 되자 온 나라에 생선기피증이 크게 번지지 않을 수가 없게 되었다. 그 결과 생선이 안 팔리기 시작하여 한 통에 4,000원쯤 하던 피조개 값은 700원으로 떨어지고, 횟감으로 환영받는 고급 어종인 광어의 경우에는 1킬로그램에 30,000원이나 40,000원쯤 받던 것이 6,000원이나 7,000원으로 값이 크게 떨어졌다.

그러자 어민들이 들고 일어나기 시작했다. 이에 당황한 수산청이 보사부에 항의하자, 그제야 보사부는 어패류일지라도 날 것만 먹지 말고, 깨끗이 씻어 조리에 조심하면 탈이 없다고 뒤늦게 홍보에 나서는 촌극을 빚었다. 얼마나 당황했으면 수산청장을 비롯한 수협부회장이나 어선협회장과 같은 높은 어르신네들이 7월 26일 서울 노량진 수산시장에서 벌인 '생선회 먹기' 캠페인에 참가했을까 싶다. 이들이 나란히 앉아 회를 먹는 사진을 신문에서 보고 어떤 의미에서건 웃지 않은 사람이 얼마나 되었을까?

이번 '비브리오 패혈증 소동'은 앞뒤를 재지 않고 조급하고 안이한 조치를 취했던 보사부 당국의 책임도 책임이려니와, 이를 보도한 신문의 보도자세도 그냥 보아 넘길 수 없는 여러 문제점을 드러냈다. 문제점을 생각나는 대로 몇 가지 지적해 보면 다음과 같다.

첫째, 신문이 신중하지 못하고 평소에 길들여진 대로 사건중심으로 다루었다는 점을 지적할 수 있다. 이 말은 비브리오 패혈증 환자의 발생과 늘어나는 사망자가 사건이 아니라는 뜻이 아니다. 사건임에는 틀림없으나, 이를 다루는 자세라든지 또는 문제의 접근방법이 범죄사건과는 달라야 했다는 생각을 말하고자 하는 것이다. 요컨대 비브리오 패혈증이 발생하고 사람이 죽어가는 현상에 초점을 두고 위험하다는 점만 강조하여 보도할 것이 아니라, 그 예방책을 알려 주는 데 더 역점을 두었어야 옳았을 것이라는 생각이다. "어패류 등을 통한 악성 '비브리오 패혈증'이 여름철 바닷가의 새로운 공포로 등장하고 있다"로 시작해서 감염되면 얼마 만에 생명을 잃는 무서운 병이며, "상처를 통한 감염도 있을 수 있으므로 어민들이나 생선유통 및 판매종사자들과 피서객들 중에도 간장질환자 등은 주의가 요망된다"는 식의 내용으로 끝나기보다, "냉동하거나 익혀먹으면 걱정 없다"는 쪽으로 강조되는 기사였어야 하지 않았을까 생각된다.

둘째, 이번과 같은 사건을 다룰 때에는 그러한 사건이 미칠 영향에 대해 멀리 보고 생각하는 자세로 보도나 해설기사를 다루어야 할 것이라는 점을 말하고 싶다. 앞에서도 말한 바와 같이, 처음부터 신문들이 이 사건을 현상 그대로 다루어서 공포감마저 느끼게 하면 어업 종사자들에게 어떤 타격이 미칠 것인가는 쉽게 판단할 수 있는 일이었다. 그런데 보사부의 판매금지조치의 잘못을 지적한 신문도 거의 없었거니와, 그러한 조치가 수산업계에 미칠 영향을 정확하게 전망하고 그 예방책을 제시한 신문도 없었다. 보사부의 결정을 그대로 보도하고, 그 결과 생선기피증으로 어민들이 들고 일어나자 문제의 심각성을 알아차리고 냉동하거나 익혀 먹으면 된다는 점을 뒤늦게 강조하는 데 그치고 말았다. 이래서야 신문이 어떻게 독자들로 하여금 환경변화에 적절하게 대응할 수 있도록 계도적 기능을 다할 수 있겠는가를 묻지 않을 수 없다.

셋째, 자기 자신이 잘 모르는 문제나 분야를 다룰 경우에는 기사를 쓰기 전에 전문가에게 확인하는 절차를 게을리해서는 안 된다는 것을 강조하고자 한다. 학자들의 말에 따르면 괴저병은 크게 감염성과 건성으로 나눌 수 있는데, 이번의 경우는 감염에 따른 괴저병군에 속하는 것이다. 이 병에 걸리면 다리 부분에서부터 적갈색의 물집이 생겨 엉덩이, 허리, 어깨 부위까지 옮겨 가며 미열과 오한 그리고 구토 등이 반복되다가 2~3일 안에 사망하게 된다는 것이다. 이에 비해 일반적으로 괴저병이라 부르는 질환은 건성 괴저를 말하는 것으로, 대개 혈관 폐쇄나 만성 당뇨병 등이 원인이 되어 발생한다는 것이다. 그런데 7월 초에 신문들은 한결같이 정확한 병명을 알려 주지 않은 채 '괴저병'이라고 일반적으로 보도함으로써, 독자를 그릇된 방향으로 인도하여 커다란 혼란을 야기한 꼴이 되고 말았다.

한편 신문의 책임은 아니지만, 항간에서는 이번 '비브리오 패혈증'을 신문이나 방송이 강조한 까닭이 국민으로 하여금 쇠고기를 많이 소비케 하여 소값 파동을 해결하려는 의도라는 말마저 돌 정도였다. 이와 같은 항설을 믿는 사람은 없겠지만, 신문이나 방송이 어느 한 쪽에 지나치게 기우는 경우 이처럼 전혀 의도하지 않았던 결과를 초래할 수도 있다는 점을 명심해야 할 것이다.

우리나라의 여러 부문이 마치 알루미늄 냄비처럼 너무 빨리 달아오르고, 너무 쉽게 식는 관행을 보이고 있다는 비판이 있다. 이번의 '비브리오 패혈증'을 두고 신문이 보인 보도자세 또한 그러한 관행을 보인 바와 다를 것이 없다고 생각된다. 이 사건으로 어민들이 입은 피해는 말할 것도 없이 궁극적으로 지나치게 조급하게 문제에 대처한 졸속 행정에 책임이 돌아가야 마땅하지만, 마치 속수무책의 큰 변고가 일어난 듯이 보도한 신문이나 방송도 책임을 면하기 어렵다는 점을 자성해야 할 것이다. 이번 사건의 보도자세를 보면서 우리 신문이 지나치게 사건을 과장해서 보도하는 일종의 선정주의에 깊이 빠져있다는 느낌을 지울 수 없었다.

일찍이 언론자유위원회는 자유롭고 책임 있는 언론이 수행해야 할 첫 번째 구실로 다음과 같은 점을 지적한 바 있다.

"매스미디어는 먼저 그 날에 생긴 일에 대하여 그 일이 가지고 있는 의미를 독자들이 이해할 수 있는 문맥 속에서 진실하게 종합적으로 보도할 의무가 있다. 이러한 요청은 언론이 정확해야 한다는 것, 거짓말을 해서는 안 된다는 것을 의미한다. 그리고 언론은 사실은 사실로서, 의견은 의견대로 분명히 구별해야 된다는 것을 뜻한다."

우리가 이 권고에서 특히 받아들여야 할 점은 "사건의 의미를 독자들이 이해할 수 있는 문맥 속에서 진실하게 종합적으로 보도할 의무가 있다"라는 부분이다. 만약 모든 언론인들이 이러한 권고의 뜻을 깊이 새기고 항상 거기에 충실하려고 노력한다면, 당연히 예측되는 어떤 계층의 불이익을 초래하게 될 기사는 쓰지 않게 되리라 믿는다.

《마당문화비평신문》, 1985년 9월

안으로만 굽는 팔도 펼 때는 바로 펴야

한동안 사람들의 관심을 집중시켰고 신문 자신들이 흥분(?)했던 '85 유니버시아드대회는 조금은 씁쓸한 뒷맛을 남긴 채 막을 내렸다. 당초 메달순위 10위를 목표로 했다가, 유도에서 메달이 쏟아지고 축구와 배구 등의 구기종목의 성적도 좋아지자 현장에서 목표를 7위권으로 수정하기도 했었지만, 희망과는 달리 11위를 차지하였다.

앞에서 '조금은 씁쓸한 뒷맛'을 남긴 채 막을 내렸다고 표현한 것은 우리 선수단이 목표를 제대로 달성하지 못했다는 것 때문이 아니다. 더구나 북한에게 메달순위가 뒤졌다는 사실 때문도 아니다. 경기란 운도 따르는 법이라 때로 북한에게 질 수도 있고, 10위를 목표로 했다가 11위를 했으면 본래의 기대에 크게 어긋난 것도 아니기 때문이다. 그럼에도 그런 느낌을 받은 것은 신문기사와 관련이 있다는 생각이다.

우리 신문들은 축구가 잘 싸워 주고 배구팀이 연승하자 국민들의 기대를 한껏 부풀릴 만큼 보도했다. 아래와 같은 굵직굵직한 제목들만 보아도 그렇게 기대할 수밖에 없게 만들었다는 것을 짐작하고도 남음이 있다.

"축구, 유도 단체, 남 배구도 '금광'"
"사상 첫 종합 7위 도약 다짐"
"남자배구도 '금'이 보인다"
"한국 배구 메달이 둥실"

그러나 '말이 앞서면 소가 뒤선다'는 속담처럼 "축구 '금'커녕 허망한 탈락"을 함으로써 88축구팀은 할 말이 없어졌고, 남자배구는 일본팀을 맞이하여 두 세트를 먼저 따고도 "심판 장난" 때문에 지고 말았다. 유도 단체전 또한 일본의 텃세 때문에 금메달을 놓쳤다고 보도되었다. 그러니 국민들이 씁쓸한 감회를 조금이라도 맛보지 않을 수 있었겠는가.

따지고 보면 우리나라 신문들의 체육기사가 이런 관행을 보이기 시작한 것은 오래전부터였다. 말하자면 우리 신문들의 체육기사는 제대로 경기의 결과를 예측하지 못해왔다. 그러면 왜 그같이 될 수밖에 없는가를 생각해 보지 않을 수 없다.

그 답은 한마디로 말해서 과학적인 정보에 기초한 철저한 분석 끝에 내린 예측이 아니라는 데 있을 것이다. 시합이란 아무리 그날 선수들의 정신상태나 몸의 이상 유무 또는 경기 운에 좌우되는 경우를 무시할 수 없다고 할지라도, 일단은 그 팀의 실력이 어떠한지가 기본적인 조건인 것이다. 그렇기 때문에 우리 팀과 상대할 외국 팀에 대한 객관적인 정보의 비교분석 없이 무턱대고 이길 것이라고 예측하는 것은 아무런 근거가 없는 일이다. 지금까지 잘 싸워 왔고 또 상대팀들의 경기모습을 보니 우승은 틀림없다는 식의 생각은 예언은 될지언정 과학적인 예측은 될 수가 없다.

우리나라 체육기자들뿐만 아니라 체육계 전반에 걸쳐 가장 큰 약

점이 해외체육계에 대한 정보의 부재라는 것은 오래전부터 지적되어 왔다. 최근에 이르러 '86 아시안게임과 '88 올림픽을 앞두고서야 해외체육계의 정보를 체계적으로 수집 정리하고 분석하는 작업이 이루어지기 시작했지, 그 이전에는 그러한 노력이 거의 없었다고 해도 지나친 말은 아닐 것이다. 이에 견주어 가까운 일본의 경우는 우리와 너무나 대조적이다. 예컨대 그들은 우리나라 배구대표팀의 선수 한 사람 한 사람에 대한 거의 모든 정보를 그 선수가 대표선수생활을 하는 동안 몇 년이고 쉬지 않고 수집한다. 어느 선수의 경력은 물론, 서비스 성공률, 블로킹 성공률, 오픈공격 성공률, 점프의 능력까지 자세한 정보를 가지고 항상 그것을 분석한다. 그러므로 우리 팀 각 선수의 장단점을 모조리 손바닥을 들여다보듯이 다 알게 된다.

그러한 자료를 기초로 작전을 세우는 것과 그렇지 않은 경우는 구태여 여기서 어떻다고 말할 필요조차 없을 만큼 차이가 날 것임은 틀림없다. 비록 그와 같은 정보에 입각한 분석과 작전이 빗나가는 경우가 있을지라도 그런 노력은 반드시 뒤따라야만 한다. 적을 잘 알아야 싸움에서 이길 수 있다는 것은 이미 오랜 경험에서 얻은 진실인 것이다. 그리고 그와 같이 철저하게 수집된 정보를 토대로 분석한 결과에서 나오는 예측은 매우 정확하지 않을 수 없다.

이에 견주어 우리의 경우는 이번 유니버시아드 대회의 보도에서 보았듯이, 예컨대 축구의 우승이 예측된다는 기사에서 왜 그런 예견을 했는지에 대한 과학적 근거를 제시한 것이 없다. '아시아의 특급 열차'라고 칭찬한 장재근 선수의 경우도 육상부문에서 동메달을 획득한 장한 기록을 세웠지만, 만약 이 대회의 200미터 경주에 참가한 모든 선수들의 기록을 우리가 알고 있었다면 그가 말한 바와 같이 "체력이 달려 '금'을 놓쳤다"는 후회를 하지 않아도 되었을지 모른다. 곧, 장재근 선수는 200미터에 출전하기에 앞서 100미터 준결승까지 세 경기를 벌이는 바람에 체력소모가 많아 더 좋은 기록을 내기가 어려웠다고 한다. 그렇다면 처음부터 장재근 선수를 200미터 경주에만 열중토록 했어야 옳았다고 생각할 수 있다. 그렇게 하려면 앞에서 말한 것처럼 이 대회의 200미터 경주에 출전한 선수들의 기록을 우리가 알고 있어야 가능했다는 뜻이다.

이러한 모든 점을 미루어 생각해 볼 때, 우리나라 신문의 체육기사나 또는 체육계 모두가 아직 과학적이지 못하다는 점을 알 수 있다. 말하자면 과학적 정보화의 시대에 정보를 무시하고 있는 셈이다. 이제 체육도 그저 기술이나 체력 싸움에 앞서 정보 전쟁이라는 것을 깊이 깨닫지 않으면 안 된다.

그리고 독자들에게 더 충실한 체육기사를 제공하기 위해서도 정보가 필수임을 알아야만 한다. 작은 지면 탓도 있겠으나, 우리 체육기사는 스코어의 나열 이상이라고 말하기 어렵다. 어떤 경기가 있었다면 그 경기에 출전했던 선수 개인들의 기록을 곁들인 풍부한 자료가 뒷받침된 해설기사가 아쉬운 시점이라 아니할 수 없다.

우리나라 신문이 체육기사에서 또 하나 시정해야 할 점은 경기에 패하는 경우 지게 된 원인을 심판의 편파적 판정이나 상대방의 텃세 등에 돌리는 비체육적 발상이다. 이번 유니버시아드에서도 축구와 배구, 유도 단체전의 패인을 모두 심판의 불공평한 판정이나 상대방의 텃세에 돌렸다. 이기면 내 탓이요, 지면 상대 탓이다. 이런 사고방식을 거꾸로 적용한다면 우리가 이긴 것은 심판이 우리에게 호의적이었거나 또는 우리의 텃세 탓 때문이라고 할 수도 있지 않겠는가.

물론 경우에 따라 심판의 불공평한 판정이나 텃세가 경기의 승부를 가르는 데 결정적인 요인이 될 수 있다는 것을 모르는 바도 아니며, 또 실제로 그런 일이 있다는 것도 알고 있다. 그렇다 할지라도 기자나 감독이 이를 공공연히 보도하거나 말하는 태도는 생각해 볼 여지가 있다고 여겨진다. 비록 그러한 이유로 패했다 할지라도 깨끗이 패한 것을 인정하는 태도야말로 스포츠맨의 아름다운 정신이라고 생각하기 때문이다.

그뿐만 아니라 심판의 불공평한 판정이나 텃세가 있었다고 하더라도 패한 원인이 반드시 그런 일 때문 만이라고 단정적으로 말하는 것은 잘못이다. 예를 들어, 심판의 편파적인 판정 때문에 패했다고 보도된 일본과의 배구시합의 경우, 그에 못지않게 체력안배의 실패가 주요한 원인의 하나였다는 점에서도 알 수 있다. 핑계 없는 무덤이 없다는 말처럼 변명 같은 패인은 얼마든지 있을 수 있는 것이다. 다만 아쉬운 점은 시합에서 이긴 경우에도 그래야 하거니와, 졌을 때라도 심판의 판정이나 텃세 때문이라고 하기 이전에, 우리가 한 경기의 모두를 철저하게 분석하는 과학적 태도가 없었다는 점이다. 그것은 내일을 약속하는 기본정보의 확보인 동시에 승리를 다짐하는 올바른 정신자세이기도 하기 때문이다.

날이 갈수록 국민들의 스포츠에 대한 관심은 높아지고 있다. 그것이 관람용으로 치우치고 있다는 데 문제가 있지만, 그 같은 현상이 있다는 것을 부인할 수는 없다. 그 같은 추세에서도 스포츠기사가 좀 더 풍부한 정보를 토대로 한 것이 되어야 하리라고 믿는다. 그렇지 않은 경우 스포츠기사는 한낱 상업주의에 영합하는 데 그치거나 선정주의에서 벗어나기 어려우며, 때에 따라서는 배타적인 애국심마저 심어줄 가능성조차 있다는 점을 생각해 주기를 바란다.

《마당문화비평》, 1985년 10월

서울 유명 인사들의 홍보장소가 아니다

　일반적으로 신문독자들이 관심을 많이 가지고 흥미 있게 읽는 신문기사 가운데 하나는 독자 자신이 알고 있는 사람이나 사건에 관련된 것이라고 한다. 자기 자신은 말할 것도 없고, 가족이나 친척, 또는 가까이 알고 지내는 사람들과 관련된 기사에 대해 독자들이 많은 관심과 흥미를 가지게 되는 것은, 마치 자기가 받은 편지를 열심히 읽는 것과 동일한 현상이라고 할 수 있다. 사람들은 친구나 친지로부터 편지를 받으면 반가운 마음으로 처음부터 끝까지 읽는 것은 물론, 되풀이해서 읽기도 한다. 그 까닭은 내용을 확실히 이해하려는 것이 아니라 자기 자신과 직접적인 관계가 있기 때문인 것이다. 이와 같은 사람의 심리가 신문을 읽는 데도 그대로 적용된다. 그래서 학자들은 독자들이 관심과 흥미를 지니게 되는 요소들 가운데 하나로 '직접성'을 들고 있다.

　이러한 독자들의 심리를 가장 잘 이용하는 것이 미국의 신문들이라고 할 수 있다. 미국의 경우 우리나라와 달리 국토가 엄청나게 넓어서 이른바 전국지나 중앙지라고 부르는 신문이 일찍부터 없었다. 우리들 귀에도 익은 《뉴욕 타임스》나 《워싱턴 포스트》 같은 신문들도 모두 뉴욕이나 워싱턴의 지방신문이다. 이러한 대도시의 신문은 좀 덜하지만 인구가 적은 도시의 신문들일수록 주로 그 지역사회의 문제나 사건들을 중점적으로 다루고 있는 것이 미국 지방신문의 특성이라고 할 수 있다. 그 신문들을 보면 지역사회에서 일어난 사건과 지역사회의 문제, 그리고 지역사회 주민들의 동정을 다루고 각종 생활정보로 거의 모든 지면을 채운다. 어느 집에서 파티를 한다느니, 또는 누구와 누가 약혼을 하거나 결혼을 했다는 등 매우 자세한 주민들의 동정이 기사화된다. 따라서 인구가 적은 도시의 주민들은 대개가 집안끼리 또는 학교 동창으로나 교회 등에서 알고 지내는 사람들이므로 자기와 관계있는 이웃 사람들의 동정을 실은 기사를 관심과 흥미를 가지고 읽게 될 것은 당연하다.

우리나라 신문에도 이와 비슷한 기사들이 실리고 있다. 경제계나 문화계 인사들의 동정을 보도하기도 하고, 또 어떤 신문들은 따로 인물동정란을 두고 이름 있는 사람들이나 스스로 이름이 있다고 생각하는 사람들의 움직임을 알리는데, 이런 기사들이 모두 그러한 성격을 지닌 것이라고 볼 수 있다.

그러나 우리가 알아야 할 것이 있다. 서울에서 발행되고 있는 신문들은 서울시민만을 위한 서울지방의 신문이 아니라, 전 국민을 대상독자로 삼는 중앙지 또는 전국지라는 점이다. 또 부산이나 대구, 또는 대전이나 춘천에서 발행되는, 우리가 지방지라고 부르는 신문들까지도 사실은 그 도시의 신문이라기보다는 경상남도나 충청남도, 또는 강원도를 대표하는 도의 신문이라는 뜻에서 엄밀하게 따져 지방지라고 보기 어렵다. 이렇게 볼 때 전국이나 도(道) 전체의 독자들을 상대로 만드는 신문에서 미국의 지방신문을 닮아 인물동정란을 따로 둔다는 것 자체가 뜻있다고 보기 힘들다.

지방지는 접어 두고 서울에서 발행되는 전국지 가운데서 인물동정란을 고정적으로 두고 있는 신문에 실리는 인물들을 분석해 보았더니, 다음과 같은 몇 가지 사실을 알 수 있었다.

첫째, 이 신문들의 인물동정란에 실리는 인물의 수는 대체로 하루 평균 여덟 명 정도였다. 그리고 그들 대부분은 서울에서 활동하고 있는 사람들이었다. 이렇게 볼 때 전국지로서 하루에 실리는 인물동정란의 사람 숫자도 크게 부족할 뿐만 아니라, 전국의 독자들과는 무관한 사람들의 동정을 알리는 격이 되어 버리고 마는 형편이다.

둘째, 인물동정란에 등장하는 사람들의 경우 약 반수 이상은 두세 가지 신문에 겹쳐서 소개되고 있다. 말하자면 겹치기 출연인 셈이다. 하기야 전국적으로 유명한 사람의 경우 그의 동정이 중요한 관심사라면 겹치기 출연은 당연할지도 모르겠다. 그러나 반드시 그렇지도 않은 것이, 수십 명이 함께 단체여행을 한다거나, 또는 문교부의 연구비를 받아 해외연수를 떠나거나 연수를 마치고 귀국하는 교수들이 일 년에 백 명도 더 되는데, 그 가운데 한두 사람만 이 신문 저 신문에 겹치기로 소개되는 것을 보면 인물동정란이 스스로 잘났다고 생각하는 사람들의 홍보장소가 되고 있다는 느낌이 짙다.

물론 스스로를 홍보하고자 하는 것은 전적으로 당사자의 자유에 속하는 일이므로 그러한 개인의 성향 자체를 제3자가 나무랄 권리는 없다. 그럼에도 이 문제를 거론하는 것은 다른 뜻에서가 아니라 인물동정란을 두게 된 신문사 본래의 목적과 부합되지 않는다는 점을 지적하고자 하기 때문이다. 만약 전국지이면서도 독자의 직접성이라는 성격에 호소하여 관심을 갖게 만들 생각이라면, 자기 홍보용 자료에서 인물동정란의 기사를 가려낼 일이 아니다. 오히려 기자들이 직접 취재하거나 또는 전 국민의 이목을 끌 수 있는 인물을 선택적으로 등장시켜야 옳을 것이다.

셋째, 인물동정란에 등장하는 사람들의 직업을 보면 대개 정부의 고위관리, 대학교수, 기업경영자, 사회단체의 장, 예술인, 정치인, 종교인 등이었다. 모두 우리나라의 지도적 위치에 있는 직업인들이라 할 수 있다. 전국지가 인물동정란을 두는 경우 결국 거기에 등장하는 사람들은 직업으로 볼 때 사회적으로 잘 대접받는 사람들일 수밖에 없을 것이다. 이러한 성격은 전국지 인물동정란의 특성인 동시에 한계일 것으로 여겨진다.

바로 이 점에 대해 생각해 볼 여지가 있지 않겠는가 싶다. 다름이 아니라 결국 전국지의 인물동정란은 모두 각계각층 일반 독자들이 관심을 가지고 보는 기사가 되기보다는, 몇 가지 특정 직업인들만이 흥미를 갖고 지켜보게 되는 난이 되고 마는 것이 아니겠느냐 하는 생각이다. 조금 더 확대해석하자면, 전국지의 인물동정란은 일반 독자를 위한 것이 아니라 이 나라의 이른바 엘리트계층을 위한 액세서리가 아닌가 하는 의문이다. 그것도 신문사에 사적이든 공적이든 관계의 줄이 닿아있는 사람들의 전유물처럼 되어 가는 것이 아닐까 생각되는 것이다.

넷째, 인물란에 등장하는 사람들의 동정이 어떤 것인지를 따져본 결과 세미나나 심포지엄, 또는 학술발표회나 강연 등을 한다거나 그런 모임에 참석하고자 해외여행을 떠난다는 내용이었다. 아니면 임원이나 대표로 선출되었다거나, 또는 저서출판, 귀국 등의 내용이 많았다. 따지고 보면 이런저런 일로 해외 나들이를 하는 사람이 얼마나 많으며, 책을 지어 펴내는 이 또한 한두 사람이 아닌 것이 오늘의 현실이다. 그러므로 그런 일쯤으로, 예컨대 국제회의 참석이나 해외연수, 또는 책을 펴냈다는 것으로 인물동정란에 소개될 만큼 우리 형편이 아직 후진성을 벗어나지 못하고 있다고 생각되지 않는다.

참으로 좋은 책을 펴냈다면 출판 화제나 서평으로 소개하는 것이 마땅하며, 국제회의에 참석하여 훌륭한 논문을 발표했다거나 연설을 했다면 그 내용을 기사화하는 것이 독자들이나 본인을 위하는 길이 아닌가 한다. 이렇게 쓰다 보니 마치 본인이 인물동정란에 등장하지 못한 개인감정을 털어놓은 것이 아닌가 하고 오해할 여지가 있음 직하다. 그러나 인물동정란에 대한 평소의 생각을 위와 같이 드러내 놓게 된 것은 우리 신문이 어딘가 자신의 위치를 잘못 판단하고 있는 것이 아닌가 해서이지 다른 뜻은 없다.

만약 우리에게도 진정한 지방지가 있다면, 일반 독자의 관심과 흥미를 끌 수 있는 인물동정란에 좀 더 큰 지면을 할애해 다양한 사람들의 주변 상황을 알려 주도록 격려할 것이다. 그러나 우리의 경우 그렇지 못할 뿐더러, 더욱이 전국지가 앞에서 말한 바와 같은 한계를 지니고 있음에도 마치 지방지와 같은 관행을 채택하고 있다는 것은 정말 다시 생각해 볼 문제라고 아니할 수 없다.

그렇지 않아도 쏟아져 나오는 뉴스의 홍수 속에서 좁은 지면의 제약으로 주민들이 알아야만 될 소식도 충분히 제공하지 못하는 현실을 감안해 볼 때, 불필요한 기사에 아까운 지면을 쓴다는 것은 신문 자신을 위해서도 결코 훌륭한 일이 못된다고 여긴다. 그렇다 치더라도 어느 한 신문만 그와 같은 관행을 시행하고 있다면 또 모르겠다. 한 신문이 인물동정란을 두기 시작하니 다른 모든 신문이 이를 따르는 동조와 모방이야말로 어쩌면 더 깊은 우리나라 신문의 병이 아닌가 한다.

《마당문화비평》, 1985년 11월

대중매체와 상업주의
: 양념이 밥상의 주인이 되면

신문이나 방송, 잡지들의 상업주의에 대한 논의는 하나도 새삼스러울 것이 못된다. 그만큼 이 문제에 대한 관심과 비판이 오랫동안 여러 사람들 사이에 끊임없이 있어 왔다. 그런 까닭에 이제 대중매체의 상업주의에 대해서 더는 이렇다 저렇다 하고 따질 구석이 없어 보이기도 한다. 그러나 결코 그렇지 않다. 오히려 끊임없이 관심을 가지지 않으면 안 될 처지이다. 그 까닭은 이런저런 교과서적인 원칙을 내세워 설명하지 않더라도 누구나 생활 속에서 터득하고 있으리라 여긴다.

상업주의란 본디 지나치게 이윤을 강조하는 것을 뜻한다. 그렇다면 신문이나 방송 또는 잡지 따위도 기업인데 자본주의체제 아래서 이윤을 추구하는 것이 잘못일 수 없는 것 아닌가 하는 생각이 들지도 모른다. 따지고 보면 자본주의체제는 기본적으로 상업주의의 속성을 잉태하고 있음이 틀림없다. 그럼에도 우리가 상업주의를 지탄하고 비판하는 것은 기업의 이윤추구행위 자체를 부정하려는 뜻이 아니라, 지나치게 이윤을 강조함으로써 초래되는 사회적인 불이익 때문인 것이다.

어떤 기업이나 지나치게 이윤을 강조하다 보면 그 기업이 지니고 있는 본분에서 벗어나기 쉽다. 기업은 이윤을 만들어 내야 하지만, 어디까지나 기업이 존재하고 있는 사회 전체의 이익이라는 테두리 안에서 그래야만 하는 것이다. 우리가 기업의 윤리를 늘 강조하는 까닭이 어디 있는지를 생각해 보면 쉽게 이해할 수 있다. 더구나 신문이나 방송, 잡지와 같은 대중매체들은 사회의 공기(公器)이므로, 여느 기업들과 달리 이윤만 추구해서는 안 될 의무와 책임이 따른다. 만약에 이 대중매체들이 지나치게 이윤을 강조한 나머지 제 구실을 잊어버리게 된다면 사회가 받을 불이익은 너무나 클 것이다. 왜 그럴까?

신문·방송·잡지와 같은 대중매체들은 우리가 살고 있는 환경 — 문화환경과 자연환경 — 에서 일어나고 있는 중요한 일들을 우리에게 진실하고 정확하게 알려 주는 구실을 본분으로 삼는다. 또 이 매체들은 뉴스와 관련된 해설이나 논평을 제공함으로써 사회의 여론형성에 이바지하고 사회의 보편적인 가치와 규범을 옹호하여 여러 사회 집단들의 의견을 반영하는 일을 떠맡는다. 이 밖에도 오락을 제공하거나 생활정보를 알려 주는 것 같은 여러 가지 구실을 하고 있다. 그러나 만약에 대중매체들이 상업주의에 골몰하면, 돈벌이에 치중하다 못해 앞에서 이야기한 여러 구실들을 제대로 하지 못하게 되는 것이다. 왜냐하면 신문이나 잡지가 잘 팔리게 하고 방송 프로그램의 시청취율을 높이려다 보면, 모든 사람들이 다 같이 흥미를 느낄 수 있는 내용이나 소재들로 기사나 프로그램을 만들어야 하기 때문이다.

그러면 사람들이 모두 흥미를 느낄 수 있는 내용이나 소재는 어떤 것들일까? 그런 것들은 대체로 범죄나 폭력·섹스·스포츠·폭로주의나 영웅숭배주의 같은 것이다. 실로 그동안 우리나라 대중매체들은 폭력과 범죄를 강조해 왔고, 성을 팔았으며, 스포츠를 상품화했고, 가수나 영화배우 또는 스포츠스타와 같은 대중의 우상들을 미끼로 하여 장사해 왔다. 하기야 현대사회의 성격으로 보나, 소비자들의 취향에 견주어 볼 때 대중매체들이 그러한 소재나 내용을 외면하기는 어려운 실정이기는 하다.

그러나 그 정도가 문제다. 대중매체가 상업주의의 추구에 힘쓰다 보면, 양념쯤으로 다루어야 할 그 같은 내용이나 소재들이 밥상의 주인이 되고 만다. 그리하여 마침내는 밥과 반찬은 쫓겨나고 양념이 독차지한 밥상이 독자나 시청취자들 앞에 놓이게 되는 셈이 된다. 이것은 주인과 손님의 자리가 바뀐 것이나 다름없는 꼴로서, 대중매체의 상업주의를 한탄하고 나무라는 까닭이 바로 여기에 있는 것이다.

곧 상업주의 때문에 독자나 시청취자들은 진실을 만날 기회를 잃게 되고, 순간적인 쾌락을 느끼고자 마약에 중독되는 현상과 같은 꼴이 되고 만다. 그러므로 우리는 대중매체의 상업주의를 늘 경계해야 하며, 대중매체를 경영하거나 거기에 종사하는 사람들의 직업윤리를 강조하지 않을 수 없는 것이다. 지금까지 많은 사람들이 그런 경계와 강조를 그렇게도 많이 해왔으나, 유감스럽게도 날이 갈수록 우리나라 대중매체의 상업주의는 더욱더 기승을 부리고 있다. 마치 고삐 풀린 말과 같은 형국이다. 몇 가지 본보기를 들어 보자.

최근에 몇몇 신문사들이 발행하고 있는, 달마다 서너 번씩 책을 다시 찍어 파는 잡지의 경우가 좋은 보기가 될 것이다. 사실인지 모르겠으나, 이른바 종합교양잡지가 달마다 20만 부씩 찍어도 수요에 모자랄 만큼 잘 팔린다고 한다. 이것이 사실이라면 이들 잡지는 아마도 우리나라에서 잡지라는 인쇄매체가 생긴 뒤로 가장 크게 호황을 누리고 있음이 틀림없다. 이윤의 극대화라는 점에서도 그러할 것이다.

그러나 문제는 그와 같은 호황이 어디서 비롯된 것인가에 있다. 누구나 짐작하는 바와 같이, 잡지들이 잘 팔리기 시작한 것은 폭로성 기사를 다룬 다음부터이다. 곧 제3공화국과 유신시대의 갖가지 정치비화나 정권의 스캔들을 캐내어 팔기 시작한 데서 비롯된 것이다. 그러나 문제는 폭로주의 그 자체에 있는 것이 아니라, 지금 잡지들이 팔고 있는 폭로성 기사가 진정한 폭로주의 저널리즘이 아니라 상업주의에서 비롯된 선정주의적인 것이라는 데 있다.

본디 폭로주의는 저널리즘의 한 형식으로 오랜 역사를 지니고 있는 것이다. 사회의 부조리와 정부나 기업 따위의 부정을 캐내어 고발함으로써, 부정부패와 부조리를 척결하여 사회를 개선하려는 것이 폭로 저널리즘의 본래 구실이다. 이렇게 볼 때에 요새 우리나라 잡지들이 다투어 다루고 있는 이른바 '정치비화'는 진정한 뜻의 폭로 저널리즘이 아니다. 왜냐하면 그러한 기사들은 그 시대의 정치상황을 깊이 있게 분석하여 문제점을 제시함으로써 현재와 미래의 우리나라 정치가 나아가야 할 방향을 제시해 주는 것이라기보다는, 사건이나 개인의 신변 일화와 같은 다분히 피상적인 흥미 위주의 오락물이기 때문이다. 결국 정치가십을 파는 것과 크게 다를 바 없는 내용들이 대부분이라 할 수 있다.

그러면서 신문들은 또 한편으로 자신들의 보도지면을 할애하여 자기 신문사가 발행하고 있는 갖가지 잡지의 광고를 하고 있는 실정이다. 얼마 전까지만 해도 신문들은 달마다 잡지들을 소개하는 기사에서 자기 신문사가 발행하고 있는 잡지와 함께 다른 회사의 잡지들도 비록 들러리로나마 기사로써 다루었다. 그러나 어느새 그와 같은 관행마저 거의 다 사라지고 말았다. 곧 신문들은 거의 자기 회사가 발행하고 있는 잡지들만 소개하는 데 그치고 있다. 이 같은 현상은 바로 과열된 상업주의 경쟁이 빚은 이기적인 발상의 산물인 것이다. 우리는 이러한 현실에서 고삐 풀린 상업주의가 언론의 기본적인 의무, 말하자면 공평의 원리 자체를 파괴하고 있다는 것을 알 수 있다. 그래서 그런 신문들이 보도로 위장된 자기 사업광고를 보도지면에 끼워 넣어 독자들을 우롱하고 있다는 소리가 요새 여기저기서 크게 들린다.

대중매체의 상업주의는 다만 성인용 상업잡지에서만 고삐가 풀린 것이 아니다. '어린이는 나라의 새싹'이라고 입에 침이 마르도록 주장하는 어른들이 발행하고 있는 어린이잡지에서도 마찬가지다. 어른들이 보는 잡지 뺨칠 정도로 갖가지 상품광고가 판을 치고, 아이들이 좋아하는 만화가가 그린 특정 상품을 광고하는 연재만화가 광고라는 알림도 없이 버젓이 일반 만화로 둔갑해 실리기도 한다. 그뿐만 아니라 스포츠와 텔레비전의 우상들을 상품으로 파는가 하면, 폭력과 섹스가 뒤범벅이 된 만화가 주종을 이루고 있다. 값비싼 운동화 광고는 아이들 사이의 위화감을 조성한다고 해서 학교가 아이들에게 신지 못하게 가르치는 것과 서로 어긋난다. 여러 가지 경품을 걸고 아이들을 꼬드기는 상품광고도 한둘이 아니다. 그럼에도 어른들은 아무런 생각 없이 아이들에게 잡지를 사주는 것으로 자신들의 할 바를 다한 것처럼 여기고 있다. 이래서는 고삐 풀린 아동잡지의 버릇이 바로 잡힐 날이 없을 것이다.

이와 같은 상업주의는 끝내 사회의 문화를 황폐하게 만들고 만

다. 자극적이고 달콤한 읽을거리에 맛을 들인 사람들의 입맛이 정신
건강에 약이 되는 쓰고 딱딱한 읽을거리를 찾게 되기를 기대하기
어렵기 때문이다. 이런 뜻에서도 멋대로 내닫는 상업주의에 다시 고
삐를 채워야 할 것이다.

《샘이 깊은 물》, 1985년 6월

〈엠마뉴엘 부인〉의 수입 시비
: 긴급히 보아야 할 까닭이 있을까?

"밤에서 밤으로 저어간 사랑! 이 밤을 식히기엔 너무나 뜨거운 가슴을 가진 여자. 홍콩의 밤을 활활 태워 버린 절정의 라이브 쇼! 지금 이 여자가 공원 숲속 풀장에서 당신의 사랑을 송두리째 훔쳐가고 있다."(〈뼈와 살이 타는 밤〉)

"집요하게 쫓는 사나이의 사랑 스토리. 그녀의 가슴에 마지막 탱고가 번질 때 남편은 이미 타인이었다. 사랑! 그 입김! 그 미움! 서울에서 마지막 탱고를 들으면서 당신은 새로운 세계에 눈뜰 것이다. 밤 …… 여자는 왜 눈물을 흘려야만 했는가. 그녀의 운명이 그녀의 육체에 맡겨졌다."(〈서울에서 마지막 탱고〉)

"그대 손끝이 솜털일 줄이야 ……. 소녀들은 감히 꿈꿀 수 없어요. 성숙한 여인들만의 꿈의 남성입니다. …… 빨리 만나게 해다오."(〈아메리칸 플레이보이〉)

조금 장황하지만 여기 인용한 말들은 모두 요즈음에 우리나라 영화관에서 상영되고 있는 영화들의 광고 내용이다. 사진을 빼고 글만 옮겨 적었으므로 독자들은 이런 영화 광고들의 참맛을 못 느낄 줄로 안다. 말하자면 요즈음 영화관에서 상영되고 있는 영화는 대부분이 아무런 부끄러움이나 거리낌 없이 성을 간판으로 내세우고 있음을 이런 글만 가지고는 실감나게 느끼기 어려울 것이라는 말이다.

누구나 잘 알고 있는 일이지만, 우리나라 영화는 외국 영화제 같은 곳에서 더러 하찮은 상이라도 타는 작품도 있으나 대개는 일회용 돈벌이 영화에 지나지 않는다. 적당한 이야기 줄거리에 여자 옷이나 벗기고 침대에서 뒹구는 장면이나 찍어서 관객의 말초신경을 자극하는 영화가 이제는 우리나라 영화의 전형처럼 되고 말았다. 하기야 폭력이나 성을 팔지 않고는 장사가 안되는 시대이기도 하다. 그뿐만 아니라 영화에 무슨 예술성이 있기를 바라는 것 자체가 이미 시대에 뒤떨어진 생각이라고 목소리를 높여 말하기도 한다. 그러다보니 성을 상품으로 팔거나 지나치게 오락에 빠져들고 있는 우리 영화를 걱정하는 사람들이 이제는 스스로 자기 생각이 과연 옳은지조차 의심할 만한 세상이 되고 말았다. 고삐 풀린 상업주의가 돈벌이라는 목적만 달성하면 정당화되는 세태가 되어 가는 셈이다.

지난 6월 말부터 7월 초까지 아닌 밤중에 홍두깨 격으로 시비가 벌어진 〈엠마뉴엘 부인〉이라는 영화의 수업 허가를 둘러싼 논쟁도 바로 그러한 상업주의 풍토를 잘 드러내 주는 것이라고 생각된다. 이 시기에 거의 모든 신문들이 이 영화의 수입문제를 들고 나온 것을 보고 있노라니 시빗거리조차 안 될 문제를 두고 신문들이 자청해서 팔을 걷어붙이고 나서서 큰일인 것처럼 떠들었다는 느낌이 들었다.

어떻게 보면 영화를 심의하는 공연윤리위원회에 이 영화의 수입을 허가하도록 압력을 넣으려는 여론 조작 같기도 하고, 또 보기에 따라서는 훌륭한 사전광고로 생각할 만도 하다. 모든 신문이 다 그런 것은 아니지만, 몇몇 신문은 비행기 안에서 주인공인 여자가 젖가슴을 드러낸 채 사내의 애무를 받는 천연색 사진을 곁들여 "〈엠마뉴엘 부인〉 과감히 수용해야 한다"고 하거나, 또는 "〈엠마뉴엘 부인〉 수입 꺼릴 이유 없다"는 제목을 달고 제 나름의 논리를 펴고 있다. 그런데 재미있는 것은 이런 주장들이 억지 논리를 펴거나, 아니면 서로 걸맞지 않는 주장을 앞세우고 있다는 점이다. 그런 주장이나 논리들을 정리해 보면 대체로 다음과 같다.

"오늘날 관객의 의식은 매우 높아져서 영화의 외설성에 현혹될 만큼 무분별하지 않다."

"영화가 아니더라도 성을 자극하는 요소는 어느 사회 어느 구석에나 있다. 〈엠마뉴엘 부인〉은 몇몇 경직된 눈이 걱정한 만큼 외설영화는 아니다. 예술영화는 아니지만 그렇다고 해서 요즘 우리나라에서 마구 써먹는 그런 따위의 서툰 에로티시즘과는 차원이 다르다."

"이 영화의 매력은 자칫 혐오하기 쉬운 육체마저 세련된 영상의 향료로 산뜻하게 만든 포토제닉한 앵글에 있다. 영화 〈엠마뉴엘 부인〉은 본격적인 성애영화인 포르노의 테두리에서 살짝 벗어난 작품이다. 정사장면은 매우 농도가 짙으나 대부분 동작으로 암시되고 국부적 묘사는 없다. 이 영화는 선진국뿐만이 아니라 동남아 여러 나라에서도 개봉됐으며, 해외여행을 다녀온 사람이면 한번쯤은 보았거나 그 영화에 대한 얘기는 다 들어 알고 있을 정도다."

"우리나라 문화현상이 모든 영상매체를 통해 관능적이고, 어느 정도 외설적인 장면에 적당히 중독이 된 상태라면 〈엠마뉴엘 부인〉이라고 해서 수용되지 못하리라는 생각은 하기 어렵다."

이런 주장들을 내세워 이 영화를 들여오는 것을 두둔하고 또 수입을 하려는 한진영화사는 다음과 같이 자기들의 처지를 합리화시키고 있다. 곧 지금 들여오려 하는 〈엠마뉴엘 부인〉은 원작이 아니라 동남아판으로 다시 편집한 것이라고 주장한다. 제목과 출연진 및 제작진은 다 같으나, 10년 전에 프랑스와 유럽 전역에서 상영된 성애가 짙은 영화가 아니라, 동양권의 영화시장을 염두에 두고 성 묘사의 표현 정도를 손질해서 만든 이른바 '동양판 〈엠마뉴엘 부인〉'이라는 것이다. 자막 배경에서부터 여배우의 완전한 누드가 등장하는 원판과는 달리, 동양판 〈엠마뉴엘 부인〉은 그 누드장면이 없고 국내 영화에서 흔히 볼 수 있는 정도의 애정묘사를 하고 있다고 주장한다. 그러면서 이 영화는 일본에서는 이미 5년 전에 텔레비전에서 낮에 방영했다고 설명한다.

그러나 이와 같은 영화사 쪽의 해명을 들으면, 영화사가 이 영화의 수입을 두둔하는 사람들의 생각과는 거리가 멀다는 것을 먼저 알아차릴 수 있다. 영화사가 내세우는 것처럼 동양판 〈엠마뉴엘 부인〉에 누드장면 하나 없다면 외설일지라도 과감하게 개방해야 할 것이라는 주장들은 필요가 없어진다. 그런가 하면 관객의 수준이 높기 때문에 외설이 허용되어도 괜찮다거나, 또는 영화 말고도 성을 자극하는 요소가 구석구석에 도사리고 있는 판에 포르노는 아니지만 그에 가까운 영화 한 편쯤 들여오는 것 가지고 시비할 게 없다는 생각에도 문제가 있다. 또 우리 사회가 적당히 관능주의에 적응되어 있으므로 걱정할 것 없다는 논리에도 무리가 있다.

영화가 들어오면 그 외설스러움에 현혹당하지 않는 관객만 본다는 보장이 없다는 현실을 감안해야 한다. 사회 구석구석에 성이 상품화되어 있다고 해서 성을 상품화시킨 영화가 들어와도 된다는 생각은 큰 억지다. 그런 생각을 할 때 영화는 대중매체라는 사실을 알아야 할 것이다. 예술성이 높은 영화도 아니요, 겨우 청순한 미모의 여주인공이 여기저기 여행하면서 정사 행각을 벌인 끝에 진정한 성에 눈뜬다는 정도의 성애영화를 비싼 외화까지 써가며 수입해야 할 긴급한 사정이 있을 수 없다는 생각이다. 그것도 동양판이라 해서 자를 것 자르고, 거기다 우리나라 심의과정에서 가위질이 없을 수 없을 터이니 그 영화가 설사 수입된다 해도 누더기에 지나지 않을지도 모른다. 그저 사람들의 호기심을 부추겨서 장사나 해보자는 속셈밖에 더 보이는 것이 없다.

또 한국 영화의 성 묘사가 오히려 〈엠마뉴엘 부인〉보다 더 농도가 짙은 것이라면, 구태여 외국산 성애영화를 들여올 까닭도 없겠다. 만약 수입을 하려는 영화사가 내세우듯이 일본서 텔레비전이 낮에 방영할 정도의 것이 이른바 동양판 〈엠마뉴엘 부인〉이라면, 더욱더 들여오는 문제를 두고 시비할 까닭도 없겠고, 꼭 수입해야 할 필요도 없겠다는 생각도 든다.

그러나 이 영화를 들여오는 데에 찬성이나 반대를 하고자 이 말을 하고 있는 것은 아니다. 내가 하고 싶은 말은 왜 갑자기 신문들

이 그 아까운 지면을 큼직하게 소비해 가면서 광고인지 여론조작인
지 분간하기 어려운 글들을 싣는지 모르겠다는 것이다. 〈엠마뉘엘
부인〉이라는 영화에 대한 시비가 문제가 아니라, 상업주의에 놀아
나는 신문이 꼴불견이라는 생각이 든다.

《샘이 깊은 물》, 1985년 8월

대중매체의 운명 점검
: 불확실성 시대의 점 바람

    들리는 말로는 요즈음에 점치는 사람들이 늘어간다고 한다. 하기야 요즈음에만 그런 것이 아니라, 그와 같은 현상은 늘 계속되어 왔던 것이 아닌가 생각된다. 우리 주변만 살펴보아도 동양철학연구소니, 또는 운명감정소와 같은 점치는 영업장소가 늘었으면 늘었지, 줄어들지는 않았다는 것을 누구나 체험으로 알 수 있는 것이니, 그같은 추세를 증명해 준다고 할 수 있겠다. 말하자면 수요가 있으니 공급이 창출되는 셈이다.

    국회의원 선거 때 또는 대학입학시험 때가 되면 점치는 집들이 문전성시를 이룬다는 것은 이미 오래 전부터 들어온 말이다. 또 대학에서 과학적인 사고의 훈련을 받은 미혼 남녀들도 자신들의 배우자 선택과 관련하여 궁금증을 풀려고 점치러 다니는 사람이 많은 것도 잘 알려져 있다. 그뿐만 아니라 조금 더 잘 알아맞힌다고 이름난 점쟁이 집에는 이 나라에서 '내로라'하는 사람이나 그 부인들로 장사진을 이루고 있다는 소문도 항간에 떠돈 지가 오래되었다.

    이렇게 보면 점이란 가난한 사람이 답답하다 못해 언제쯤이면 좀 팔자가 좋아질까를 알고 싶어 하거나, 멀리 타향에 간 자식이 언제나 돌아올까 하고 속 태우는 부모들이 속 시원한 말이나 들어 볼까 하고 치는 것만은 아니라는 것을 알 수 있다.

사전을 찾아보면 점이란 전조·탁선·예언·관상 같은 방법으로 초인간적인 존재를 접촉하여 미지의 사물에 관한 과거·현재·미래의 지식을 얻는 과정이라고 풀이하면서, 동양에서는 팔괘나 육효, 오행 및 기타 특정한 방법으로 사람의 길흉화복을 판단한다고 소개하고 있다. 점은 꽤 오랜 역사를 지니고 있는데, 점이 생겨나게 된 데는 적어도 두 가지 까닭이 있다는 게 학자들 대부분이 갖고 있는 생각이다.

첫째는 진실을 탐구하려는 것이다. 여기서 말하는 진실이란 '하늘'의 뜻을 말하며, 이는 원시인들의 자연에 대한 두려움에서 비롯된 것이라 할 수 있다. 하늘의 뜻에 어긋난 행동을 하면 곧 벌을 받는 것으로 믿었던 까닭에, 벌을 받지 않으려고 먼저 하늘의 뜻을 정확하게 알아내어 그에 따라 행동하고자 하였던 것이다. 이와 같은 동기에서 출발한 점은 제정일치시대에서 보듯이 정치와 밀접한 관련을 맺게 된다. 지배자의 권위와 영도력을 합법화시켜 주는 수단으로 점이 이용되는 것이다.

우리나라의 경우도 정치와 점이 밀접한 관계를 가졌다. 그것은 고려시대에 서운관의 관리로 복박사를 두었다거나, 태복감에도 복박사나 복정들이 있어 점치는 일을 관장케 하였으며, 조선시대 때는 관상감을 두어 천문과 지리와 점복을 맡아 보게 하는 제도를 두었다는 기록에 나타나 있다. 그러나 현대에 들어와서는 과거와 같은 정치와 점의 관계는 상상도 할 수 없게 되고 말았다.

점이 생겨나게 된 두 번째 동기는 개인의 운명을 예견하려는 지극히 사적인 목적과 관련된 것이다. 자기 자신의 운명과 관련하여 한 치 앞도 예견할 능력이 없는 사람들이 답답한 마음을 점에 기대어 풀려고 했던 것은 어쩌면 당연한 일이었다고 이해할 만도 하다. 이와 같이 개인적인 운명을 예견하고자 하는 데서 출발한 점은 예나 오늘이나 다름없이 지속되어 오고 있는 것이다.

사람이 우주여행을 하고 인공수정으로 새로운 생명이 태어나는, 첨단과학을 강조하는 과학의 시대가 오늘임에도 아랑곳없이 점치기가 줄어들기는커녕 줄곧 늘어나고 있으니, 그 까닭이 무엇인지를 생각해 보지 않을 수 없다. 더욱이 자기의 경험법칙에 따라 확실한 사실조차도 과학적인 방법으로 확인하지 않고는 믿으려 하지조차 않는 시대에, 가장 비과학적이라 할 수 있는 점에 의존하는 경향이 늘고 있는 현상은 단순히 보아 넘길 일만은 아닌 듯하다.

개인의 경우로 볼 때 점이란 미래에 대한 확신이 불가능할 때 의존하게 되는 보루라 할 수 있다. 미래에 대한 불확실성을 느끼게 되는 까닭은 개인에 따라 다양할 것이나, 사회적인 관점에서 보면 이런 현상은 사회 전체의 미래에 대한 불확실성의 반영이라고 볼 수 있다. 우리가 흔히 현대를 불확실성의 시대라고 말하듯이, 사회 전체의 미래를 예측하기 어려울수록 그 구성원인 개인들은 그만큼 더욱 불안해지지 않을 수 없는 것이다. 그와 같은 사회적인 성격이 마침내 개인들로 하여금 점에 의존하게 만드는 온상이라고 할 수 있다.

또 한 사회의 기풍이 '모든 인간이 자기 운명의 개척자'라거나, 또는 '내 운명을 내 자신에게 굴복시키려고 하지, 내 자신을 운명에 굴복시키려고 하지는 않는다'는 식으로 형성되어 있다면, 점이 발붙일 곳은 없을 것이다. 그러나 운명이 모든 것을 지배한다거나, 모든 일을 숙명으로 믿는 사고방식이 지배하는 사회라면, 그 사회의 구성원들은 자신들이 해야 할 일을 하기보다 운이 자기 자신을 이끌어 줄 것이라는 생각에 의지하게 될 것임은 분명하다. 이런 사회 풍토에서는 역시 점이 융성할 수밖에 없을 것이다.

그러면 어떤 사회가 운명론의 사고방식을 팽배하게 하는 것일까? 그 문제에 대한 분석과 진단은 매우 다양하고 복합적인 성격을 띤다. 여기서 아주 단순화시켜 불확실성으로 압축해서 말할 수도 있겠으나, 더 구체적인 이유를 든다면 노력한 것만큼 그에 따른 적절한 보상이 주어지지 않는 사회풍토를 지적할 수 있을 것이다. 그뿐만이 아니라 불평등이 꽤 구조화되고, 계층의 상승이동이 상당히 어려운 사회구조 또한 한 원인으로 꼽을 수 있다고 생각된다.

이러한 구조적인 성격을 가진 사회에서는 그 구성원들이 노력의 보람도 충분히 맛보지 못하고, 자신의 힘으로는 어쩔 수 없는 사회적인 장벽에 부딪치게 됨으로써 자칫하면 숙명론이나 운명론에 빠지기 쉽다. 그리하여 현실의 장벽 앞에서 무기력한 개인들은 답답해 하다 못해 자기의 운명이 어떠한가를 알아보려고 점에 의존하게 되는 것이라 할 수 있다. 죽은 뒤에 좋은 세상에 갈 것을 그리는 심정의 바탕에도 그러한 사회구조의 성격이 작용한다고도 볼 수 있다.

또 점이란 대체로 자신의 불운을 참다못해 끝까지 견디기 어려워진 사람들이 보는 것이 사회통념이다. 그러나 우리나라의 경우는 반드시 그렇지도 않는다는 데 문제가 있는 것으로 여겨진다. 곧 잘 사는 사람은 더 잘 살고자, 첨단과학사업을 벌이려는 이는 그 성패의 예언을 들으려고, 권력을 가진 사람은 그것을 어떻게 하면 더 유지할 수 있을 것인가를 알기 위해서, 또는 자기 남편을 어떻게 하면 더 출세시킬 수 있을까를 알아보고자 점을 치는 경우가 많다. 그들은 합리적이며 정당한 노력에 따라 그와 같은 목표를 달성해야 하고, 또 그렇게 하는 것이 옳다고 충분히 교육을 받았음에도, 점괘가 나온 바에 따라 자신의 행동을 결정하는 데 문제가 있다. 일부에 국한된 일이긴 하겠으나, 정치나 기업의 지도층 인사들 가운데 그런 성향을 지닌 사람들이 있는 현실은 나라의 발전을 위해서도 극히 경계해야 할 현상이라고 생각한다.

그런 현실과 관련하여 이를 대변하거나 부추기기라도 하듯, 요즈음에 몇몇 대중 신문과 잡지들 사이에 그 날이나 그 주일의 운수를 따지거나, 독자들이 자신의 운명을 감정할 수 있는 관상 보는 방법들을 다투어 싣고 있는 경향을 볼 수 있다. 그러한 기사를 싣는 잡지나 신문의 편집자들은 별 뜻도 없이 독자들에게 심심풀이를 제공하려는 것에 지나지 않는다고 생각할지 모른다. 백 원짜리 동전을 넣으면 그 날의 운세를 적은 돌돌 말린 종이가 나오는 재떨이를 놓아두고 손님들의 심심풀이로 삼게 하는 다방주인처럼, 편집자들이 소일거리를 제공하는 기분으로 그런 처사를 해온지도 모르겠다.

그러나 대중신문이나 잡지의 운수·점보기나 관상 보는 법과 같은 기사는 그렇게 단순한 심심풀이에만 그치는 것이 아니라는 점에 유의하지 않으면 안 된다. 그런 까닭의 하나는 그런 종류의 기사가 마침내는 우리나라의 점치는 풍조를 더 부채질할 수 있기 때문이다. 그러한 기사의 정확성 자체도 문제려니와, 그보다 앞서 아무런 과학적인 근거도 없는 운수보기 같은 것에 사람들이 흥미를 갖도록 하는 것은 생활의 과학화라는 나라의 시책에도 크게 어긋나는 일이라는 점을 깨달아야 할 것이다.

《샘이 깊은 물》, 1985년 11월

국민생활시간 조사의 결과
: 대중매체가 할 반성

한국방송공사에서 후원하고 서울대학교 신문연구소에서 실시한 1985년 우리나라 국민생활시간 조사의 결과가 발표되었다. 이 조사는 우리나라 국민들이 하루 24시간을 무엇을 하며 보내는지 알아내어 방송 프로그램을 짜는 데 도움을 받고자 실시한 것이었다. 그렇지만 이 조사의 결과는 매우 자세하게 우리나라 국민들의 생활시간을 알려 주고 있어서 방송국 외의 다른 기관이나 사람들에게도 크게 쓸모 있는 자료가 될 수 있다고 생각된다.

그러면 과연 우리나라 국민들은 하루의 시간을 무슨 일에 어떻게 쓰고 있는지 알아보도록 하자. 조사결과에 따르면, 우리나라 성인들은 대개 평일에 7시간 반쯤을 잠자는 데 쓰고 있으며, 일요일에는 한 30분쯤 더 자는 것으로 나타났다. 대개 밥 먹는 데 1시간 45분쯤을 보내고, 세수하거나 화장하는 따위의 신변정리에 1시간 10분쯤을 쓰고 있다.

남자들은 일하는 데 평일에는 5시간쯤을, 일요일에는 3시간을 쓴다. 이에 견주어 여자들은 평일에는 한 3시간 10분을, 토요일에는 2시간

45분쯤을, 그리고 일요일에는 1시간 35분쯤을 일하는 데 보낸다. 그러나 여자들은 집안일을 하는 데 하루 평균 4시간쯤을 소모하는 것과 달리, 남자들은 한 주일을 평균해서 하루에 40분쯤을 쓸 뿐이다.

그런데 집안일을 돌보는 데 쓰는 시간을 83년도 조사결과와 비교해 보면 재미있는 현상을 알아낼 수 있다. 곧, 83년에 견주어 여자들이 집안일을 하는 데 보내는 시간은 평일에 19분, 주말에 12분씩이 각각 줄어든 것과 달리, 남자들은 오히려 그 반대로 주중이나 주말에 7분이나 10분쯤이 늘어났다는 사실이다. 두 해 동안에 보인 이러한 변화를 두고 마침내 우리나라에서도 남자들이 집안일을 돌보는 경향이 점차로 증대되고 있다고 딱 잘라 말하기는 어려울지 모르겠으나, 그런 조짐을 보이고 있다고 할 수는 있지 않을까 싶다.

그 다음으로 사람들이 직장에 나가거나 볼일을 보려고 이동하는 시간이 하루에 남자는 1시간 40분쯤, 여자는 1시간 20분쯤 드는 것으로 나타났다. 이 같은 이동시간의 길이는 83년에 견주어 남자는 평일에 2분, 토요일에 5분쯤이 늘어난 것이다. 이에 견주어 여자는 평일이나 토요일에 15분쯤, 일요일에는 8분쯤이 길어졌다. 이것은 여자들의 활동이 그만큼 활발해졌음을 간접적으로 알려 주는 것이라 할 수 있다.

한편으로 우리나라 어른들이 하루에 여가시간은 얼마나 가지며, 그 시간을 무엇을 하는 데 쓰고 있는지 살펴보자. 조사결과를 보면 남자들은 평일에 약 6시간 20분, 토요일에는 약 7시간, 그리고 일요일에 약 8시간 10분의 여가시간을 가지고 있으며, 여자는 평일에 약 6시간 10분, 토요일에는 약 6시간 반, 그리고 일요일에는 약 7시간 5분을 여가시간으로 쓰고 있는 것으로 나타났다.

그러면 사람들은 이만큼의 여가시간을 무엇을 하며 보낼까? 먼저 남자들의 경우를 보면 다음과 같다. 평일에 남자들은 남들과 교제하는 데 56분, 쉬는 데 1시간 17분, 레저활동에 51분, 그리고 신문이나 잡지 또는 책을 읽는 데 40분, 라디오를 듣는 데 43분, 텔레비전을 보는 데 1시간 52분을 쓰고 있다. 토요일에는 교제에 1시간 14분, 쉬는 데 1시간 15분, 레저활동에 1시간, 신문·잡지·책 같은 것을 읽는 일에 37분, 라디오 청취에 34분, 텔레비전 시청에 2시간 18분을 쓴다. 일요일에는 교제하는 데 1시간 반, 쉬는 데 1시간 10분, 레저활동에 1시간 15분, 신문·잡지·책을 읽는 데 36분을, 라디오를 듣는 데 33분, 텔레비전 시청에 3시간 8분을 보낸다. 그러니 남자들은 하루 여가시간의 약 절반을 대중매체를 접촉하며 보내고 있다는 계산이 나온다.

여자들은 평일에 교제하는 데 약 1시간, 쉬는 데 1시간 30분, 레저활동에 26분, 신문·잡지·책 같은 것을 읽는 데 31분, 라디오 청취에 약 50분, 그리고 텔레비전 시청에 2시간 7분을 쓰고 있으며, 토요일에는 교제에 대략 1시간 5분, 쉬는 데 1시간 13분, 레저활동에 33분, 신문·잡지·책을 읽는 데 27분, 라디오를 듣는 데 42분, 텔레비전을 보는 데 2시간 반을 쓰고 있다. 일요일에는 교제에 1시간 26분, 쉬는 데 1시간 5분, 레저활동에 37분, 신문·잡지·책을 읽는 데 26분, 라디오 청취에 30분, 그리고 텔레비전 시청에 약 3시간을 보내는 것으로 나타났다. 이와 같은 여자의 여가시간 쓰임새를 보면 전체 여가시간의 반 이상을 대중매체와 접촉하여 보내고 있음을 알 수 있다.

83년의 조사결과와 비교해 보면 남자들은 쉬거나 레저활동을 하는 데 보내는 여가시간이 많이 늘어났으며, 여자들은 두 해 전에 견주어 쉬는 데 약 20분을 더 쓰는 것으로 나타났다.

지금까지 살펴본 85년도 국민생활시간 조사의 결과에서 알 수 있듯이, 우리나라 성인들은 남녀를 따질 것 없이 자신들에게 주어진 여가시간의 절반쯤을 대중매체와 접촉하는 데 보내고 있다. 따라서 현재 우리들의 삶에서 대중매체가 얼마나 큰 비중을 차지하고 있는지 새삼 느끼게 한다.

그러므로 우리의 관심은 이러한 대중매체들이 어떤 수준과 취향의 문화 내용을 공급하는지에 쏠리지 않을 수 없다. 이 문제는 그리 쉽게 어떻다고 말하기 어려운 점이 있으나, 우리나라 대중매체의 일반 성향에 견주어 볼 때 미학적으로나 도덕적으로 수준 높은 문화 내용이나 건전한 취향을 부추기는 상품을 국민들에게 제공하고 있다고 보기 어렵다. 그것은 잘 팔리는 책들이 어떤 것들이며, 우리의 잡지들이 주로 다루고 있는 내용이 무엇인지만 보아도 쉽게 짐작할 수 있는 일이다.

텔레비전은 더 말할 필요조차 없다. 거의 모든 대중매체들이 날이 갈수록 상업주의로 흘러 사람들의 감각적인 욕구를 충족시키거나 하찮은 호기심이나 부추기는 소재를 잡아 상품으로 만들어 팔고 있는 실정이다. 어떤 사람들은 그러한 경향을 어쩔 수 없는 이 시대의 요구 때문이라고 주장하기도 한다.

물론 그와 같은 의견에도 합리적인 일면이 있다는 것은 부인할 수는 없다. 그러나 오히려 대중매체가 감각형의 문화를 이끌어 가고 있음을 잊어서는 안 되리라고 생각한다. 오늘의 우리 대중문화는 이 시대의 소비적이며 향락적인 관능문화를 더욱 부채질하고 있다.

실로 오늘의 우리 국민들에게 필요한 것은 변화하는 환경에 대한 정보이며, 대중매체의 구실은 무엇보다도 먼저 국민들의 그와 같은 필요와 요구를 충족시켜 주는 것이어야 마땅하다. 그러나 우리 현실은 그렇지 못한 까닭에 국민들은 정보에 굶주려 있는 상황이다. 이 같은 굶주림은 상업주의 오락물로 대신해서 해소될 수 있는 성격의 것이 아니다.

문제는 바로 그 점에 있는 것이다. 사람들이 여가시간의 대부분을 대중매체와의 접촉에 보내고 있으면서도, 정보의 굶주림에서 벗어나지 못하고 있다면 문제는 심각하지 않을 수 없다. 이번 발표된 국민생활시간 조사결과를 보면 83년에 견주어 국민들의 텔레비전 시청시간이 평균 25분쯤이 줄어든 것으로 나타났다. 그 대신에 신문·잡지·책과 같은 인쇄매체를 접촉하는 시간은 평균 5분쯤이 늘어났다. 그 나머지 텔레비전 시청시간이 줄어든 부분은 다른 레저활동으로 전환된 것으로 보인다.

이러한 결과는 우선 긍정적인 변화로 받아들일 만하다는 생각이 든다. 그 까닭은 감각적인 시청각매체에 대한 지나친 의존이 균형 있는 문화 내용의 수용이나 인격의 형성에 결코 바람직한 것은 아니라는 지극히 초보적인 일반론에 바탕을 두어도 이해할 수 있을 것이다.

그러나 한편으로 텔레비전의 입장에서 볼 때 그 같은 변화는 진지한 문제제기로 받아들여져야만 하리라고 여긴다. 더욱이 83년에 견주어 저녁 9시부터의 시청률이 큰 폭으로 감소하고 있으며 ─ 저녁 9시에서 9시 15분까지의 시청자 감소율은 평일에 약 7퍼센트, 토요일에 약 6퍼센트, 일요일에 약 11퍼센트에 이른다 ─ 그와 함께 평일과 일요일 저녁시간, 이른바 황금시간대의 시청률이 현저하게 떨어지고 있음이 무엇을 뜻하는지에 대한 깊은 성찰이 있어야 하리라고 믿는다.

《샘이 깊은 물》, 1986년 1월

'바뀐' 텔레비전의 뉴스
: 순서가 아니고 공정성이다

　최근에 정부에서 KBS 제1텔레비전의 광고를 올림픽이 끝난 뒤인 1989년부터는 완전히 폐지하고, 그전에도 현행광고량을 대폭 줄이도록 한다는 내용의 KBS 운영개선방안을 마련했다는 보도가 있었다. 그 운영개선방안이라는 것이 전부터 거세게 일어난 시청료 거부운동에 영향을 받아 나온 것임은 자명한 일이다. 그러나 정부가 이쯤 되면 되지 않았느냐고 내놓고 흡족해 할지도 모를 그 개선안을 보며 몇 가지 지적하지 않을 수 없다.

　시청료 징수방법을 개선하는 것과 같은 일은 시청료 거부운동이라는 것을 낳게 한 문제의 본질을 제대로 파악하지 못한 것이다. 마찬가지로 광고를 덜 하겠다거나 어느 채널에서는 광고를 아예 없애겠다는 방침도 중요한 것이 아니다. 그러한 개선책은 공정성을 회복한 다음의 문제이기 때문이다.

　하기야 요새 뉴스가 좀 달라졌다는 얘기도 있다. 날마다 저녁 9시에 방송되는 KBS 텔레비전 뉴스를 보아 온 사람들은 지난 5월 초부터 적어도 한 가지 뚜렷한 변화를 보았을 것이다. 그 전까지만 해도 뉴스는 거의 날마다 프로그램 첫머리가 대통령의 동정을 알리는 내용으로 채워졌었다. 그러던 것이 5월 초부터 그와 같은 방침을 바꾸어 대통령과 관련된 뉴스라고 할지라도 중요한 것만 골라 방송하면서, 지난날처럼 꼭 프로그램 첫머리에 방송하지 않고 다른 더 중요한 소식이 있으면 그것을 먼저 내보내기 시작했다. 말하자면 대통령의 동정을 알리는 뉴스가 줄어들고 방송순서도 바뀐 것이다.

그 같은 변화는 공영방송의 뉴스가 공정해야 한다는 원칙에 한 걸음 다가선 것이라고 할 수도 있다. 그러나 대통령의 동정을 알리는 방식이 달라졌다고 해서 공영방송 보도 프로그램의 공정성이 모두 이루어진 것은 결코 아니다. 그런 변화는 공영방송이 공정한 자리를 지키는 데 필요한 한 부분에 지나지 않는다. 공영방송의 보도 프로그램이 정말 공정하려면, 그날그날의 중요한 뉴스를 진실하고 정확하게 알리는 한편, 국민들이 알고 싶어 하고 국민들에게 필요한 정보를 제공해 주어야 한다. 더욱이 많은 사람들이 관심을 가진 일로 사람에 따라 서로 의견이 다를 수 있는 문제일 때는 어느 한쪽의 의견만 내세우지 않고 다른 모든 생각을 드러내 주어야 한다. 그리고 공영방송은 이 사회에 존재하는 모든 계층이나 집단들의 이익을 골고루 대변해 주어야지, 어느 특정한 쪽만 편들어서는 안 된다. 그러면 공영방송이 왜 그래야만 하는지를 생각해 보자.

민주주의 사회에서 공영방송은 무엇보다도 자유민주주의의 기본질서를 유지하는 일을 게을리해선 안 된다. 그것은 공영방송이란 제도 자체가 자유민주주의의 기본질서 위에 세워진 것이기 때문이다. 누구나 다 잘 아는 바와 같이, 자유민주주의제도에서 정치는 여론으로 이루어진다. 그러므로 여론형성이 제대로 되고 그것이 정책을 결정하는 데 도움을 줄 수 있어야 하는 것이다.

그러한 필요를 충족시켜 주는 것이 현대사회에서는 신문이나 방송과 같은 대중전달매체이다. 곧 여론이 형성되면 먼저 중요한 관심사가 무엇인지를 사람들이 알아야만 한다. 그뿐만이 아니라 알되 올바로 알아야만 된다. 중요한 관심사가 무엇이며, 그것이 지니고 있는 뜻이 어떠하고, 무슨 문제가 어떻게 해결되어야 할 것인지를 있는 그대로 낱낱이 알아야 한다. 그런데 그런 일을 할 수 있는 것은 현대사회에서 신문이나 방송 밖에 없다. 그렇기 때문에 신문이나 방송은 나날의 사건이나 또는 사람들의 일상생활에 중대한 영향을 미칠 일들을 정직하고 정확하게 알려 줄 책임이 있다.

또 여론은 토론을 거쳐서 형성된다. 어떤 문제가 제기되면 사람들이 그에 대한 자신들의 생각을 솔직하게 드러내고 서로가 자유롭게 의견을 교환할 수 있어야 한다. 그런 과정을 거쳐 합의에 이를 수도 있고, 설사 의견이 일치되지 않더라도 어떤 생각들이 있는지를 알게 되어 정책을 결정하는 데 도움이 될뿐더러, 국민들이 원하는 바를 정책에 반영할 수 있다. 그런 일을 맡을 수 있는 것 또한 신문이나 방송이다. 만일에 신문이나 방송이 여러 다른 의견을 고르게 다루지 않고 어느 한쪽만 편들게 되면 올바른 여론이 형성되지 못할 뿐만이 아니라, 오히려 여론을 그릇되게 이끄는 잘못을 저지르게 된다.

나아가서 자유민주주의는 다수의 여론에 따라 주요정책을 결정한다. 곧 민주주의는 다수결의 원칙을 따른다. 그러나 다수의 여론을 따른다는 것이 곧 소수의 여론을 무시한다는 뜻은 아니다. 다수의 여론을 따르는 것은 민주주의 제도에서 하나의 절차상 편의일 뿐이다. 다수의 여론이 반드시 최선의 것은 아니다. 때로는 소수의 여론이 더 진리에 가까울 수도 있다. 그렇기 때문에 비록 민주주의의 관행은 다수의 여론에 의존하지만, 소수의 여론도 존중하게 된다. 그래서 민주주의의 으뜸가는 덕성은 다수의 이익과 함께 소수의 권익을 옹호하는 데 있는 것이다. 이렇게 볼 때 자유민주주의사회의 신문이나 방송은 소수의 이익, 곧 힘없고 가난한 사람들의 권익을 옹호하고 그들의 대변자 역할을 하지 않으면 안 된다.

그런 구실을 하는 데서 우리가 특히 공영방송에 대해 더욱더 엄격하게 공정성을 요구하는 까닭은 어디에 있을까? 한마디로 말하자면 전파가 국민 모두의 것이라는 데 있다. 곧 방송은 전파를 이용하여 행해지며, 공중에 떠 있는 전파는 우리가 숨 쉬는 공기와 같이 어느 누구의 것도 아닌 우리 모두의 재산인 것이다. 그러나 전파는 서로 간섭하는 성질을 가지고 있기 때문에, 모든 사람들이 이를 제 것이라 하여 방송을 하게 되면 혼란이 일어나 아무도 방송을 할 수 없게 된다. 그래서 공공재산인 전파를 누군가가 책임을 지고 관리하지 않으면 안 된다. 나라가 전파를 관리하는 까닭이 바로 거기에 있다.

그러므로 국민 모두가 주인인 전파를 이용하여 방송을 할 때 그것이 상업방송이나 공영방송, 또는 국영방송인지에 상관없이 무엇보다도 먼저 전파의 주인인 국민의 이익과 편의, 필요에 봉사할 의무가 있는 것이다. 그러나 상업방송과 국영방송은 방송을 운영하는 주체들이 지닌 성격 때문에 개인의 이익을 더 앞세우거나, 정권을 잡은 세력의 권익을 더 옹호하게 되어 국민에게 덜 봉사하게 된다. 우리가 공영방송제도를 채택하고 있는 것은 그러한 불이익을 막고 방송으로 하여금 전파의 주인인 국민에게 더 잘 봉사할 수 있도록 하기 위해서이다. 그런 까닭에 공영방송은 '국민의 방송'이며, 방송을 운용하는 일은 국민의 신탁을 받는 것이 된다. 나아가 국민의 신탁을 맡아 운용되는 공영방송이 공익과 국민의 편의와 필요를 위해 봉사해야 함은 당연한 일이다.

이를 위해 공영방송이 해야 할 역할은 다양하지만 보도 프로그램에 한정시켜 본다면 첫째가 공정함이다. 그러나 우리의 공영방송은 이제껏 보도 프로그램에서 공정함을 잃어 왔다. 정부와 여당 편을 들어 왔고 야당의 의견은 거의 묵살되었으며, 정부를 비판하는 소리도 외면되었고, 서로 다른 의견이 있을 수 있는 문제에 대해서까지 다양한 관점들을 표출시키지 않고 한 쪽의 주장만을 편들었다. 그뿐만이 아니라 자유 민주주의의 질서를 옹호한다면 마땅히 소수의 이익도 대변해야 함에도 우리의 공영방송은 그런 역할을 제대로 하지 못했다.

다시 말하거니와 이제 '텔레비전 시청료 안 내기 운동'이 점차 국민들에게 확대되어 감에 따라 공영방송의 보도 프로그램에 작은 변화가 보이기 시작했으나, 아직 참다운 공정성에는 크게 미치지 못한다. 시청료 안 내기 운동의 목표가 정말 돈을 안 내겠다는 것이 아니라 보도 프로그램이 공정성을 회복하도록 하는 것이라는 점을 다시 한 번 깨우치기 바란다. 거듭 바라건대, 이 기회에 우리 공영방송이 일대 혁신을 감행하여, 보도 프로그램의 공정성을 회복하는 제도적인 장치를 마련함으로써 국민의 신뢰를 받고 사랑받는 방송이 되었으면 한다.

《샘이 깊은 물》, 1986년 6월

한 여성지의 수기
: 그 중학생 어머니의 분노

　지난 5월 9일자 《조선일보》 사회면에서는 "중3생, '일등 압박' 투신자살"이라는 제목 아래 다음과 같은 내용의 기사가 실렸다.

　"7일 오후 7시 30분쯤 서울 강남구 도곡동 우성아파트 12동 1502호 최상현 씨(51·변리사) 집에서 최 씨의 차남 지성 군(14·Y중 3년)이 45미터 아래 화단으로 뛰어내려 자살했다. 지성 군은 이날 오후 6시쯤 학교에서 돌아와 가족들이 저녁식사를 하고 있는 사이 베란다로 나가 뛰어내렸다는 것. 가족들에 따르면 지성 군은 1, 2학년 때 학급에서 1, 2등, 학년 전체에서 10등 내외를 했고 지난달의 모의고사에서는 전체 1등을 할 정도로 공부를 잘 했으나, 평소의 우울 증세 때문에 8일부터 시작되는 중간고사를 앞두고는 몹시 불안해 했다는 것이다. 담임 임 모 교사(30)도 내성적인 지성 군이 이번 중간시험을 앞두고 초조해 하는 것 같아 며칠 전 교무실로 불러 성적에 너무 신경을 쓰지 말라고 이야기했다고 말했다. 경찰은 지성 군이 유서를 남기지 않았으나 중간고사를 하루 앞두고 자살한 점으로 미루어 상위 성적을 유지해야 한다는 강박 관념에 평소의 우울증이 겹쳐 자살한 것으로 보고 조사 중이다."

한편 한 여성지 6월호에는 〈1등 압박으로 스스로 죽음 택한 그 중3생 어머니의 수기〉가 실렸다. "평소에 공부를 잘하면서도 전체 1등의 압박에 못 이겨 중3생이 스스로 목숨을 끊었다. 주위의 기대와 자기 스스로의 욕구가 견딜 수 없는 압박이 되어 아파트 맨 꼭대기층에서 몸을 날려 버린 것이다. 그 학생의 어머니의 절절하고 비통한 마음을 담은 수기"라고 편집자의 설명이 붙은 이 수기는 이현선 씨(45세·강남구 도곡동)가 쓴 것으로 되어있다.

수기의 내용에서 자살한 학생의 이름은 '정훈'으로 되어 있고 그가 중학교에 들어간 뒤로 전체에서 10등 안팎을 차지했으며 학급에선 1, 2등을 다투어 왔다고 소개되었다. 4월의 모의고사에서 1등을 했으나, 5월 중간고사를 앞두고 심한 우울증에 빠졌고, 담임선생님도 그렇게 생각했다고 덧붙였다. 다만 신문기사와 다른 점은 정훈 군이 쌍둥이로서, 쌍둥이인 여동생 때문에 우울해했다는 사실이 밝혀져 있다. 이 수기는 아들을 잃은 어머니로서 공부를 잘 하라고 채근했던 것을 후회하는 마음을 적은 것이다.

그런가 하면 여성사회연구회가 발행하는 《여성신문》 제15호에는 〈한 사람의 인격이 이렇게 무시될 수가…〉라는 제목을 단 서울 강남구 도곡동에 사는 진부자 씨의 글이 실렸다. "이것은 중학교 3학년 최지성 군의 죽음에 대하여 그 여성지(6월호)에서 본인을 만난 일도 없이 마치 그의 어머니가 수기를 써서 보낸 듯이 '허위 수기'를 만들어 게재한 것에 대한 어머니 진부자 씨의 글"이라는 편집자의 설명이 붙은 기고 내용은 다음과 같다.

"1등 압박에 죽음 부른 중3생 어머니의 육필 수기. 애독자 체험수기 특선이라 해서 그 여성지 6월호 표지 제목으로 실리고 여섯 페이지에 걸쳐 내가 썼다는 수기가 실렸다. 편집자는 곁들이기를 애독자들이 보내온 체험이라 했다.

우선 분하고 원통하다. 나는 그 여성지 기자를 만난 일도 없고, 그런 수기를 쓴 적이 없다. 기사 내용이 어떻고의 문제 이전에 대기업이 운영하는 신문사가 발행하는 잡지에서 어떻게 그런 무책임하고 한 사람의 인권을 완전히 무시해 버린 허위 가상의 기사를 게재할 수 있단 말인가. 우리 아이가 죽은 것이 5월 7일, 글 내용도 사실과는 다르며, 죽은 아이에 대해서나 나에 대해서 바른 내용도 아니다. 자식 떠나보내고 이제 한 달, 월간지에 수기나 써서 보낼 경황도 아니었으며 단지 신앙만 아니면 자식 따라 죽고 싶은 심정뿐이다.

그 여성지에 글이 실린 것을 안 것은 6월 3일이었다. 《조선일보》에 실린 월간잡지광고를 무심코 보다가 "중3생 어머니의 육필 수기"라는 제목에 정신이 번쩍 들었다. 그래서 책을 구해 보니 이것은 틀림없는 왜곡된 나의 얘기였다. 그 길로 그 여성지에 전화를 걸었다. 그러나 그쪽의 얘기는 만나서 인터뷰했으니 그런 글이 나가지 않았겠느냐는 것이다. 그렇게 뻔뻔할 수가 있는가.

다음날 나는 그 여성잡지사로 찾아가 편집주간을 만났다. 그러나 그때 그들의 첫말이 나를 더욱 흥분하게 했다. '요새 학생들 자살사건이 많으니 그건 꼭 당신 집이라 할 수 없다', '당신 집 얘기가 아니다'라는 것이다. 잘못에 대한 사과보다는 무책임한 발뺌이나 하려는 그들의 소행이 괘씸했다. 중3생의 죽음, 쌍둥이 남매, 사는 곳과 가족 상황이 일치하고 더구나 담당기자는 기억이 분명치는 않지만 사고 난 지 며칠 후에 두 번이나 우리 아파트를 찾아온 것을 만나지 않은 일이 있었다.

나는 그대로 물러설 수가 없었다. 대중의 흥미나 맞추고 돈벌이만 되면 수단방법을 가리지 않는 비양심 때문에 짓밟혀지는 인격에는 아랑곳하지 않는 그들에 대항해 싸우기로 했다. 나는 그들에게 '공개사과'와 '기사 삭제'를 요구했다. 그러자 그 편집주간은 태도를 바꾸어 공개사과 건은 윗사람들과 의논해야 하니 말미를 좀 달라고 하며 현재 나가고 있는 책들에는 그 기사를 떼어내고 팔게 하겠다고 했다.

그러나 그 약속은 하나도 지켜지지 않았고 그 책을 본 사람들은 전화를 걸어 어떻게 그럴 수 있느냐고 비난의 화살을 쏘아댔다. 그 날이 6월 4일이었으니 그들이 성의만 있었다면 기사를 빼고 판매하는 정도는 할 수 있는 시기였다고 생각된다. 그리고 그들에게서는 아무런 연락도 없었다.

그러다 일주일쯤 지난 후 편집주간이 아이들 아빠를 찾아와 '개인이 책임지겠다'며 사건의 확대를 무마하려 했다. 그리고 나에게도 그 글을 쓴 젊은 여기자가 찾아와 '자기 개인에게서 해결될 수 있도록 해달라'고 했다.

그러나 내 뜻은 나 개인이나 글을 쓴 기자 개인의 문제가 아니다. 막강한 힘을 휘두르며 그 같은 허위기사 정도야 어떻게 게재하든 누가 감히 언론을 상대로 싸울 수 있으랴 하는 비뚤어진 배짱의 기업과 싸우는 것이다. 힘들고 험한 길인 줄은 알지만 다시는 이런 희생자가 없도록 끝까지 싸워 보자는 것이 나의 생각이다.

나는 그들에게 '본인을 만나지도 않고 육필수기니 체험수기니 하며 허위 기사를 실은 것에 대해 사과기사를 내라. 그렇지 않으면 고발하겠다'고 버티었다. 나는 다시 6월 16일 언론중재위원회에 이 사건을 신청했다. 23일이 중재일로 잡혔지만 그 여성지에서는 나오지 않았다. 다시 27일로 날짜를 잡았다. 그 날 편집주간이 그 자리에서 한 얘기는 다시

'당신 집 모델이 아니다'라는 것이었다. 얘기가 되지 않는 일이었다. 언론중재위원회에서도 결론을 얻지 못하자 우리 식구의 이름으로 민사법원에 그 여성잡지사의 사장을 상대로 '사죄광고' 게재와 '정신적 손해배상'을 청구했다. 그러나 재판 첫 날 그 여성지 측은 나오지도 않았다. 이것도 그들 나름대로 시간을 끌어 보자는 속셈인 듯싶다.

그 여성지는 나의 죽어가는 가슴에 다시 대못을 꽂았다. 마치 엄마가 '공부해라, 공부해라' 해서 자식을 죽음으로 몰고 간 듯이, '쌍둥이'임을 비관한 듯이 쓰여진 사실과는 전혀 다른 내용으로 주위에서는 '자식 죽인 엄마'로 손가락질 받고 길을 나서면 화살이 뒤통수에 와서 박히는 듯하다. 그리고 죽은 아이에 대한 슬픔은 말할 수 없이 크지만 더욱 걱정스러운 것은 살아 있는 아이들의 문제이다. 그들을 충격 속에서 보호하고 싶다. ……"

위의 세 가지 기사를 읽은 독자들은 이 작지만 중대한 뜻을 지닌 사건의 대강을 짐작했으리라고 믿어 여기에 다시 사족을 달 필요는 없으리라고 여겨진다.

그 여성지 쪽이 주장처럼 그 기사가 죽은 최지성 군의 사건을 쓴 것이 아니라고 할지라도, 한 가지 분명한 사실은 거짓으로 꾸며 낸 글이라는 점이다. 각종 여성잡지에 실리는 수기들이 다 거짓으로 꾸민 것이라고 믿지는 않으나, 우리는 이 사건을 통해 여성잡지들에 실리는 그런 글들이 얼마쯤은 거짓으로 꾸며지고 있는 현실을 알아차릴 수 있다.

경험 없는 기자나 공을 다투는 기자들이 범하기 쉬운 잘못 가운데 하나가 기사를 가짜로 꾸며 쓰는 일이라는 것은 어제오늘만의 일은 아니다. 더욱이 독자들의 흥미에 영합하고자 가짜 기사를 쓰는 일도 여성잡지들이 저지르는 관행으로 알려져 있다. 그러나 문제는 소설이 아닌 수기를, 그것도 있었던 사건을 줄거리로 가짜 기사를 쓴다는 것은 언론의 윤리로 보아 있을 수 없는 일이다. 그런 기사로 해서 당사자들이 입는 피해는 어떻게 보상받는다는 말인가.

《샘이 깊은 물》, 1986년 9월

유선방송의 문제
: 걸러지지 않는 대중문화상품들

　정부는 라디오 방송이 잘 들리지 않는 지역의 주민들에게 방송을 들을 수 있도록 해주고, 또 필요한 경우에 한 번 방송했던 프로그램을 다시 방송하기 위해 1961년에 유선방송수신관리법을 만들어 민간인이 유선방송사업을 할 수 있도록 했다. 이에 따라 61년부터 정부의 허가를 얻은 유선방송업체들이 생겨나기 시작했다. 그러나 그때부터 본디 목적과는 달리 라디오 방송을 듣기 어려운 지역의 주민들을 위한 유선방송업체만 영업을 하기 시작한 것이 아니라, 도시 지역의 다방이나 유흥업소에 주로 음악을 방송해 주는 업체들이 생기기 시작함으로써 유선방송사업이 좋은 돈벌이로 사람들의 관심을 모으게 되었다.

　다른 나라에서도 우리와 마찬가지로 방송을 시청하기 힘든 지역의 주민들을 위해 유선방송을 해왔다. 라디오나 텔레비전 프로그램을 운반해 주는 주파는 그 성격상 수평으로 뻗어간다. 그러므로 바다와 같이 평평한 곳에서는 상당히 먼 거리까지 전파가 퍼져 나갈 수 있지만, 높은 산에 가로막혀 있거나 겹겹이 산으로 둘러싸여 있는 지역에는 전파가 도달하기 어렵다. 이런 지역에 사는 주민들을 위해 유선방송을 함으로써 모든 국민이 방송을 시청취할 수 있게 되는 것이다.

따라서 어떤 나라나 유선방송을 하는 첫째 까닭은 전파의 주인인 모든 국민이 방송을 향유할 수 있는 기회를 균등하게 마련해 주려는 데 있다. 한 걸음 더 나아가 모든 국민이 방송을 시청취하도록 만듦으로써, 나라의 문화적인 정체성을 형성하고 국민통합을 이루며 긴요한 정보를 필요한 시기에 적절하게 알리려는 목적도 있는 것이다. 나라마다 이 같은 목표들을 더 효과적으로 성취하고자 여러 가지 노력을 기울이고 있다. 선진국에서 방송위성을 쏘아 올리는 까닭도 여기에 있다. 이렇게 볼 때 유선방송은 무엇보다도 공익사업임을 알 수 있다. 그러나 오늘날 우리나라 유선방송의 현실은 그와 같은 본디 뜻과 거리가 먼 형편에 있다고 하겠다.

최근 4, 5년 사이에 유선방송업체의 수효가 급격하게 늘었다고 한다. 예컨대 한국방송공사가 82년에 비공식으로 조사한 바에 따르면 모두 497개였던 유선방송업체 수효가 현재는 859개로 증가한 것으로 나타났다. 그동안 정부는 해마다 많은 예산을 들여 방송을 시청취하기 어려운 지역을 줄이고자 여러 곳에 방송중계시설과 송수신 안테나를 설치했다. 그 결과로 지난날에 견주어 이제는 이른바 난시청지역이 크게 줄어들었다. 그럼에도 유선방송업체가 크게 늘었다는 것은 무엇을 뜻하는 것일까?

그것은 한마디로 유선방송사업의 돈벌이가 잘 되고 있다는 것을 드러내 보이는 것이라 할 수 있다. 그리고 유선방송사업의 돈벌이가 잘 된다는 것은 또한 유선방송이 난시청지역의 문제를 해소하려는 기존 방송의 중계업보다는 비디오의 방영 같은 새로운 방송영업을 중점적으로 하고 있다는 것을 말하는 것이기도 하다. 더욱이 80년대에 들어와 유선방송업체와 가입자 수효가 크게 늘었다는 것은 비디오의 등장과 관계가 깊다. 곧, 비디오를 방영해 주고 돈을 버는 것이 오늘날 유선방송의 실상인 것이다.

이러한 사정은 앞에서 말한 조사보고서를 보아도 잘 알 수 있다. 곧, 그 보고서를 보면 조사 대상이었던 유선방송업체 가운데서 약 6퍼센트만이 기존 방송을 중계하는 일만 하고, 그 나머지는 중계방송과 비디오를 틀어 주는 일을 함께하고 있다고 한다. 전체 조사 대상 업체 가운데 약 6~70퍼센트가 기존 방송의 중계와 비디오 방영을 겸하고 있으며, 약 12퍼센트는 비디오만 방영하고, 약 11퍼센트는 비디오와 음악을 같이 공급한다는 것이다.

이 같은 조사결과는 우리나라 유선방송업체들이 기존 방송의 난시청 해소라는 본디 목적과는 상관없이 비디오나 음악방송으로 돈벌이하는 일종의 사설상업방송 구실을 하고 있다는 것을 여실히 보여 주고 있다. 조사에 따르면 약 66퍼센트에 이르는 유선방송업체가 적어도 줄잡아 하루 5시간 동안 비디오를 방영하고 있다고 한다.

보기에 따라서 비록 오늘의 우리나라 유선방송이 본디 목적과 상관없이 비디오를 방영한다고 해서 무엇이 그리 큰 문제가 되는지를 되물을 수도 있다. 그러나 방영되고 있는 비디오 프로그램의 내용을 보면 왜 이 문제가 제기되지 않으면 안 되는지를 이해하고도 남을 것이다.

그 보고서에 따르면 방영되고 있는 비디오 프로그램의 거의가 영화라고 한다. 그 영화들의 67퍼센트쯤이 외국산 영화이며, 우리나라 영화는 33퍼센트쯤에 지나지 않는다. 우리나라 비디오용 영화제작 산업이 아직 초기단계에 있기 때문에 어쩔 수 없이 외국산 영화에 치우칠 수밖에 없다고 이해할 만도 하다. 그러나 이같이 지나친 외국산 영화 일변도의 프로그램 편성은 그와 같은 이해에 앞서 우리에게 더 근본적인 문제를 제기하고 있다. 곧, 우리의 문화적 정체성 문제가 바로 그것이다. 문화종속이라는 이 같은 현상이 초래되고 있다고 할 때 이 문제는 모른 체하고 넘어갈 일이 결코 못된다.

그뿐만 아니라 유선방송이 제공하고 있는 영화의 내용을 보면 애정물이 34퍼센트, 무협물이 20퍼센트, 폭력물이 16퍼센트로 되어 있다. 애정물 가운데는 청소년용이 아닌 성인용도 포함되어 있음은 말할 것도 없다. 대부분이 성인용인 영화들이 가정이나 접객업소 75만 6천여 군데에 공급되고 있는 것이다. 기존의 텔레비전과 달리 낮 시간이나 늦은 저녁 시간에도 방송하므로, 청소년들이 가정에서 이 같은 영화들을 볼 기회는 그만큼 더 많은 셈이다. 전쟁물이나 만화들을 포함한다면 현재 유선방송업체에서 방영하고 있는 비디오 프로그램은 거의가 하찮은 오락물에 지나지 않는 셈이다. 그리고 그 같은 프로그램은 모두 청소년들에게 유익할 것이 없는 것들이다.

더욱더 놀라운 일은 올 4월 말 현재 한국방송공사가 집계한 바에 따르면 전체 유선방송업체들 가운데서 약 54퍼센트에 해당하는 460개가 무허가 업체라는 사실이다. 이 업체들은 아무런 제한도 받지 않고 영업을 하고 있다고 한다. 그뿐만 아니라, 비록 허가업체라 할지라도 세무서에 사업자등록만 하면 간단하게 영업을 할 수 있어서 제재할 법적인 근거가 없기 때문에 난립을 막을 길이 없다는 것이다.

그 결과로 소규모 업체가 마구 생겨나는가 하면, 전국을 단위로 한 대규모의 무허가 유선방송이 버젓이 영업을 하고 있는 웃지 못할 일이 벌어지고 있다. 각종 대중매체에 대한 엄격한 실정법의 제정이나 또는 가차 없는 통제력의 행사가 이루어지고 있는 한편으로 이같이 거의 방관하다시피 하는 부분이 있다는 것은, 역설치고는 어처구니없는 일이라고 아니할 수 없다.

앞으로 케이블 텔레비전의 도입을 전제로 정부도 새로운 유선방송관리법안을 국회에 제출하였지만, 기존 업체들에 대한 배려와 케이블 텔레비전체계의 정립이 어떻게 이루어질지 관심사라 하겠다. 그와 아울러 현재와 같은 무분별한 유선방송업체의 난립과 운영은 저작권 보호에도 심각한 문제를 제기하고 있다는 점을 인식해야 할 것이다.

그리고 무엇보다도 비디오 제작회사에 대한 정책적인 배려도 필요하다. 지금처럼 외국영화나 복사해 내는 일이 주종이 되어서는 우리나라 대중문화 발전에 보탬이 되기 어렵다. 공연윤리위원회의 자료에 따르면, 81년 1월 1일부터 올 6월 30일까지 모두 6,658편의 영화부문 비디오 프로그램이 심의되었다고 한다. 이 가운데서 외국에서 제작된 것이 4,891편으로 전체 심의 대상 프로그램의 74퍼센트를 차지하고 있으며, 국내 제작은 1,767편으로 전체의 26퍼센트에 지나지 않았다. 이렇게 볼 때 우리나라에서 시판되고 있는 비디오 프로그램은 거의 외국영화 복제물임을 알 수 있다. 또한 그 외화들이 거의 값싼 오락물이라는 점도 잊지 말아야 한다.

이러한 대중문화상품이 걸러지지 않는 채로 유선방송업체를 통해 우리의 가정에 공급되고 있는 현실을 방관만 하고 있을 수는 없는 일이다. 게다가 한술 더 떠서 프로그램 사이에 광고까지 하는 사례도 있는 모양이니 가히 우리나라는 유선방송업의 천국이라 하겠다.

《샘이 깊은 물》, 1986년 10월

한국 신문은 자성하라

제31회 '신문의 날'을 맞아 행사준비위원회는 '바른 신문 밝은 사회'를 올해 신문주간 표어로 선정했다고 한다. 해마다 신문인들은 신문주간을 기념하는 표어를 선정하여 신문의 구실을 자성하고, 지향할 바를 다짐해 왔다. 올해의 표어인 '바른 신문 밝은 사회' 또한 그와 같은 신문인들의 의도가 담긴 것이라 하겠다.

이와 관련하여 우리의 관심은 먼저 '바른 신문'에 쏠린다. 과연 오늘날 우리 신문은 얼마나 '바른 신문' 구실을 하고 있는가에 대한 질문을 비롯해, '바른 신문'이 되려면 해결해야 할 문제들은 무엇일까를 생각하게 된다. 한마디로 잘라 말한다면, 시각에 따라 정도의 차이는 있겠으나, 오늘날 우리 신문이 제대로 '바른 신문'의 구실을 다하고 있다고 믿는 사람은 매우 드물다. 따라서 왜 우리 신문이 그와 같은 구실을 제대로 못하고 있는가에 생각이 미칠 수밖에 없다. 올해 '신문의 날' 표어도 '바른 신문'이 되고자 하는 신문인들의 의지가 표출된 것이 아닐까 생각된다.

비단 오늘의 상황만은 아니지만, 우리 신문이 바른 구실을 제대로 수행하지 못하는 가장 근본적인 장애요인이 언론자유의 제약임은 두말할 필요조차 없다. 전통적인 기본권의 하나이며, 여론의 자유로운 형성을 전제로 하는 민주정치질서의 필수불가결한 요소인 언론의 자유가 제약되고 있는 상황에서 '바른 신문'을 기대하기는 어렵다.

실질적으로 언론의 허가제를 채택한 바와 다름없는 '언론기본법'을 비롯해, 제도화된 규범과 상관없이 다양한 방식으로 가해지는 언론에 대한 통제가 철폐되어야 비로소 '바른 신문'의 토양이 마련될 수 있다.

그러나 이와 관련하여 그와 같은 토양은 누구에 의해서 만들어지는가 하는 질문을 하지 않을 수 없다. 다시 말하면 언론의 자유는 주어지는 것인가, 아니면 스스로 얻는 것인가에 대한 지극히 초보적인 질문을 던져 보게 된다.

새삼스러운 얘기지만, 오늘날 언론의 자유를 누리고 있는 나라들의 신문치고 그것을 얻기 위한 피나는 투쟁의 기록이 없는 경우는 없다. 물론 언론자유를 위한 신문의 투쟁은 여타의 기본권 보장을 위한 국민적 투쟁과 궤를 같이한 것이긴 하나, 신문 스스로가 주체가 되어 싸웠다는 점은 중요하다.

이런 뜻에서 우리 신문들이 그동안 언론의 자유를 위해 얼마나, 또 어떻게 노력했는지를 자성해 보는 것도 '바른 신문'이 되기를 염원하는 이 시점에서 충분한 뜻을 지니리라 여긴다. 가까운 예로 '언론기본법'의 개정이나 철폐를 과연 우리 언론이 주도적으로 주창해왔는지를 돌아볼 일이다.

또한 우리 신문은 언론자유가 제약당하고 있는 상황을 지나치게 비관적으로 수용했던 것이 아닌가 모르겠다. 프랑코 총통 치하의 스페인에는 언론자유가 없었다. 이런 상황 아래서 스페인의 유수한 신문인 《ABC》는 문화면에 역점을 두고 신문을 제작했다. 스페인의 저명한 작가와 평론가들을 필진으로 영입하여 문학과 예술의 각 분야에 걸쳐 높은 수준의 문화면을 제작함으로써, 이 신문은 스페인 국내뿐만 아니라 세계적으로도 고급지의 성가를 누리게 된 것이다.

생각하기에 따라서는 그와 같은 신문제작이 언론통제의 상황을 회피하거나, 그것에 안주하는 비겁한 태도로 보일 수도 있겠다. 그렇다 할지라도 언론자유의 제약이라는 상황을 상업주의의 추구로 대치시키는 것보다는 훨씬 신문다운 대응방식일 것이다.

오늘 우리 신문이 당면하고 있는 과제는 언론자유의 제약이라는 상황 이외에도 얼마든지 있다. 한마디로 우리 신문은 그동안 우리 사회가 성취했고 또 체험했던 급격한 환경 변화라는 도전에 적절하게 응전하지 못했다. 곧 스스로 시대의 엄청난 변화와 보조를 같이 해 자기 혁신을 꾀하는 것에 등한시해 왔다. 신문제작시설만 보아도 그와 같은 나태함이 여실히 드러난다.

최근에 이르러 서울의 신문사들이 CTS(Computerized Typesetting System)화를 이루었을 뿐, 대부분의 신문사들은 눈부시게 발전하는 전자공학과 컴퓨터시대에 적응하지 못하고 있다. 자본투자의 부담이 크기 때문에 《USA TODAY》와 같이 인공위성을 거친 지면의 송신이나 《한일신문》의 닐슨(NIELSON)시스템 같은 것을 꿈꾼다는 것은 시기상조임에 틀림없다. 그러나 우리나라 신문사들은 예컨대 서울-부산 사이의 팩시밀리 전송에 따른 지면동시발행도 못하는 낙후성을 그대로 안고 있는 상태다. 언제까지 서울의 석간이 지방에서 조간처럼 행세해야 되는지, 안타까운 일이다. 또한 들리는 말처럼 몇몇 신문사가 적어도 서울-부산 사이의 팩시밀리 전송시설을 갖추고 신문의 동시발행을 계획하고 있으나, 정부 당국이 이를 허가하지 않고 있다면 이 또한 언론통제나 다름없다.

우리 신문이 자기 혁신 노력이 부족한 면은 제작공정의 경우에 한정된 것만은 아니다. 취재 시스템도 마찬가지다. 그 예로 먼저 출입처제도를 들 수 있을 것이다. 지금까지 출입처제도의 개선 필요성은 언론계 내부를 비롯해 학계에서도 끊임없이 강조되어 왔다. 그러나 아직 조금도 개선되지 않았을 뿐만 아니라, 실질적인 개선의 움직임도 미미한 것으로 지적되고 있다. 출입처제도는 기자들의 능력 발휘의 기회를 제한하고 활동범위를 축소시키는 역기능을 초래해 왔다는 것이 일치된 의견이다.

출입처마다 구성되어 있는 출입기자단은 배타적인 취재경향을 심화시켰고, 출입처의 대변인이 제공하는 내용을 단순하게 보도하는 관행을 정착시켰다. 이로써 관급기사의 증가와 통조림 기사의 게재로 신문을 정부부처의 홍보매체화했다는 비판을 받는다. 그뿐만 아니라 정보원의 고정으로 뉴스 취재의 타성화를 초래했으며, 건수 채우기식과 담합기사의 남용을 가져왔다는 지적도 많이 있었다. 이에 따라 기사를 제공하는 측의 영향력이 커짐으로써, 다양한 각도에서 보도하지 못하게 되어 국민의 알 권리를 충족시키는 일에 충실할 수 없는 결과를 초래했다. 결국 출입처제도와 기자단은 본의 아니게 정보를 제공하는 측의 정보통제장치 구실을 하게 되었다는 비판이다. 따라서 출입기자단은 해체되는 것이 바람직하며, 기자의 출입처 고정배치도 재고되어야 할 것이다.

미국의 경우 백악관 출입증만 있으면 어디든지 통용되며, 일간신문, 주간신문이나 주간지, 월간지 또는 TV나 라디오기자에 대해 아무 차별 없이 경쟁 속에서 협력하여 자유롭게 취재하는 시스템을 채택하고 있다. 또한 공식출입기자단이란 아예 없고, 부처에 상관없이 자유롭게 출입하는 영국의 제도나, 또는 출입처는 자유이며 경제 담당기자라도 필요하면 정치나 사회 분야의 취재도 하는 일본의 사례 등을 참고할 필요가 있다고 생각된다.

취재 시스템과 관련하여 우리나라 신문의 편집국직제도 개선의 여지가 많다는 것이 또한 누누이 지적되어 왔다. 곧 현재 우리나라 신문의 편집국직제는 일제시대의 유산을 그대로 이어받은 종적인 체계로 조직되어 있다. 이른바 '라인 시스템'이다. 이 시스템은 단지 일제시대의 유산이기 때문에 문제가 있는 것이 아니라, 변화하는 시대의 요청에 능동적으로, 그리고 효율적으로 대응하지 못한다는 데 개선의 필요성이 있는 것이다.

현재와 같은 편집국 부서의 분류도 매우 고식적이어서 경제부서가 담당할 성격의 출입처를 사회부 기자가 출입하기도 하고 정치부에서 취재할 출입처를 사회부 기자가 담당하는 등 문제가 많은 것으로 알려져 있다. 예컨대 국회 취재의 경우 경제관계 상임위원회에 정치부 기자만 출입하게 됨으로써 국회기사가 부실하게 될 가능성이 높은 것이다.

편집국직제의 종적인 체계는 또한 대기자제도의 도입을 어렵게 만들기도 한다. 그 결과 불필요한 직제를 만들어 내게 되고, 서열에 따른 승진에서 누락되는 기자의 조로(早老)현상을 가져오고 있다. 따라서 사회의 각 부문에서 전문화가 가속되는 동시에 부문 사이의 상호의존성 또한 높아가는 시대의 추세에 능동적이며 효율적으로 대처하는 취재 시스템을 위해, 현재의 편집국직제는 개편될 여지가 많다고 하겠다.

이를 위한 대안으로 종적인 라인 시스템을 지양하고 횡적인 스태프 시스템을 도입하는 문제를 신중하게, 그리고 좀 더 전향적인 자세로 검토할 단계가 아닐까 싶다. 그렇게 함으로써 종합취재를 위한 취재팀의 편성가능성도 더 높아지고, 대기자제도 도입의 길도 열어놓게 되며, 불필요한 위계질서를 위한 직급의 설치가 필요 없게 될 것이다. 아울러 출입처를 부서별로 고정시키는 현재의 제도도 개선되어야 하겠다.

그러나 위와 같은 취재 시스템의 개선이라든가 혁신은 그리 쉽지 않으리라고 짐작된다. 오랫동안 지켜왔던 관행을 개선하거나 혁신한다는 것은 언제나 쉬운 일이 아니기 때문이다. 개인이나 조직을 막론하고 지난날부터 채택해 왔던 시스템이 편한 법이다. 또 항상 급격한 개혁에는 위험부담이 따르게 마련이기도 하다. 그렇지만 오늘날 세계적으로 인정받는 유수한 신문들의 지난 역사를 보면 오늘의 명성이 있기까지는 과감한 탈바꿈이 있었고, 그것이 신문 발전의 획기적인 계기였다는 교훈을 잊지 말아야 하겠다. 우리는 항상 신문도 사람이 만드는 것이라는 원초적인 인식에서 출발할 필요가 있다.

오늘의 위대한 신문이 있기까지 위대한 발행인이나 편집자가 있었다는 것은 아무리 강조해도 지나치지 않을 것이다. 그리고 그들 위대한 발행인이나 편집자는 모두 혁신의 기수였다는 점도 잊어서는 안 되겠다. 어떻게 보면 우리가 자랑스럽게 내세우는 《독립신문》도 서재필이라는 발행인 겸 편집자의 뛰어난 경륜에 따라 세워진 탑이라 할 수 있다. 이런 측면에서 오늘 우리 신문계를 위해 위대한 발행인과 뛰어난 경륜의 편집자 대망론을 편다 해서 큰 망발은 아닐 것이다.

'바른 신문'이 되려면 사람이 중요하다는 것은 발행인이나 편집자에 국한될 성질은 아니다. 누구나 주장하듯이 신문기자의 자질이 참으로 중요하다. 더욱이 사회의 각 부문, 곧 취재 대상이 날이 갈수록 전문성을 더해 가고, 부문 사이의 상호의존성이 점차 높아가는 현대사회에서 기자에게 요구되는 자질은 과거에 견주어 훨씬 수준 높은 것이다.

취재 대상의 전문화에 따라 취재기자의 전문성이 크게 요청되고, 그러면서 부문 사이의 상호의존성의 심화에 대응해 폭넓은 시야를 지녀야 한다는 요구가 발생하는 것은 당연하다. 만약 기자들이 그와 같은 양면의 자질을 두루 갖추지 못하는 한 훌륭한 심층보도기사는 기대하기 어렵고, 분석적인 기사 또한 쓰기 힘들 것이다. 누구나 잘 알고 있는 것처럼 현재 저널리즘의 추세는 탐색보도, 심층보도, 정밀보도 쪽으로 기울고 있다.

그러므로 현대 저널리즘에서 신문의 질은 바로 그와 같은 기사의 수준으로 가늠될 수밖에 없다. 그리고 신문이 그런 방향으로 나가지 않는 한 새로운 매체와 경쟁에서 생존하기 어렵다는 것 또한 자명해지고 있다. 그러나 유감스럽게도 우리 신문은 아직 현대 저널리즘의 추세와 거리가 먼 상태에 머물러 있다는 것이 솔직한 고백일 것이다.

그렇다고 해서 우리 신문기자들의 능력이 부족한가 하면 그렇지는 않다고 생각된다. 세계의 유수한 신문 가운데는 박사학위를 가진 사람들을 기자로 채용하고 있는 신문도 있지만, 우리처럼 기자 모두가 대학을 졸업한 사람들인 경우는 드물다. 선진국의 유수한 신문과 우리 신문을 평면적으로 비교하는 것은 위험한 일이겠지만, 세계적으로 명망을 얻고 있는 선진국 신문의 경우, 대학을 졸업한 학력을 가진 기자가 80퍼센트쯤 되어도 그것으로 그 신문사가 기자들의 질적 수준이 매우 높다고 얘기되고 있다.

이렇게 볼 때 우리나라 신문기자들의 능력이 결코 뒤떨어진다고 보기는 어렵다. 대학교육의 질적 수준이 문제이기는 하겠으나, 적어도 대학졸업생들 가운데서 몇 백 대 일의 경쟁을 뚫고 신문사에 입사한 기자들의 능력을 낮게 평가할 까닭은 없다. 다만 문제는 그들의 능력을 훌륭한 신문기자로 다듬어 주는 제도적 장치에 있지 않겠는가 하는 생각이 든다. 능력과 기자로서의 자질은 반드시 같은 것은 아닐 것이다. 능력이 빚어지지 않은 양질의 흙이라면, 그것을 좋은 그릇으로 형상화시키고 구워 냄으로써 비로소 기자로서의 훌륭한 자질이 갖추어진다고 보면 잘못된 판단일까?

만약 그렇지 않다면 그와 같은 자질을 함양하는 작업은 누가 맡아야 마땅할 것인가를 생각해야 한다. 대학의 신문방송학과도 그와 같은 구실을 담당해야 하겠고, 다른 학과의 교육도 충실해야 할 것이긴 하다. 그러나 기자의 자질함양을 대학에게만 일임하기에는 대학교육의 본질적 성격에 견주어 볼 때 크게 부족하다고 아니할 수 없다. 결국 대학에만 그와 같은 구실을 요구한다면 언론계는 너무 안이한 생각을 하고 있다는 비판을 받을 수밖에 없을 것이다.

비록 대학에서 어느 수준의 자질을 함양시켰다 할지라도, 지식폭발 현상이 날로 심화되는 현대사회에서 몇 년 동안이나 그에 대응할 수 있는 자질을 계속 유지할지는 의문이다. 그러므로 대학을 졸업한 사람을 기자로 채용한 뒤, 그들의 자질관리는 신문사나 언론계가 담당하지 않으면 안 된다. 기자들의 안식년제도의 도입, 곧 1년 동안의 유급휴가제도를 채택하고, 그 기간 동안 국내외의 적정한 기관에서 연수할 수 있는 각종 보장을 해주는 제도를 권고하는 까닭도 거기에 있는 것이다.

과거에 견주어 언론공익기금이나 기타 언론인의 해외연수를 위한 기금 등이 많아진 까닭에 기자들의 연수기회가 많이 확대되기는 했지만, 그러한 기회의 혜택을 받는 수는 여전히 극히 일부에 지나지 않는 현실이다. 생각건대 이제 우리 신문도 수익의 상당부분을 기자들에게 재투자할 시기에 이르렀고, 또 그렇게 할 수 있는 능력도 갖추게 되었다고 본다.

한편 기자들의 자질은 역시 업무량과도 밀접한 관련을 갖는다. 견문이 적은 탓으로 현재 우리나라 신문사가 확보하고 있는 인력이 얼마나 적정 수준을 유지하고 있는지 알지 못하는 상태에서 함부로 말할 수는 없지만, 날로 폭주하는 정보량을 충분히 취재할 만큼 인력을 확보하고 있는 신문사는 드물 것이라는 생각이 든다. 인력확보의 문제는 경영상의 결단이므로 신문사마다 특수한 여건이 반영되는 것이겠지만, 가능한 한 기자 1인당 업무부담을 경감시키는 것이 기자들의 자질 향상을 위한 기회를 넓혀 주는 일이 될 것이다. 최근에 한국기자협회가 전국의 신문기자를 대상으로 실시했던 조사결과를 보아도 기자들의 과중한 업무부담은 문제로 지적되고 있다.

위와 같은 제도적인 문제 이외에도 한국 신문이 당면한 해결해야 할 과제는 많다. 한 가지만 더 지적한다면 지면의 증면을 단행해야 할 것이라는 점이다. 폭주하는 정보의 소화를 위해서도 필요하거니와, 심층보도나 탐색보도, 또는 정밀보도를 위해서도 증면은 요청된다. 현재와 같은 적은 지면을 가지고는 폭주하는 정보의 소화에도 미흡하여 현대 저널리즘에 대한 사회의 요청인 심층보도 등을 하기 어렵게 되어 있다. 따라서 지면 카르텔은 어떤 방식으로든 개선되어야 마땅하다고 여긴다.

이와 아울러 우리 신문도 이제는 일요판을 발행할 때가 되지 않았나 생각된다. 더욱이 독자의 요구가 다양화되었고 관심도가 높아지는 취향에 비추어 볼 때, 일요판의 발행을 충분히 검토될 단계가 아닐까 싶다. 웬만한 고급 독자치고 《뉴욕 타임스》의 일요판 같은 것을 희구하지 않은 사람은 없을 것이다. 우리 신문도 그러한 욕구를 가진 독자에 봉사할 수 있어야 하겠다.

끝으로 우리 신문에게 부탁하고 싶은 것은 좀 더 서민의 편을 들어달라는 점이다. 지난날에 견주어 요즈음의 신문은 서민의 편을 들기보다 중상층의 이익을 더 많이 대변하고 옹호하는 편이 아닌가 하는 느낌이 든다. 이 점과 연관하여 우리 기자들도 이제 중상층에 편입된 까닭에 자신이 속한 계층의 이해관계에 더욱 민감해 진 것이 아닐까 생각되는 것이다.

일요일 고속도로를 통해 나들이하는 자가용의 도로사용료를 인상하는 문제를 두고 신문이 보였던 보도태도나 논평 등을 보면 그와 같은 생각을 하지 않을 수 없다. 지난날에 견주어 안전대책이 잘 된 까닭에 연탄가스로 말미암은 사망기사를 볼 수 없어졌는지 모를 일이기도 하고, 대중교통수단에 별 문제가 없기 때문에 버스나 지하철의 문제점이 기사화되지 않는다고 믿고 싶지만, 서민생활과 관련된 문제들을 지면에서 대하기 어려워진 것은 사실이다. 간단히 줄인다면, 신문이 민주주의 사회가 지니는 미덕에 더 유념해 달라는 주문을 하고 싶다.

민주주의 사회가 지니고 있는 강점인 동시에 미덕은 권력을 못 가진 사람들과 경제적인 약자의 이익을 옹호한다는 점이라 한다. 그것이 바로 사회적 형평의 실현인 것이다. 더욱이 언론은 그들의 이익을 옹호하고 대변함으로써 사회적 형평의 구현에 앞장서야 할 의무가 있다. 민주주의 사회에서 언론은 사회정의를 실현하는 파수꾼 구실을 해야만 하기 때문이다.

시론, 《월간조선》, 1987년 4월

바른말 하는 언론이 돼야

　언론의 민주화에 대한 논의는 두 가지 측면으로 나누어 이루어질 수 있을 것이다. 하나는 민주언론 자체의 구조가 어떠해야 할 것인가에 관련된 측면이며, 나머지 하나는 언론자유의 보장과 관련된 측면이 되리라고 여긴다. 물론 이 두 측면은 상호 의존적인 성격을 지니기 때문에 현실적으로 분리해서 논의하는 것은 의미가 없을지 모른다.

　그러나 언론의 민주화가 이루어지기 위해서는 그와 같은 두 가지 측면이 각각 지니고 있는 문제들을 해결하지 않으면 안 된다는 뜻에서 분리해 볼 필요가 있다. 그렇지만 이 두 문제를 모두 논의하기에는 지면이 허락하지 않으므로, 여기서는 언론의 민주화가 성취되기 위한 기본전제가 되는 언론자유의 보장에 초점을 맞추어 보기로 한다.

　누구나 잘 아는 바와 같이 언론의 자유는 전통적인 기본권 가운데 하나로 인간의 존엄성과 직결되어 있을 뿐만 아니라, 정치적 신념과 의견의 표현을 전제로 하는 민주정치에서 없어서는 안 될 반드시 필요한 자유라는 두 가지 성격을 같이 지니고 있다. 그러므로 모든 자유에서와 마찬가지로 언론의 자유는 최대로 확대되어야 하고 제약은 최대한으로 감소되어야 한다. 따라서 언론자유의 보장은 먼저 소극적 의미에서 언론에 가해지는 각종 제약을 최대한으로 제거하는 데서 출발하지 않으면 안 된다. 이를 위해 다음과 같은 제약들로부터 언론이 자유로울 수 있어야 할 것이다.

첫째, 언론은 정부의 통제에서 자유로워야 한다. 언론에 대한 정부의 통제는 법률과 법률 외적인 두 가지 방식으로 이루어진다. 법률에 의한 통제는 가장 강력한 공식적인 자유의 제약이다. 어느 나라나 언론에 의한 명예훼손과 외설은 법률로 통제하고 있다. 또한 그 나라가 처한 특수 상황에 따라 국가의 존립이나 사회적 공익을 위해 언론을 통제하는 법 조항을 두기도 한다. 그런 경우일지라도 언론자유의 본질을 침해할 수 없다는 것이 민주적 기본질서를 존중하는 국가들의 움직일 수 없는 일반 원칙이다. 이런 뜻에서 우리의 '언론기본법'은 폐기되어야 한다. 그 밖의 다른 법률들, 예컨대 형법이나 각종 선거법 등에서 규정하고 있는 언론조항에 대해서도 진지한 재검토가 있어야 할 것이다.

그러나 정부의 언론통제는 법률 외적인 방식으로 많이 이루어진다. 이른바 언론사에 대한 '협조요청'이라든지, 언론인에 대한 불법연행이나 구금, 또는 정부가 행사할 수 있는 영향력에 의한 특정 언론사에 대한 불이익의 초래 등 그 방식은 하나하나 열거하기 어려울 만큼 다양하다. 이러한 법률 외적 통제의 극소화는 정부의 양식과 언론의 대응자세나 방식에 의존하는 수밖에 없겠으나, 그러한 제약에 대한 언론의 사법적 대응도 필요하다고 하겠다. 또한 언론에 대한 정부의 통제방식 가운데는 거의 제도화되다시피 한 관행도 있다. 예컨대 지금까지의 문화공보부 홍보조정실의 관행이 그러하다.

따라서 언론의 민주화를 위해 이 기회에 홍보조정실이라는 기구는 해체돼야 할 것으로 생각된다.

한편 정부에 의한 언론통제에서 반드시 개선되어야만 할 사항 가운데 하나는 방송언론에 관한 문제라 하겠다. 시청료 납부거부운동이 일어날 만큼 우리 방송은 보도 프로그램에서 공정성과 공평성을 잃었다. 공영방송의 명분은 형식으로만 존재했고, 사실상 국영방송의 구실을 해온 것이다. 이제 언론의 민주화를 위해 우리의 방송은 명실상부한 공영방송이 되어야 한다. 더욱이 대통령 선거에서 텔레비전을 이용한 선거운동이 제도화될 가능성이 크다고 볼 때, 공정하고도 공평한 방송이 되지 않으면 안 된다. 이를 위해 제도적인 개선이 필수적이라고 하겠다.

우선 '언론기본법'의 폐지와 함께 방송법이 제정되어야 하리라고 여겨진다. 이 방송법에서는 공공이 방송을 관할하게끔 제도적 장치를 마련해야 하며, 공공의 이익을 추구하도록 제도화하고 '공평의 원칙' 등을 규정해야 할 것이다.

둘째, 언론의 민주화를 위해 언론매체의 독점은 배제되어야 하며, 재벌기업의 언론매체경영도 제한되어야 한다. 인쇄매체의 경우 발행의 자유가 언론자유의 출발점이기는 하나, 언론매체의 독점과 재벌기업의 언론매체소유는 궁극적으로 언론자유를 제약하게 된다는 뜻에서나, 독점자본주의의 병폐를 초래한다는 점에서 배제되는 것이 마땅하다. 재벌기업의 방송경영도 마찬가지다. 이 점과 관련하여 '언론기본법'의 폐지 이후 예상되는 절차법의 제정에서 발행요건의 규정은 이런 조건들을 신중하게 반영하는 것이어야 하겠다.

셋째, 정보원에 대한 접근의 자유가 확대되어야 할 것이다. 정보원에 의한 정보공개의 제한은 사실상 국민의 알 권리를 근원적으로

박탈하는 것이 된다. 현행 '언론기본법'도 이 점에 착안하여 정보청
구권 조항을 두고는 있으나, 청구권의 적용 배제기준이 지나치게
포괄적이어서 유명무실한 명목상의 조항이 될 소지가 많은 등 실효
성이 문제가 되고 있다. 따라서 '언론기본법'을 폐지하는 동시에,
'정보자유법'이나 '정보공개법' 같은 것을 제정할 필요가 있다고 하
겠다.

　이 법에는 정보공개의 자유를 제도화함은 물론, 공개가 유보되는
정보도 규정해야 할 것이다. 공개를 유보하는 정보를 규정할 때에도
그 정신은 국민의 알 권리를 최대한으로 보장하는 데 두어야 할 것
임은 두말할 필요조차 없다. 어떤 명칭이건 정보법의 제정은 우리와
같이 국가기밀누설이나 보안법 저촉사안이 민감한 나라에서 정부와
언론의 갈등을 사전에 방지하는 장치가 될 수도 있다는 점에서 긍
정적으로 검토되어야 할 것이다.

　넷째, 언론사 내부의 문제이긴 하나 편집의 자율성 확보도 중요
한 과제라 아니할 수 없다. 이 과제는 언론사의 경영자와 편집인 사
이에서 적절한 절차나 제도화를 모색해야 해결될 것이다.

　이 밖에도 언론의 소극적 자유가 보장되기 위해 필요한 조건은
많다. 광고주의 압력으로부터의 자유 등도 중요하다. 그러나 앞에서
언급한 여러 제약이 제거되거나 극소화된다면 언론의 자유는 크게
신장된다고 할 수 있다. 이러한 제약으로부터의 자유는 그 자체가
목적이 아니라 적극적 자유를 위한 전제일 뿐이다. 따라서 진정한
뜻에서 언론의 자유는 무엇을 위해 있는가를 생각해야 한다. 언론의
민주화도 결국 언론의 적극적 자유를 위해 필요한 것이다. 더욱이
정치·경제·사회·문화 등 모든 영역에 걸친 민주화를 추구하는
이 시점에서 언론의 적극적 자유는 원초적으로 민주화의 성취에 모

아질 수밖에 없다고 하겠다. 이런 뜻에서 언론의 적극적 자유와 관련하여 다음과 같은 점들을 생각할 수 있을 것이다.

우리가 추구하는 민주주의는 궁극적으로 민주주의적 이상(가치)을 지향하는 것으로 볼 수 있겠고, 이를 위해 우선 민주적 정치체제를 탄탄하게 구축하는 작업이 선결과제라 할 수 있다. 그러므로 언론은 이 과제를 달성하는 데 기여하지 않으면 안 된다. 민주주의 원칙들 가운데 하나는 토론에 따라 정부를 수립하는 데 있다. 이를 위해 언론은 토론의 광장이어야 하고, 여론형성과 수렴을 거쳐 민주적 정치체제를 구축하는 국민의 합의를 창출하는 선도적 구실을 해야할 것이다.

4 · 19나 이른바 80년의 '서울의 봄'이 어째서 민주화의 염원을 현실화시키는 데 실패했는가를 우리는 뼈저리게 잘 알고 있다. 이제 다시 그와 같은 역사를 결코 되풀이해서는 안 된다는 결의 또한 일반화된 상황이다. 이런 점들을 미루어 보아, 언론에 거는 국민의 기대는 언론이 우리나라 민주화를 위해 투철한 사명감을 갖고 제도적 본분을 다해 달라는 데 있을 것으로 여긴다.

이와 함께 민주주의의 이상이라 할 수 있는 자유와 평등, 주권재민의 가치를 추구하는 데 언론자유의 궁극적 목표가 주어져야만 하리라고 믿는다. 이들 기본가치들을 구현하고자 체제가 필요한 것이므로 언론은 그러한 이상을 실현하는 데 가장 적합한 제도가 어떠해야만 할 것인가를 찾아내고 정착시키는 데 앞장서야 한다. 그리고 민주주의 가치추구에 저해되는 요인들을 제거하는 데도 노력을 아끼지 말아야 하겠다.

또한 언론은 민주주의의 선행조건을 조성하거나 성숙시키는 데 기여해야 한다. 민주주의 선행조건으로 드는 사회적 측면에는 ①

삶의 안정된 기준, ② 합당한 수준의 사회적·경제적 평등, ③ 자유로운 다원사회, ④ 경험적 태도 등이 포함된다. 이러한 민주주의의 선행조건들 가운데서 언론은 개인의 속성과 관련된 것들을 더욱 북돋아 주어야 하며, 사회적 조건을 조성하고자 힘써야 할 것이다. 더욱이 우리 사회의 과제이기도 한 합당한 수준의 사회적·경제적 평등의 실현은 중요하다고 아니할 수 없다. 이와 관련하여 언론은 힘없고 가난한 사람들의 의견을 대변하고 그들의 이익을 옹호하는 데 소홀함이 없어야 한다.

이러한 요청은 민주주의가 다수의 지배라는 원칙을 따르면서 소수자의 권리를 인정해야 한다는 요구에 부응하는 것이 될 것이다. 언론의 자유는 바로 이 원칙을 존중하려는 것이기도 하며, 공정한 언론은 그와 같은 민주주의의 미덕을 실현하려는 노력으로 표현된다고 할 수 있다.

《월간조선》, 1987년 8월

공영방송에 일대 수술이 있어야

　현행 우리나라 공영방송이 드러내고 있는 문제점은 한둘이 아니다. 시청료 납부거부운동이 일어날 만큼 공정성을 잃은 보도 프로그램의 문제는 새삼 거론할 필요조차 없다. 공익추구를 궁극적 목표로 삼는 공영방송이 시청률 경쟁을 의식하는 편성을 하여 상업방송의 폐단을 공공연하게 답습하는가 하면, 국민을 위한 방송이기에 앞서 정부를 대변하는 국영방송의 구실을 해왔다.

　그 결과 방송의 독립성·다양성·공정성 등이 확보되지 못한 채, 방송의 주체인 국민의 이익과 필요는 외면당했다. 국민과 방송 사이의 '신탁의 원리'는 공공이 방송주체에서 배제됨으로써 사문화되었다. 이러한 우리 공영방송의 파행성은 방송제도 자체가 독립성을 유지할 수 없는 구조적 성격을 지니고 있는 데 일차적인 원인이 있다. 그동안 방송전문가 사이에서나 학계에서 이 문제가 심각하게 제기되었고, 또한 반복해서 논의되는 과정을 거쳐 개선방안 등이 제시되었으나 제도개선은 전혀 이루어지지 않은 채 오늘에 이르렀다.

　이제 민주화를 성취하려는 구체적인 작업에 들어가게 됨으로써 그 중요한 부분을 담당해야만 할 공영방송이 제 구실을 하려면 일대 수술을 받지 않으면 안 될 상황에 당면하게 됐다. 더욱이 대통령 선거에서 텔레비전을 통한 선거운동이 불가피해지고 있을 뿐만 아니라, 헌법개정 등 여러 민주화 조치과정에서 국민의 합의를 도출하는 데 방송이 기여할 부분이 증대되고 있으므로, 그러한 요청은 시급한 과제가 되었다. 만약 방송이 독립성을 확보할 수 있는 제도적 장치를 마련하지 못하고, 방송행위가 지금까지와 같은 공정하지 못한 관행을 계속한다면 민주화는 기대하기 어려울 것이다. 이런 뜻에서 방송의 민주화는 무엇보다도 먼저 성취되어야만 할 과제라 하겠다.

국민의 신탁을 받은 공영방송이 공익을 추구하는 국민의 방송이 되려면 적어도 다음과 같은 네 가지 기본원칙이 준수되어야 한다.

첫째, 공영방송은 독립성을 확보해야 한다. 자유롭고도 다양한 의견형성과 표현은 여론정치를 기본으로 삼는 민주적 정치질서의 요체이다. 따라서 방송의 운영이나 편성은 정부나 기타 어떤 특정집단이나 세력의 간섭에서 자유로워야만 된다. 이를 위해 방송은 독립된 법인격을 가지고 방송의 편성과 운영 및 직업적 활동과 재정운영에서 자율성을 지닐 수 있도록 제도화되어야 할 것이다.

둘째, 공영방송은 다양성을 추구해야만 한다. 다양한 사회집단이나 계층의 의견이 공평하게 표출되어야 함은 물론, 다양한 문화적 취향에 따라 문화의 영역별·분야별 선택의 폭이 최대로 확대, 제공되어야 하고, 문화형식과 내용의 질적 수준도 다원화되어야 옳다. 더욱이 방송의 문화적 기능과 관련하여 소수자의 취향이 존중되어야 한다는 점이 강조되는 까닭이 거기에 있는 것이다. 이런 취향의 방송을 소수의 시청자집단을 위한 대상방송쯤으로 여기고 무시하는 시청률 위주의 편성관행은 공영방송의 미덕을 근본적으로 배제하는 행위가 된다는 점을 깊이 인식할 필요가 있다.

이러한 공영방송의 다양성의 원칙이 구현되기 위해 필요한 제도적 장치의 출발점은 방송의 독점을 지양하는 데 있을 것이다. 그러나 공영방송체계는 방송의 독점화를 완전히 배제하기 어렵다는 현실문제를 안고 있다. 이 과제는 방송채널의 특성화나, 공영방송체계 내에서 독립된 민간방송을 허용하는 방식 등으로 해결할 수 있다고 하겠다. 다만 독립된 민간방송의 허용에서 전제되어야 할 조건은 특정재벌이나 정치집단에 의한 방송국의 소유는 배제해야 한다는 점이라 생각한다.

셋째, 공영방송은 중립적이고 공정해야 한다. 방송의 중립성 또는 공정성은 불편부당을 뜻하는 것이라 할 수 있다. 따라서 방송의 운영권은 국가권력이나 특정 사회집단이나 이익에 의해 장악되어서는 안 되며, 편성에서도 특정한 사상이나 이익을 옹호해서는 안 된다. 방송의 중립성이나 공정성의 추구는 방송국에 부과된 의무인 것이다. 곧 중립성의 원칙은 독립성의 원칙과 밀접한 연관을 갖는 것이지만, 독립성의 원칙이 방송에 대한 외부의 영향에서 자유로워야 한다는 것을 뜻하는 것이라면, 중립성의 원칙은 방송국 자체에 부과된 의무이며 책임이 되는 셈이다.

넷째, 공영방송은 공공의 참여를 원칙으로 한다. 공영방송이 국민의 방송이어야 한다는 요구를 가장 강력하게 나타내는 것이 공공의 참여원칙이라 할 수 있다. 모든 국가의 공영방송제도에서 방송의 운영을 국민의 대표로 구성되는 합의제기관에 맡기는 까닭은 바로 이 점에 근거하는 것이다. 민주주의 정치체계가 주권재민에서 출발하기 때문에 국민의 정치참여가 제도화되듯이, 국민으로부터 신탁을 받아 이루어지는 공영방송에 공공이 참여하는 것은 당연한 귀결이라 할 수 있다.

위와 같은 공영방송의 원칙에 견주어 볼 때, 우리의 현행 공영방송제도에는 여러 본질적인 문제들이 있다. 중요한 문제점 몇 가지를 지적해 보기로 하겠다.

첫째, 현행 언론기본법상 방송위원회가 공영방송체계의 형식을 대표하고 있으나, 그 운영이나 권한에서 유럽의 공영방송체계에서 제도화되어 있는 방송경영위원회나 방송관리위원회와 큰 차이를 보이고 있다. 우리 방송위원회는 모든 방송사의 운영과 편성에 관하여 국가정책의 대강을 심의하고 방송사에 대한 규제, 감독권이 부여된 국가기관이다. 그러나 구체적으로 방송위원회는 문화공보부 장관의 감독을 받는 등, 국가권력으로부터 독립된 방송업무의 자율적 최고 의사결정기관이 못 된다. 방송위원회의 위원도 대통령이 임명하는데, 대통령, 대법원장, 국회의원이 각 3인씩 추천하는 9인으로 구성된다. 따라서 방송위원회는 각종 이익집단을 대표하지 못함으로써 공공의 참여폭이 극히 제한되어 있다고 할 것이다.

둘째, 방송사마다 이사회가 구성되어 있으나 방송사의 자율적 운영을 위한 기능과는 무관한 상태에 있다. 방송사의 이사회는 방송위원회에 책임을 지며, 방송의 실무운영을 자율적으로 결정하고 집행하는 권한을 가진다. 또한 이사회가 방송실무의 전문가들로 구성되고 개별 이사들이 방송사의 각 업무 부서를 관장함이 원칙이나, 우리의 현 이사회제도는 그러한 원칙과 너무나 거리가 먼 형식적 기구에 지나지 않는다.

셋째, 방송사의 사장도 대통령이 임명함으로써 국가권력의 영향을 배제하기 어렵게 되어 있다.

넷째, 시청취자의 이익과 의견을 방송순서의 편성에 반영할 방송자문위원회가 방송사마다 설치되어 있으나, 실질적 구속력이 없고 제대로 활용되고 있지도 않기 때문에 이 또한 형식으로 존속하고 있을 뿐이다.

다섯째, 공영방송제도를 채택하고 있는 경우는 물론이고 상업방송제도를 운영하고 있는 나라들에서도 방송의 공익성을 추구하고자 자세하고도 엄격한 프로그램 편성원칙을 제정하고 있다. 그러나 우리는 공영방송체계로 방송제도를 개편한 지 7년이 되었지만 아직 프로그램 편성원칙이 마련되지 않은 상태이며, 매우 포괄적인 방송심의규정만 있다.

여섯째, KBS의 경우 채널 사이의 특성화가 거의 이루어지지 않아 방송의 획일화가 가중되어 방송의 다양성이 제고되지 못하고 있다. 또한 KBS와 MBC 사이의 관계가 분화되지 못해 상업방송제도에서 볼 수 있는 시청률 경쟁을 벌임으로써 방송의 다양성 추구가 이루어지는 것을 저해하는 결과를 초래하고 있다.

일곱째, 현행 한국방송공사법은 KBS에 대한 문화공보부(이하 '문공부')의 감독권을 여전히 존속시키고 있으며, 임원의 인사나 예산 등에서 방송의 독립성 원칙에 배치되는 국영방송시대의 유산이 청산되지 않은 상태다. KBS는 자본금 전액을 정부가 출자했다는 점에 근거하여 정부투자기관인 일반 국영기업체의 범주에 속하게 되었다. 그 결과 한국방송공사는 정부투자기관관리법, 정부투자기관예산회계법, 감사원법, 조달기금법, 전파관리법 등 수많은 법규의 적용을 받게 되었다. 예를 들어 사업계획·정관변경·직제개정·보수규정·예비비사용·차입금의 차입 등은 문공부의 승인사항이고, 정원책정·자본예산의 관목변경·보조금심의·정부출손·시청료 결정 등은 경제기획원 승인사항이다. 또 결산승인·기본재산처분·회계규정 등은 재무부의 승인을 받아야 하고, 조달청을 거쳐서만 구매행위를 해야 되며, 감사원의 감사를 받아야 한다. KBS 조직에서 임원의 임명 등은 국가권력의 영향을 받고, 사장을 정점으로 한 위계와 서열이 종적인 조직이므로 조직 내의 자율성이 보장되지 못하고 있다.

앞에서 지적한 현행 방송제도의 문제점을 해소하고 공영방송의 원칙을 보장할 수 있는 방송법이 제정되어야 하며, 다음과 같은 제도개선이 방송법에 조문화되어야 하리라고 생각한다.

첫째, 방송위원회는 방송운영과 관련된 최고 의사결정기관으로 권한과 성격을 규정해야 하겠다. 그 구성은 위원회로 하여금 각계각층의 이익대표적 성격을 갖게 하고자 우리 사회의 대표적 이익단체를 대표하는 사람들로 이루어지는 것이 바람직할 것이다. 또한 위원회의 구성과정에서 국가권력의 영향을 배제하려면 각 이익단체를 대표하는 위원은 대통령이나 정부기관이 지명하지 않도록 하여, 위원을 파견할 이익집단이 자율적으로 대표를 선출하여 추천하고 대통령이 임명하도록 하는 것이 타당하리라고 여긴다. 이와 같이 구성된 방송위원회는 최소한 아래와 같은 권한을 가져야 할 것이다.

① 방송사 사장의 임명추천권 : 방송위원회의 추천을 받아 대통령(또는 국무총리)이 임명하도록 한다.

② 방송사 이사회를 구성할 이사임명권 : 방송사 사장의 추천을 받아 방송위원회가 승인하도록 한다.

③ 방송사의 예산편성과 집행감독권

④ 방송사의 감사임명권

⑤ 프로그램 편성 및 내용에 관한 감독권

⑥ 방송광고와 관련된 제반사항에 대한 감독권

둘째, 각 방송사에 방송의 운영과 관련된 제반사항을 계획하고 집행할 이사회를 구성토록 해야 할 것이다. 방송사의 이사회는 방송사 구성원들 가운데서 사장이 추천하여 방송위원회가 승인토록 하며, 이사들이 방송사의 각 업무 분야를 관할하게 함으로써 방송사 조직체 내부의 자율성을 확보하고 책임을 강화할 수 있을 것으로 생각한다. 또한 방송사의 이사회는 방송의 자율적 운영을 위해 적어도 다음과 같은 권한을 가져야 할 것이다.

① 예산편성과 집행 등 방송사 재정운영에 관한 집행권

② 프로그램 편성권

③ 시설 및 기술에 관한 관리권

④ 방송사 내부의 인사심의권

⑤ 방송위원회에 대한 책임

이러한 권한을 부여한다는 것은 다른 말로 표현하면 방송사를 일반 국영기업체가 받는 제반 법규의 적용 대상이 아닌, 독립된 법인격의 성격을 갖도록 한다는 것을 뜻한다.

셋째, 방송위원회를 자문하기 위해 방송심의위원회를 존속시키는 것이 필요하다. 현재 방송심의위원회는 방송심의규정에 따라 방송 프로그램을 감청하고 심의, 결정하고 있으나, 공영방송제도의 개선과 함께 앞으로 반드시 제정되어야 할 방송 프로그램 편성원칙에 준하여 방송 내용을 심의하게 되어야 할 것이다. 방송심의위원회의 심의 내용은 방송위원회에 보고되어 그때마다 방송 프로그램의 내용감독에 활용되는 동시에, 각 방송사의 방송허가발급과 허가갱신의 기본자료로 사용할 수 있겠다. 이 같은 기능을 수행할 방송심의위원회 구성은 업무의 전문성을 감안하여 방송위원회가 담당토록 한다.

넷째, 각 방송사와 지방방송국에 일반자문위원회를 두고 방송 프로그램의 편성과 내용에 대한 시청취자의 의견을 수렴, 반영토록 해야 할 것이다. 방송자문위원회의 성격을 자문에 두되, 어떤 방식으로나 위원회의 의견이 방송 프로그램의 편성과 내용에 반영될 수 있도록 규정을 강화해야 하리라고 여긴다. 방송자문회의가 시청취자의 의견을 방송에 반영하려는 장치이므로 그 구성은 시청취자를 대표할 수 있도록 각종 이익단체나 사회봉사단체에서 선출된 대표들로 이루어져야 할 것이다.

이와 같은 일반자문위원회와 함께 전문적 지식이나 특정집단의 의견을 필요로 하는 방송 프로그램의 편성과 제작에 대한 자문을 위해 전문가들로 구성된 특정 프로그램 자문위원회를 두는 것이 바람직하리라고 생각한다. 예컨대 교육방송을 위한 학교교육 프로그램 자문위원회나 사회교육방송 프로그램 자문위원회 등을 둘 수 있도록 해야 하겠다.

다섯째, 방송법의 위반여부를 자율적으로 판단하고, 방송기관으로 하여금 방송법을 준수케 할 수 있도록 하고자 준사법적 기관으로 '방송법준수위원회'를 두는 것을 적극적으로 검토할 필요가 있다고 생각한다. 이 위원회는 독립된 법정기관으로 법률상 프로그램 원칙에 대한 시민과 사회단체의 소청을 심사함으로써 방송에 대한 중재법원의 기능을 하게 된다. 또한 방송위원회·방송사의 이사회·방송심의위원회·방송자문위원회 사이의 업무집행상 분쟁 및 방송사 내부기구 사이의 분쟁에 대한 심급의 역할을 수행토록 하면 좋을 것이다. 방송법준수위원회는 법률적 판단을 필요로 하기 때문에 사법부와 변호사 및 방송학자와 같은 전문가들로 구성하되, 공공의 참여를 위해 이익단체에서 선출된 인원들로 배심단을 구성할 수 있으리라 여긴다.

여섯째, 한국방송공사는 정부출자의 공기업으로 국영기업체와 성격을 달리하는 독립된 법인격으로 하고, 예산의 편성과 집행에서 독립성을 유지하고, 방송위원회에 책임을 지도록 하여야 할 것이다. 예산의 편성, 집행 및 결산은 방송위원회의 감독을 받으며, 방송위원회에 의해 국민에게 공개할 필요가 있다. 당연히 한국방송공사 내의 각 집행부서는 최대한으로 자율성이 보장되어야 하며, 더욱이 보도프로그램의 편성과 편집의 자율성은 제도로써 규정되어야 할 것이다.

일곱째, 방송의 다양성을 위해 KBS 채널의 특성화가 요청된다. 이와 함께 장차 MBC의 전국방송망은 지방별 독립국으로 개편되는 것이 바람직할 것이다. 이러한 개편은 공영방송의 독점화에서 초래되는 역기능을 방지하고, 민간방송과 공영방송의 선의의 경쟁으로써 공익의 추구가 좀 더 제고되도록 하려는 데 목적이 있다고 할 수 있다. 이 같은 목적에 따라 MBC를 독립된 지역민간방송으로 개편할 때 반드시 준수할 점은 특정 재벌이나 단체에게 장악되지 않도록 해야 한다는 것이다. 이러한 장치는 방송이 특정 사익에 봉사할 위험을 방지하려는 것이며, 순수 상업방송이 그 속성상 초래하기 마련인 광고수입 극대화를 위한 시청률 경쟁으로 말미암은 방송 프로그램의 획일화 여지를 없애려면 필요한 것이다.

이와 같이 MBC를 개편하는 작업은 일시에 전면적으로 이루어질 수 없으리라고 생각된다. 독립된 민간방송인 지역방송국은 광고료 수입에 의존할 수밖에 없으므로 지역의 경제적 여건, 곧 광고시장이 충분히 독립국의 운영을 가능케 하는 지역부터 실시해야 하기 때문이다. 그리고 지역별 독립국은 주식공개에 따른 공개법인이어야 할 것이다. 방송의 다양성과 관련하여 FM라디오국은 가능한 범위 안(전파의 관리라는 점)에서 사회의 각종 단체나 교육기관에 허가할 필요가 있다고 생각된다.

여덟째, 현행의 교육방송은 제 구실을 못하고 있다. 이 같은 판단은 여러 전문가들의 연구보고서에서 누누이 지적된 것이다. 더욱이 제 기능을 못하는 주요요인은 교육방송 프로그램의 제작과 편성 및 송출이 일원화되어 있지 않다는 데 있다. 따라서 가장 바람직한 개선은 독립된 교육방송국의 설립이라 하겠으나, 조속한 기간 안에 그와 같이 재편하기에는 해결해야 하는 여러 현실적인 문제들이 있다. 그러므로 목표는 거기에 두되, 우선 KBS 안의 현 교육방송을 기능면에서 일원화하는 일부터 실행하는 것이 타당할 것이다.

아홉째, 앞에서도 지적한 바와 같이 공영방송제도의 개선과 함께 프로그램 편성원칙을 조속히 제정할 필요가 있다. 앞으로 제정되어야 할 방송법에는 프로그램의 편성에 대한 정책의 대강이 조문화되겠지만, 그것만으로 충분할 수도 없으며, 그렇다고 해서 방송법에 자세한 프로그램 편성원칙을 둘 수도 없는 것이다. 방송 프로그램의 편성원칙을 시급히 제정해야 할 특별한 현실적 요청은 공정한 보도 프로그램에 대한 국민적 요망의 실현을 거친 공영방송의 신뢰성 회복의 필요성은 물론, 선거방송 등 정치방송 실시가 눈앞에 다가왔기 때문이다.

방송순서의 편성원칙에는 어린이 프로그램, 종교 프로그램, 지역사회 프로그램, 보도 프로그램, 정치방송 등 방송 프로그램 전반에 걸친 원칙이 포함되어야 하고, 방송광고에 대한 기준이 규정되어야 한다. 더욱이 보도 프로그램 및 정치방송과 관련하여 형평의 원칙이나 동시간 규정 등 공정성 확보를 위한 제반 원칙이 세워져야 하겠다.

열째, 공영방송제도의 개선이 국가권력의 영향을 배제할 뿐만 아니라, 특정 단체나 세력의 간섭으로부터도 자유로운 독립성의 보장에 역점을 두게 된다는 점과 관련하여 적어도 두 가지 점은 제도개선에 포함되어야 하리라고 여겨진다. 그 하나는 정부가 국민에게 반드시 알려야 할 필요가 있는 공지사항의 방송요청은 방송사가 의무적으로 방송하도록 규정해야 할 것이라는 점이며, 나머지 하나는 이익단체나 정당 등의 신청방송제도 신설이다.

공영방송제도의 개선은 민주화를 위한 정치일정의 압박을 받는 상황에 있다. 그러므로 제도의 개선이 빠른 시일 안에 이루어질 수밖에 없고, 최대한 성실하게 노력함에도 부실한 점을 남기게 될 것이다. 또한 조급하게 모든 것을 일괄해서 성취하는 데도 위험이 뒤따르게 된다. 이런 뜻에서 공영방송제도의 개선작업은 최대한으로 진정한 공영방송체제의 정립을 위해 점진적으로 이루어져야만 하되, 이번 개선에서 그치지 말아야 한다. 공영방송제도 개선을 위한 연구위원회를 구성하여 충분한 시간을 두고 연구하여 문제점을 발견해 내고, 해결책을 제시하는 권위 있는 보고서를 작성하는 일이 필요할 것이다. 그러한 보고서를 토대로 우리의 공영방송제도를 시대의 요청에 부응하여 개선해 나가는 것이 정상적인 방식일 것이다. 영국이 오늘과 같이 훌륭한 방송체계를 갖게 된 것은 그와 같은 지속적이고 누적적인 노력의 결실이라 할 수 있다.

아울러 공영방송제도의 개선에서 경계해야 할 점은 그 작업을 행정관료에게 전부 맡겨서는 안 된다는 것이다. 관료체제는 본질적으로 보수적인 성향을 갖게 마련이며, 혁신의 수용에 주저하기 때문이다. 더욱이 유신 이래로 통제나 규제에 익숙해진 관료체질이 공영방송제도의 개선에 소극적이거나 부정적 영향을 미칠 가능성이 있다. 따라서 공영방송제도의 개선은 제3자의 위치에서 이해관계를 갖지 않고 작업을 할 수 있는 전문 인사들로 구성된 위원회가 담당하는 것이 합당할 것이다.

끝으로 한 가지 덧붙이고자 하는 것은 케이블 텔레비전의 도입과 관련된 의견이다. 사람에 따라서는 공영방송제도의 개선을 추진하는 기회에 케이블 텔레비전 방송의 실시 또는 시행을 위한 방안을 마련하는 일이 필요하다고 주장할 수 있겠다. 그러나 이 문제는 대단히 신중하게 검토해야 할 과업이라고 생각하기 때문에 시간을 두고 연구할 과제로 남겨 놓는 것이 타당하리라고 여겨진다.

케이블 텔레비전이 방송할 프로그램의 제작과 공급 여건이 제대로 성숙되지 않은 상태에서 방송만을 우선 실시하려 시도한다면 방송의 질적 수준은 저하되지 않을 수 없을 것이며, 외국에서 제작한 프로그램(영화 등)이 무차별하게 수입될 가능성도 크다는 점 등이 진지하게 검토되어야 하기 때문이다.

그뿐만 아니라 케이블 텔레비전이 공영방송체계에서 어떤 성격으로 존립해야 할 것인가도 손쉽게 해결될 수 있는 문제가 아니다. 문화매체의 수용은 그 영향이 문화 형태 전반에 변혁을 초래하게 된다는 점을 깊이 인식하지 않으면 안 된다. 공영방송제도의 개선도 그러한 인식에서 출발해야 하리라고 생각한다.

특별기획, 《신동아》, 1987년 8월

되찾아야 할 국민의 권리, 언론자율화

　신문과 방송은 올 여름 7, 8월 두 달 동안에 내린 비가 우리나라에 일 년 내내 내리는 비의 평균 강우량보다 더 많았다고 전했다. 그러니 그 피해가 얼마나 컸던가를 짐작할 만하다. 일찍이 볼 수 없었던 큰 피해를 입은 수재민을 도우려는 운동은 고난을 같이 나누어야 될 동포로서 당연히 해야만 할 일이었다.

　그러나 생각해 보자. 만약 신문과 방송이 그 엄청난 홍수 피해를 온 국민들에게 알려 주지 않았던들, 그리고 앞장서서 수재민 돕기 운동을 벌이지 않았던들, 과연 우리가 홍수 피해가 얼마나 큰지를 알 수 있었겠으며, 또 수재민 돕기 운동에 온 국민이 그렇게 발 벗고 나설 수 있었을까?

　한 가지만 더 따져 보자. 우리는 리비아의 카다피(Qaddafi) 대통령이 어떤 사람이라고 생각하고 있는가? 어떤 사람들은 그가 국제적인 말썽꾸러기이며, 국제테러를 일삼는 원흉이라고 여길지도 모른다. 그렇다면 카다피 대통령을 만나 본 일도 없고, 그에 대해 자세히 알 기회도 가진 적 없는 사람들이 어떻게 그런 생각을 갖게 된 것일까? 말할 것도 없이 우리의 신문과 방송이 카다피 대통령에 대해 그런 생각을 갖도록 보도했거나 논평을 했기 때문일 것이다.

이와 같이 언론은 우리의 눈과 귀가 될 뿐만 아니라, 이 세상을 보고 판단하는 우리의 의식까지 지배한다. 우리는 신문이나 방송이 알려 주지 않는 사건이나 일들을 우리 스스로가 알 수 없는 세상에 살고 있다. 아무리 큰 사건이 있었다 할지라도 신문이나 방송이 알려 주지 않는 한, 없었던 것과 마찬가지가 된다.

나아가 언론의 의견이 곧 우리의 의견으로 자리 잡고, 언론의 판단에 따라 우리의 판단도 변화하는 것이 오늘날 현실인 것이다. 따라서 언론의 힘은 무엇으로도 재기 힘들 만큼 막대하다고 할 수 있다. 언론이 무엇을 알려 주고, 어떤 의견을 제시하는가에 따라 우리의 세상사를 보는 눈은 달라진다. 그렇기 때문에 진실을 알려 주고 공정한 의견을 제시해 주는 언론이 필요한 것이다. 언론이 그와 같은 구실을 제대로 하려면, 무엇보다도 먼저 언론은 자유로워야 하고, 누구의 영향도 받지 않는 독립성을 유지해야만 한다. 그러나 우리의 현실은 그렇지 못하다.

언론으로 하여금 제 구실을 못하도록 만드는 가장 강력한 수단은 법률로써 언론의 자유를 묶어 두는 것이다. 우리의 경우 '언론기본법'을 폐기해야 할 까닭이 여기에 있다. 누구나 잘 아는 바와 같이 '언론기본법'은 기본적으로 언론의 자유보다 언론의 책임을 강조하고 있으며, 무거운 처벌은 물론이요, 문화공보부 장관이 신문사의 등록을 취소할 수 있게 하는 등 언론자유를 근본적으로 저해하는 내용을 담고 있다. 이제 이 법은 폐기될 운명에 처해 있어서 다행스러우나, 그 대신 신문등록에 관한 법률 등 일종의 절차법을 제정할 예정이다. 현재 이와 관련하여 두 가지 주장이 서로 팽팽하게 맞서

고 있다.

하나는 누구나 신문을 발행하고 싶은 사람은 아무런 조건 없이 자유롭게 발행할 수 있도록 해야 한다는 의견이고, 다른 하나는 그렇게 하는 경우에 발생할 수 있는 혼란을 방지하고자 일정한 시설 기준을 마련하여 그 조건을 갖춘 사람만이 신문을 발행할 수 있도록 하자는 주장이다. 이러한 두 가지 견해는 모두 그 나름의 근거를 가지고 있다.

그러나 언론의 자유는 발행의 자유로부터 출발하는 것이며, 민주 정치는 여론정치이므로 각계각층의 의견이 제한 없이 제시되는 것이 필요하기 때문에 이를 근원적으로 제한하는 법률을 만드는 것은 옳지 않다고 하겠다. 또한 시설기준을 두면 결국 현재 신문을 발행하고 있는 신문사들의 기득권을 인정하는 꼴이 되고, 그러한 기준에 맞는 시설을 갖출 만큼 재산을 가진 사람들, 곧 재벌들만 신문을 낼 수 있도록 만든다는 점에서도 그러하다. 앞으로 지방자치가 시행될 것을 전제로 한다면, 규모가 작은 지방 신문이 나올 것을 감안할 때 시설기준 조항이 이를 방해하게 될 것도 생각해야 한다.

사람들은 완전한 발행의 자유를 허용하면 4·19 이후에 경험했던 것과 같은 혼란이 올 것을 염려하고 있다. 그러나 4반세기 전이었던 그때와 지금은 국민의 지적 수준이나 안목이 크게 달라졌다는 점을 인식해야 하며, 사이비 신문의 공갈이나 비리는 사법적 제재로써 순화할 수 있다는 것을 감안한다면 큰 문제는 없을 것이다. 4·19 이후 우리가 겪었던 언론의 난립과 사이비 언론의 횡포는 스스로 정화될 수 있는 충분한 시간을 못 가졌던 데도 기인하는 것으로 보아야 한다.

언론의 자율화라는 목표를 성취하는 데 가장 큰 관심사는 아마

방송제도가 아닌가 싶다. 그동안 우리 방송은 공영방송이라는 명분 아래 실제로는 관영방송과 상업방송을 혼합한 성격을 지녀 왔다. 그 결과 우리 방송은 국민들로부터 외면당하고, 불신의 대상이 되었다. 편파적이고 알릴 것을 제대로 알리지 못했을 뿐만 아니라, 상업방송에서나 있을 수 있는 시청률 경쟁을 일삼은 까닭에 국민들로 하여금 그것이 곧 공영방송의 폐단인 것처럼 인식하게 만든 잘못을 저질렀다.

그러나 방송제도를 개선하려는 이때, 우리가 생각하지 않으면 안 될 점은 정상적인 공영방송제도는 어떤 방송제도보다도 국민의 이익과 필요, 편의에 봉사할 수 있는 최선의 제도라는 것을 인식하는 것이라 할 수 있다. 그리고 지금까지 공영방송의 탈을 쓴 우리 방송이 보여준 폐단 때문에 민간상업방송을 부활해야 한다는 주장은 설득력이 없는 것이다.

우리가 이미 체험했듯이 민간상업방송은 이윤의 극대화를 추구하는 나머지 공익을 외면하게 됨은 물론이요, 방송 내용의 획일화를 초래하게 된다는 것을 잊어서는 안 된다. 그러므로 새로 제정할 '방송법'은 공영방송제도를 고수하는 것이어야 한다. 다만 그 속에서 어떻게 독립적이고 다양하며 공정한 방송이 되게끔 제도적 장치를 마련하는가에 지혜를 모으는 일이 필요할 뿐이다.

신문과 달리 방송은 기본적으로 국민 소유인 전파를 사용하여 이루어지는 것이므로 방송의 주인은 국민이며, 방송국은 국민으로부터 위임받아 방송을 하는 실무자에 지나지 않는 것이다. 그렇기 때문에 방송에 관한 한 국민의 참여와 국민에 의한 통제가 필요하다는 주장은 당연하다. 이런 뜻에서 방송의 자율화는 방송의 주인인 국민의 참여와 통제를 강화하는 일과 같은 것이 된다.

국회가 바로 이러한 인식하에서 '방송법'의 제정을 구상한다면 우리 방송의 장래는 약속되겠지만, 그렇지 못하고 특정 재벌이나 집단의 이해와 연관시키거나 또는 정치적 목적을 전제로 한다면 국민에게 또 다른 피해만 입힐 뿐일 것이다.

지금까지 우리가 논의한 것처럼 언론의 자유를 제한하는 법률이 없어지고, 국민을 위한 방송제도를 법으로 규정한다고 해서 언론의 자율화가 이루어지는 것은 아니라는 것을 알아야 한다. 아무리 법률적 제약이 없어지고 좋은 제도를 만들었다고 할지라도 정치권력이 언론을 탄압하고, 언론활동에 간섭할 여지는 얼마든지 있다. 예컨대 신문용지에 대한 세금 감세 혜택을 철회한다거나, 또는 신문사에 빌려준 돈을 갑자기 회수한다거나, 또는 언론인에 대한 불법 연행이나 탄압 등을 할 수 있는 것이다.

그뿐만 아니라 사회 각종 집단들이 자신들과 관련된 사사로운 이해관계를 빌미로 삼아 언론에 압력을 가할 수도 있다. 지난날처럼 특정 집단에 대한 기사가 자신들에게 불리하다 하여 신문사를 습격하고 폭력을 휘두르는 일들이 또 다시 발생할 수도 있는 것이다. 그런가 하면 언론기업이 광고수입 때문에 큰 광고주의 압력을 받아 그 기업의 비리 또는 광고주가 생산한 상품의 하자 등을 기사화하지 못하는 경우도 있다.

나아가 언론기업이 자신들의 이익을 위해 신문을 사사롭게 이용하는 일도 드물지 않다. 자기네 신문사가 발행하는 잡지나 출판물의 광고를 자기네 신문에 기사로 취급하기도 하고, 자기네 신문사의 이윤추구사업을 마치 공익사업인 양 호도하기도 한다. 특정 재벌이 경영하는 신문이 그 재벌의 이익을 위해 여론을 그릇되게 이끄는 일도 있다. 이와 같이 제 잇속을 차리기에 바빠서 언론을 오용하거나 남용한다면 아무리 법적으로 언론의 자유를 보장한다고 할지라도 그것은 국민을 위한 자유 보장이 못된다.

언론자유의 제도적 보장이 곧 진정한 언론의 자율화를 뜻하거나, 국민의 알 권리를 확보하는 것과 반드시 일치하는 것이 아니라고 하는 까닭이 바로 이런 점들 때문인 것이다. 따라서 진정한 언론의 자율화는 언론자유에 대한 제도적 보장과 함께 언론 자체의 직업윤리에 입각한 책임이 뒤따를 때 가능하다고 보아야 한다.

그러나 언론의 책임을 언론 자체에만 기대하기는 현실적으로 어렵다. 물론 자유언론은 책임을 전제로 하는 것이며, 이에 언론 스스로 자율적 통제를 하게 된다. 그리고 우리는 그러한 언론의 책임 있는 관행을 믿어야 할 것이다. 그렇다 할지라도 신문은 그 자본의 생리에 따라, 그리고 방송은 정부의 비법률적 간섭에 따라 사회적 책임을 다하지 못할 여지가 크다. 이러한 가능성을 감안할 때 우리는 스스로 우리의 알 권리를 지키지 않으면 안 된다. 말하자면 자구(自求) 노력을 해야만 한다는 뜻이다.

우리가 벌였던 '텔레비전 시청료 납부거부운동' 같은 것이 좋은 본보기가 될 것이다. 만약 신문이 국민의 알 권리를 충족시키지 못하고 제 잇속만 차린다면, 그런 신문은 구독하지 않는 방법으로 잘못을 바로잡도록 압력을 가할 수도 있겠다. 또는 시민대표로 구성된 신문평의회와 같은 기구를 만들어 신문의 관행을 감시할 수도 있을 것이다. 만약 방송의 특정 프로그램이 공정하지 못하거나, 아니면 청소년들에게 나쁜 영향을 준다고 판단될 때는 그 프로그램에 광고하는 광고주의 상품을 사지 않는 운동을 전개할 수도 있을 것이다.

이러한 모든 자구 노력이 결국 언론의 자율화를 촉진하고, 그래서 언론으로 하여금 진정한 자유언론, 민주언론이 되도록 만드는 처방이 될 것이다. 우리가 항상 잊지 말아야 할 경구로 "좋은 공중(公衆)만이 좋은 언론을 가질 수 있다"는 말이 있다. 우리가 좋은 공중인가 아닌가는 우리 스스로의 노력에 달렸다고 하겠다.

《한국인》, 1987년 10월

신문의 증면
: 기대는 무너지고

지난 9월 첫 날부터 일간신문들이 신문지면을 거의 한 주일에 8 면씩 늘려서 발행하고 있다. 이에 따라 다달이 내는 신문값도 200원 이 올라 2,900원이 되었다. 신문의 지면을 줄이거나 늘리는 결정을 하거나, 또는 신문값을 정하는 일을 하는 한국신문협회는 "그동안 신문제작에 직접 영향을 주는 인쇄시설의 현대화 추진과 신문제작 인원의 증원들로 경영에 여러 가지 어려움이 있었지만, 이를 감수하 면서도 5년 이상이나 현행 구독료(2,700원)를 유지하는 데 적극 노 력해 왔다"고 밝히고, "그러나 9월부터 지면이 늘어남에 따라 부득 이 구독료를 조정하게 된 것이며 독자들의 가계에 미치는 영향을 최소한도로 줄이기 위해 200원선으로 인상한 것"이라고 말했다. 이 와 함께 신문협회는 "이번 증면으로 격증하는 정보의 전달과 독자 들의 증면 요청에 부응케 된 것은 다행한 일"이라고 스스로 증면을 반가워했다.

그러나 8면을 더 늘리기 시작한 지 한 달이 지난 지금, 과연 독자 들도 신문협회처럼 증면을 반가워하는지, 또는 만족해하는지 의심스럽다. 많은 사람들이 차라리 증면을 하지 않는 것만 못하다거나, 아니면 이럴 바에는 증면을 할 필요가 없었다고 생각하고 있기 때문이다.

다만 이번의 경우만 아니라 지난날에도 신문지면을 늘릴 때마다 신문들이 한결같이 내세웠던 명분은 날이 갈수록 크게 늘어나는 정보를 독자들에게 더 많이 제공하려는 결정이라는 것이다. 그러한 신문들의 주장을 독자들은 충분히 이해했고 받아주었다. 그러나 독자들이 그때마다 실망했었다는 사실도 기억해야 할 것이다. 대체로 신문들은 증면한 지면을 스포츠기사나 연예기사들을 더 많이 싣는 데 썼고, 광고지면이 그만큼 더 넓어졌다는 것밖에 다른 변화를 찾아볼 수 없었기 때문이었다.

이번에도 마찬가지라 할 수 있다. 한 주일에 8면이 늘어났지만 싣는 기사는 연예·해외문화·건강·가정·경제·과학·출판·기획연재물들이다. 그리고 나머지 다른 지면에서 사회면과 스포츠면을 더 늘렸다. 또 당연한 얘기겠지만 광고면도 크게 늘었다. 과학·출판·기획연재물 등은 증면된 지면에 싣고 있지만 사회면 기사와 스포츠기사를 늘렸기 때문에 그리로 이동한 것에 지나지 않는다.

사회면 기사나 스포츠기사를 늘리거나, 또는 가정경제나 연예계 소식을 많이 싣는 것도 독자들에게 더 많은 정보를 제공하는 것이긴 하다. 그러나 사회면 기사를 늘린 것을 빼놓고 보면 다른 기사들은 그저 독자들의 흥미에 영합하는 정보에 지나지 않는다. 사실 증면과 더불어 독자들이 기대했던 것은 그와 같은 읽을거리라기보다 우리의 삶에 영향을 미치는 중요한 뉴스와 깊이 있는 해설기사 또는 논평기사였을 것이다.

그러나 그 같은 기대는 무너지고 말았다. 몰라도 살아가는 데 아무런 불편이 없는 연예계 소식이나 크게 싣고, 하찮은 흥미나 일으키는 이른바 건강기사, 또는 어떻게 하면 돈을 모을 수 있는가를 가르쳐 주는 얄팍한 내용의 가정경제기사들을 천연색 인쇄로 예쁘게 화장시키는 데 골몰한 모습만 보게 되었다. 그래서 좀 가혹하게 말한다면 "색만 쓰고 아무것도 준 것이 없다"고 할 수 있다. 아까운 지면을 이렇게 밖에 활용하지 못하는 까닭은 어디에 있을까?

많은 독자들이 늘어난 지면을 처음 펼쳐 보는 순간에 신문들이 아무 준비 없이 증면을 했다는 느낌을 받았다고 한다. 아무려면 신문들이 증면을 앞두고 아무런 고민도 안하거나 그 나름으로 준비가 없었기야 했을까? 신문들은 각각 여러 방안을 놓고 씨름했을 것이며, 어떻게 하면 독자들에게 더 잘 봉사할 수 있을까를 두고 고민했을 것이다.

그러나 중요한 것은 그럼에도 독자들이 그와 같이 느꼈다는 점이다. 과정이야 어떻든 독자들은 지면을 보고 판단하는 법이므로, 책임은 결국 신문사에 돌아가지 않을 수 없다. 신문사마다 사정은 다를 것이고, 또 독자로서 그 속사정을 알 길이 없지만 우리 신문들이 증면을 앞두고 치밀한 연구와 기획을 게을리한 것은 아닌지 모르겠다. 아니면 우리 신문들이 지나치게 상업주의를 추구한 결과라고 생각하지 않을 수 없다. 어쩌면 지금 우리의 신문은 상업주의에 깊이 물들어 있어 스스로 헤어나기 어려운 상황인지도 모를 일이다.

그렇다 할지라도 여전히 남아 맴도는 아쉬움을 떨쳐버릴 수가 없다. 그것은 신문들이 참으로 좋은 기회를 또 놓쳤구나 하는 생각 때문이다. 냉정하게 따지고 볼 때, 우리 신문들이 그동안 개성을 발휘할 수 없었던 데는 지면의 제약이라는 어쩔 수 없는 한계가 있었기 때문이었다. 아무리 좋은 생각을 가지고 있을지라도 지면이 허용하지 않으면 펼쳐 볼 길이 없는 것이다. 기본적으로 보도할 기사만 싣기에도 모자라는 지면을 가지고 다른 신문과 뚜렷이 차이나는 신문을 만들기에는 한계가 있기 마련이다.

이번의 증면은 바로 그와 같은 제약을 벗어나 신문마다 특색 있는 지면을 꾸밈으로써 신문이 자기 개성을 보일 좋은 기회였다고 할 수 있다. 이런저런 잡다한 읽을거리로 채울 생각이나 유혹을 과감하게 떨쳐버리고 모험을 하는 각오로 다른 신문과 뚜렷이 다른 지면을 제작할 수 있었다면, 독자들에게 얼마나 신선한 충격을 주었을까 싶다. 다른 나라의 수준 높은 신문들에서 보듯이 한 주일에 두 번씩 증면하는 지면을 문화·경제·과학 또는 외신들을 깊이 있게 다루는 특집으로 꾸밀 수 있었을 것이다. 어떤 분야에 대한 수준 높은 특집판으로 고급 신문이라는 명예를 유지할 수 있다는 점을 왜 생각하지 못하는지 아쉽기만 하다.

그동안 우리 신문은 개별 신문사 마음대로 신문지면을 늘리거나 신문값을 정하지 못했다. 신문지면이 느는 것을 반가워하지 않거나 또는 물가가 오르는 것을 못마땅하게 여기는 정부의 정책과, 신문경영의 책임을 진 신문발행인들의 모임인 한국신문협회가 서로 의논하여 일률적으로 그런 일들을 결정해 왔기 때문이다. 그래서 독자들이 아무리 신문이 증면되기를 바란다 할지라도, 또 몇몇 신문사가 그렇게 하고 싶었어도 마음대로 할 수가 없었다. 그리고 앞으로 이러한 문제에 대해 정부가 아무런 간섭을 하지 않는다 하더라도, 신문협회가 계속 담합하는 동안은 신문의 증면 부분에서의 자유로운 경쟁은 바랄 수 없을 것이다.

그 결과 독자들은 좋으나 싫으나 같은 규격의 상품만 살 수 밖에 없게 된다. 이것은 신문이라는 상품을 소비하는 독자들의 선택에 자유를 제한하는 일이라 아니할 수 없다. 값은 비싸지만 읽을거리가 많은 두툼한 신문을 보고 싶은 독자도 있을 것이며, 비록 몇 장 밖에 안 되는 얇은 부피이지만 수준 높은 기사만 싣는 신문을 읽고 싶은 사람도 있을 것이다. 따라서 신문협회는 지금까지 해왔던 것처럼 신문지면을 일률적으로 묶어 두는 일을 계속해서는 안 될 것으로 생각한다.

신문지면을 자유경쟁에 맡기면 자본이 많지 않은 신문사는 문을 닫아야 하는 불행한 일이 있을지 모르겠다고 염려할 수도 있을 것이다. 그러나 그와 같은 생각은 너무나 편안하고 게으른 생각이다. 왜냐하면 독자는 신문지면이 많고 적음에 따라 신문을 선택하는 것이 아니라, 기사를 보고 선택하기 때문이다. 그러므로 지면이 적더라도 개성 있는 신문을 만든다면 오히려 지금처럼 같은 지면 수에 개성 없는 신문을 찍어내는 것보다 더 많은 독자를 확보할 수 있을 줄로 믿는다.

이제 우리 신문이 담합하여 별다른 노력을 하지 않아도 경영이 된다는 자세에서 벗어나야 할 때가 되었다고 생각한다. 그러지 못하면 신문의 발전은 한계에 부딪칠 것이며, 동시에 독자들에게 외면당하고 말 것이다. 아울러 다른 상품의 담합을 비판하는 신문이 스스로 그러한 잘못을 범하고 있는 것에 대한 독자의 비난도 날로 커질 것이라는 점을 충분히 인식해야만 하겠다. 언론의 자유를 주장하는 신문이 스스로 발행의 자유의 한 부분을 제한한다는 것 자체가 부끄러운 일이라 생각된다.

《샘이 깊은 물》, 1987년 10월

제 구실 못한 선거보도

　이제 제13대 대통령 선거도 끝났다. 실로 16년 만에 국민이 직접 대통령을 뽑는 선거였던 만큼 열기도 대단했다. 마치 지난 한 달 동안 전 국민이 열병이라도 앓고 난 기분이다. 유권자의 입장에서 볼 때 선택도 어려웠거니와, 선거의 후유증을 감내할 걱정이 태산 같다. 선거로 말미암아 깊게 파인 지역과 계층 사이의 간격을 메워야만 한다는 과제는 결코 만만치 않다. 민주주의의 이상을 실현한다는 일이 쉽지 않을 뿐더러, 치러야 할 대가가 엄청나게 크다는 사실을 다시 확인한 셈이다. 그러나 민주주의를 향한 대장정을 계속해야 한다는 지상과제를 위해 이번 선거에서 나타난 여러 문제들을 검토해 보는 작업을 해야 할 것이다. 이러한 요청의 하나로 선거과정에서 언론이 수행한 구실을 따져 보고자 한다.

　민주주의 정치과정에서 언론이 담당하는 역할이 얼마나 막중한가를 새삼스럽게 논의할 필요는 없을 것이다. 그러나 민주정치는 정치적 신념과 정치적 의견을 존중하는 것을 전제로 하여, 선거와 투표로써 주권을 행사하고 있다는 점을 상기할 때, 정치적 신념과 의견형성을 촉진하여 선거와 투표의 본래 목적을 발휘케 할 제도적 장치가 곧 언론이라는 점을 강조하지 않을 수 없다. 우리가 언론과 출판의 자유를 민주정치의 생명선이라고 여기는 까닭이 여기에 있는 것이다. 곧 언론은 선거과정에서 정치적 관심을 불러일으켜 유권자들로 하여금 선거에 참여하도록 분위기를 조성하는 동시에, 국민의 선택에 도움이 될 각종 정보를 제공하는 구실을 해야 한다. 그뿐만 아니라 선거가 공정하고 공명하게 실시되도록 감시하고 계도할 책임이 있다.

그리고 이러한 구실을 하는 데 여론을 조작하기 위해 편파적이어서는 안 된다는 점은 두말할 나위조차 없다. 이 같은 요청에 견주어 볼 때, 우리 언론은 과연 이번 선거에서 제 구실을 얼마나 충실하게 수행했을까? 한 마디로 평가한다면 제 구실을 못했다고 잘라 말할 수밖에 없다. 그 까닭은 다음과 같다.

첫째, 언론은 선거의 쟁점을 제대로 부각시키지 못했다. 이번 선거가 민주화로 가는 일대 전환점이 된다는 점에서 언론은 선거의 진정한 쟁점을 제시해야 했다. 또 국민의 선택에 도움이 될 정보들, 예컨대 각 정당이나 입후보자들의 정책 등을 깊이 있게 분석하고 그들이 공약한 정책들이 이 나라의 민주화를 위해 얼마나 합당한 것인지를 가려낼 수 있게 비판적 관점에서 제시해 주었어야 했다. 그럼에도 언론은 그러한 구실을 포기하다시피 외면한 것이다.

그 대신 언론은 지난날의 국회의원 선거 등에서 해왔던 것처럼 정당이나 입후보자 주변에서 일어나는 일들을 단편적으로 보도하는 데 그쳤다. 간단히 말해서 가십이 선거보도의 주류가 되고 말았다. 정당이나 입후보자들의 파벌 다툼에서 빚어지는 사소한 뒷얘기들과 상호 비방, 또는 파벌의 세력판도 등을 정치기사로 환치시켰으며, 유세장에서 벌어지는 풍경이나 연사의 실언·실수 등을 선거운동기사의 대종으로 삼았다.

각 정당이나 입후보자들이 하루에도 몇 건씩 공약하는 정책들도 정리하거나 비판하는 일 없이 그저 나열하는 데 그쳤다. 그러면서도 모든 입후보자들이 쏟아 놓는 공약들을 공정하게 보도하지도 않았다. 정책의 중요성이나 적합성 또는 실현 가능성에 따라 경중을 가려 보도한 것이 아니라, 특정 후보자의 공약을 더 크게, 더 자세히 다룬 적이 많았다. 그 결과 남발되는 공약들 속에서 유권자들은 갈피를 잡을 수 없어 정책을 선택의 자료로 사용할 수 없게 되었다. 항상 정책대결을 강조해 왔던 언론 스스로 자신의 책임을 회피한 셈이다.

이번 선거에서 많은 유권자들이 겪은 선택의 어려움을 바로 이처럼 언론이 정책대결을 유도하는 데 실패했다는 점에도 기인한다고 보아야 할 것이다. 언제나 객관적인 위치에서 선거운동을 분석적으로 관찰해야 할 언론이 선거의 열풍에 휘말리고 만 것이다.

나아가 언론은 쟁점에 대한 논쟁도 포기했으며, 쟁점을 정리해 주는 일도 하지 않았다. 예컨대 '군정 종식'이라는 주장이 선거의 저변에 흐르는 최대 쟁점의 하나였음에도, 언론은 무엇이 군정 종식인지, 또는 군정 종식이라는 주장은 타당한 것인지를 정의하거나 검토하는 토론의 장을 열지 않은 것이다.

12·12 사태가 쟁점으로 등장했을 때도 마찬가지였다. 이를 얼마나 자유롭게 다룰 수 있는 여건이었는지를 가늠할 수는 없으나, 야당 후보가 문제로 제기하자 모든 언론은 예의 폭로기사 정도로 취급하는데 그치고 말았다. 12·12 사태에 대한 역사적 평가는 때가 이르다 할지라도, 그것이 지니는 뜻은 올바르게 다루었어야 했을 것이다. 혹 언론에 따라서는 12·12 사태의 상황진술만으로도 사실

로 하여금 진실을 말하게 한다는 점에서 충분하다고 생각했을지 모르겠다. 그러나 상황진술과 더불어 그 사태의 진정한 진상이 무엇인지를 밝혀 주지 못했기 때문에 그 같은 생각은 잘못된 것이라 하겠다.

둘째, 언론은 이번 선거가 공정하고도 공명하게 치러지도록 계도하는 데 실패했다. 몇 가지 예를 들어 보자. 개표결과에서 극명하게 드러났듯이, 지역감정에 따라 투표가 좌우될 만큼 지역대결의 양상은 선거 초반부터 분명하게 나타났었다. 이에 대해 모든 언론은 깊은 우려를 표시했으며, 지역감정에서 벗어나야 할 것임을 강조했다. 그러나 개탄과 지탄은 했을망정, 지역감정을 극복하려는 구체적인 노력은 없었다. 지역감정으로 첨예하게 대립되는 양상이 있게 된 역사적 맥락과 구조적 원인을 분석하고, 이를 해소할 수 있는 대안을 제시하거나, 또는 입후보자들로 하여금 선거운동에서 지역감정을 부추기지 못하도록 했어야 한다. 동시에 지역감정에 따라 투표하지 않도록 하기 위한 캠페인도 전개했어야 했다.

유권자가 보기에도 지역감정에 호소하는 입후보자들의 선거운동이 있었고, 또 선거운동의 전략으로 지역감정을 부추기는 경우도 충분히 있을 수 있었다고 할 때, 신문은 그러한 사례와 가능성을 고발하고 경계했어야 옳았을 것이다. 그럼에도 언론은 그렇게 하지 않았다.

또한 이번 선거는 청중 동원의 기록을 남겼다고 할 만큼 각 입후보자마다 유세장 사람 모으기에 온 힘을 다 쏟았다. 이 과정에서 돈으로 사람을 샀다는 사실은 누구나 잘 알고 있는 일이다. 선거운동 기간 동안 일용노동자를 구하기가 어렵다는 말이 공공연하게 나돌 정도였다. 그런데도 이 같은 금권선거의 타락상을 있는 그대로 고발하고, 그러한 부패한 선거운동의 양상을 바로잡고자 끈질긴 캠페인을 벌인 언론은 거의 없었다. 이러한 태도는 선거 유세장 등에서 있었던 조직 폭력의 경우에도 마찬가지였다. 언론은 공정하고 공명한 선거풍토 조성을 위해 족벌주의선거·금권선거·폭력선거 등 타락선거의 현실을 과감하게 고발하는 데 실패했다. 오히려 언론은 난무하는 흑색선전 내용을 알리는 결과를 초래하는 등 계도적 기능에 완전히 위배되는 보도를 한 경우도 보였다. 그뿐만 아니라 언론은 스스로 자신에게 가해진 폭력조차 제대로 고발하지 못하는 어이없고 나약한 모습을 드러내기도 했다.

선거운동이 중반의 고비에 접어들었던 지난 12월 3일자《동아일보》에 실렸던 "민정 유세장 동원청중 일당 못 받아 두 곳 농성" 제하의 머리기사와, 그 다음날 같은 신문 11면 좌측 상단에 게재되었던 "일당지급의 현장" 사진을 트집 잡아, 12월 4일 오후 민정당원과 민정당 지지자를 자처하는 2백여 명이 신문사에 난입, 약 1시간 15분 동안 난동을 부리며 이를 취재하던 사진기자와 난동을 저지하던 경비와 직원을 집단폭행한 사건이 있었다.

이 사건은 비단 특정 신문의 기사에 대해 불만을 가진 자들이 그 신문사에 폭력을 가한 사건이긴 하나, 그것은 곧 언론에 대해 폭력을 휘두른 상징적인 의미를 지닌 것이었다. 따라서 모든 언론은 이같은 폭력을 철저히 고발했어야 마땅했음에도 불구하고, 당사자인 《동아일보》를 제외한 다른 신문들은 이 사건을 고작 1단 기사로 짧게 보도하고 말았다. 이런 신문들이 12월 11일 전대협(全大協) 소속 대학생 87명이 KBS 별관을 점거한 사건은 2단 내지 3단의 크기로 보도했다. 이 같은 우리 언론의 현실이야말로 서글픈 일이 아닐 수 없다. 비록 그 사건을 크게 보도하거나 문제로 삼는 일이 민정당의 득표에 영향을 미친다고 해서 협조요청을 받았더라도, 언론은 자구(自救)를 위해서도 이를 당당하게 고발하고 비판했어야 옳았다. 그렇지 못한 언론이 아무리 이른바 전화부대의 협박을 받는다고 호소한들 호응을 받기는 어려울 것이다.

셋째, 이번 선거는 다분히 후보자 개인에 대한 선택의 양상을 띠었다고 볼 수 있다. 따라서 유권자의 선택을 위해 입후보자들 개인에 대한 정보를 언론이 풍부하게 제공해 주는 일이 필요했다. 사실상 선거운동이 본격적으로 전개되기 이전에 우리 언론은 바로 이 점에 착안하여 입후보 예상자들에 초점을 두고 정치기사를 만들었다. 다시 말하자면 언론은 입후보자들을 상품으로 삼았던 셈이다.

그 결과 선거양상을 입후보자 개인에 대한 선택으로 이끌어 간 꼴이 되었다. 그럼에도 언론은 선택에 필요한 그들 개인에 관한 정보를 제대로 제공하는 데 실패했다. 기껏 제공한 정보는 개인 신상이나 가족에 관한 것이 거의 전부였다고 해도 지나친 말은 아닐 것이다. 유권자들의 올바른 선택에 도움이 될 수 있는 정보는 입후보자 개개인의 국가경영능력과 경륜임에도 이를 외면해 버렸다. 물론 그러한 정보의 제공은 선거에 심대한 영향을 미칠 수 있다는 면에서, 그리고 입후보자들로부터 강력한 항의를 받을 가능성이 있다는 점에서 언론에게 큰 부담이 될 것이다. 그렇다 할지라도 편견을 배제하는 한 그 같은 진단과 분석은 객관성을 확보함으로써 부당한 시비의 대상에서 벗어날 수 있을뿐더러, 또 마땅히 해야만 할 언론의 책임이기도 했다.

이와 관련하여 언론은 나라의 민주화와 국가의 장래를 위해 가장 바람직한 대통령상을 제시해 주는 노력을 했어야 옳았다. 신문에 따라 대통령을 선택할 때 미래지향적으로 생각해야 할 것이라는 점을 강조하면서도, 우리나라 신문 사설의 전형이라 할 만큼 관행이 되어 버린 당위론에 그치고 말았다. 만약 신문이 진심으로 미래지향적인 투표를 기대했다면, 그 같은 당위론으로 그치지 않았어야 했다. 민주화와 국가가 당면한 과제들을 해결하는 데 어떤 영도력이 필요한가를 제시하고, 그에 가까운 사람을 선택하도록 계몽했어야 마땅했을 것이다.

넷째, 이번 선거를 계기로 우리도 텔레비전 선거시대를 연 셈이다. 텔레비전을 통한 선거연설이 지니는 효용성과 영향력을 실감했다는 점이 이번 선거에서 새롭게 얻은 체험이라 할 수 있다. 다만 기대했던 입후보자 상호간 텔레비전 토론이 이루어지지 못했다는 것은 크게 유감스러운 일이었다고 하겠다. 관훈클럽이 주최했던 입후보 예상자들과의 토론회가 텔레비전을 통해 녹화되어 방영되었을 때, 국민들이 느꼈던 감흥을 생각한다면 TV 토론의 유용성은 구차하게 설명하지 않아도 될 것이다. 그럼에도 텔레비전 토론이 입후보자 개인들의 전술적 이해관계 때문에 무산된 것은 다음의 선거를 위해서도 좋지 못한 선례를 남긴 셈이 되었다.

한편 텔레비전과 선거와의 관계를 그것을 통한 유세나 토론에만 국한시켜 생각해서는 안 된다. 텔레비전이 정치현장을 생생하게 보여 준다는 점과 함께, 날이 갈수록 국민들의 뉴스매체에 대한 의존도가 텔레비전으로 기울어지고 있다는 현상에 주목해야 한다. 이번 선거에서도 논란의 대상이 되었던 텔레비전의 공정하지 못한 보도는 그렇기 때문에 선거에 미치는 영향이 큰 것이다. 우리나라 방송의 공정하지 못한 보도가 규탄의 대상이 된 지 오래다.

그러나 이번 선거에서도 여전히 지난날의 불공정한 방송 행태가 답습되었다. 몇몇 신문사의 여론조사에서도 이 같은 현실이 고발되었거니와, 전국적인 조직망을 가진 YMCA의 모니터 결과 또한 방송의 공정하지 못한 보도태도를 여실히 드러내 주었다. 오죽했으면 자기가 몸담고 있는 방송사의 보도 프로그램이 공정하지 못하다는 점을 시정하기 위해 기자들이 농성을 벌였을지 생각해야 한다.

보도 프로그램의 경우만 문제가 된 것은 아니었다. 11월 16일 KBS 1TV의 〈르뽀 20/20〉 제작과정에서 같은 달 14일에 있었던 네 후보자들의 지역유세를 다루되, 제작간부들이 일선 PD에게 지역감정을 강조하는 방향으로 프로그램을 만들도록 부당한 압력을 넣었다 하여 방송제작의 자율권 침해 여부를 따지는 청문회를 PD협회가 개최한다는 소식이 전해졌다. 이 같은 움직임이 함축하고 있는 바는 일반 프로그램도 선거운동과 관련하여 여론조작의 수단으로 오용된다는 점이라 하겠다. 그뿐만 아니라 투표일을 앞두고 목적성이 짙은 프로그램을 정규편성을 무시하면서까지 방송하는 사례도 마찬가지다. 이렇게 볼 때 이번 선거에서 공정하지 못한 방송프로그램이 미친 영향은 반드시 분석되어야 할 과제인 것이다.

다섯째, 어떻게 보면 사소한 일로 볼 수도 있고, 또 실제로 사람들의 눈에 잘 뜨이지 않는 대상이기도 하지만 선거광고의 문제에 주목하지 않을 수 없다. 왜냐하면 선거광고도 선거 메시지를 전달하고 사람들을 설득하는 선거운동의 유력한 수단이기 때문이다. 그러므로 선거광고는 그 자체가 광고윤리에 어긋나지 말아야 하며, 언론은 광고윤리에 위배되는 선거광고를 게재해서는 안 되는 것이다.

예를 들어 보자. 지난 12월 7일자 석간신문과 12월 8일자 조간신문들에 실린 "안보 없는 민주화 누굴 위한 것인가"라는 제목의 의견광고가 좋은 본보기가 된다. 즉 이 의견광고는 '안정을 바라는 시민들의 모임'이라는 이름으로 실린 5단 통단광고로서, 광고주가 누구인지 전혀 밝혀져 있지 않기 때문에 광고윤리에 위배되는 것이다.

이 밖에도 지적하고 싶은 점들은 많다. 이러한 선거보도의 문제점들을 반성하는 까닭은 우리 언론이 이번 선거에서 어떤 기여를 했는가를 가늠해 보려는 것이기도 하며, 나아가 민주화를 구현해 가는 과정에서 언론이 해야 할 참다운 구실이 무엇인가를 자성해 보기 위함이기도 하다. 언론은 이 같은 점들을 참고삼아 진정한 민주언론의 길을 스스로 찾아 나서야 할 것이다.

《월간조선》, 1988년 1월

제3장

실종되는 언론의 자유
−1990~2000년대

상업 텔레비전의 부활 논의
: 군침을 흘리는 까닭

요즘 신문이나 방송은 온통 정계 재편성 때문에 떠들썩하지만 주권자인 국민들은 오히려 그 같은 정치놀음에 냉담한 편이 아닌가 한다. 마찬가지로 상업 텔레비전 방송국을 다시 개설하려는 움직임을 놓고도 이해 당사자들 사이에는 활발한 논의가 벌어지고 있지만 일반 시청자들은 그다지 관심이 없는 듯하다. 그 까닭은 무엇일까?

이는 정치나 방송의 주인인 국민들의 뜻과는 상관없이 이해관계에 밝은 몇몇 사람들이 자기들의 이익을 위해 모든 일을 도모하고자 하기 때문일 것이다. 그렇지만 그런 일들이 한번 결정되고 나면 국민들의 진정한 생각과는 상관없이 큰 영향력을 끼치게 된다는 것은 부인할 수 없다. 그렇기 때문에 우리는 일부에서 구체적으로 진행되고 있는 상업 텔레비전 방송국 허가의 문제에 대해 관심을 갖지 않을 수 없다.

상업 텔레비전 방송을 허가할 것인지에 대해 여러 가지 소문이 떠돌고 있다. 들리는 바로는 지금과 같이 방송국 노동조합이 방송의 자율성을 강조하는 현실 때문에 정부가 마음대로 방송에 대해 영향력을 행사하기 힘들어서 상업방송을 다시 시작하려는 의도를 가지고 있다고 한다. 좀 더 구체적으로 떠도는 소문은 노동조합 운동을 교묘하게 잘 통제하는 재벌그룹에게 상업 텔레비전 방송을 하도록 일을 꾸미고 있다는 것이다. 그런가 하면 큰 신문사들도 상업방송을 하려고 열심히 움직이고 있다고 들린다. 이러한 모든 소문은 확인되지 않은 채로 그럴듯하게 항간에 퍼지고 있다. 아니 땐 굴뚝에 연기가 날 까닭이 없다면 그러한 말들이 아주 근거가 없다고는 보기 어려울 것이지만 확인할 길은 없다. 다만 그런 '음모'가 진행되고 있음은 몇 가지 사실로 보아 명백하다.

이미 세상이 다 아는 일이기는 하지만 방송제도연구위원회라는 민간기구가 있다. 지난 89년 3월에 발족한 이 위원회는 1년이라는 기간 동안 방송 전문가와 학자들이 우리나라 방송제도를 검토하고 우리 방송의 나아갈 방향을 마련하는 일을 하는 임시위원회이다. 이 기구는 방송위원회가 주관하여 만든 것으로, 원칙으로는 정부의 간섭을 받지 않고 독립성을 누리도록 되어 있다. 사실이 그러한지는 알 길이 없지만 겉으로는 그러하다. 이 위원회는 우리나라 방송의 이념, 방송체계, 한국방송공사의 개편, 방송광고공사의 존폐, 새로운 매체의 도입 등을 다루는 분과위원회를 여럿 두고 연구보고서를 만드는 일을 한다. 지난해 11월에 몇 개 분과위원회에서 중간보고서를 제출했다. 그 하나가 방송제도분과위원회의 중간보고서로서 우리나라 방송체계를 어떻게 만들지 제안한 것이다.

이 분과위원회는 두 가지 방안을 제시했다. 하나는 상업방송을 허가하자는 안이고 다른 하나는 공영방송을 해야 한다는 제안이었다. 이 분과위원회가 방안을 한 가지로 만들지 못한 까닭은 위원들 사이에 의견이 엇갈려 합의에 이르지 못했기 때문이다. 비록 이 분과위원회의 제안이 중간보고서이기는 하지만, 올해 3월에 제출하기로 되어 있는 최종보고서의 내용을 제시한 바와 다를 것이 없기 때문에 우리의 관심을 끌었다. 상업 텔레비전 방송이 다시 시작될 것이라는 소문의 구체적인 증거는 방송제도연구위원회의 그러한 보고서에서 찾아볼 수 있다.

그러나 이 기구에서 중간보고서를 펴내기에 훨씬 앞서서 상업 텔레비전 방송국을 세운다는 말이 떠돌았다. 그런 소문은 방송제도연구위원회의 위원장이 어느 공식석상에서 상업방송이 필요하다고 말함으로써 뜬소문이 아니라는 것이 확인되기도 했다. 말하자면 제도분과위원회가 어떤 결론에 이르기도 전에, 위원장이라는 사람이 먼저 상업 텔레비전 방송을 할 것이라는 것을 못 박은 셈이다. 따라서 1년이라는 시한부로 발족한 방송제도연구위원회의 할 일이 결국 상업 텔레비전 방송의 부활에 있었다는 점을 고백한 것이나 다름없게 되었다. 미리 결론을 내고, 그것을 합리화시키느라고 막대한 예산을 책정하고 방송전문가나 학자들을 동원한 꼴이 되었다.

그러한 비난을 들을 수밖에 없는 까닭은 다른 데도 있다. 앞에서 소개한 바와 같이 방송제도연구위원회에는 방송의 이념을 세우려는 분과위원회가 있고 방송체계를 연구하는 제도분과위원회도 있다. 일의 순서로 따지자면, 먼저 우리나라 방송의 이념이 어떤 것인지를 정립하고, 그것을 토대로 해서 방송이 추구해야 할 목표가 설정되어야 하며, 그러한 목표를 실현하기 위해 어떤 방송체계, 이를테면 국영방송체계, 공영방송체계, 공·민영 혼합체계, 상업방송체계 가운데서 어떤 체계가 최선인가를 결정해야 옳다.

그럼에도 일의 순서를 그렇게 하지 않고 상업 텔레비전 방송을 다시 해야 한다는 결론부터 끄집어낸 것이다. 웃기는 것은 아직도 방송의 이념이 무엇인가에 관한 중간보고서조차 나오지 않았다는 점이다. 비유한다면 머리가 생기기 전에 팔다리만 먼저 만든 꼴이다. 모르긴 하나, 두고 보면 '이념 따로 방송체계 따로'라는 기막힌 기형아가 탄생할 것이 너무나 뻔하다. 한 마디로 한심한 작태라 아니할 수 없다.

어찌 되었거나 이미 목표가 정해졌으므로 정부는 오는 4월의 정기국회에서 상업 텔레비전 방송을 허가하려고 방송법 개정을 서두를 것으로 생각된다. 지금의 방송법으로는 어느 특정 재벌이나 신문사가 독점해서 상업방송국을 운영할 수 없게 되어 있기 때문이다.

그러면 상업 텔레비전 방송을 해야 한다는 주장의 근거는 무엇인가를 따져 볼 필요가 있다. 이유들이 많지만 내세우는 가장 큰 명분은 프로그램의 다양성과 방송의 자율성 보장이다. 공영방송체계로는 문화의 다양성을 확보하기 어렵고 방송의 자율성 또는 독립성을 꾀하기 힘들다는 논리인 것이다. 그러나 따져 보면 그 같은 주장이 얼마나 피상적인 것이며, 상업 텔레비전 방송 설립을 위한 잔꾀에 지나지 않는지를 잘 알 수 있다.

방송 프로그램의 다양성은 공영이냐 민영이냐에 달려 있는 문제가 아니라, 창조의 자유, 예산의 뒷받침, 유능한 인력의 확보, 제작의 자율성 정도에 좌우되는 것이다. 또 방송의 자율성이나 독립성의 확보는 정부의 간섭을 배제함은 말할 것도 없고, 어떤 개인적 이익을 위한 방송의 오용과 남용의 여지를 없애는 데서 나오는 것이다. 그러므로 국민이 주인이 되는 공영체계가 그러한 이상을 구현하는 데 최선이라 할 수 있다.

누구나 잘 알고 있듯 방송전파는 국민의 것이며, 극히 제한된 가용자원이다. 따라서 이를 어떤 개인이나 집단의 사유물로 만들 수 없는 것이며, 그들의 이윤 창출의 수단으로 이용되게 할 수도 없는 것이다. 전파 자체가 극히 희소한 자원이므로 그것을 이용할 권리를 위탁받는 개인이나 집단은 이미 권리 확보 자체로 돈벌이를 보장받는 것이나 다름없다. 재벌들이 상업 텔레비전에 군침을 흘리는 까닭이 어디 있겠는가.

또 우리는 늘 자본의 논리를, 그 생리를 투철하게 인식해야 한다. 자본은 이윤의 극대화를 추구하지 않을 수 없고, 그렇게 하고자 무엇이든 할 수 있다는 점을 어찌 지나칠 수 있을까. 과거의 우리나라 상업 텔레비전을 체험한 독자는 잘 알리라고 생각된다. 돈벌이를 위해 시청률 높이기 위주의 경쟁을 하지 않을 수 없고, 그러느라고 폭력·섹스·대중의 우상·모험주의 등을 상품화하지 않을 수 없었다. 한마디로 저질 프로그램으로 돈벌이에 나서게 되는 것이다. 이런 방송을 구태여 해야만 옳을까? 너무나 명확한 예견을 물리치고 상업 텔레비전 방송을 하겠다는 주장은 정치 음모와 자본의 결탁이나 다름없는 것이다.

그러나 우리가 생각할 바는 따로 있다. 곧 여태까지와 같은 공영방송은 진정한 뜻의 공영방송이 아니라는 점이다. 국민의 필요성과 이익에 봉사하는 공영방송 본래의 모습과는 많은 차이가 있다는 현실을 부인할 수 없다. 상업방송과 다름없는 흥미 위주의 프로그램 편성과 그것을 통한 시청률 경쟁의 병폐가 바로 그러하다. 이런 잘못된 틈을 이용하여 상업방송의 필요성을 내세우고 있다는 점을 뼈아프게 자성해야 옳다. 그러므로 우리가 추구할 바는 사이비 공영방송의 시정을 통한 진정한 공영방송의 구현이며, 그와 동시에 이윤의

극대화를 노리는 자본의 지배 음모를 배제하는 자구 노력이라 하겠
다. 전파의 주인인 국민이 주체가 되는 방송을 만들어야 한다. 공익
에 최선을 다하는 방송이어야 옳다. 상업방송은 결코 그러한 필요성
을 충족시킬 수 없다.

《샘이 깊은 물》, 1990년 2월

망가진 공론의 장

왜 의견을 가질 자유와 그것을 발표할 자유가 인류의 정신적 복리에 필요한 것일까? 공리주의자 존 스튜어트 밀(John Stuart Mill)은 그 근거로 4가지를 제시한 바 있다. 요약하면 다음과 같다.

첫째, 만약 어떤 의견이 침묵을 강요당한다고 하자. 그럴 때 침묵을 강요당한 그 의견이 옳을 수도 있다는 것이다. 그럴 가능성을 부정하는 것은 우리들 자신의 무오류성(無誤謬性)을 가정하는 것이 된다.

둘째, 설사 침묵을 강요당한 의견이 오류라 할지라도, 그것이 진리의 일부를 내포하고 있을 수도 있다는 것이다. 그리고 어떤 문제에 대한 일반적인 또는 지배적인 의견일지라도 전체가 진리인 경우는 절대 없으므로, 진리의 나머지 부분이 보완되는 것은 상반되는 의견의 충돌에 따라서만 가능하다.

셋째, 비록 일반에 받아들여진 의견이 진리일 뿐 아니라 진리의 전체라 해도, 만일 그것이 힘차게, 열심히 논쟁되는 것을 허용하지 않는다면 그 의견을 받아들이고 있는 사람들 가운데 대부분은 그 의견의 합리적 근거를 거의 파악하지 못하거나, 느끼지 못하면서도 그 의견을 하나의 편견 형식으로 신봉하게 된다.

넷째, 그리하여 비단 거기에 그치지 않고 교설(教說) 그 자체의 뜻은 상실되거나 약화되어 인격과 행위에 미치는 중요한 영향력을 빼앗기고 말 위험에 처하게 될 것이다. 신조(信條)는 영원히 무력한 형식적 고백이 되어 버리며, 거치적거리는 것이 되어 무엇인가 진실하고 충정에서 우러나오는 확신이 이성이나 개인적 체험에서 성장해 나오는 것을 쓸데없이 방해하게 된다.

다소 장황하게 존 스튜어트 밀의 주장을 인용한 까닭은 다른 데 있는 것이 아니다. 토론을 강조하여 출범한 참여정부 아래서 날이 갈수록 이른바 개혁세력으로 자임하는 집단들에게 그들의 주의주장과 다른 의견의 표현이 침묵을 강요당하는 풍토가 고착되고 있기 때문이다.

예컨대 방송위원회의 위탁으로 한국언론학회가 수행한 '대통령 탄핵관련 TV 방송 내용 분석' 보고서를 둘러싼 KBS, MBC 및 언론노동조합과 언론개혁시민단체들의 반응이 그러하다. 자신들의 시각과 다른 결과가 나왔다고 해서 보고서 자체가 연구자들의 편향성에 의해 왜곡되었다고 매도하거나 인신공격부터 한 것은 논쟁을 거쳐 검증될 중요한 쟁점임에도 자신들의 정당성만 일방적으로 강조했다고 할 수 있다.

이 보고서와 관련해 몇몇 언론 미디어 연관학회들의 대응방식도 문제가 되지 않을 수 없다. 보도된 것처럼 방송학회장이 "공정성의 개념은 연구자가 어떤 이론적 틀을 적용하느냐에 따라 그 결과 또한 다르게 나올 수 있다"면서 "언론학회의 이번 보고서는 특정 연구진의 시각이 반영된 결과물이지 객관적인 보고서가 아니다"고 말한 것이 만약 사실이라면, 동학의 한 사람으로서 부끄러움을 느끼지 않을 수 없다. 그가 말한 의견이 지니고 있는 문제가 무엇인가를 따지기 이전에, 연구자라면 보고서의 연구방법론이 방송의 공정성 여부를 분석하는 데 적합했는지, 엄격한 과학적 절차에 따라 분석이 진행되었는지 등을 먼저 언급했어야 옳았다고 생각하기 때문이다.

언론학회의 '대통령 탄핵관련 TV 방송 내용 분석' 보고서의 경우를 사례의 하나로 들었지만 자신들의 주의주장만 옳고 그와 다른 의견은 오류로 매도하는 풍토가 고착되어 간다는 것은 다양한 의견의 충돌로 올바른 여론이 형성되는 민주주의 제도의 근본을 부정하는 행위이다. 그것은 언급하기조차 싫지만 전체주의의 등장과 다를 바 없는 상황을 만들 수도 있는 것이기 때문에 크게 경계해야 한다. 전통적으로 표현의 자유를 억압하는 것은 정부라고 인식되어 왔으나 다수의 이름으로 소수를 압제하고 침묵을 강요하는 풍토야말로 더 무서운 민주주의의 적이라는 점을 잊지 말아야 한다.

《여의도 포럼》, 2004년 6월 25일

저널리즘 리뷰의 실종

　발행부수는 약 12만부 안팎, 세로 19인치, 가로 13인치의 타블로이드판에 24~28면을 발행하는 재정적으로 덜 안정된 신문. 본문 활자보다 조금 더 큰 활자로 제목을 달고, 사진을 거의 쓰지 않는 편집 등으로 지면은 침울하고 답답한 느낌을 주는 신문. 그렇지만 각국의 언론인들과 신문학자들에게 항상 세계 10대 고급지의 하나로 뽑힐 뿐 아니라 3대 고급지로 자주 꼽히기도 하는 신문인 《노이에 취르허 차이퉁》은 스위스를 대표하는 신문이다.

　1780년에 창간된 이 신문은 세계와 인간에 대해 생각하고 이해하려는 독자들을 위해 신문을 만들어 왔다. 그래서 이 신문은 평범한 독자들에게는 재미없는 인쇄물에 지나지 않겠지만, 생각하는 사람들에게는 단순히 신문이라기보다 현대사회를 이해하는 교과서의 구실을 하고 있다. 세계의 고급지들 가운데서 가장 진지하고 개성 있으며, 가장 책임이 강하고 코스모폴리탄적인 신문으로 평가받는 이 신문의 수준이 어떠하리라는 것은, 예컨대 세계 33개 도시에 상주하는 해외 특파원들의 대부분이 역사·법률·경제·문학 등 각 분야의 박사학위 소지자들이라는 점만으로도 짐작할 만하다.

그러나 이 신문의 성가(聲價)를 더 높이는 것은 매일 내는 특집 부록이다. 문학과 예술 분야의 새로운 작품이나 인물을 소개하는 〈리테라투어 운트 쿤스트〉, 과학과 의학 분야에서 이루어진 최신 연구성과와 진전을 다루는 〈포르슝〉, 테크놀로지의 발전을 알기 쉽게 소개하는 〈테크니히〉, 관광과 여가를 다루는 〈투리스무스〉, 영화를 소개하는 〈필름〉, 라디오와 TV 등을 다루는 〈운트 휜셴〉 등 여러 특집 부록을 요일에 따라 고정적으로 발행한다.

이들 각 부록에 실린 글들은 질적 수준이나 또는 주제의 다양성에서 최고의 수준이라는 평가를 받는다. 예를 들어 〈리테라투어 운트 쿤스트〉에 실린 연극평은 대학에서 연극학 교재로 쓰이기도 한다.

조금 장황하게 우리에게 생소한 이름의 신문 이야기를 꺼낸 까닭은 다른 데 있는 것이 아니다. 많게는 하루 64면이나 발행하는 한국 신문들의 몰개성과 경박함에 대해, 그리고 미숙한 글쓰기와 하찮은 정보의 남용에 대해 생각해 보려 하기 때문이다. 그 가운데서도 특히 문화를 취재하고 보도하는 한국 신문들의 잘못된 관행을 지적해 보기 위해서 모범이 되는 사례를 하나 들어 본 것이다.

세계적으로 명성을 얻고 있는 신문들과 한국 신문들 사이에는 분명히 커다란 질적인 차이가 있다. 그러한 차이는 뉴스를 다루는 방식이나 관점에서 두드러지게 드러난다. 그러나 보다 현격한 차이는 문화를 취재하고 보도하는 데서 찾을 수 있다. 더욱이 문학과 예술 부문에 대한 취재와 보도에 관한 한 한국 신문들은 양적인 면에서뿐만 아니라 질적인 수준에서 세계의 고급지들과는 비교할 수 없을 만큼 빈약하다.

세계의 고급지들 치고 문화면을 충실하게 만들지 않는 신문은 없으며, 어떤 경우에는 문화면의 질적 수준이 좋은 신문인지 아닌지를 가늠하는 기준이 되고 있다고 해도 지나친 말이 아니다. 그리고 당연히 문화면은 문학과 예술 분야를 주된 취재보도의 영역으로 삼기 때문에 고급지일수록 문학과 예술의 각 장르에 대한 풍부한 정보와 함께 수준 높은 비평을 독자들에게 제공한다. 더욱이 비평은 문학작품이나 공연예술의 성패를 좌우할 만큼 큰 영향을 미친다. 따라서 문학과 예술의 각 장르에 대한 비평이야말로 문화면의 꽃이라 할 수 있다. 지금 한국 신문들의 문화면이 빈약한 가장 중요한 요인은 바로 그 같은 비평의 실종 때문이라고 잘라 말할 수 있다.

신문 문화면의 비평은 두 가지 유형으로 나누어 볼 수 있다. 하나는 '크리티시즘'이고 나머지 하나는 '저널리즘 리뷰'이다. 누구나 잘 아는 바와 같이, 크리티시즘은 그것 자체가 표현적이며 창조적인 하나의 예술형식이자 문학형식이다. 이에 견주어 저널리즘 리뷰는 마치 독자들의 각종 선택행위에 도움을 주는 생활정보와 같이 독자들이 책이나 연극, 영화, 미술전람회, 음악회 등을 선택하는 데 도움을 주기 위해 정보와 논평을 동시에 제공하는 저널리즘의 한 형태라 할 수 있다.

그러므로 크리티시즘이 문학이나 공연예술의 어느 특정 분야에 대해 주된 관심을 가진 독자나 전문가 또는 작가나 예술가들을 위한 것이라면, 저널리즘 리뷰는 문학이나 예술을 애호하는 일반 독자들에게 선택의 지침 구실을 하는 것이다. 따라서 크리티시즘은 자연히 소수의 고급 독자를 위한 것일 수밖에 없다. 그럼에도 신문이 크리티시즘을 게재하는 것은 소수의 취향을 존중하려는 미덕 때문이며, 문학과 예술의 질적 수준을 향상시키고자 하는 의지의 표현이라고 볼 수 있다. 그렇기 때문에 크리티시즘을 싣는 신문은 자연히 고급지의 범주에 들게 된다.

그렇다고 고급지들이 저널리즘 리뷰를 배제하는 것은 결코 아니다. 어떤 점에서는 고급지들의 크리티시즘은 저널리즘 리뷰의 구실도 겸하거나, 아니면 정제된 저널리즘 리뷰를 제공한다고 보아야 한다. 한마디로 말해 일반 독자에게는 크리티시즘보다 저널리즘 리뷰가 더 절실하게 필요하다. 선정주의 신문, 대중지를 제외한 종합일간신문들이 저널리즘 리뷰를 보편적으로 제공하는 까닭도 거기에 있다. 그럼에도 오늘의 한국 신문에는 크리티시즘은 물론 진정한 의미의 저널리즘 리뷰가 없다.

그렇다면 저널리즘 리뷰는 어떻게 써야 할까? 적어도 다음과 같은 몇 가지의 기본적인 요구를 만족시키고, 그것에 충실해야 한다.

첫째, 저널리즘 리뷰의 목적은 처음부터 끝까지 독자의 문화 선택에 도움을 주려는 것이므로 리뷰의 대상에 대한 충실한 정보를 먼저 제공해 주어야 옳다. 예컨대 서평의 경우, 책의 제목·저자·주제·페이지 수·출판사·값 등을 알려 주어야 하고, 연극의 경우 극작가·연출자·출연배우·공연장소·공연기간·연극의 주제·입장료 등을 밝혀 주어야 한다.

둘째, 저널리즘 리뷰는 보통 사람들을 대상으로 삼는 것이므로 알기 쉬운 표현을 사용하여야 한다. 문학과 예술 또는 학문 분야의 전문용어는 풀어쓰거나 일상적인 말로 바꾸어 써야 하고, 현학적인 표현 등을 피해야만 한다.

셋째, 저널리즘 리뷰는 독자를 대상으로 하는 것이기 때문에 소설가나 극작가·연출가·배우·연주자·미술가·영화감독 등 문화의 창조자들을 교육시키려 해서는 안 된다. 그러한 기능은 크리티시즘의 영역인 것이다.

넷째, 저널리즘 리뷰는 독자들의 문화 선택을 위해 의견을 제시하여야 한다. 물론 이때의 의견은 크리티시즘에서와 마찬가지로 평자 자신의 의견일 수밖에 없다. 아무리 객관적 입장에서 쓴다고 할지라도 의견은 평자 자신의 것이다. 그렇기 때문에 주관적 평가를 벗어날 수 없는 것은 당연하다.

그럼에도 그 의견이 가치를 지니게 되는 까닭은 평자의 관점이 진실하며 어떤 사사로운 감정에 지배되지 않는다는 데 기인한다. 이를 위해 크리티시즘에서와 마찬가지로 저널리즘 리뷰의 담당자는 자신이 담당한 분야에 대한 깊고 폭넓은 지식을 지니고 있어야만 한다. 그뿐만 아니라 전통적인 비평의 수법을 충분히 터득하지 않으면 안 된다.

다섯째, 저널리즘 리뷰는 시의성을 지녀야 한다. 예컨대 연극에 대한 리뷰를 할 경우, 공연의 막이 내리자마자 논평을 써야 한다. 그렇지 않고 하루나 이틀이 지난 뒤에 쓰거나 연극공연이 끝난 뒤에 쓴다면 독자로 하여금 그 연극을 선택하는 데 아무 도움도 주지 못하게 된다. 따라서 그것은 저널리즘 리뷰라 할 수 없다. 하루에 공연이 끝나는 경우는 불가피하겠지만, 며칠 동안 계속되는 공연이나 전람회, 전시회의 경우는 첫 공연, 당일 공연을 보거나 전람회나 전시회를 관람하고 써야만 한다.

그러므로 저널리즘 리뷰의 담당자는 쉽고 빠르게 리뷰를 할 능력을 갖지 않으면 안 된다.《뉴욕타임스》의 연극리뷰의 경우, 브로드웨이에서 어떤 연극이 공연될 때 첫 막이 내리자마자 신문사에 달려와 원고를 써야 한다. 왜냐하면《뉴욕타임스》가 조간이므로 그야말로 마감시간이 코앞에 닥치기 때문이다.

여섯째, 저널리즘 리뷰는 논평의 대상에 큰 영향을 주게 된다. 예를 들어 서평의 경우, 읽을 만한 가치가 없다고 썼다면 그 책의 판매에 영향을 줄 것이며, 연극에 대한 리뷰가 그 연극을 부정적으로 평가했다면 공연기간 동안 관객이 거의 없을 수도 있기 때문이다. 실제로 많은 사람들에게 그 권위를 인정받는 《뉴욕타임스》의 연극평은, 평에 따라 관객수에 큰 영향을 미친다고 한다.

그러나 이러한 저널리즘 리뷰의 영향력은 논란의 여지가 있다. 곧, 나쁜 평이 나간 경우 당사자로부터 비난을 받게 되며, 좋은 평이었다면 독자나 관련인사들에게 당사자와 결탁했다는 비난을 받기 쉬운 것이다. 따라서 저널리즘 리뷰 담당자는 그러한 비난을 받지 않기 위해 독자들에게 정확한 보도와 독립적 의견을 제공한다는 자세를 항상 견지해야 하며, 논평 대상을 위해서는 독립성을 유지하고 균형을 잃지 않는 의견을 제시해야 한다.

무엇보다도 중요한 것은 자기 자신에 대한 정직성이라 할 수 있다. 사실상 그 자신에 대한 책임이야말로 그 무엇보다도 중요한 요소라 할 것이다. '비평은 곧 그 사람 자체'라는 말은 아무리 음미해도 지나침이 없을 것으로 여긴다.

이 밖에도 저널리즘 리뷰가 갖추어야만 할 조건이나 충족시켜야 할 요청은 많을 것이다. 그러나 대체로 위와 같은 여섯 가지가 기본적인 조건이며 요구라 할 수 있다.

이 같은 조건과 요구에 견주어 볼 때 한국 신문의 현실은 어떠할까? 이 질문의 해답을 얻기 위해 필자는 임의로 《경향신문》,《동아일보》,《조선일보》,《중앙일보》 등 네 신문의 2004년 3월 한 달치와 4월 10일까지의 면을 분석해 보았다. 그 결과 서평을 제외하고는 저널리즘 리뷰의 부재를 확인할 수 있었다. 그나마 서평조차도 저널리즘 리뷰라기보다는 단순한 '책 소개'가 거의 전부였다. 분석결과를 보면 다음과 같다.

먼저 공연예술의 경우를 보자. 신문들은 문화면에서 연극·뮤지컬·발레·음악회 등의 공연을 보도하고 있지만 거의 모두가 예고기사이거나 연출가나 배우 또는 연주자를 공연 시작 전에 인터뷰한 기사였을 뿐 저널리즘 리뷰는 없었다. 그나마 예고기사나 인터뷰도 거의 대부분이 공연의 본질과는 상관없는 이벤트성 보도였거나 홍보성 기사였다. 저널리즘 리뷰의 가장 중요한 조건 가운데 하나인 시의성조차 상실한 것들로 독자의 문화 선택에 도움을 줄 수 있는 정보나 논평은 찾아볼 수 없었다. 본보기로 몇몇 연극공연기사를 보자.

A신문과 B신문은 2004년 4월 8일자 문화면에 4월 23일부터 5월 30일까지 서울 동숭아트센터에서 공연될 예정인 연극 〈햄릿〉의 기사를 보도했다. 이들 기사의 핵심 내용을 옮겨 보면 다음과 같다.

A신문 : 햄릿과 오필리아는 모든 배우들의 선망 배역이다. 삶과 죽음의 아이러니, 청춘의 에너지와 경망함을 한 몸에 지닌 이들은 이루지 못한 사랑의 아픔까지 담아낸다. 연극 〈햄릿〉(연출 이성열, 23일부터 5월 30일까지. 서울 동숭아트센터)에서 햄릿과 오필리아 역으로 함께 무대에 서는 김영민(34)과 장영남(32)은 요즘 한국 연극계에서 손꼽히는 30대 배우들이다. …… 나이는 김영민이 많지만 장영남이 서울예대 5년 선배. 둘의 수다를 따라가 본다.

B신문 : 서울 동숭아트센터에서 열리는 '연극열전' 참가작 중 관객들이 가장 보고 싶어 하는 연극 1위로 선정된 〈햄릿〉에선 꽃미남 햄릿 김영민 씨(32)가 등장한다. 23일 개막을 앞두고 김 씨와 오필리아 역의 장영남 씨(31)를 만났다. 섬세한 외모에서 뿜어져 나오는 폭발적 에너지가 돋보이는

김 씨는…… 오필리아 역의 장영남 씨는…… 눈이 크고 예쁘장한 얼굴에 허스키한 목소리가 어우러진 그녀에게선 소년의 중성적 매력도 풍긴다.

공연을 약 보름 앞둔 이 두 신문의 기사는 기자들이 독자적으로 취재한 것이 아니라 주최 측이나 극단이 이벤트로 마련한 주연 배우들의 집단 인터뷰라는 점이 명확하게 드러난다. 두 기사는 서로 배우들의 나이도 제각각이고 배우들의 외모를 마치 문학소년이 습작하듯 표현하고 있다. 이런 기사가 독자의 연극 선택에 무슨 도움이 될 수 있겠는가. 이런 식의 이벤트성, 홍보성 기사가 연극뿐 아니라 공연예술 전 분야와 영화를 다루는 전형처럼 되어 있는 것이 한국 신문 문화면의 현실이다. 그뿐만 아니라 예고기사만 있고 정작 공연평은 찾아볼 수 없다.

그러면 서평은 어떠한가? 한국 신문들은 서평이나 책 소개를 특집 부록이나 본지에서 다루고 있다. 2004년 3월 5일부터 《조선일보》가 타블로이드 16면으로 시작해 지금은 24면의 북 섹션을 특별 부록으로 발행하고 있고, 《중앙일보》도 그 뒤를 이어 같은 형태의 특집 부록을 매주 발행하고 있다.

필자가 분석한 4개 신문을 보면 한 신문이 한 주에 평균 51건의 기명 서평이나 책 소개를 하고 있다. 여기에 무기명의 신간 소개까지 합치면 매주 한국 신문들이 서평을 하거나 소개하는 책의 종류는 80종 안팎이나 된다. 서평이나 책 소개의 내용이 어떠하건 상관없이 그만한 양의 신간 소개는 출판계는 물론 독자에게도 큰 도움이 될 것임에 틀림없다.

서평이나 책 소개는 거의 대부분 서평전담기자나 문화부 기자들이 담당하고 있는 것으로 나타났다. 분석 대상 기간이었던 지난 3월

한 달 동안 네 신문의 서평이나 책 소개를 집필한 기자는 모두 136명으로, 한 주 평균 34명의 기자가 집필하고 있는 셈이다. 외부필자는 한 달 동안 모두 37명이었다. 그리고 주당 4건 이상 서평이나 책소개를 집필하는 기자 수는 한 신문 평균 3명으로 나타났다. 가장많이 쓸 경우 한 주에 한 기자가 6건이나 담당했다.

이 같은 집필자 현황이 제기하는 문제는 두 가지로 요약할 수 있다. 하나는 서평이나 책 소개를 하는 기자들의 전문성 문제이고, 나머지 하나는 한 기자가 여러 건을 쓰는 데서 초래되는 기사의 질문제이다. 이러한 두 가지 문제 때문에 기자들이 쓰는 기사 가운데제대로 된 서평은 찾아볼 수 없고, 모두가 책 소개의 범주를 넘지못하고 있을 뿐만 아니라, 기사의 내용도 출판사가 제공하는 보도자료나 책의 머리말을 위주로 작성된 것으로 보인다. 서평전담기자라할지라도 그것 외에 문화부의 다른 부문 취재까지 겸하고 있기 때문에 기사가 부실해질 수밖에 없다. 어느 신문이 자기네 신문의 서평담당기자 한 사람을 자랑스럽게 지면에 버젓이 소개한 기사를 보면 신문사의 사고방식이 어느 지경에 와 있는지를 짐작하고도 남는다. 그 기사의 내용은 이러하다.

"한 주 평균 20권의 책을 '넘겨보고', 4권의 책을 '정색하고 독파'한다. 성미 급하기로 소문난 그는 책 한 권을 읽고 나서 기사 작성을 끝낼 때까지 평균 2시간 반이라는 속도를 자랑한다. …… 책장을 넘길 때마다 톡톡 튀어 오르는 키워드에 집중한다고 밝힌 그는……"

서평뿐 아니라 클래식음악 전문기자로 소개된 이 기자는 3월 한달 동안 모두 16건의 서평기사를 썼다.

이른바 서평이라 자처하는 기사가 어떠한지를 보고자 네 신문이 모두 다룬 《대몽골 시간여행》(배석규 지음, 굿모닝미디어)이라는 책의 기사 내용 가운데 일부를 옮겨 보면 다음과 같다.

A신문 : 별이 있는 하늘은 곤두박질치고 있었다. 여러 나라가 싸우고 있었다. 제 자리에 들어가지 않고 서로 빼앗고 있었다. 흙이 있는 대지는 뒤집히고 있었다. 모든 나라가 싸우고 있었다. 제 담요에서 자지 않고 서로를 공격하고 있었다. 몽골인이 쓴 몽골의 정사(正使)인 '몽골 비사'는 칭기즈칸(1167~1227)이 태어나기 전인 11세기 어지러웠던 몽골 초원의 상황을 이렇게 묘사하고 있다.

B신문 : 별이 있는 하늘은 곤두박질치고 있었다. 여러 나라가 싸우고 있었다. 제 자리에 들지 않고 서로 빼앗고 있었다. 흙이 있는 대지는 뒤집히고 있었다. 몽골의 역사를 담은 '몽골 비사'는 칭기즈칸이 태어나기 전 몽골 초원의 상황을 이렇게 묘사하고 있다.

이와 같은 글쓰기는 적어도 2개 이상 신문들이 같은 책을 소개하는 경우 언제나 볼 수 있다. 서평은 본래 기자들이 쓰기보다 외부필자의 기고를 받는 것이 관례로 되어 있다. 전문성 때문이다. 그러나 한국 신문의 경우, 대부분 기자들이 쓰기 때문에 전문성 부족으로 제대로 된 서평을 기대할 수 없다. 그것도 기자 한 사람이 여러 책을 소개하기 때문에 글 내용이 보도자료와 다를 바 없게 된다.

문학작품의 경우도 마찬가지로 문학비평의 방법에 대한 기초가 없는 기자들이 작품을 소개하는 까닭에 공연예술이나 여느 서평의 경우와 마찬가지로 피상적인 정보만 나열할 뿐, 논평은 없다. 작품을 소화하지 못하고 쓰기 때문에 글 자체가 생경할 수밖에 없다. 문학과 예술에 대한 '저널리즘 리뷰'의 실종으로 한국 신문들의 문화면은 문화를 이벤트로 만들고 홍보지로 전락되고 말았다.

《숨소리》, 2004년 여름호

정치에 예속된 방송

　탄핵방송의 공정성 여부에 대한 논란은 지난 22일 방송위원회(이하 '방송위')가 시청자 민원이 제기된 9개 프로그램에 대해 모두 문제가 없다고 결정함으로써 종결되었다. 그렇다고 탄핵방송의 공정성 시비가 완전히 해소된 것은 아니다. 방송위의 결정 자체가 과연 공정했는가의 문제를 제기했기 때문이다.

　방송위의 위탁을 받아 언론학회가 관련 프로그램들의 공정성 여부를 분석한 '대통령 탄핵관련 TV 방송 내용 분석' 보고서를 역사의식도 없고 시대정신도 도외시한 가치 없는 지적 유희쯤으로 매도해 버린 일은 접어두더라도, 방송위는 심의결정에서 적어도 두 가지 잘못을 범했다.

　하나는 공정성 심의 대상을 라디오 프로그램 3편을 포함한 9개로 한정했다는 점이다. 방송위는 시청자의 민원이 제기된 프로그램을 대상으로 했다고 합리화했지만, 공정성이 문제될 만한 프로그램들을 자체 심의했어야 옳았다. 예를 들면 언론학회의 분석결과 편향성이 있는 것으로 지적된 KBS의 특별기획 〈탄핵정국 국민에게 듣는다〉, 특집 〈대통령 탄핵 ― 대한민국 어디로 가나〉 등은 심의 대상에 당연히 포함되어야 했다. 그러나 그렇게 하지 않았기 때문에 방송위가 공정성 심의 대상을 의도적으로 축소했다는 의혹을 받지 않을 수 없게 되었다.

또 하나의 불공정 방송임이 명백한 프로그램에 대해서도 문제없다는 결정을 내렸다는 점이다. 예컨대 MBC의 〈신강균의 뉴스 서비스 사실은〉이 그러하다. 언론학회 보고서는 이 프로그램을 극단적인 편향성을 드러낸 '파괴적 편향'의 범주로 분류하고, 방송사가 스스로 만든 공정성 규범의 토대마저 무너뜨렸다고 평가했다. 이런 프로그램의 공정성이 문제될 게 없다고 결정한 방송위의 심의 자체가 얼마나 편파적이었는지는 다시 말할 필요조차 없다.

그렇다면 방송위는 왜 이런 결정을 내린 것일까? 한마디로 정파적 이해관계에서 자유롭지 못했기 때문이다. 열린우리당에서 추천한 방송위원들이 대통령 탄핵 정국을 의회 쿠데타로 규정하고, 탄핵 관련보도를 일탈영역으로 보는 시각에서 공정성 여부를 재단하려한 결과이다.

그 같은 발상은 대의제 민주주의의 토대인 절차적 민주주의를 부정한 데서 비롯된 것이다. 그러한 전제에서 보면 보도의 공정성 문제는 애당초 제기될 수 없기 때문이다. 언론학회가 탄핵사태를 합법적 논쟁영역으로 보고 방송의 공정성 여부를 가리려한 관점이 옳고 그른지는 합리적인 사고능력을 가진 사람이면 누구나 쉽게 판단할 수 있는 사안이다.

방송법 제20조는 "방송의 공적 책임·공정성·공익성을 실현하고, 방송 내용의 질적 향상 및 방송사업에서의 공정한 경쟁을 도모하기 위하여 방송위원회를 둔다"고 하고, 제33조 제1항은 "위원회는 방송의 공정성 및 공공성을 심의하기 위하여 방송심의에 관한 규정을 제정·공표하여야 한다"고 규정했다. 이 같은 방송법 조항들은 방송위의 주된 직무의 하나가 방송의 공정성을 실현하는 데 있다는 것을 분명히 밝히고 있다.

따라서 그 같은 직무를 제대로 수행하는 데 필요하고도 충분한 조건은 방송위가 어떠한 정파적 이해관계나 이익집단들의 영향으로부터도 자유로울 수 있게 독립성을 지녀야 된다는 것이다. 정당의 추천을 받는다는 것은 정파의 이익에 봉사하라는 뜻이 아니다. 비록 정당의 추천을 받았다 할지라도 한국의 방송이 공공성·공정성·공익을 실현하도록 독립적인 위치에서 직무를 수행하라는 엄숙한 책임을 위임받았다는 인식을 투철하게 해야만 하는 것이다.

그러나 지금의 방송위는 이번 탄핵방송의 공정성 심의과정에서 스스로 독립성을 저버렸다. 이것이야말로 두고두고 심판받아야 할 업보가 될 것이다. 그렇다면 방송의 공정성 실현은 끝내 기대하기 어려운 것일까?

이 질문에 대한 대답은 언론학회 보고서 논평에서 찾을 수 있을 것이다. 보고서는 분석 대상이 되었던 대다수 기사와 프로그램이 중립적인 의견과 정보로 채워졌다는 점에 주목하면서 이렇게 지적했다. "우리는 이 대목에서 한국 TV 방송의 미래에 희망을 발견한다. 저널리즘의 원칙과 규범을 지키기 위해 불리한 여건과 분위기 속에서도 끈질기게 노력하는 기자와 PD가 아직도 많이 남아 있다는 사실을 방증하는 것이다."

여의도 포럼, 《국민일보》, 2004년 7월 30일

여론조사의 오용과 남용

　요즘 언론은 사회과학의 연구방법을 기사 쓰기에 활용함으로써 독자나 시청자 또는 누리꾼들에게 더욱 풍부한 정보를 제공하고 있다. 중요한 공공의 관심사에 대한 여론조사결과를 보도에 활용하는 방식이 대표적인 사례일 것이다. 이 같은 여론조사보도는 특정 관심사에 대한 공중의 의견이 어떠한지를 알려 줄 뿐 아니라, 보도 자체가 그 문제에 대한 여론형성에 영향을 주기도 한다. 여기에 여론조사보도의 매력이 있다.

　그러나 바로 그 매력 때문에 여론조사보도는 오용되거나 남용되기도 한다. 먼저 여론조사보도는 많은 사람의 호기심을 자극해 흥미를 갖게 하기 때문에 남용되기 쉽다. 또 여론조사의 결과는 과학적인 방법에 의해 얻어진 것이므로 믿을 만하다는 인식 때문에 오용되기도 한다. 어떤 조직이나 세력이 자신들의 주장을 정당화하려 하거나, 특정 목적을 달성하고자 여론몰이를 겨냥해 여론조사결과를 이용하는 경우가 그러하다. 여론조사보도의 가장 심각한 역기능은 바로 그 같은 여론 조작의 수단으로 오용되는 데 있다.

　그렇다면 여론조사를 어떻게 오용하고 있을까? 첫째 방법은 원하는 결과가 나오도록 조사방법을 왜곡하는 것이다. 심한 경우 표본을 조작할 수도 있고, 원하는 응답이 나올 수 있도록 설문을 만들기도 한다. 예컨대 지난 8월 말 발표된 '언론개혁에 대한 국민 여론조사' 결과를 보면 편집권의 독립과 관련해 "언론사 소유주로부터 편집권이 침해되고 있다"는 응답이 약 70퍼센트, 방송개혁과 관련해 "방송제작·편성에 시청자의 참여를 늘려야 한다"는 의견이 약 64퍼센트인 것으로 나타났다. 그러나 이 두 질문에는 문제가 있다. 왜 그럴까?

언론사 소유주가 편집권을 침해하는지 여부는 기자나 언론학자를 대상으로 했다면 모르겠으나, 일반 국민에게 응답을 요구하기에는 너무 전문적이다. 따라서 전 국민을 대상으로 실시되는 조사에는 적절치 못한 질문 항목이라고 할 수 있다. 또 방송의 제작과 편성에 시청자의 참여를 늘려야 하느냐는 질문은 '시청자 참여'가 무엇을 뜻하는 것인지 불명확하기 때문에 이 질문에 대한 응답은 의미가 없다.

이런 질문항의 문제점 때문에 조사가 모두 왜곡된 방법에 따라 실시된 것이라고 말하려는 게 아니다. 이런 부적절한 설문을 통해 얻은 결과를 내세워 언론개혁에 대한 국민여론이 이렇다고 공표하는 것은 여론조사를 오용하는 것이라는 점을 지적하고자 할 뿐이다.

여론조사를 오용하는 두 번째 방법은 왜곡된 여론조사결과를 자신들의 주장을 정당화하기 위해 인용하는 것이다. 예를 들어 보자. 지난달 말 '언론인·언론학자 언론개혁 현안 설문조사' 결과가 발표되었다. 이메일 설문으로 실시된 이 조사의 대상자는 전국 언론사에 재직하고 있는 언론인(기자, PD)과 언론학회 소속 언론학자 1,350명이었다.

이 가운데 조사기간 안에 응답한 사람은 모두 219명이었다. 응답률은 전체 조사 대상자의 16퍼센트에 지나지 않았으며, 응답자의 직업별 구성은 언론학자가 92명으로 42퍼센트나 되었고, 언론인 127명 가운데 PD는 고작 14명에 지나지 않았다. 한 마디로 이 조사결과는 낮은 응답률과 응답자 구성의 편중성 때문에 전혀 모집단의 대표성을 획득할 수 없는 것이 되고 말았다. 따라서 분석결과는 아무런 의미가 없는 것이다. 그럼에도 모 공영방송의 매체 비평 프로그램은 이 조사결과를 인용해 언론개혁을 강조하는 방송을 했다.

일반 독자나 시청자는 이 같은 여론조사의 오용을 알 수가 없다. 다만 과학적 방법으로 얻은 결과일 것이므로 그런 보도를 의심 없이 수용하게 된다. 그래서 이런 피해를 줄여 보고자 미국여론조사협회는 여론조사결과를 보도할 때 ① 표본의 정확한 크기, ② 조사에 책임 있는 후원자 또는 조사기관, ③ 실제 조사에 사용된 그대로의 설문 내용, ④ 표집 오차와 신뢰 수준, ⑤ 모집단의 정확한 정의, ⑥ 구체적인 자료 수집방법, ⑦ 정확한 조사 시기, ⑧ 하위 표본을 이용할 경우 그 크기 등을 반드시 밝혀야 한다고 1969년에 이미 천명했다.

한국 언론도 그 같은 조사의 요소들을 많이 밝히고 있다. 그렇다고 여론조사의 오용이 근절되는 것은 아니다. 조사의 모든 과정을 보기 전에는 알 수가 없다. 그래서 오용을 막는 유일한 길은 진실만 말하는 언론의 정도를 지키는 것이다.

여의도 포럼, 《국민일보》, 2004년 10월 8일

정부와 언론에 말한다

  유럽을 순방 중이던 이해찬 국무총리가 지난 18일 《조선일보》와 《동아일보》를 격렬하게 비난한 데 이어, 정동채 문화관광부 장관과 허성관 행정자치부 장관도 22일 국정감사를 받는 자리에서 개인 의견임을 전제로 이 총리와 같은 취지의 발언을 했다.

  이 같은 일련의 발언들은 표현방식이 좀 더 과격하고 직설적이었을 뿐, 새로운 내용은 아니었다. 참여정부가 출범한 이후 노무현 대통령이 일관되게 견지해 온 두 신문에 대한 적대적인 태도가 각료들에 의해 더욱 솔직히, 그리고 강하게 표출되었을 뿐이다. 그렇지만 그러한 태도가 정부와 언론 모두에 바람직하지 못한 결과를 초래하고 있다는 점에서 우려되는 바가 크다. 마치 생존의 명운이 걸린 것과 같은 피곤한 소모적 갈등을 중단하고 정상적인 정부와 언론의 관계로 돌아가야 옳다. 이를 위해 몇 가지 의견을 말하고 싶다.

  첫째, 정부는 개혁을 추진하는 데 여론의 동향, 다시 말해 개혁정책에 대한 국민 동의의 수준을 매우 의식해야 한다는 점을 강조하고 싶다. 어떤 정책에 대한 국민 동의의 수준은 그 정책의 지속과 성패를 가늠할 뿐만 아니라, 언론의 보도와 논평에도 영향을 미친다. 만약 어떤 정책에 대한 국민 동의의 수준이 매우 높은데도 언론이 거기에 반하는 보도와 논평을 하기는 힘들다. 예컨대 국가보안법의 철폐에 대한 국민의 동의 수준이 매우 높을 때 언론이 지속적으로 반대 입장을 강하게 고수할 수 있겠는지를 생각해 보면 된다. 다시 말해 어떤 개혁정책에 대해 언론이 비판적 태도를 보이는 것은 그에 대한 국민의 동의 수준을 반영하는 것이기도 하다는 뜻이다. 그러므로 정부는 추진하는 정책에 대한 언론의 비판 자체를 정부에 대한 적대적 태도로 보기 이전에, 먼저 그 정책에 대한 국민의 동의 수준이 어떠한지에 관심을 두어야 옳다.

둘째, 언론이 어떤 현안에 대한 국민의 동의 수준을 반영하기도 하지만 역으로 여론형성에 영향을 미치기도 한다. 그래서 정부는 언론과의 협조관계를 원한다. 그렇지만 정부와 언론이 협조관계로 발전하려면 자기의 필요성을 상대방에게 일방적으로 강요할 것이 아니라 상대의 존재 이유를 바르게 인식하여 서로의 필요가 제대로 충족되도록 도와주어야 한다. 그렇지 않고 특정 언론사를 타도해야 할 대상으로 공격하는 것은 어느 모로 보나 국민의 동의 수준을 높이고자 하는 의도라기보다 고정된 지지세력의 결집만을 위한 폐쇄적 대응에 지나지 않는 것이다. 실제로 유료발행부수가 370여만 부에 이르는 《조선일보》·《동아일보》 두 신문을 적으로 몰아가는 것이 어떤 정책에 대한 국민의 동의 수준을 높이는 데 얼마나 도움이 될까를 생각해 보아야 한다.

셋째, 민주주의는 공권력을 행사하는 당사자들이 국민으로부터 지속적이고도 면밀한 감시를 받는 대상이 되어야 한다는 것을 전제로 하는 것이다. 이 같은 민주주의의 요구를 충족시킬 수 있는 불가결한 장치의 하나가 언론이라는 것을 공직자들은 인정해야 한다.

그뿐만 아니라 참여민주주의를 지향하는 오늘의 상황에서 '미디어 민주주의'라는 개념이 등장했듯이, 언론이 정치과정과 정책결정 과정의 한 부분임을 정부는 수용해야 할 것이다. 그와 달리 언론은 정당과 의회의 많은 기능을 대행하게 되었으며, 공공문제의 관리와 정책결정 과정에서 정부와 더 깊은 연계를 하게 되었다는 데 대해 정부와 함께 책임을 나누어야 한다. 그러나 그 책임은 정부에 대해 지는 것이 아니라 국민에 대해 진다는 것을 뜻하는 것이다. 이 같은 언론의 책임은 언론 본래의 기능을 충실히 수행하는 데서 가능해진다. 민주화 투쟁에 앞장섰던 현 집권세력이 이런 기본을 모를 리가 있겠는가.

시론, 《조선일보》, 2004년 10월 26일

실종되는 언론의 자유

40년 전인 1964년은 대한민국 건국 이후 한국의 언론자유가 최초로 큰 시련에 직면했던 해였다. 당시 박정희 정권은 한·일 국교정상화를 위한 협상에 반대하는 학생들의 데모가 격렬해지자, 그 해 6월 3일 서울 일원에 비상계엄령을 선포한 가운데 이른바 안전판 입법으로 '공안보장법안'과 '학원보호법안'의 입법을 추진했다. 공안보장법 안에는 매우 포괄적으로 '파괴행위의 선동'을 규정해 놓고 언론이 그 같은 행위를 선동한 경우 그 기사의 제공, 기재 또는 편성한 자와 발행 또는 방송한 자를 아울러 처벌하되 그 형량은 5년으로 하는 등의 독소조항이 포함되어 있었다.

그러나 이 같은 언론통제조항에 대해 한국신문편집인협회를 중심으로 반대투쟁이 전개되고 야당도 이에 가세하자, 당시 여당인 공화당은 여야 협상 끝에 대안으로 언론윤리위원회법안을 국회에 상정했다. 이 법안은 야당들의 묵계로 1964년 8월 2일 심야에 국회에서 통과되고, 8월 5일 임시국무회의에서의 의결한 뒤 대통령 재가를 얻어 공포되었다. 이 법 폐지를 위한 투쟁이 '윤리위원회법 파동'이다.

언론윤리위원회법안이 국회에서 통과되자 한국신문편집인협회, 한국신문발행인협회, 한국통신협회, 한국신문윤리위원회, IPI한국위원회 등 5개 언론단체가 주축이 되어 주간신문협회, 잡지협회, 방송관계단체들과 각 신문·통신사의 편집국장과 기자대표들로 언론윤리위원회법 철폐투쟁위원회를 조직하고 본격적인 악법철폐투쟁을 전개했다. 그런 가운데 중앙의 19개 신문·방송·통신사 기자들을 회원으로 한 한국기자협회가 8월 17일 창립된다. 기자협회는 창립선언에서 첫 과업으로 비민주적인 언론윤리위원회법 철폐투쟁을 천명했다. 이때만큼 언론계 전체가 한마음 한뜻으로 단합해 언론자유를 수호하려는 투쟁을 전개했던 사례는 일찍이 없었다.

위와 같은 언론계의 반대투쟁이 격렬하게 일어남에도 아랑곳하지 않고 정부는 언론윤리위원회 발족을 강행했다. 정부의 온갖 압력에 굴복해 거의 대부분의 신문사 발행인들이 윤리위원회 구성에 찬성하게 된다. 《조선일보》·《동아일보》·《경향신문》·《대구매일》 등 4개 신문사만 끝까지 윤리위원회 구성에 반대했다. 정부는 이들 신문사에 대해 정부기관에서 4개 신문의 구독금지, 신문용지가격의 차별대우, 광고의뢰 금지압력 행사, 은행융자의 제한 및 대출금의 회수, 취재의 제한조치 등의 보복조치를 했다.

사태가 이렇게 전개되자 언론계의 악법철폐투쟁과 병행하여 각 정당, 사회단체의 대표들은 9월 2일 언론자유수호국민대회 발기준비위원회를 구성하고 윤리위원회 소집에 찬성한 신문 안 보기 운동, 언론자유수호를 위한 서명운동 전개, 윤리위원회 소집에 반대한 신문사에 대한 의연금 모집운동 등을 벌이기로 합의했다. 이러한 우여곡절 끝에 언론계의 원로와 각 언론단체대표들이 박 대통령을 만나 언론계가 자율적으로 언론의 직업윤리를 준수할 것임을 약속하고 언론윤리위원회법의 시행을 유보해 줄 것을 요청하게 된다. 박 대통령은 언론계의 그 같은 요청을 받아들여 9월 9일에 언론윤리위원회법의 시행을 전면 보류키로 결정함에 따라 윤리위원회법 파동은 일단락 지어졌다.

여기서 1964년에 있었던 윤리위원회법 파동의 전말을 장황하게 다시 밝혀 본 까닭은 다른 데 있는 것이 아니다. 현재 열린우리당이 국회에 제출한 언론개혁을 위한 신문법의 제정에 대한 언론계 내부의 대응자세 때문이다. 여당이 제출한 신문법의 여러 조항은 명백히 언론의 자유를 제약하는 내용으로 되어있다. 이 법이 세칭 조·중·동을 견제하기 위한 표적입법이라 해서 여타의 신문들이 방관하는 자세를 취하고 있는 것은 큰 잘못이다. 이 법이 언론의 자유를 침해하는 조항을 담고 있는 한 전체 언론계가 합심해서 반대투쟁에 나서야 마땅하다. 그럼에도 대부분의 신문들이 강 건너 불 보듯 하는 태도를 보이고 있는 것은 언론의 자유를 누리기를 포기하는 것과 다르지 않다.

1964년의 윤리위원회법 파동에서 전체 언론계가 왜 격렬한 반대투쟁을 전개했는지를 되씹어 보아야 한다. 언론의 자유는 반드시 옹호되어야 하고, 또 그렇게 결심하면 수호될 수 있다는 교훈이 중요하다. 그럼에도 일부 신문들이 언론에 대해 국가의 작위를 요청하는 행태마저 보이니 한탄할 일이다.

여의도 포럼, 《국민일보》, 2004년 11월 12일

언론도 거듭나야 한다

지난해 연말에 불거져 나온 황우석 파문은 한국 사회가 지니고 있는 문제점들을 반성하는 계기가 되었다. 요약하면 우리 사회의 도덕과 윤리의 실종, 각 분야 검증 시스템의 취약성, 다수가 소수를 억압하는 등의 문제들을 성찰하게 만들었다. 언론도 이 세 가지 상황에서 결코 자유로울 수 없다는 것이 어제 오늘의 일이 아니지만, 특히 황우석 사건의 보도와 논평의 행태를 통해 명백히 드러났다. 그러면 왜 그런지, 또 그렇다면 무엇을 어떻게 해야 할지를 생각해 보자.

먼저 한국 언론의 직업윤리 실종부터 지적하지 않을 수 없다. 한국신문방송편집인협회, 한국신문협회, 한국기자협회 등이 합의해 만든 '신문윤리강령 및 실천요강'을 비롯해 각 신문사와 방송사들이 자체 윤리강령, 또는 취재준칙이나 보도준칙 등을 제정하고 이를 준수하기로 서약하고 있지만 취재와 보도의 현장은 이들 강령이나 요강을 허위고백으로 만들고 있다. 황우석 팀의 윤리문제와 맞춤형 줄기세포의 진위를 추적한 문화방송의 〈PD수첩〉 문제도 진실여부에 앞서 취재준칙을 위반했다는 데 책임이 돌아가는 것이다.

따라서 한국 언론이 거듭나려면 언론의 직업윤리를 확립하지 않으면 안 된다. 이를 위해 '한국신문윤리위원회'를 만든 정신을 살려 언론유관단체들의 합의로 강력한 자율적 통제장치를 만들어야 한다. 이와 함께 언론인 한 사람 한 사람이 언론의 직업윤리를 철저하게 내면화할 수 있도록 만드는 일이 이루어져야 한다. 입사 이후 교육과정에서 직업윤리교육을 강화하고, 입사할 때 직업윤리강령과 실천요강 등을 준수할 것을 서약하도록 하며 만약 입사한 뒤 취재와 보도 등 일상적인 언론활동에서 이를 위반하는 행위를 했을 경우 그에 합당한 제재를 가하는 등의 실천 프로그램을 마련해야 한다.

다음으로 생각할 점은 한국 언론이 한국 사회 검증시스템의 하나로서 제 기능을 제대로 수행하고 있는가의 문제이다. 이 질문은 현재 한국 언론이 언론의 정도를 굳게 지키고 있는가에 귀결된다. 너무나 교과서적인 원론이라 식상하게 들리겠지만, 언론은 정확하고 공정한 보도를 통해 환경을 감시하고, 또한 중요한 관심사에 대해 해설과 논평을 제공함으로써 의제를 설정하고, '공론의 장'을 마련해 주어야 한다. 이러한 요청은 언론의 존재이유이며, 언론인이라는 직업이 벗어날 수 없는 원리이다.

그렇다면 오늘의 한국 언론은 이 같은 기능을 얼마나 충실히 수행하고 있을까? 대단히 유감스럽지만 그렇지 못하다는 것이 지금까지의 평가이다. 정부의 폐쇄적인 언론정책으로 인해 취재의 자유가 일부 제한되어 있다는 현실을 감안하더라도, 한국 언론이 자체적으로 탐사보도 등을 통해 비리와 불의를 고발하고 진실을 밝혀내려는 직업정신을 발휘하지 못하고 있다는 정황은 너무나 뚜렷하다. 이런 의미에서 황우석 팀의 성과에 대한 진위를 밝히려 한 문화방송

〈PD수첩〉팀의 시도는 높이 평가할 만하다.

한국 언론이 한국 사회의 검증 시스템으로 제 구실을 못하게 만드는 이유 가운데 하나는 구태의연한 속보경쟁과 특종경쟁의 우상에서 벗어나지 못하고 있는 것이다. 이로부터 검증은커녕 기사의 부정확성, 오보 등은 물론 명예훼손과 같은 인권침해가 초래되고 있다. 멀티미디어 시대, 인터넷 시대에 특히 종이신문은 속보와 특종에 대한 개념을 전환해야 생존할 수 있다는 점을 명심할 때가 되었다. 가장 먼저 독자에게 전달되는 살아 있는 뉴스, 예컨대 심층보도·탐사보도로 처음 밝혀진 사실이나 경향 등이 바로 속보이며 특종이 될 수 있다는 생각을 오늘날 한국 신문이 가져야 할 것이다.

마지막으로 다수가 소수를 배제하거나 억압하는 사회 분위기에서 한국 언론은 어떠한가를 생각해 볼 필요가 있다. 황우석 사건에서 보듯 한국 언론은 진실이 무엇인가에 집착하기보다 시류에 편승하는 경향마저 보인다. 어떤 문제에 대한 국민의 동의 수준을 언론이 무시할 수는 없지만, 그 동의 수준이 높다고 해서 그것의 정당성과 상관없이 언론이 이를 추종하는 것은 바른 길이 아니다. 언론은 오히려 인터넷시대 정보의 홍수 속에서 시민이 올바른 현실인식에 필요한 정보를 선별해 주어야 하며, 핵심적인 문제를 제기함으로써 범람하는 개인 의견의 도수로 구실을 담당해야 한다.

지난 연말, 언론도 황우석 사건보도를 계기로 자기반성을 깊이 한 것으로 안다. 이제 언론이 거듭나야 새해 벽두에 언론들이 제시한 우리 사회의 여러 목표들을 성취하는 데 기여하게 될 것이다.

칼럼, 《내일신문》, 2006년 1월 5일

언론중재법의 '위헌조항' 폐지하라

언론보도의 본질적인 내용이 사실 전달보다는 의견의 표명일 경우에는 반론보도의 청구권을 인정할 수 없다는 첫 판결이 나왔다. 지난 10일 대법원 제2부는 국정홍보처가 동아일보사를 상대로 낸 반론보도 청구소송 상고심에서 "국정홍보처의 성명발표를 비판한 《동아일보》기사는 언론사 입장에서 희망 내지 요청을 개진하는 의견 표명에 해당한다"며 "이를 사실적 주장이라고 판단해 반론보도문 게재를 명한 원심판결은 법리를 오해한 위법이 있다"고 판결하고 사건을 서울고법으로 돌려보냈다.

재판부는 판결문에서 "보도 내용 중 제3자가 실제 해당의견을 표명했는지를 문제 삼는 것이라면 '사실적 주장'에 대한 반론보도청구일 수 있으나, 아니라면 반론보도청구 대상이 될 수 없다"고 설명했다. 그러면서 "'사실적 주장'에 대한 판단도 해당보도의 객관적 내용과 아울러 어휘의 통상적인 의미, 전체적인 흐름, 문구의 연결방법뿐만 아니라 사회적 흐름 및 독자에게 주는 전체적인 인상도 함께 고려해야 한다"고 강조했다.

반론권 내지 반론보도청구권이란 정기간행물이나 방송 등에서 공포된 사실적 주장에 따라 피해를 본 자가 발행인이나 방송사업자에게 서면으로 반론보도문을 게재해 주거나 반론보도를 방송해 줄 것을 청구할 수 있는 권리를 말한다. 현행 '언론중재 및 피해구제 등에 관한 법률'(이하 '언론중재법') 제16조 제1항도 '사실적 주장에 관한 언론보도로 인하여 피해를 입은 경우'에 반론보도를 청구할 수 있도록 되어 있다. 따라서 반론보도청구 대상은 명확하다.

그럼에도 이번 대법원의 판결이 큰 의미를 지니는 까닭은 사실적 주장과 의견표명이 혼재돼 있는 보도기사의 경우 반론보도청구권의 적용 기준을 처음으로 제시하면서 의견기사의 영역을 사설·칼럼은 물론 일반 해설기사로까지 폭넓게 인정했다는 데 있다.

실제로 그동안의 판례는 명확한 기준 없이 '사실적 주장'을 폭넓게 해석해 웬만한 반론보도청구는 받아들였다. 문제가 된 국정홍보처 대《동아일보》사건에서도 언론중재위원회와 1, 2심 재판부는 신문의 사설마저도 '사실적 주장'에 해당한다고 보고 반론보도문을 게재하라고 판결했다. 이 같은 판례는 노무현 정권에서 정부 부처로 하여금 언론사를 상대로 반론보도청구권을 더욱 남용하게 만들기도 했다. 그 결과 비판의 자유를 위축시키는 도구로 반론보도청구권이 오용되는 지경에까지 이르렀다. 이런 상황에서 나온 이번 대법원 판결은 비판 신문을 상대로 한 국가기관의 반론권청구 남발에 제동을 건 획기적 판례가 된다는 점에서 언론자유의 신장에 크게 기여할 것임에 틀림없다.

이를 계기로 우리가 다시 한 번 명심해야 할 일은 언론자유는 스스로 지켜야 한다는 다짐이다. 국가기관뿐만 아니라 어떤 집단이나 세력의 언론자유 침해 시도에 대해서도 굴복하지 않고 끝까지 사법부의 판단에 맡기는 자세가 중요하다. 언론은 사건 하나하나에 대한 사법부의 판례가 축적됨으로써 언론자유라는 기본권이 수호되고 신장된다는 확신을 지녀야 한다. 지난날처럼 언론자유의 본질을 침해하는 사건을 정치적 타협으로 얼버무리는 한 언론은 자유를 주장할 자격이 없다.

아울러 언론중재법의 위헌 소지가 있는 조항의 폐지가 관철돼야 한다. 지난 1월 19일 서울중앙지법 민사합의 25부는 새 언론중재법 가운데 "언론사의 고의나 과실, 위법성 여부에 관계없이 정정보도를 청구할 수 있다"거나 "정정보도재판은 (가처분 절차와 같이) 신속히 진행한다"는 이 법 제14조 제2항 등의 조항에 대해 위헌 소지가 있다고 헌재에 위헌 심판을 청구했다. 이 기회에 이들 조항뿐 아니라 언론중재법 가운데 위헌소지조항의 폐지를 강력히 요청한다.

포럼, 《문화일보》, 2006년 2월 13일

선거방송의 공정성 중요하다

5·31 전국동시지방선거를 앞두고 정치권의 사전선거운동이 논란이 되고 있다. 출마가 예상되는 현직 장관들이 중앙선거관리위원회로부터 사전선거운동 혐의로 주의나 경고를 받는가 하면, 2월 26일 부산에서 열렸던 오거돈 해양수산부장관의 출판기념회에 참석했던 열린우리당 정동영 의장을 비롯한 당 지도부 4명도 주의를 받는 일이 일어났다. 이 같은 사전선거운동은 비단 출마 예상 정치인들의 출판기념회와 같은 모임에서만 일어나고 있는 것이 아니라는 점에서 공명선거를 바라는 국민 기대를 깨지 않을까 걱정하지 않을 수 없다.

2월 25일 밤 10시부터 11시까지 방송된 KBS 1TV의 〈파워 인터뷰〉를 보고 그런 우려가 더 커졌다. 이 프로그램에 출연한 정동영 열린우리당 의장은 2월 19일 자신과 함께 대구를 방문했던 이재용 환경부장관이 "지방권력을 교체하자"는 요지의 발언을 한 것이 사전선거운동이 아니냐는 질문을 받았다. 물의를 빚은 것에 어떻게 생각하느냐는 것이었다. 이에 대해 정 의장은 의장에 당선된 이래로 계속 강조해 온 "부패한 지방 권력의 교체"를 주장하면서 대구 시민들이 이번 선거에서 열린우리당 후보를 지지해 주기를 기대하는 요지의 답변을 했다.

이 같은 발언은 출마예상자의 출판기념회 등에서 같은 내용의 말을 한 것과는 그것이 미치는 영향력이라는 측면에서 질적으로 다르다. 전 국민이 시청하는 방송에 출연해 공공연히 사전선거운동으로 볼 수 있는 주장을 한다는 것은 있을 수 없는 일이다. 공영방송인 KBS가 이런 방송을 아무런 여과없이 내보냈다는 것은 문제가 아닐 수 없다.

더욱이 5·31 지방선거에서 선거방송의 공정성이 보장될 수 있을지에 대해 걱정하지 않을 수 없는 것은 '선거방송심의에 관한 특별규정' 제20조를 두고 벌어지고 있는 논란 때문이다. 후보자의 출연 방송제한 등을 규정한 이 조항의 제1항은 "방송은 선거일 전 90일부터 선거일까지 선거법의 규정에 의한 방송 및 보도·토론방송을 제외한 프로그램에 후보자를 출연시키거나 후보자의 음성·영상 등 실질적인 출연효과를 주는 내용을 방송하여서는 아니 된다. 다만, 선거에 특별한 영향을 미칠 우려가 없거나 프로그램의 성질상 다른 것으로 변경 또는 대체하는 것이 현저히 곤란한 경우에는 그러하지 아니하다"라고 규정하고 있다. 또 제2항은 "방송은 제1항에서 규정한 기간 중 후보자를 보도·토론 프로그램의 진행자로 출연시켜서는 아니 된다"고 하고, 제3항에서는 "방송은 특정한 후보자나 정당에 대한 지지를 공표한 자 및 정당의 당원을 선거기간 중 시사정보 프로그램의 진행자로 출연시켜서는 아니 된다"고 규정해 놓았다. 이번 선거의 경우 이 조항들은 3월 2일부터 적용된다.

말할 것도 없이 이 조항은 후보자 또는 후보 예정자가 방송에 출연해 자신의 이미지 구축을 통해 시청자들인 유권자들의 정치적 판단에 큰 영향을 미칠 수 있다는 점, 일부 후보자만이 방송에 출연하게 될 경우 결국 다른 후보자들과의 사이에서 공정성과 형평성이 크게 침해될 수 있다는 점, 특정 후보나 정당의 지지자가 시사정보 프로그램에서 사회를 보는 경우 편파성을 띨 수 있다는 점 등을 사전에 배제함으로써 공정한 선거를 보장하려는 장치이다.

문제는 이 조항을 개정하거나 불복종하려는 움직임이 일부 단체나 방송현장의 PD들 사이에서 일어나고 있다는 것이다. 지난 2월 14일 오후 1시, 선거방송 심의규정 개정을 위한 대책위원회는 방송회관 1층 로비에서 '선거방송 심의규정 독소조항의 개정을 위한 기자회견'을 열고 "방송위원회는 20조로 대표되는 선거방송 심의규정 개정과 함께 방송에 재갈을 물리는 반사회적 행동을 중단할 것"을 촉구했다.

이들의 이 같은 요구는 2004년 4·15 총선 때부터 제기되었으나 방송위원회는 이를 받아들이지 않았다. 이들은 이 조항이 국민의 알권리를 제한하고 유권자의 선택에 필요한 정보의 제공을 가로막을 뿐 아니라, 시사·교양 프로그램 등의 원활한 제작을 방해한다는 등의 이유를 들어 법 개정을 주장해 왔다.

그러나 이 같은 주장들은 아직 설득력이 약하다. 입후보자가 출연해야 할 권리가 꼭 보장되는 것도 아닐뿐더러, 입후보자가 출연하거나 사회를 보지 않으면 시사·교양은 물론 오락 프로그램을 제작할 수 없는 것도 아니기 때문이다.

칼럼, 《내일신문》, 2006년 3월 2일

디지털미디어시대에 성찰할 문제

우리는 지금 디지털미디어가 만들어 내는 문화환경 속에서 살고 있다. 그 환경은 광범위하게 우리들 삶의 구석구석까지 스며들고 있어서 아무런 저항도 없이 자연스러운 것으로 받아들여지고 있다. 그뿐만 아니라 디지털미디어산업의 논리는 너무나 당당하여 우리를 압도하고 있다. 또한 세계적인 커뮤니케이션 네트워크의 확산으로 글로벌라이제이션이 촉진되어 문화와 정치를 장악하기 위한 범국가적 기업들의 부와 능력에 힘을 더 보태 주는 현실마저도 당연하게 여기게 되었다. 마치 거대한 홍수에 힘없이 사람들이 둥둥 떠내려가는 형국이다.

과연 이같이 디지털미디어시대의 미디어산업이 만들어 내는 환경에 순응만 하면 우리는 행복할까? 이 질문에 대한 해답을 찾고자 우리는 다음과 같은 몇 가지 문제를 성찰해 볼 필요가 있다고 생각한다.

첫째, 디지털미디어산업이 만들어 내는 '문화자본'의 문제를 꼽아보자. 문화자본이란 '한 사회 또는 그 사회의 구성원들이 추구하는 목적을 이끌어 낼 수 있는 그 사회의 지적·미학적·과학적 및 기타 지식의 창고'라고 할 수 있다.

그런데 문제는 디지털미디어산업이 생산하는 '문화자본'의 소유에서 개인과 집단 사이에 불평등이 존재한다는 점이다. 이 문제에 대한 성찰뿐 아니라 누가, 어떤 방식으로 '문화자본'을 구성하는 요소들의 가치를 규정하며, 왜, 그리고 어떻게 해서 특정한 취향과 선호 및 특정 형태의 지식이 높이 평가되고 다른 것들은 폄하되느냐 하는 문제도 반드시 짚어 보아야 한다.

디지털미디어 산업사회에서 상업적 이해를 가진 조직들, 예컨대 광고주, 홍보 전문가, 기업 이미지메이커 등은 상징을 조작하고 장악하는 데서 나오는 힘을 가지려고 노력한다. 미디어화된 소비사회에서는 문화적 의미를 생산하는 데서, 그리고 이데올로기를 퍼뜨리는 데서 가장 중요한 힘은 경제라고 보는 경향이 있다. 과거에는 가족·교회·학교·공동체가 가지고 있던 문화적 기능을 미디어산업에 빼앗긴 것이다. 그렇다면 이런 현실을 방관만 하고 있어도 좋을 것인가?

둘째, 디지털미디어산업이 만들어 내는 상징적 형태의 상품화가 가속되는 데서 초래되는 문제를 생각해 보자. 새로운 커뮤니케이션 테크놀로지는 정보를 상품화하는 미디어산업의 능력을 보완하는 데 쓰인다. 다시 말해 정보를 돈을 지불해야만 이용 가능한 것으로 만드는 데 기여하는 것이다. 그 결과 정보의 상품화가 증가하면 계층이 더 심하게 나뉘어지고, 국내적으로나 국제적으로 정보 부자와 가난한 자 사이의 격차가 더욱 벌어지게 된다. 사회 정보화의 부분(part)과 단위(parcel)는 상징체계로서 돈의 중요성을 고양시키며, 이에 따라 다른 상징체계들마저도 점점 더 금전상의 동기를 섬기게 된다. 이 같은 현상이 인류공동체에 어떤 영향을 미칠 것인가를 성찰해야 한다.

부연한다면 디지털미디어시대에 거대한 미디어산업의 출현으로 지속적으로 증가하는 정보상품, 문화상품들이 상징조작을 통해 인류에게 어떤 영향을 주고 있는지, 또는 문화상품, 정보상품에 무한정 노출되고 있는 소비자들에게 어떤 영향을 미치고 있으며, 그 결과 인류의 미래는 어떨 것인가 등에 대한 질문을 제기하고 해답을 찾는 노력이 반드시 필요하다는 뜻이다.

셋째, 디지털미디어 산업사회의 과제 가운데 하나는 '소유적 개인주의'와 관련된 문제이다. 요약한다면 시장이 사람들의 삶의 영역 속에 속속들이 스며들고, 인간관계의 비시장적 방식까지 모두 시장의 메커니즘으로 환치시키는 사회에서는 사람이란 한없이 욕망을 추구하는 존재, 그래서 못 말리는 소비자가 되어버리게 된다. 소비사회에서 인간성을 이렇게 보게 되면 끝없는 욕망을 충족시킬 수 없는 데서 비롯되는 결핍이 특정한 경제문제가 된다. 이 같은 인간의 속성이 보편화되면 어쩔 수 없이 환경파괴에 이르게 되고 공동체가 더욱 무너지게 되며, 부자와 가난한 사람 사이의 격차는 더욱 심해질 수밖에 없다.

경제활동이 제도화되는 방식에 따라 인간성이 좌우된다는 관점에서 보면, 디지털미디어산업의 제동 없는 문화상품과 정보상품의 확대 생산이 적어도 정보사회에서 주된 시장사회를 만들어 가고 있다는 점에서, 그것이 소비자들의 인간성에 어떤 영향을 미칠 것인가는 성찰해 볼 만한 과제라 아니할 수 없다. 디지털미디어산업의 무한독주를 그냥 보고 있을 일만은 아니다.

칼럼, 《내일신문》, 2006년 4월 6일

방송위원, 제대로 뽑자

현 방송위원회 방송위원임기가 오는 9일로 끝남에 따라 제3기 방송위원회가 곧 출범한다. 이에 방송계 안팎의 관심은 누가 방송위원으로 선출될 것인가에 쏠려 있다. 이미 후보자들의 이름이 여기저기서 거론되고 있다. 뚜껑을 열어보아야 알 일지만, 오르내리는 인사들의 면면을 볼 때 벌써 걱정하는 말들이 무성하다. 왜 그럴까?

2000년 1월 12일에 공포된 새 방송법에 따라 방송위원회는 방송에 관한 기본계획에 관한 사항, 방송프로그램과 방송광고의 운용·편성에 관한 사항을 심의·의결할 권한을 행사하게 되어 있다. 그뿐만 아니라 각종 방송사업자의 허가·재허가의 추천, 승인, 등록, 취소 등에 관한 사항을 심의·의결함은 물론, 대통령에게 KBS 사장의 임명을 제청할 KBS 이사회 이사 전원의 추천권, MBC 사장을 선출하는 방송문화진흥회 이사 전원의 임명권, EBS 사장과 이사 전원의 임명권, 방송발전기금의 조성과 운용에 관한 사항을 심의·의결하는 등 실로 막중한 권한을 행사하는 방송정책수행의 최고기관이다. 준사법권, 준입법권, 행정권 등을 가진 방송위원회의 직무는 그래서 대단히 엄정하고 책임 있게 집행되어야만 한다.

그러나 지금까지의 방송위원회는 그 막강한 권한을 제대로 행사하지 못하고 파행적인 운영을 해왔다는 비판을 받고 있다. 마땅히 독립성을 견지해야 함에도, 정치적 편향성으로 말미암아 정치권력의 영향력에서 자유롭지 못했음은 물론, 방송위원들의 전문성 부족으로 방송환경의 변화에 적절하게 대응해 미래지향적인 방송정책을 수립하고 집행하는 데 무능했다는 지탄을 받지 않을 수 없었다.

이와 같이 방송위원회가 비판받게 된 까닭은 위원회의 구성에서 첫 단추가 잘못 끼워졌기 때문이라는 데서 찾을 수 있다. 방송법 제21조(위원회의 구성) 제1항은 "위원회는 전문성 및 사회 각 분야의 대표성을 가진 자 중에서 대통령이 임명하는 9인의 위원으로 구성한다"라고 규정하고 있다. 그리고 제2항은 "대통령은 위원회 위원을 임명함에 있어 3인은 국회의장이 국회 각 교섭 단체 대표의원과 협의하여 추천한 자를 임명하고, 3인은 방송관련 전문성과 시청자 대표성을 고려하여 국회 문화관광위원회의 추천의뢰를 받아 국회의장이 추천한 자를 임명한다"고 규정했다. 나머지 3인은 대통령이 직접 임명하게 되어 있다. 문제는 이 근거조항에 따라 국회의장이 추천하는 6인에서 발생한다. 왜냐하면 국회의장이 원내교섭단체 대표의원과 협의해 추천하는 3인과 문화관광위원회에서 추천하는 3인이 정당 사이의 나눠먹기식으로 천거되기 때문이다.

그러다 보니 방송위원회의 구성이 직무수행상 필요한 전문성에 따라 체계적으로 이루어지지 못하고 각 정당이 자신들의 이해관계에 따라 추천한 인물들의 집합 이상이 될 수 없었던 것이 지금까지의 현실이다. 따라서 무능한 위원회가 될 수밖에 없었다. 예를 들어보자. 그동안의 위원들 가운데는 국회의원 선거에서 낙선한 사람, 각 정당의 방송관련 자문을 맡았던 사람, 정당이나 특정 영향력 있는 국회의원들과 내밀한 관계를 가졌던 사람 등이 임명되었다. 그 결과 방송기술 전문가, 방송법 전문가, 방송경영 전문가, 통신 전문가, 문화예술인 등이 한 명도 없는 기형적인 위원회가 되기도 했다. 더욱이 방송·통신융합시대에 새로운 방송체계의 정립이 긴요함에도 그 일을 담당할 전문성을 지닌 인사가 없었다는 사실은 방송정책을 기획하고 집행해야 할 방송위원회의 위상에 치명적인 결함을 구조적으로 자초한 것이라 아니할 수 없다.

그렇다면 이제 곧 출범할 제3기 방송위원회는 지금까지와 같은 전철을 밟지 않고 정치적으로 독립된, 그리고 방송정책의 최고기관으로서 직무수행에 필요한 전문성을 지닌 인사들로 구성되리라고 기대할 수 있을까? 모르긴 하지만, 또 다시 전과 다를 것이 없는 위원회가 되지 않을까 걱정된다. 거론되는 이름들만 보아도 여전히 정파별 나눠먹기식의 구성이 되지 않을 수 없을 것 같기 때문이다. 이미 정파별 추천 인물들의 윤곽이 잡혀 있을 것이므로 여기서 아무리 말해 보아도 소용이 없을지도 모른다. 그래도 한 가닥 희망이 있다면 이제라도 늦지 않으니 국회의장 추천 몫인 6인의 위원선임은 각 원내 정파별로 선정하되, 전문성까지 지정해 주었으면 한다. 안 되면 대통령 임명 3인이라도 그런 배려가 있었으면 좋겠다.

칼럼, 《내일신문》, 2006년 5월 4일

신문법은 다시 제정되어야 한다

　동아일보사와 조선일보사 등이 신문법과 언론중재법의 위헌성을 주장한 헌법소원심판청구에 대한 헌법재판소의 결정이 나왔다. 이번 헌재의 결정은 존중되어야 마땅하지만, 헌법소원심판을 청구한 당사자의 한 사람으로서 아쉬운 생각을 떨쳐 버리기 어렵다. 따라서 적법요건 판단에 대한 반대의견, 본안 판단에 대한 반대의견 등에 주목하지 않을 수 없다.

　원래 신문법과 언론중재법은 입법동기부터 잘못된 것이었다.《동아일보》,《조선일보》,《중앙일보》등 3개 신문을 겨냥한 표적입법이었기 때문에 위헌임이 명백한 법조항들을 포함시키는 무리를 범했다. 언론의 자유 없이 민주화는 이룰 수 없다고 강력하게 주장했던 집단들이 민간민주정부가 수립되자 언론의 자유를 제약하는 입법에 앞장섰다는 것은 아이러니가 아닐 수 없다. 자신들의 정치지향성에 배치된다고 해서 언론에 재갈을 물리려는 발상 자체가 다원주의를 추구하는 민주주의를 부정하는 것이다. 앞으로는 민주세력임을 자임하는 집단들이 제발 이와 같은 자가당착에 빠지지 않기를 바란다.

또 한 가지 잘못된 입법동기는 언론의 사회적 책임이론에 대한 맹신이다. 언론의 자유가 사회적 책임을 수반한다는 데 대해 이의를 제기할 사람은 아무도 없다. 언론의 사회적 책임이론이 자유주의 이론에서는 명확하지 않았던 언론의 도덕적 의무를 강조하고 있다는 점은 명백하다. 그러나 여기서 잊지 말아야 할 핵심 명제는 언론의 자유가 하나의 도덕적 권리이므로 국가가 침해해서는 안 된다는 것이다. 그러므로 언론의 사회적 책임을 강조한 나머지 도덕적 권리를 법률로써 규율한다는 것은 국가가 민간영역의 직업윤리까지 규제하는 잘못을 범하는 것이 된다.

사회적 책임이론을 정립한 언론자유위원회의 다음과 같은 지적을 간과해서는 안 된다. "현대사회의 복잡성이나 권력의 집중에서 생기는 모든 문제를 해결할 수 있는 것은 정부라고 하는, 언뜻 보기에 그럴듯한 이론 속에는 언론자유에 대한 중대한 위험이 깔려 있다. 만일 언론에 내재하는 제반 조건을 교정하는 것을 정부에 맡긴다면 국가는 무의식중에 전체주의를 향할 위험이 있다. …… 만일 언론기관들이 정부에 의해 통제받는 경우에는 우리는 전체주의에 대한 주요한 안전장치를 상실하게 되고, 동시에 전체주의를 향하여 거대한 한 걸음을 내딛는 것이 된다."

이번 헌법재판소의 결정과 관련해 두 가지 문제를 생각해 보아야 한다. 하나는 헌재의 결정에 따라 신문법과 언론중재법의 개정이 불가피해진 것이다. 이와 관련해 제안하고 싶은 것은 문제가 된 일부 조항의 개정에만 그칠 것이 아니라 두 법률을 새로 제정하는 것이 옳다는 것이다. 앞에서 지적한 바와 같이 언론의 사회적 책임을 법률로써 규율하려는 유혹에서 벗어나 언론의 자유를 신장하는 데 허심탄회하게 지혜를 모으는 입법 노력이 필요하다. 그래야만 진정한 민주주의 실현을 앞당기게 될 것이다. 민주주의를 신봉한다면 당연히 해야만 할 일이 아니겠는가. 문제가 된 일부 조항만 손질하면서 언론자유의 본질을 침해하려는 기본발상을 버리지 않는 한 위헌시비에서 벗어날 수 없을 것이다.

다른 한 가지는 이 기회를 교훈 삼아 언론 스스로 사회적 책임을 충실하게 수행할 자율통제기능을 강화하는 일이다. 도덕적 권리인 언론의 사회적 책임을 법률로써 강제하려는 시도가 왜 발생했는지를 언론 주체들이 자성해야만 하는 것은 말할 것도 없다. 그동안 언론계는 스스로 윤리강령과 실천요강을 제정하고 이를 준수할 것을 서약해 왔다. 또한 신문윤리위원회를 설립해 자율적 통제장치도 마련해 놓았다. 그러나 지금까지 언론들은 그러한 모든 장치를 허위고백으로 만들어 왔다. 만약 이와 같은 상태가 지속되고 주어진 자유에 따른 사회적 의무를 언론 자신이 다하지 않으면서 언론자유를 사사로운 이익의 추구에 오용하거나 남용한다면 정부가 언론통제의 유혹을 떨쳐 버리기 어렵게 된다는 것을 명심해야만 한다. 더욱 효율적인 자율적 통제장치를 마련하고자 언론계가 앞장서야 한다.

《동아일보》, 2006년 6월 30일

신문법 입법발상, 근본부터 잘못됐다

 6월 29일에 내려진 신문법과 언론중재법 일부 조항에 대한 헌법
재판소의 위헌 또는 헌법불합치 결정으로 두 법률의 개정이 불가피
해졌다. 이에 따라 열린우리당과 일부 시민단체는 위헌 또는 헌법불
합치 결정이 난 조항의 개정만 추진할 가능성이 크고, 또 그런 조항
까지도 본래 자신들의 입법 취지를 살리려는 쪽으로 개정안을 준비
할 것으로 보인다. 그러나 그렇게 할 일이 아니다. 이 기회에 현행
법은 폐지하고 두 법을 새로 제정해야 옳다. 헌재가 헌법소원청구를
각하했거나 합헌 결정을 한 많은 조항이 여전히 언론의 자유를 침
해하고 있기 때문이다. 또한 인터넷매체의 언론행위와 관련해 새로
이 제기되고 있는 현안들을 다루어야 하기 때문이기도 하다.
 그렇다면 새로운 신문법은 어떤 규범적 지향성을 추구하는 입법
이어야 할까? 적어도 다음과 같은 세 가지를 지향해야 한다고 생각
한다.
 첫째, 신문법과 언론중재법은 언론자유가 자유권적 기본권으로서
국가의 부작위를 요청하는 소극적 권리라는 데 근거해 입법돼야 한
다는 것이다. 다시 말해 국가의 어떤 간섭도 배제하는 입법이어야

한다는 뜻이다. 둘째, 언론의 자유를 신장함으로써 민주주의제도를 더욱 공고히 하며, 신문의 기능이 원활하게 수행됨으로써 민주주의가 제대로 작동하도록 만든다는 철학(또는 신념)을 구현하는 입법이어야 한다는 것이다. 셋째, 매체융합시대의 추세에 따라 신문산업의 생존과 발전을 염두에 둔 좀 더 적극적이고 미래지향적 비전을 지닌 입법이어야 한다는 것이다. 이와 같은 규범지향성을 구현하는 입법이 되기 위해서는 현행 신문법의 몇 가지 잘못된 전제를 바로잡을 필요가 있다.

그 가운데서 무엇보다도 중대한 오류는 헌법 제37조 제2항과 관련하여, 공익을 위해 언론의 자유도 법률로써 제한할 수 있다는 논거를 언론의 사회책임이론에서 찾고 있다는 점이다. 언론은 자유를 누리는 만큼 사회적 책임을 다해야만 한다는 데 이의를 제기할 사람은 아무도 없다. 언론의 사회책임이론을 정립한 언론자유위원회는 "만약 언론이 자유를 오용하거나 남용함으로써 사회적 의무에 심각한 부정적 결과를 초래한다면 정부가 이를 시정할 조치를 취할 수 있다"고 제안했다. 바로 이 같은 건의는 언론을 못마땅하게 여기는 개인이나 집단에 유혹의 손길이 될 수밖에 없다.

그렇다고 사회적 책임이론이 언론에 대한 정부의 간섭을 정당화하고 있는 것은 결코 아니다. 언론자유위원회는 "만약 언론에 내재하는 제반 조건을 교정하는 것을 정부에 맡긴다면 국가는 무의식중에 전체주의로 향할 위험이 있다"고 지적하면서 "언론기관이 정부에 의해 통제받는 경우, 우리들은 전체주의에 대한 중요한 안전장치를 상실하게 되고, 동시에 전체주의를 향해 거대한 일보를 내딛는 것이 된다"고 분명히 경고하고 있다.

그뿐만 아니다. 표현의 자유는 하나의 도덕적 권리이므로 국가가 침해해서는 안 된다는 점도 명백하게 천명하고 있다. 따라서 언론의 자유는 도덕적 권리임에도, 공적 과업을 충실히 수행하도록 법률로써 규율하려는 현행 신문법 입법의 발상은 근본부터 잘못된 것이 아닐 수 없다. 그래서 신문법은 마땅히 새로 제정돼야 한다. 신문법을 새로 제정하는 데 국회에 진정으로 바라는 바는 이제는 제발 정파적 이해에 사로잡히지 말아 달라는 것이다. 정파의 전략을 넘어서 허심탄회한 자세로 이 나라 민주주의의 발전을 위해 신문법을 입법함으로써 자손만대의 미래를 예비한 국회로 칭송하게 되기를 간절히 바란다.

포럼, 《문화일보》, 2006년 7월 10일

무너진 공론의 장, 복원 시급하다

흔히 민주주의는 여론의 정치라고 말한다. 민주주의는 국민의 의견을 알아보는 절차나 방식이기 때문이다. 그 같은 절차나 방식은 다양하겠지만 가장 기본적이며 필요한 조건은 공공의 관심사에 대해 활발한 의견이 교환되는 '공론의 장'이 형성되는 것이다. 정책결정을 요구하는 중요한 현안에 대한 정확하고도 풍부한 정보를 바탕으로 다양한 의견이 개진되고 토론되는 가운데 합의에 이르는 '공론장'이야말로 민주주의의 용광로라 할 수 있다. 만약 용광로가 제 구실을 못하고 고장 난 경우 철을 생산할 수 없듯이, 공론장이 제대로 기능하지 못한다면 민주주의는 절차상 파행을 거듭할 수밖에 없다. 그렇다면 현재 한국 사회의 공론장은 얼마나 민주주의의 용광로 구실을 제대로 하고 있는 것일까?

유감스럽지만 대답은 '아니다'이다. 공론장은 무너져 버리고 말았다. 왜 그럴까? 현대사회에서 주된 공론장 구실은 매스미디어가 담당한다. 그러나 지금 한국의 미디어는 그런 구실을 제대로 수행하지 못하고 있기 때문이다. 예를 들어 보자. 한·미 자유무역협정을 둘러싼 찬반 논쟁이 가열되고 있다. 이 현안을 다루는 공론장이 정상적으로 형성되려면 무엇보다도 먼저 객관적이며 정확한 정보가 제공되어야만 한다. 적어도 한·미 자유무역협정이 체결되는 경우 영역별 이해득실이 어떤 것이며, 국내 산업에 미칠 부정적 영향을 해결할 방안은 무엇인지 등을 상세히 국민들에게 알려 주어야 한다. 그러한 정보를 토대로 찬반 토론이 이루어지도록 배려하는 것이 미디어 공론장의 구실이다.

그러나 현실은 어떠한가? 미디어마다 객관적인 정보를 제공하기보다 자신들이 설정한 지향성을 뒷받침해 줄 만한 자료들을 중점적으로 보도하는가 하면, 찬반의견을 균형 있게 제시하려는 노력보다 자신들이 추구하는 정책방향에 동조하는 의견 위주로 공론을 유도하고 있다. 공영방송이 미국과 자유무역협정을 체결해 자국 경제가 파탄에 이른 남미국가의 사례를 강조하는 프로그램을 방송하는 행태가 그 같은 좋은 본보기라 할 수 있다. 이와 같이 미디어가 공론장을 왜곡시키고 있는 경우는 이제 일상이 되고 말았다. 요즘 갈등마저 빚어내고 있는 전시작전통제권문제만 해도 그렇다. 미디어가 각기 자기 입장을 지지하는 정보나 의견을 위주로 지면을 꾸리거나 방송하는 까닭에 공론장은 아예 없어지고 말았다.

그러면 미디어만 그럴까? 그렇지 않다. 정당이나 사회단체들도 마찬가지이다. 어떤 중요한 공공의 현안이 있을 때 여론을 수렴한다는 명분을 내걸고 공청회나 토론회를 하는 경우 자신들의 입장을 지지할 사람들에게 주제발표를 시키고 토론자로 제3자를 한두 명 끼워 넣는 것이 관례처럼 되었다. 이를 보도하는 미디어도 각기의 이해관계에 따라 선택적으로 다루기는 물론이다. 말하자면 공청회나 토론회를 끼리끼리 모여서 자신들의 주의주장만 옹호하는 형국이 보편화되고 있는 것이다.

그런가 하면 국가의 주요정책을 국민에게 알리고 동의를 받는 일을 주관하는 국정홍보처도 조금도 다를 바 없다. 영상홍보원이 운영하는 KTV의 경우 정부정책에 대한 토론 프로그램에 반대의견을 가진 토론자는 참석시키지 말라는 국정홍보처의 지시가 있었다고 한다. 결국 정부정책에 대한 찬성의견만 개진되고 만다. 그래서 홍보는 없고 '프로파간다'에 그치고 말아 국민을 설득하기는커녕 KTV를 외면하게 만드는 결과만 초래하게 되는 것이다.

어쩌다 한국 사회의 공론장이 이 지경으로 무너지게 되었는지 안타깝기 그지없다. 빈부의 양극화보다 더 심각한 여론형성 메커니즘의 양극화가 날이 갈수록 더 깊어지고 있다. 이러한 현상이 왜 심각할까? 예를 들어 경제의 양극화를 생각해 보자. 빈부의 양극화를 해소하기 위한 정책의 수립과 집행이 원만하게 이루어지려면 먼저 공론장이 제 기능을 발휘해 여론의 뒷받침, 다시 말해 국민의 동의가 필요하다. 그래서 무너진 공론장을 다시 복원해야만 한다는 점을 강조하지 않을 수 없다. 그렇지 못하면 민주주의는 허상이 되고 말 것이며, 아무리 외쳐 본들 사회통합이 될 리 만무하다. 이제 공론장을 복원시키는 일은 미디어로부터 시작되어야 한다. 정파적이고 파당적인 공청회와 토론회기사는 절대 다루지 말자. 그보다 먼저 미디어가 솔선수범할 일은 제발 숙고하는 저널리즘으로 나아가 달라는 것이다.

칼럼, 《내일신문》, 2006년 8월

또 TV를 부수고 싶게 만들지 말라

노무현 대통령은 지난 24일 공석이던 KBS 사장에 정연주 씨를 임명했다. 이미 누구나 예측했던 대로 짜인 각본에 따라 이루어진 일이므로 새삼스러울 것조차 없다.

그동안 절대 다수의 KBS 사원들과 '공영방송발전을 위한 시민연대'(이하 '공발연')를 비롯한 여러 시민단체들이 정연주 씨의 사장 연임을 강력하게 반대해 왔다. 그 이유는 그가 지난 3년 동안 KBS를 이끌면서 이른바 '개혁 프로그램'이라는 것들을 만들어 공영방송의 본분을 망각한 채 철 지난 좌파 이념을 확산시키는 등 대한민국의 정체성을 뒤흔들고, 각종 사회 갈등을 부추겨 국민을 편 가르기 하는 데 앞장섰을 뿐 아니라, KBS의 경영 부실을 초래했고, 자신의 취득세를 탈루하는 등 무능력과 부도덕성을 드러냈기 때문이다. 국민의 방송인 공영방송을 국민의 이익이 아닌 정파의 이익을 위한 편파방송, 정치교화방송의 도구로 전락시킨 정연주 씨를 다시 KBS 사장으로 임명했다는 것은 무엇을 뜻하는 것일까?

말할 것도 없이 내년의 대선정국에서 KBS를 '코드정권' 재창출의 선전도구로 활용하려는 의도말고 또 무슨 동기가 있겠는가. 이런 속셈을 짐작하지 못할 사람은 아무도 없을 만큼 우리 국민도 충분히 단련되었다. 그래서 정연주 씨에게 충고한다. KBS 사원의 82.4퍼센트가 당신의 사장 연임을 반대하고 있다는 현실과 수많은 시민단체와 야당도 같은 입장이라는 내외의 도전은 정연주 씨와 KBS의 앞날이 순탄치 않을 것임을 예고한다. 그렇다면 정연주 신임사장이 해야 할 일은 자명하다. 지난날의 오점을 씻어내고 공영방송의 역사에 부끄러운 이름을 남기지 않으려면 적어도 두 가지 자세를 견지해야만 할 것이다.

첫째, 정권의 시녀 노릇을 하지 말아야 한다. 당신을 재임명한 이 정권의 기대에서 스스로 자유로워지도록 자신을 추슬러야 한다. 만약 정연주 사장이 그와 같은 자세를 취한다면 정권의 미움을 받을지언정 공영방송의 주인인 국민의 지지를 받음으로써 오히려 자신의 입지는 강화될 것임에 틀림없다.

둘째, 내년 대통령 선거정국에서 공정한 선거방송이 되도록 관리를 철저히 해야 한다. "아무리 느슨한 기준을 적용해도 불공정방송"이었다는 평가를 받았던 탄핵방송과 같은 만용을 되풀이한다면 정연주 씨는 공영방송을 정권의 주구 노릇을 하는 도구로 만들었다는 오명을 역사에 남길 뿐이다. 그러나 거기에 그치지 않고 국민의 저항을 불러일으켜 마침내 자신은 물론 KBS까지도 파탄에 이르게 만들 것이다.

이제 공영방송의 주인인 국민은 방송이 국민의 이익과 편의와 필요를 충족시키지 못한다면 그것을 바꿀 권리가 있다는 것을 너무나 잘 알게 되었다. 만약 정연주 씨가 이와 같은 두 가지 자세를 견지하지 아니하고 지난 3년 동안 했던 것처럼 KBS를 편파방송, 특정이념을 지향하는 정치교화방송으로 이끈다면 사장으로서 염원하는 수

신료의 현실화 등 KBS가 당면한 현안들을 해결할 수 없을 뿐만 아니라, 강력한 국민의 저항에 부딪혀 파국을 맞게 될 것이라는 점을 한 번 더 경고하고자 한다. 어쩌면 정연주 씨에게는 사장에 재임된 것이 기회일지 모른다. 이 기회가 어떤 결과를 초래하게 될지는 전적으로 정연주 씨의 선택에 달렸다. 정권은 유한해도 국민은 영원하다는 진리를 무서워할 줄 알면 된다. 제발 또 다시 TV를 부수고 싶게 만들지 말아 달라.

시론, 《조선일보》, 2006년 11월 27일

방송통신위원회법안 다시 만들어야

방송과 정보통신정책을 총괄할 '방송통신위원회 설립 및 운영에 관한 법률' 제정안이 지난 3일 국무회의에서 의결됐다. 정부는 오는 2월에 열릴 임시국회에서 이 법안을 통과시킨 뒤 6월에 시행할 계획이다. 이 법안은 입안단계부터 논란을 불러일으켰다. 위원회 상임위원 5명을 모두 대통령이 임명하도록 했기 때문이다. 비판여론이 거세지자 5명 중 2명은 관련단체의 추천을 받아 대통령이 임명하는 것으로 수정했지만, 이 또한 '눈가리고 아옹'하는 식과 다르지 않다. 물론 상임위원 모두를 대통령이 임명하는 방식도 생각해 볼 수 있는 방안이기는 하다. 그러나 이 방식을 선택하는 데는 반드시 충족되어야 할 전제조건이 있다. 대통령이 오로지 방송통신의 온전한 운용과 발전을 위해 위원회의 독립성을 보장하겠다는 투철한 의지를 가지고 있어야만 한다는 것이다.

그렇지만 유감스럽게도 한국의 정치문화 현실은 그 같은 기대와는 거리가 멀다. 더욱이 노무현 정부의 미디어정책은 방송을 정권의 도구로 오용하고 남용해 왔다. 방송위원회 위원의 선임, KBS 이사회 구성, 방송문화진흥회 이사 임명, EBS 사장 임명 등에서 보인 정파성은 물론 정치방송, 편파방송의 장본인인 정연주 씨를 다시 KBS 사장으로 연임시킨 횡포로 미루어 볼 때, 방송통신위원회 상임위원 모두를 대통령이 임명하도록 한 정부의 법안은 정권이 연말 대통령 선거를 앞두고 방송·통신을 장악하려는 의도를 드러낸 것이라고밖에 달리 해석할 도리가 없다. 비판여론을 의식해 2명의 상임위원을 관련단체의 추천을 받아 대통령이 임명토록 수정한 조항도 진정성을 의심하지 않을 수 없다. 정권의 호위대 역할에 충실한 단체를 포함시켜 관련단체의 추천을 받았다는 대의명분을 앞세워 본들 지금까지의 관행에 비춰 역시 정파성을 띤 임명을 하게 될 게 너무나 뻔하기 때문이다. 법안을 의결하는 자리에서 대통령은 "위원 구성은 법이 통과된다 하더라도 이번 정부가 아닌 다음 정부에서 해도 된다"고 말했다고 한다. 그렇다면 왜 이 법안을 서둘러 입법하려고 하는 것일까? 그래서 대통령의 그 같은 배려마저도 공허하게 들릴 뿐이다. 이러한 불신은 언론의 '딴지걸기'에 책임을 돌릴 일이 아니라 이 정권이 자초한 업보라고 자성해야 한다.

그뿐만 아니다. 국무회의에서 의결된 법안은 방송통신위원회를 중앙행정기관으로 하되, 방송사업자 인허가, 방송 프로그램 및 방송 광고의 편성과 운용, KBS 등 방송사의 이사와 임원 추천 임명 등 방송의 독립성 확보가 필요한 일부 사항에 대해서는 정부조직법상 국무총리의 행정감독을 받지 않도록 했다. 하지만 한국의 관료제 아래서 과연 이 같은 조항이 실효를 거둘 수 있을 것이라고 누가 믿을 것인가. 방송의 독립성을 보장하기 위해 방송위원회를 그나마 협의제기관으로 만들려고 피나는 투쟁을 해왔던 노력들이 모두 수포로 돌아가는 현실이 허탈하기만 하다.

방송과 통신이 빠르게 융합되는 시대에 적절하게 대응하고자 방송통신정책을 총괄할 기구의 설립이 조속히 이뤄져야만 한다는 요청에 이의를 제기할 사람은 아무도 없다. 그렇다고 산업논리에 쫓겨 통괄기구를 졸속으로 만드는 것은 국가의 백년대계를 위해 결코 바람직한 일이 못 된다. 더구나 정략적 이해로 방송통신위원회법안을 다룰 일은 아니다. 한국의 정치문화 수준을 감안할 때 대통령이 상임위원 모두를 임명하는 법안은 특정 정권의 이해관계에만 국한될 사안이 아니다. 야당도 이 법안을 현 정권의 방송장악 의도를 무산시키려는 정치적 목적으로 접근할 일이 못된다. 여야가 그야말로 나라를 위해 허심탄회한 자세로 법안을 새로 만들어 주기를 간곡히 바란다.

포럼, 《문화일보》, 2007년 1월 5일

노 대통령의 비뚤어진 언론관

일찍이 언론인 제임스 레스턴(James B. Reston)은 정부가 언론을 다루는 방식에 대해 이렇게 말한 바 있다. "언론을 다루는 데는 오직 세 가지 방법이 있을 뿐이다. 최선의 방법은 언론에 모든 것을 털어놓는 것이다. 그럼으로써 언론을 바쁘게 만들고 마침내 그들을 지치게 하여 진력나도록 하는 것이다. 그 다음으로 좋은 방법은 그들에게 아무 말도 해주지 않는 것이다. 그럼으로써 언론의 취각을 자극하여 미궁을 헤매게 하는 흥분이나마 맛보게 해주는 것이다. 최악의 방법은 닉슨과 존슨처럼 언론을 조작하려고 시도하는 것이다. 사적인 대화에서는 솔직한 체 가장하고 한편으로는 온갖 술수를 다하여 언론으로 하여금 정부가 조작한 잡동사니로 1면의 제목과 기사를 채우도록 만드는 것이다."

그러나 뛰어난 20세기의 대표적 언론인의 한 사람이었던 레스턴도 민주국가임을 표방하는 노무현 정부가 들고 나온 이른바 '취재지원 시스템 선진화 방안'이라는 언론을 다루는 기발한 방법이, 더구나 21세기에 버젓이 등장하리라고는 꿈에도 상상하지 못했을 것이다. 그럴 수밖에 없는 것이 민주주의 정치제도 내에서 정부가 취재의 자유를 가로막는 문을 만들어 대못을 쾅쾅 박아 버리는 짓이야 말로 있을 수 없는 일이기 때문이다. 따라서 취재의 자유에 대못질을 하는 정부는 이미 민주주의의 포기를 선언한 것과 다를 바 없다.

어찌 보면 '취재지원 시스템 선진화 방안'은 정부가 언론을 다루는 최악의 방법인 언론을 조작하려는 데 따르는 번거로움을 아예 없애버리고 언론의 눈과 귀를 가리고 틀어막는 솔직한 장치라는 점에서 노 정부의 도도하고도 과단성 있는 장기가 돋보이는 코미디다. 취재의 자유에 대못질을 하는 것으로 언론의 눈과 귀만 가리는 게 아니라, 국민의 움직임을 보고 그들의 목소리를 들어야 할 정부가 오히려 청맹과니가 되기를 자처하기 때문이다.

그럼에도 정부는 왜 코미디를 계속하려 할까. 정부와 언론의 관계를 규정하는 요인은 많다. 그 가운데서 중요한 요인의 하나가 정부와 언론에 대한 국민의 동의 수준, 다시 말해 양쪽에 대한 국민의 신뢰 또는 지지의 정도다. 말할 것도 없이 정부와 언론 양측 모두 서로 국민에게서 높은 수준의 동의를 얻기 위해 힘쓴다. 그 일에 실패하는 쪽은 국민으로부터 버림받아 무력하게 되어 소임을 다할 수 없게 됨은 물론이다. 그런데 정부와 언론은 국민의 신뢰와 지지를 받고자 서로가 서로를 필요로 한다. 정부는 언론을 통해 자신이 하는 일을 국민에게 알리고 여론을 들어 정책을 수행하며, 언론은 정부가 하는 일을 진실하게 국민에게 알림으로써 국민의 알 권리를 지켜주기 때문이다. 말하자면 정부나 언론은 이런 뜻에서 공생관계에 있기도 하다.

문제는 지금 정부 주도로 정·언 사이의 공생관계가 파괴되고 있다는 것이다. 왜 그럴까. 여러 가지 이유를 들 수 있겠지만, 핵심은 노무현 대통령의 비뚤어진 언론관에 있다. 영향력이 큰 몇몇 신문들에 대해 편견의 형식으로 고착된 노 대통령의 적대감이 현 정부와 언론과의 공생관계를 깨뜨려 왔다. 그 결과 정부에 대한 국민의 동의 수준이 낮아지고, 노 대통령에 대한 국민의 지지가 낮아지기만 하는 까닭이 적대적인 언론 탓이라는 편견을 더욱 강화시켰다. 이제는 편집증적인 언론기피증으로 심화하여 언론 일반으로 적대감이 확산되기에 이르렀다. 정부가 취재 시스템에 대못을 박는 한 언론과의 공생관계는 회복될 수 없는 상황을 초래하여 정부에 대한 국민의 지지는 더욱 낮아지고 마침내 언론을 탄압한 반민주적 정부로 역사에 기록될 것이다.

포럼, 《문화일보》, 2007년 8월 27일

'신문법 폐지'를 환영한다

이명박 대통령직 인수위원회가 신문법을 폐지하고 국정홍보처를 없애면서 기자실을 폐쇄하고자 박아놓은 대못을 빼어 버리기로 한 결정을 환영한다. 사필귀정이란 바로 이런 일을 두고 하는 말일 것이다.

원래 신문법은 입법 동기부터 잘못된 것이었다. 정부에 비판적인 신문들을 견제하기 위한 표적입법이었기 때문에 처음부터 위헌임이 명백한 조항들을 포함시키는 무리를 범했다. 그 결과 헌법재판소에 의해 시장지배적 사업자규정을 비롯한 몇몇 조항이 위헌 또는 헌법 불일치라는 결정을 받았다. 그렇지만 헌법재판소에게서 '합헌' 결정을 받은 조항을 비롯한 여러 조항이 여전히 언론의 자유를 제약하거나 그렇게 할 개연성이 크다는 점에서 신문법은 부분개정이 아니라 폐지되고 새로 제정돼야 한다. 따라서 인수위원회의 결정은 정당하다. 그뿐만 아니라 이번 기회에 언론중재법 가운데 언론의 자유를 규제하는 조항의 개정도 이뤄져야만 한다. 헌법재판소에 의해 합헌 결정을 받은, 언론사의 과실 위법이 없어도 정정보도청구가 가능하다고 규정한 제14조 제2항, 고충처리인을 강제로 두게 규정한 제6

조 등을 개정해야 옳다.

그렇다면 새로운 신문법은 어떤 규범적 지향성을 추구하는 입법이어야 할까. 적어도 다음과 같은 세 가지를 지향해야 한다고 생각한다. 첫째, 신문법과 언론중재법은 언론자유가 자유권적 기본권으로서 국가의 부작위를 요청하는 소극적 권리라는 데 근거해 입법돼야 한다는 것이다. 다시 말해 국가의 어떤 간섭도 배제하는 입법이어야 한다는 뜻이다. 둘째, 언론의 자유를 신장함으로써 민주주의 제도를 더욱 공고히 하며, 신문의 기능이 원활하게 수행됨으로써 민주주의가 제대로 작동하도록 만든다는 철학 또는 신념을 구현하는 입법이어야 한다는 것이다. 셋째, 매체융합시대의 추세에 따라 신문산업의 생존과 발전을 염두에 둔 좀 더 적극적이고 미래지향적 비전을 지닌 입법이어야 한다는 것이다.

이와 같은 규범지향성을 추구하는 입법이 되려면 무엇보다도, 언론의 자유는 하나의 도덕적 권리이므로 국가가 침해해서는 안 된다는 신념에 투철해야만 한다. 따라서 도덕적 권리인 언론의 자유인데도 공적 과업을 충실히 수행하도록 법률로써 규율하려는 현행 신문법 입법의 발상은 그 근본부터 잘못된 것이 아닐 수 없다. 자유에 따른 책임은 어디까지나 직업윤리의 몫이며, 언론에 의한 피해구제 제도는 마련하되 규제가 아닌 구제여야 하고, 공적 책임에 대한 사회적 통제장치를 믿어야 옳다.

이러한 모든 요구와 지향성은 한국 정치문화의 현실에 견주어 볼 때 대통령의 언론관에 의해 크게 영향을 받는다. 역대 정부의 언론정책이 모두 그러했거니와, 노무현 정부의 경우는 그러한 전형적인 모델을 보여 주었다. 그러므로 언론자유에 대못질을 하는 경우가 다시 일어나지 않도록 미국의 수정헌법 제1조에 버금가는 제도적 장치를 마련해야 한다. 대통령의 비뚤어진 언론관이 얼마나 뼈저린 결과를 초래했는지를 되새겨 보자.

이제 신문법을 새로 만듦에 있어 진정으로 바라는 바는 제발 정파적 이해에 사로잡히지 말아달라는 것이다. 노무현 정부의 잘못된 언론정책을 규탄한다는 뜻에서가 아니라 그야말로 허심탄회한 자세로 대한민국의 민주주의 발전을 위해 신문법을 제정함으로써 자손만대의 미래를 예비했다는 칭송을 듣게 되기를 간절히 바란다. 그렇게 되려면 신문법의 제정이나 언론중재법의 개정은 신문의 발행이나 언론중재의 실무를 위한 절차 규정을 마련한다는 발상에서 출발하는 것이 마땅할 것이다.

포럼, 《문화일보》, 2008년 1월 8일

방송정책, 산업논리보다 공익 먼저

방송·통신정책을 총괄할 방송통신위원회가 지난달 29일 공식 출범했다. 아직 위원회가 구성되지도 않았지만 방송과 통신의 융합시대에 미디어정책을 책임질 막강한 기구가 탄생한 셈이다. 때맞춰 집권당 측에서 미디어산업 구조개편을 설계할 가칭 '21세기미디어위원회'를 조만간 발족시킬 것이라 한다. 개혁은 집권 초기에 하지 않으면 못한다는 통념에 따라 이명박 정부의 미디어산업 구조개편작업이 급물살을 탈 것 같다.

이미 물밑 구상이 상당히 진척된 듯한 느낌이 들기도 한다. 그러나 미디어산업의 구조개편을 마치 혁명하듯이 성급하게 진행해서는 안 된다. 고려할 문제가 너무나 많고, 또 복합적이기 때문이다. 미디어사업자 사이의 이해상충만 조정하면 되는 일이 아니다. 적어도 미디어산업이 먹고살 재원과 방송시스템, 네트워크를 종합적으로 고려하지 않으면 안 된다. '급할수록 돌아가라'는 말을 음미해 보자.

이명박 정부의 미디어산업 구조개편의 큰 방향은 이미 정해진 바와 다를 것이 없다. 규제완화와 개방이다. 옳은 방향임에 틀림없다. 이에 따라 신문과 방송의 겸영 허용, MBC와 KBS 2TV의 민영화 등이 논의될 것으로 보인다. 또 방송통신융합은 어떤 뜻으로는 통신사업자들에게 방송사업을 허용하는 것이기도 하므로 방송시장 진입규제를 크게 완화할 수밖에 없고, 그에 따라 시장경쟁은 치열해져 자본의 논리가 미디어산업정책을 좌우할 가능성이 커지게 된다. 그렇다면 이와 같은 산업논리 일변도의 방송정책이 과연 합당한 것일까. 규제를 완화하고 시장을 개방하는 것은 좋지만 한 가지 간과해서는 안 될 가치가 있다는 것을 잊지 말아야 한다.

미디어, 더욱이 방송은 단순히 정보통신기술이 아니라 사회의 의사소통을 담당하는 중추적 커뮤니케이션 채널로서 시민들의 삶의 공간이라는 점이다. 미디어는 사업자들에게는 사업기회이고 이윤을 창출하는 시장이겠지만, 시민들에게는 정보·지식·문화·역사를 공유하고 체험하는 사회문화적 삶의 공간이다. 따라서 21세기 한국사회가 추구하는 성숙한 선진시민사회를 건설하고자 미디어가 담당해야 할 역할이 무엇인가를 우선 검토한 뒤, 미디어정책을 그에 맞추어 신중하게 결정해야만 한다.

다시 말해 미디어정책에서 제일 먼저 고려해야 할 것은 시민의 이익이어야 한다는 뜻이다. 그런 만큼 탈규제와 개방의 방송정책을 추구하면서 행여 산업논리가 공익논리를 압도해 버리는 잘못을 저질러서는 안 된다.

그렇지 않아도 미디어에 산업논리가 확장되고 시장에서의 경쟁이 치열해짐에 따라 상업주의가 심화되어 공공의 영역이 크게 축소되는 현실을 고민해야 한다. 그래서 방송의 공익기능을 지켜낼 최후의 보루로서 공영방송의 존속과 발전은 더욱 중요하다. 이를 위해 공영방송이 어떤 정파의 압력으로부터도 자유로운 독립성을 확보하도록 제도를 개선해야 하고, 충분한 재정적 기반 위에서 본연의 역할을 다할 수 있도록 환경을 만들어 주어야 한다.

　이명박 정부의 방송정책은 바로 이 점에 주목해야 할 것이다. 정파로부터 독립하려면 무엇보다도 먼저 대통령이 공영방송의 독립성 보장의지를 밝히는 일이 필요하며, 재원 확보를 위해 KBS의 피나는 경영혁신을 단행해야만 한다. 국가기간방송법 같은 제도적 장치도 고려할 만하다. 아울러 MBC의 민영화 논의도 신중해야 한다. 민영화로 방송의 공적 영역을 축소하기보다 공익을 위해 더 잘 봉사하도록 만드는 방안을 검토해 봄 직하지 않을까.

　지금까지 감지되는 이명박 정부의 미디어정책 방향의 근간은 옳다. 다만 산업논리와 사회·문화적 가치의 조화가 요청된다. 미디어산업 구조개혁은 시간을 다투기보다 국민의 합의를 도출하는 것이 더 중요한 일일 것이다.

《세계일보》, 2008년 3월 3일

신문의 신뢰도 회복하려면

　오늘은 제52회 '신문의 날'이다. 한국의 신문은 우리나라 최초의 민간신문인 《독립신문》이 창간된 1896년 4월 7일을 기념해 이 날을 신문의 날로 정하고 언론으로서 본분을 다할 것을 다짐한다. 올해 신문의 날 표어는 '세상을 읽어라 신문을 펼쳐라'이다. 신문을 읽으면 세상이 어떻게 돌아가는지를 알 수 있다는 뜻일 것이다. 물론 맞는 말이다.

　그렇다면 요즘 신문이 과연 세상 돌아가는 일들을 제대로 알려주고 있는 걸까? 여러 연구기관들이 최근에 실시한 신문독자의견 조사결과를 보면 신문에 대한 신뢰도가 매우 낮게 나타난다. 다시 말해 신문이 보도하는 내용을 믿기 어렵다는 게 많은 독자들의 판단이다. 신문을 보고도 세상 돌아가는 일을 알기 힘든 것이 한국 신문이 처한 현실이라 아니할 수 없다. 그렇다면 신문의 날을 맞아 한국 신문들은 어떻게 해야 독자들의 신뢰를 회복할 수 있을지를 고민해야 한다. 어떻게 해야 할까?

　무엇보다 먼저 한국 신문들이 할 일은 기사를 정확하게 쓰는 것이다. 세계 유수의 고급지들은 모두 보도기사의 정확성에 생명을 걸고 있다는 것을 본받아야 한다. 확인되지 않은 기사는 보도하지 않는 원칙을 지켜야 한다. 비록 특종이라 여겨질지라도, 설사 다른 신문에 특종을 빼앗기는 한이 있더라도 확인되지 않으면 보도하지 않는 자세를 견지할 수 있어야 한다. 또한 오보임이 확인되는 경우 지체 없이 정정보도를 해야 한다. 지극히 당연한 일임에도 한국 신문들은 정정보도에 인색하기만 하다.

둘째로 필요한 것은 언론의 자유와 함께 책임에 투철하며 사회의 공기로서 사명을 다하려고 부단히 노력해야 한다. 어떤 경우에도 불의와 타협하지 않으며, 스스로 높은 수준의 도덕성을 견지하고 사회정의에 입각해 모든 문제에 진지하게 접근하는 자세를 지녀야 한다. 신문의 날을 맞아 모든 신문인들이 자성해 볼 일이다.

셋째, 지나친 선정주의적 속보경쟁은 자제되어야 한다. 이를 위해 속보에 대한 기존 의식을 바꿀 필요가 있다. 지금까지 신문은 단순히 시간적인 속보성만 강조해 왔다. 그러나 멀티미디어시대, 인터넷시대에 '종이신문'은 시간적인 속보경쟁에서 이길 수가 없다. 속보에 대한 개념의 전환이 필요하다. 가장 먼저 독자에게 전달되는 살아있는 뉴스, 예컨대 심층보도형식으로 처음 밝혀진 사실, 참신한 기획으로 발굴된 사실 등이 바로 속보가 되고 특종이 된다는 인식이 요청되는 것이다.

넷째로 강조하고 싶은 것은 신문사들 사이의 멱살잡이식 싸움판을 하루빨리 걷어치우라는 것이다. 신문마다 편집정책이 있고 지향하는 이념 또는 가치가 있다. 따라서 자기 신문의 편집정책이나 지향하는 이념과 다른 지면제작을 한다고 해서 그 신문을 비난하는 것은 크게 잘못된 일이 아닐 수 없다. 신문들 사이의 편집정책이나 추구하는 이념성향의 차이는 언론의 다양성을 위해 꼭 필요한 것이다. 나와 상대의 차이를 인정하고 공존하는 것이 평화가 아니겠는가. 신문들이 벌이는 골목대장끼리 땅따먹기식 싸움은 독자의 불신을 심화시킬 뿐이라는 점을 깨달아야 한다. 제발 그런 싸움일랑 그만두기 바란다.

끝으로 보도와 비평의 성역이 있어서는 안 된다는 점을 지적하고 싶다. 불행하게도 한국 신문들은 역사적 상황과 현실적 여건 등으로 인해 보도와 비평의 성역을 두어 왔다는 것을 부인하기 어렵다. 보도나 비판의 대상 가운데 성역이 존재한다는 것은 현실적 이유가 어떠하든 언론이 스스로 검열하는 행위로서 국민의 알 권리에 대한 배신이나 다름없다. 국민은 지금 다매체·다채널이 쏟아 놓은 정보의 홍수 속에서 허우적거리고 있다. 신문은 본분에 충실함으로써 범람하는 정보 홍수의 물길을 바로잡아 주는 구실을 해야 할 것이다.

《세계일보》, 2008년 4월 7일

제 구실 못하는 언론

"두려워할 자는 신문기자가 아니다. 그들은 시대의 종속자이지 지도자가 아니다. 그들은 시대의 요구에 반하여는 아무것도 이야기할 수 없는 자에 불과하다." 일본의 사상가 우치무라 간조(內村鑑三)가 한 말이다. 여기서 신문기자를 '언론'이라는 말로 바꿔 보아도 좋을 것이다. 갑자기 기자나 언론에 모욕일 수 있는 이런 말을 글머리에 꺼낸 것은 한 달 넘게 이어지는 촛불시위에 대한 그간의 언론보도를 보면서 느끼는 바가 많은 까닭이다. 언론에는 대단히 결례가 되는 말이겠으나 이런 견해에 어느 정도 동의할 수밖에 없음을 용서하시라.

애초에 '촛불문화제'라는 낭만적인 이름으로 시작된 미국산 소고기 수입협상 반대 집회가 열렸을 때만 해도 전부는 아니었을망정, 많은 신문이 인터넷에 떠도는 '광우병 괴담'의 허구를 지적하면서 국민의 우려를 불식시키려는 노력을 보여 주었다. 그러면서 광우병에 대한 과학적 이해를 돕고 합리적인 방식으로 문제에 접근하기를 강조하는 보도와 논평을 하는 언론 본연의 자세를 보이기도 했다. 그러나 촛불집회의 참가자 수가 점차 커져 수만 명에 이르면서부터 그렇게 하던 신문들조차 꼬리를 내리고 촛불시위대의 편에서 보도와 논평을 하는 쪽으로 자세를 옮겨 갔다. 물론 그 같은 변화가 반드시 촛불집회의 세력이 커지는 데 따른 시세영합이라고 할 수만은 없다. 이른바 민의의 소재가 어디 있는지, 그리고 그것이 무엇인지를 파악했기 때문이기도 했을 것으로 이해할 수도 있겠다.

그렇다고 해도 폭력시위는 과감하게 고발했어야 했고, 대중시위가 감정전이로 말미암아 일어날 수 있는 위험을 방지하고자 사태의 본질을 밝히고, 해결을 위한 합리적 접근 방식 등을 꾸준히 설득력 있게 제시하는 모습을 견지해야 했다. 그럼에도 언론들은 커지는 촛불 군중의 위세에 눌려 그들의 목소리를 대변하는 쪽으로 방향을 틀었다. 촛불집회현장의 목소리만 따왔을 뿐 참여하지 않은 사람들의 의견은 외면했다. 촛불집회에 참여하지 않은 시민들의 목소리가 비록 참여군중의 그것과 같다 할지라도 비참여자의 의견도 제시했어야 마땅했다. 그래야 다양한 의견이 드러나고 공정한 보도가 되었을 것이기 때문이다.

더욱 유감인 것은 이번 촛불집회에서만 볼 수 있던 현상은 아니지만 한국 언론들의 극단적인 편파성이다. 한편이 '광우병 괴담'의 허구를 지적하면서 대중심리조작을 경계하는 보도와 논평을 하면 다른 한편은 이를 시대정신을 왜곡하는 반동세력의 준동쯤으로 낙인찍고 오히려 촛불시위를 격려하는 성향을 보였다. 방송은 마치 중계방송이라도 하듯 촛불집회를 여과 없이 내보냈다. 이 같은 일부 언론의 촛불집회와 시위에 대한 동조는 집회의 진정한 뜻을 존중해 강조하려는 의도로 볼 수도 있겠으나, 대규모 집회나 시위가 자칫 군중심리로 말미암아 폭도화할 수도 있는 가능성을 경계하는 계도적 기능을 외면하는 오류를 범하는 것이다. 게다가 사태를 객관적으로 취재·보도해야 할 일부 매체의 종사자들이 집회현장에 참여해 촛불집회군중과 함께 피켓을 들고 구호를 외치기까지 했다.

누군가 언론의 괴로움은 '누가 철수를 때렸다'는 기사는 보도하면서 철수가 처음에 왜 맞았는가를 알려 주지 못하는 데 있다고 꼬집었다. 한국 언론은 항상 그렇지는 않겠지만 그런 일로 괴로울 때가 종종 있을 법하다. 일어난 일이나 현상만 좇다 보면 그렇게 될 수밖에 없다. 한·미 소고기협상만 해도 그렇다. 협상이 진행되는 과정에서나 협상이 체결된 직후에라도 언론들이 문제를 지적했어야 하지 않았을까. 촛불집회가 시작될 초기에만이라도 그렇게 했다면 이렇게 갈등이 증폭되지는 않았을 게 아닌가. 감정 전염성이 강한 인터넷 포털의 정제되지 않은 사이비 언론행위가 초래하는 병리적 현상을 차단하기 위해서도 언론은 제 구실에 충실해야만 한다.

《세계일보》, 2008년 6월 16일